国家示范性骨干高职院校建设项目
高职高专财务会计类专业规划教材

财务会计实务

FINANCIAL ACCOUNTING PRACTICE

（第二版）

主　编◎王　萍　陈　明
副主编◎李继鹏　丁光亮

上海财经大学出版社
SHANGHAI UNIVERSITY OF FINANCE & ECONOMICS PRESS

图书在版编目(CIP)数据

财务会计实务/王萍,陈明主编.—2版.—上海:上海财经大学出版社,2017.7
国家示范性骨干高职院校建设项目
高职高专财务会计类专业规划教材
ISBN 978-7-5642-2704-3/F·2704

Ⅰ.①财… Ⅱ.①王…②陈… Ⅲ.①财务会计-高等职业教育-教材 Ⅳ.①F234.4

中国版本图书馆CIP数据核字(2017)第076165号

□ 责任编辑 王 芳
□ 封面设计 韩庆熙

CAIWU KUAIJI SHIWU
财务会计实务
(第二版)
王 萍 陈 明 主 编
李继鹏 丁光亮 副主编

上海财经大学出版社出版发行
(上海市中山北一路369号 邮编200083)
网 址:http://www.sufep.com
电子邮箱:webmaster @ sufep.com
全国新华书店经销
上海华业装璜印刷厂印刷装订
2017年7月第2版 2017年7月第1次印刷

787mm×1092mm 1/16 24.5印张 691千字
印数:5 001—9 000 定价:49.00元

前　言

财务会计一直是会计专业知识结构中的主体部分，是会计专业中必修的核心课程。本书按照高职高专院校会计人才的培养要求，以最新企业会计法律、法规和制度为依据，将会计理论与实务紧密结合，按会计要素分若干项目。主要阐述各会计要素的确认、计量与核算基本方法，从而完成会计确认、计量、记录、报告的过程。

本书在编写上充分体现了培养高素质应用型、技能型人才的教育理念，在注重培养学生掌握基本理论知识和会计核算技能的同时，帮助学生顺利获得相应的专业技能等级证书，如助理会计师证、会计师证等，加快了学生由学习型向实践型角色转换的速度。同时，为后续会计课程的学习奠定认识和能力基础。

本书在力争正确阐述会计学科的科学理论和概念的同时，还注意理论联系实际，以案例阐述理论；符合认知规律，富有启发性，便于学生自主学习，所选理论教学内容完全可以满足学生未来从事会计工作所需的最基本、最常用的理论知识；能完整地表达本课程既应包含学生未来职业活动所需的最基本、最常用的理论知识，同时也包括学生未来可持续性发展所必须深化和拓展的知识；让学生能自然地做到由基础理论到专业基础理论、由专业课到实践课的从容转换；正文、训练与实务操作齐全且著录准确；符合人才培养目标及本课程教学的要求，所选会计理论内容的广度和深度能够满足实践教学和未来从事会计岗位工作的需要。

与已出版的同类教材相比，本书突出的特点如下：

(1)理论够用。理论上，突出会计基本理论与核算方阐释，强调实践业务的处理。

(2)学做一体。本书在设计上按照能力点出现的先后顺序编排内容，在语言上力求精炼、简洁，尽量避免高深化、学术化的表达方式，让学生易懂、易做，增强学生在学习过程中的感性认识，提高教学效果；改变“先理论，后实践”的时间分板块模式，体现“从理论，到实践，再应用”的结构特点，使理实相融，更接近人们的认知规律。

(3)任务定位。在编写过程中均按照“以具体化工作任务的需要确定目标、选取章节内容、设定学习任务”的思路，搭建“是什么、为什么、做什么、怎样做”的框架，以“是什么”和“为什么”为教学核心内容，来教会学生“做什么”和“怎样做”，真正体现了“以教师为引导，学生为主体，循序渐进地提高学生职业技能”的教学培养目标。

(4)结合实践。本书不但介绍了财务会计的基本概念、基本原理和经常性业务的处理方法，还相应添加了会计工作的扩展知识和最新的财务案例，增强了本书的实用性。

本教材由山东广播电视大学陈明(导入、项目一、项目二)、济南工程职业技术学院王萍(项目三、项目四、项目五)、山东圣翰财贸职业学院李继鹏(项目六、项目七)、山东商业职业技术学院丁光亮(项目八、项目十二)、山东广播电视大学刘正(项目九)、山东圣翰财贸职业学院谢静(项目十)、张丽丽(项目十一)编写。山东职业学院张世体教授进行了审阅,并提出了许多宝贵意见。

由于时间仓促,加之作者水平有限,本书难免存在问题与不足,敬请读者批评指正。

编　者

2017年6月

目　录

导　入

内容分解

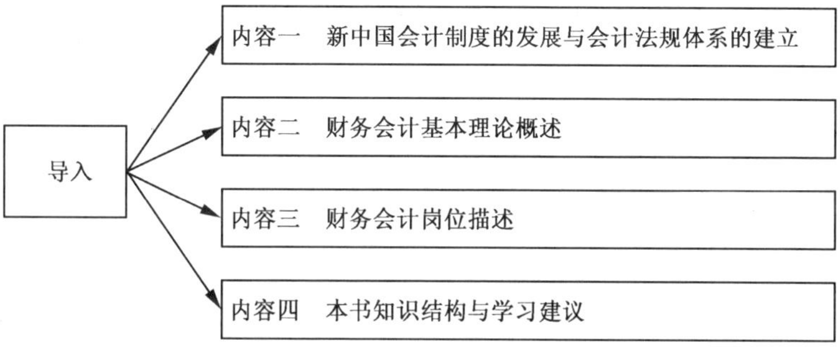

导学目标

完成学习任务后，应该掌握如下内容：

1. 了解新中国会计制度的发展历程与会计法规体系的构成。
2. 掌握财务会计理论，包括会计的目标、假设、信息质量要求和要素的确认与计量。
3. 了解企业财务会计的相关岗位设置和岗位职责。
4. 认识本书的框架结构，了解相关学习建议。

导学案例

朱镕基破例题词“不做假账”　让社会守卫什么？

一个社会肌体的健康，离不开人们对文明底线的守卫。很难想象，如果人人都去信奉“有用即真理”“有奶便是娘”而不择手段、不顾他人，我们的社会生活会是一种怎样的情景。当医生不再信奉救死扶伤的人道精神，而死死盯住病人的钱包时；当商人不讲诚信，而唯利是图、坑蒙拐骗，大赚昧心钱时；当政府公职人员不去恪尽职守，而寻觅各种商机、把做官当作生意来做时……社会良知和社会秩序将不复存在。

从不题字的朱镕基，却破例给国家会计学院题词“不做假账”，这就是对底线的重申。这种底线，是一个人基本的道德法律义务，是让人之为人、社会正常运转的基本常识。你生产奶粉赚钱，但不能含有三聚氰胺;你给病人做手术,但不能把纱布留在病人身体里;你伸张社会正义,但不得进行刑讯逼供;你打击非法"黑车",但不能搞"钓鱼执法";为了公共利益拆迁,但要维护别人的生存权。

经济的高速发展固然可喜,但如果文明的底线模糊不清,得不到敬畏、坚守,这样的繁荣就会十分脆弱。正如文艺复兴揭开了欧洲近代历史的序幕,中华民族走向复兴,不仅要有物质基础,更要有精神准备,首要的一点,就是在滚滚的物质红尘中捍卫文明的底线。

请问,朱镕基破例题词"不做假账",让社会守卫什么?

资料来源:《朱镕基破例题词"不做假账" 让社会守卫什么?》,载《人民日报》,2010年9月16日。

内容一 新中国会计制度的发展与会计法规体系的建立

一、新中国会计制度的发展历程

随着改革开放政策的实施,我国的经济体制经历了从计划经济向有计划的商品经济,进而向社会主义市场经济的转变过程。作为经济管理的重要组成部分,会计工作也发生了一系列深刻的革命。而我国历次的会计改革在很大程度上表现为会计核算制度的改革。新中国成立以来,我国会计制度的建立与发展一般可以分为以下几个阶段:

(一)1949~1979年,建立各行业统一的会计制度

新中国成立之前,各行业、企业的会计制度并不统一,既没有全国性的会计准则来规范各行业的会计工作,也没有行业内统一的会计制度来规范系统中各单位的会计工作。如何设计出适应社会主义会计工作的会计制度,成为当时财政部会计制度司所面临的新课题。

1950年,财政部为了适应新建的各级人民政府和各个行政、事业单位管理预算基金的需要,首先制定和发布了《各级人民政府暂行总预算会计制度》和《各级人民政府暂行单位预算会计制度》。在以后的两年中,又陆续制定了国营工业企业、建筑企业、建设单位和国营农场等单位的一套完整统一的财务会计制度。接着,在"一五"时期,对已建立的会计制度进行修订和完善,由中央各主管部门分别制定适合本部门生产经营特点的成本核算制度,为我国计划经济管理创造了有利条件。

1958~1959年,会计工作受大破大批"繁琐哲学"思想的影响,一些人提出会计制度越简化越好的错误主张,实行所谓的"以表代账",甚至搞"无账会计",会计制度设计工作受到了严重破坏。1960~1966年,经济发展让人们认识到"经济越发展,会计越重要"的道理,使会计制度设计工作又得到了重视。自1978年开始,随着全国工作的重心转移到经济建设上来,我国会计制度的设计也出现了新的局面。例如,1978年国务院修改颁布了《会计人员职权条例》。

(二)1979~1992年,部分借鉴国际惯例

党的十一届三中全会以来,由于对外开放政策的实施,一些外商纷纷到我国投资,中外合资经营企业大量涌现。财政部于1979年11月起草了《关于中外合资工业企业财务会计问题的若干规定》,1982年2月又起草了《中外合资工业企业会计制度调查纲要》,并于1983年3月制定了《中外合资经营企业会计制度(试行草案)》和《中外合资经营工业企业会计账户和会计报表(试行草案)》,并印发到全国试行。经过一段时间的试行,又参照有关法规、法律,终于在1985年3月4日颁布了《中华人民共和国中外合资经营企业会计制度》,于1985年7月1日开始施行。

《中外合资经营企业会计制度》适用于我国境内设立的各个行业所有的中外合资经营企业,突出了会计核算的实质内容,淡化了行业色彩,树立了一个不同行业通用会计规范的典范。同时,在这一制度中,凡与国际惯例相类似的会计程序与方法,都尽可能地采用国际上通行的方法和表达方式，它的颁布与实施是我国会计国际化的一个重要开端。与此相适应，财政部制定并颁布了《中外合资经营工业企业会计账户和会计报表》，从而使中外合资经营企业会计制度进一步具体化。

（三）1992～1997年，广泛借鉴国际惯例

为了进一步健全涉外经济法规，规范会计实务，财政部在总结《中外合资经营企业会计制度》实行经验的基础上，根据1991年发布的《中华人民共和国外商投资企业和外国企业所得税法实施细则》，于1992年8月10日颁布了《中华人民共和国外商投资企业会计制度》，用于取代《中外合资经营企业会计制度》。该制度于1992年7月1日实行，并在会计确认与计量的具体规定中更为广泛地借鉴了国际惯例。与此同时，财政部于1992年5月25日发布了《外商投资工业企业会计账户和会计报表》、《外商投资旅游企业会计账户和会计报表》，并于1994年7月20日发布了《外商投资企业分行业会计报表及其编制说明》，从而使外商投资企业的会计处理规范逐步得以完善，更便于操作。

另外，1992年5月，财政部和国家经济体制改革委员会联合颁布了《股份制试点企业会计制度》，并从1992年1月1日起在股份制试点企业施行。《股份制试点企业会计制度》的施行是另一项较为广泛地借鉴国际惯例的会计制度改革，开创了我国内资企业实行适合商品经济需要的会计制度的先河。

此后，财政部又于1992年11月颁布了《企业会计准则》，该制度于1993年7月1日起生效，对于会计核算的基本前提、一般原则、会计要素的确认、计量与报告提出了原则性要求。它把全国各行业的企业会计工作统一到一个标准上，实现了会计指标的工程统一。与此同时，为了规范和加强股份制试点企业以外的各行业内资企业的会计核算工作，自1992年起，财政部又陆续制定并发布了工业企业、商品流通企业、交通运输企业、旅游饮食服务企业、施工企业、房地产开发企业、农业企业、对外经济合作企业、金融企业、保险企业以及电影、新闻出版企业等14个行业会计制度。这一改革较之《外商投资企业会计制度》和《股份制试点企业会计制度》涉及的范围更为广泛，影响也更为深刻。

（四）1997年至今，构建按经济业务统一规范的会计准则体系

自财政部于1997年5月22日颁布《关联方关系及其交易的披露》开始，陆续出台了16个正式的具体准则，最终于2006年2月15日发布了与我国社会主义市场经济相适应并与国际财务报告准则充分协调、涵盖各类企业各项经济业务、可独立实施的一套完整会计准则体系，并自2007年1月1日起首先在上市公司范围内施行。2014年，财政部相继对《企业会计准则——基本准则》《企业会计准则第2号——长期股权投资准则》《企业会计准则第9号——职工薪酬》《企业会计准则第30号——财务报表列报》《企业会计准则第33号——合并财务报表》和《企业会计准则第37号——金融工具列报》进行了修订，并发布了《企业会计准则第39号——公允价值计量》《企业会计准则第40号——合营安排》和《企业会计准则第41号——在其他主体中权益的披露》三项具体准则。所以，我国目前的准则体系由《企业会计准则——基本准则》和41项具体准则以及《企业会计准则——应用指南》构成。会计准则的修订和发布，保持了我国会计准则与国际财务报告准则的持续趋同。

我国会计准则体系（2006年、2014年修订）可以划分为三个部分：一是基本准则，二是具体准则，三是应用指南。基本准则是纲，在整个准则体系中起统领作用；具体准则是依据基本准则原则要求对有关业务或报告做出的具体规定；应用指南是补充，是对具体准则的操作指引。基本准则主要规范会计目标、会计基本假设、会计信息质量要求、会计要素的确认和计量原则等。具体会计准则根据基本准则制定，分为一般业务准则、特殊行业准则、特定业务准则和报告准则四类。会计准则应用指南是针对具体准则中的难点和关键点所做的操作性规定，包括具体准则的相关各项解释和会计账户、主要账务处理等，为企业执行会计准则提供操作性规范。我国企业会计准则体系如图 0—1 所示。

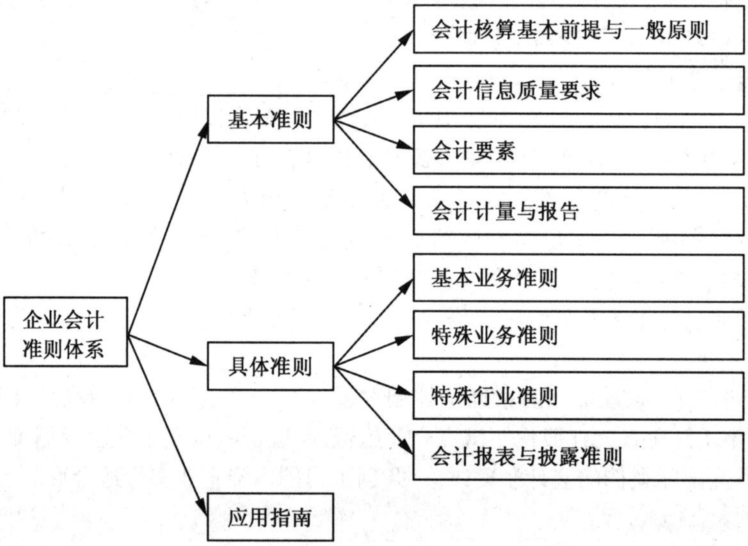

图 0—1 我国企业会计准则体系

二、我国会计规范体系

目前,我国会计规范体系由会计法律、会计法规、会计制度、地方性行政法规和单位内部会计制度以及会计职业道德规范组成。我国会计规范体系如图 0—2 所示。

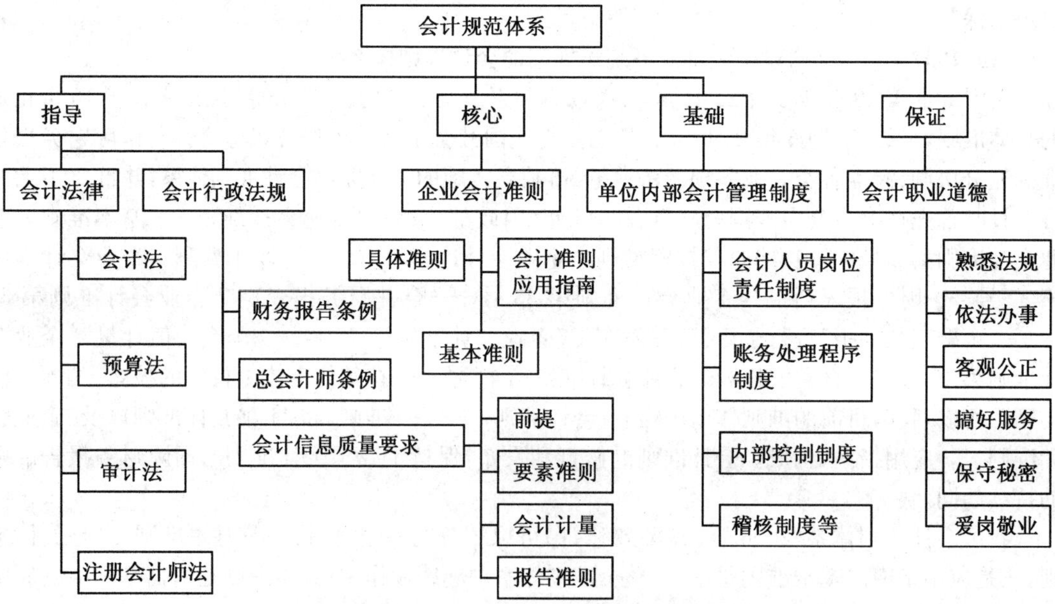

图 0—2 我国会计规范体系

(一)全国人民代表大会及其常务委员会制定的会计法律

会计法律由国家最高权力机关——全国人民代表大会及其常务委员会制定颁布,如《中华人民共和国会计法》(以下简称《会计法》)。

1985 年 1 月 21 日,第六届全国人民代表大会常务委员会第九次会议通过了《中华人民共和国会计法》,自 1985 年 5 月 1 日起施行。1993 年 12 月 29 日,第八届全国人民代表大会常务委员会第五次会议通过了《关于修改〈中华人民共和国会计法〉的决定》,自公布之日起施行;1999 年 10 月 31 日,第九届全国人民代表大会常务委员会第十二次会议修订,自 2000 年 7 月 1 日起施行。

《会计法》主要规定了会计工作的基本目的、会计管理权限、会计责任主体、会计核算和会计监督的基本要求、会计人员和会计机构的职责权限,并对会计法律责任作出了详细规定。《会计法》是会计工作的基本法,是指导我国会计工作的最高准则。

(二)国务院制定的会计行政法规

会计行政法规是由国务院制定发布,或由国务院有关部门拟订、经国务院批准发布的、调整经济生活中某些方面会计关系的法律规范。其权威性和法律效力仅次于由全国人民代表大会及其常务委员会制定的法律,是一种重要的法律形式。主要包括:

(1)《企业财务会计报告条例》,于 2000 年 6 月 21 日发布,自 2001 年 1 月 1 日起施行。它主要规定了企业财务会计报告的构成、编制和对外提供的要求、法律责任等。它是对《会计法》中有关财务会计报告规定的细化。

(2)《总会计师条例》,于 1990 年 12 月 31 日发布并施行。它主要规定了单位总会计师的职责、权限、任免、奖惩等。

(三)财政部制定的会计规章和会计制度

1. 会计规章

会计规章是由国务院各部、委员会、中国人民银行、审计署和具有行政管理职能的直属机构制定的指导会计工作的规范性文件。例如,我国财政部于 2006 年颁布、自 2007 年 1 月 1 日起实施的企业会计准则体系属于会计规章,包括《企业会计准则——基本准则》《企业会计准则第 1 号——存货》等具体准则以及《企业会计准则——应用指南》。企业会计准则是会计人员从事会计工作的规则和指南。

2. 会计制度

国家统一的会计制度是指国务院、财政部门根据《会计法》制定发布的关于会计核算、会计监督、会计机构和会计人员以及会计工作管理的制度。它是国务院、财政部门在其职权范围内依法制定、发布的会计方面的法律规范,主要包括《企业会计制度》《金融企业会计制度》《小企业会计制度》《民间非营利组织会计制度》《财政部门实施会计监督办法》《会计基础工作规范》《内部会计控制规范》和其他会计规章、规范性文件等。

(四)地方人民代表大会及其常务委员会制定的地方性会计法规

地方性会计法规是各省、自治区、直辖市的人民代表大会及其常务委员会在与会计法律、会计行政法规不相抵触的前提下制定的地方性会计法规。根据规定,实行计划单列管理的计划单列市、经济特区的人民代表大会及其常务委员会在宪法、法律和行政法规允许范围内制定、实施的有关会计工作的规范性文件,也属于地方性会计法规。

(五)单位内部会计管理制度

单位内部会计管理制度是各单位根据国家会计法律、法规、规章、制度的规定,结合本单位经营管理和业务管理的特点及要求而制定的规范单位内部会计管理活动的制度和方法。随着我国市场经济体制改革的完善,会计将发挥越来越重要的作用,建立并严格执行单位内部会计管理制度就显得尤为重要。单位内部会计管理制度主要包括会计人员岗位责任制度、账务处理程序制度、内部控制制度、稽核制度等。

(六)会计人员职业道德

会计职业道德是会计人员在会计工作中应当遵循的道德规范。它既是会计工作要遵守的行为规范和行为准则,也是衡量一个会计工作者工作好坏的标准。《会计法》第三十九条规定:"会计人员应当遵守职业道德,提高业务素质。"虽然对于会计职业道德的基本内容,《会计法》中没有作出具体规定,但依财政部于 1996 年 6 月发布的《会计基础工作规范》,会计人员职业道德的内容主要应包括以下六个方面:(1)爱岗敬业;(2)熟悉法规;(3)依法办事;(4)客观公正;(5)搞好服务;(6)保守秘密。

内容二　财务会计基本理论概述

财务会计是现代(企业)会计的一个分支,是以会计准则或制度为依据,通过确认、计量、记录和报告等程序,对企业的资金及其运动进行反映和控制,旨在为企业外部会计信息使用者提供会计信息的对外报告会计。

一、财务会计基本理论的内容

现代财务会计经过近一个世纪的发展后,已经形成了由会计目标、会计假设、会计信息质量特征、会计要素、会计确认与计量、会计准则和会计程序、财务会计报告等要素组成的基本结构。

在这些要素中,会计目标是整个财务会计理论研究的出发点,奠定了理论研究的基石,当然目标的确定也会受到客观社会环境的制约和财务信息使用者需求的影响。而会计准则作为指导和规范企业会计行为的规范,以会计假设为前提,根据会计目标的要求、会计要素的定义和会计确认计量的标准制定。同时,会计假设、会计要素、会计准则都体现着会计信息质量的要求。另外,会计程序作为财务会计实务的具体步骤与方法,也受到会计准则的约束。以上要素的关系如图 0—3 所示。

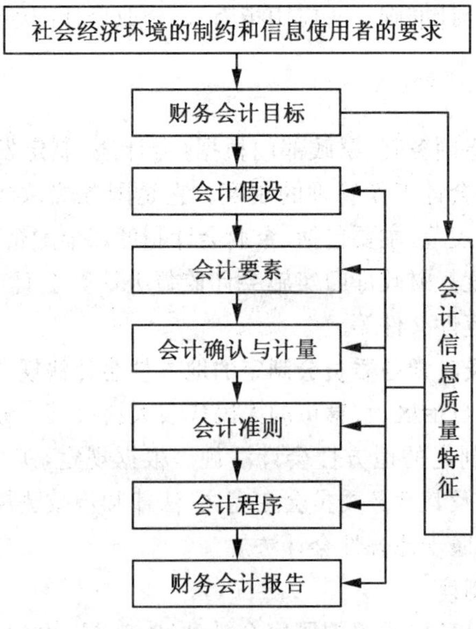

图 0—3　财务会计理论结构

二、财务会计的目标

我国《企业会计准则》规定:"会计信息应当符合国家宏观经济管理的需要,满足有关各方了解企业财务状况和经营成果的需要，满足企业加强内部经营管理的需要。”这一规定体现了财务会计的具体目标。

财务会计的目标是财务会计基本理论的重要组成部分，也是财务会计理论体系的基础，即期望会计达到的目的或境界，整个财务会计理论体系和会计实务是建立在财务会计目标的基础之上的。会计目标既是一个理论问题，又是一个实践问题。会计目标虽然是人们主观认识的结果，但它并不是一个纯主观的范畴，会受到特定历史条件下客观存在的经济、法律、政治和社会环境的影响，并随环境的变化而不断变化，具有主观见之于客观的性质。

对于财务会计目标的内涵，在会计理论界并没有形成一个权威的、可为学术界普遍认同的观点。纵观会计理论界对财务会计目标的研究，归纳起来主要有两大观点，即“受托责任观”和“决策有用观”。

受托责任观认为，会计的目标就是以适当的方式有效反映受托人的受托责任及其履行情况。换言之，会计应向委托人报告受托人的经营活动及其成果并以反映经营业绩及其评价为中心。其依据是，资源所有者将资源的经营管理权授予受托人，同时通过相关法规、合约和惯例等来激励和约束受托人的行为，受托人接受委托，对资源进行有效管理和经营，并通过向资源提供者如实报告资源的受托情况来解除其受托责任。受托责任观更强调信息的可靠性，它在重视资产负债表的基础上格外重视损益表。

决策有用观认为，会计的目标就是向会计信息使用者提供对其决策有用的信息。换言之，会计应当为现时的和潜在的投资者、信贷者和其他信息使用者提供有利于其投资和信贷决策及其他决策的信息。其依据是，资源的所有权和经营权分离后，在资本市场介入的条件下，资源所有者对受托资源有效管理的关注程度会降低，转而更为关注所投资的企业在资本市场上的风险与报酬。决策有用观更强调会计信息的相关性，即要求信息具有预测价值、反馈价值和及时性，更关注与企业未来现金流量有关的信息。

决策有用和受托责任是互有关联的会计目标，受托责任是实质，决策有用是形式。受托责任是会计产生和发展的根本动因，提供反映受托责任的信息是会计的根本目标。但考虑我国的现实国情，我国会计目标的现实选择应定位于决策有用观。

三、财务会计的假设

会计基本假设是一种对会计活动进行时、空、量限定的理论，是会计活动得以进行的基本前提，也称会计的前提，一般在会计实践中长期奉行，无需证明便为人们所接受，是从事会计工作、研究会计问题的前提条件。目前为国际会计界普遍认可的基本假设有四个，即会计主体(Entity)假设、持续经营(Going Concern)假设、会计分期(Accounting Period)假设和货币计量(Monetary Measurement)假设。

(一)会计主体假设

会计主体又称会计实体，是会计核算服务的对象，或者说是会计人员进行核算采取的立场及对于空间活动范围的界定。对会计主体的择定，有两个可以依赖的基础：一是根据能控制资源、承担义务并进行经营运作的经济单位来确定，二是根据特定的个人、集团或机构的经济利益的范围来确定。一般情况下，一个经济单位就是一个会计主体，但在特定情况下，也可将特定个人、集团或机构的经济利益范围作为会计主体，如合并会计报表和企业内部的责任中心等，会计主体的选择应遵循实质重于形式的原则。

会计主体假设之所以成为会计核算的基本前提之一，是因为传统会计理论认为：会计信息系统所处理的数据和提供的信息不是漫无边际的，而是严格限制在每一个特定的、在经营上或经济上具有独立性的单位之内。只有首先从空间上对会计工作的具体核算范围予以界定，资产、负债、所有者权益、收入、费用和利润等会计要素才能有空间归属,才能独立反映特定主体的财务状况、经营成果及其现金流量,企业的投资人、债权人以及企业管理人员才有可能从会计记录和会计报表中得到有意义的会计信息,从而作出决策,并管理和控制经济活动。可见,会计主体假设作为开展会计工作的前提,其必要性和重要性是毋庸置疑的。

另外,会计主体不同于法律主体。一般来说,法律主体往往是一个会计主体。但是,会计主体不一定是法律主体。例如,集团公司是由若干个具有法人地位的子公司构成的,在编制报表时,应将集团公司作为一个会计主体合并报表,在这种情况下,集团企业就是一个会计主体,但不属于法律主体。又如,分公司、生产车间等分支机构,通常不具备法人资格,但出于内部管理的需要,在会计核算中可以把它们作为独立核算的会计主体来处理。

(二)持续经营假设

持续经营假设是对会计主体经营时间长度的描述,是指会计上假设企业将继续存在下去,而不会在可预见的将来清算解散,是一种理想的假设状态。在持续经营下,会计主体所持有的资产,将在正常的经营过程中被耗用、出售或转换,而其所承担的债务也将在正常的经营过程中被清偿。所以,只有在持续经营的前提下,会计核算才能正常进行,才能解决资产计价、费用和收益的确认计量问题,保证会计信息处理的一致性和稳定性。

(三)会计分期假设

会计分期假设是持续经营假设的补充,是将持续不断的经营过程,人为地截取一个"时间段"。我国《企业会计准则——基本准则》规定,企业应当划分会计期间,分期结算账目和编制财务报告。会计期间分为年度和中期,中期是指短于一个完整的会计年度的报告期间,包括半年度、季度、月度。在我国,会计年度、半年度、季度、月度均按照公历起讫日期确定。核算和报告其主体的财务状况和经营成果、描述其在特定时期的财务状况的一种会计假设,是结算账目和编制财务报告的基础。

会计分期假设的存在与会计管理职能直接联系。之所以要计算期间损益、定期编制会计报表,主要是通过报表找出存在的问题,以利于下个周期的生产经营。同时,会计分期的划分对于确定会计核算程序和方法具有重要的作用。由于会计分期的存在,才产生了本期和非本期的区别,才产生了权责发生制和收付实现制,才使不同类型的会计主体有了记账的准则。

(四)货币计量假设

货币作为会计计量的尺度,是商品经济发展到一定阶段的产物。其基本含义是:统一的货币单位是会计工作最好的计量尺度,要求经济业务的处理以货币作为量度来加以确认。在使用货币计量时,必须同时附带两个假设:第一,货币的币值稳定不变;第二,币种的唯一性。

四、财务会计信息质量要求

财务会计信息质量要求主要包括以下八项:可靠性、相关性、可理解性、可比性、实质重于形式、重要性、谨慎性和及时性。

(一)可靠性

可靠性要求企业应当以实际发生的交易或者事项为依据进行确认、计量和报告,如实反映符合确认和计量要求的各项会计要素及其他相关信息,保证会计信息真实可靠、内容完整。可靠性的要求:一是做账依据为实际发生的交易或者事项;二是应如实地反映,反映遵循重要性、成本效益原则。

(二)相关性

相关性要求企业提供的会计信息应当与财务报告使用者的经济决策需要相关,有助于财务报告使用者对企业过去、现在或者未来的情况作出评价或者预测。提供的事项是过去的,决策是面向未来的，过去与未来要求有一个衔接，即提供的会计信息与财务报告使用者的经济决策相关。

将可靠性、相关性信息质量要求与财务报告目标结合，两者的关系为：决策相关目标对会计信息质量的要求是相关性，受托责任目标对会计信息质量的要求是可靠性。

（三）可理解性

可理解性要求企业提供的会计信息不能模糊不清、晦涩难懂，应当清晰明了，便于财务报告使用者理解和使用。

在财务报告中不仅包括表内信息，还包括大量的附注，即用非会计语言来批注、传递会计信息。会计报告应尽量通俗易懂、清晰明了地汇报专业问题，应将汇报重点放在会计核算方法对于利润的影响、对决策者所关注指标的影响方面。

（四）可比性

可比性要求企业提供的会计信息应当具有可比性。具体包括下列要求：

（1）纵向比较：同一企业不同时期的会计信息要具有可比性。同一企业对于不同时期发生的相同或者相似的交易或者事项，应当采用一致的会计政策，不得随意变更；如果随意变更，会导致不同期间的会计信息不可比。但如果符合会计准则的要求，也可以变更。会计政策变更在第 28 号准则有具体讲解，在符合两个条件时可以变更，即：法律和会计准则等行政法规、规章要求变更，变更会计政策能够提供更可靠、更相关的会计信息。

（2）横向比较：不同企业的会计信息要具有可比性。不同企业发生的相同或者相似的交易或者事项，应当采用规定的会计政策，确保会计信息口径一致、相互可比，即对于相同或者相似的交易或者事项，不同企业应当采用一致的会计政策，以使不同企业按照一致的确认、计量和报告基础提供有关会计信息。

（五）实质重于形式

实质重于形式要求企业应当按照交易或者事项的经济实质进行会计确认、计量和报告，不应仅以交易或者事项的法律形式为依据。如果企业仅仅以交易或者事项的法律形式为依据进行会计确认、计量和报告，就容易导致会计信息失真，无法如实反映经济现实和实际情况。

实质重于形式不代表法律形式不重要，在保证实质的同时也不能忽略法律形式。若某项交易的实质在法律形式上得不到准确的反映，会计人员应有自己的判断，应看到业务的实质、反映业务的实质。大多数情况下，经济业务的法律形式反映了经济实质。但有些情况下，经济实质与法律形式不同，我们应该按照经济实质为标准进行会计核算。

例如，融资租入固定资产。企业融资租入的固定资产，其所有权不属于租入方，即在法律形式上，资产的所有权属于出租方，但从经济实质上看是租入方长期使用并取得经济利益，能够控制该项固定资产，所以企业应根据实质重于形式的要求按照自有固定资产的折旧方法对其计提折旧，这就体现了实质重于形式的要求。

又如，售后回购、售后回租。甲公司销售一批产品，同时签订合同，数月后将其回购或回租，即售后回购或售后回租。从形式上看，甲销售产品取得了价款，应确认收入；但综合考虑第二个阶段的回购或回租，甲公司一直在使用此项产品，销售商品实质上是一项融资行为，是负债，不应确认收入，这也体现了实质重于形式的要求。

再如，合并报表。其对应的主体不是法律主体，但因母子公司实际上是一个整体，母公司能够控制子公司，所以应对母子公司编制合并报表，同样体现了实质重于形式的要求。

（六）重要性

重要性要求企业提供的会计信息应当反映与企业财务状况、经营成果和现金流量有关的所有重要交易或者事项，要求将所有重要的交易或事项进行完整、全面的计量和报告。它包括两层含义：一是不具有重要性的交易或事项，不需要遵循会计准则核算，甚至不需要核算；二是对于金额较大、性质重要的项目应进行更详细的披露。

若企业会计信息的省略或者错报会影响使用者据此作出的经济决策,该信息就具有重要性。重要性的应用需要依赖职业判断,企业应当根据其所处环境和实际情况,从项目的性质和金额大小两方面来判断其重要性,实质上应对所有的事项和交易对照会计准则做全面的理解,并且不能片面地强调金额的大小就是衡量会计准则的依据。

(七)谨慎性

谨慎性要求企业对(不确定)交易或者事项进行会计确认、计量和报告时应当保持应有的谨慎,不应高估资产或者收益、低估负债或者费用。

不应高估资产或者收益、低估负债或者费用的前提是不确定性,对于已经确定的事项应如实反映,不能打着谨慎性的旗号做财务舞弊。

但是,谨慎性的应用并不允许企业设置秘密准备。如果企业故意低估资产或者收益,或者故意高估负债或者费用,将不符合会计信息的可靠性和相关性要求,损害会计信息质量,扭曲企业实际的财务状况和经营成果,从而对使用者的决策产生误导,这是会计准则所不允许的。

谨慎性具体表现为:计提各项资产的减值准备、固定资产的加速折旧、或有事项确认预计负债等。

(八)及时性

及时性要求企业对于已经发生的交易或者事项,应当及时进行确认、计量和报告,不得提前或者延后。

在会计确认、计量和报告过程中贯彻及时性,应注意以下几个方面:

一是要求及时收集会计信息,即在经济交易或者事项发生后,及时收集、整理各种原始单据或者凭证;

二是要求及时处理会计信息,即按照会计准则的规定,及时对经济交易或者事项进行确认或者计量,并编制出财务报告;

三是要求及时传递会计信息,即按照国家规定的有关时限,及时将编制的财务报告传递给财务报告使用者,便于其及时使用和作出决策。

五、会计要素的确认

会计要素是根据交易或事项的经济特征所确定的财务会计对象和基本分类。会计要素可以分为反映企业财务状况(资产、负债、所有者权益)的会计要素和反映企业经营成果(收入、费用、利润)的会计要素。

(一)资产

1. 资产的定义和特征

资产,是指企业过去的交易或者事项形成的、由企业拥有或者控制的、预期会给企业带来经济利益的资源。根据资产的定义,资产具有以下几个方面的特征:

(1)企业过去的交易或者事项包括购买、生产、建造行为或其他交易或者事项。预期在未来发生的交易或者事项不形成资产。例如,企业签订的合同,在半年后购买产品,在签订合同时不确认资产。

(2)由企业拥有或者控制,是指企业享有某项资源的所有权,或者虽然不享有某项资源的所有权,但该资源能被企业所控制。例如,融资租入的固定资产,拥有实际控制权,所以可以确认为资产。

(3)预期会给企业带来经济利益,是指直接或者间接导致现金和现金等价物流入企业的潜力。对于现在无法确定未来经济利益的资产,应该对不能带来或不能确定经济利益的部分计提减值准备。例如,如果应收账款 30%的部分无法收回,则对于无法收回的 30%的部分应该计提坏账准备。

2. 资产的确认条件

将一项资源确认为资产,需要符合资产的定义,并同时满足以下两个条件:

(1)与该资源有关的经济利益很可能(概率在 50%以上)流入企业。

(2)该资源的成本或者价值能够可靠地计量。

拓展阅读

对可能性程度的认定

美国会计准则委员会第 5 号准则公告将可能性程度分为三个档次:很可能(probable)、尚有可能(possible)和很少可能(remote),但具体概率多少并未说明;《国际会计准则第 37 号——准备、或有负债和或有资产》也未对可能性层次和概率进行明确说明;加拿大特许会计师协会研究认为,可能性基本可以分为四个层次,用概率表示如下:"可合理确定"(reasonable certain)对应 95%~100%,"很可能"(probable)对应 50%~95%,"有可能"(possible)对应 5%~50%,"极小可能"(remote)对应 0%~5%。我国《企业会计准则——或有事项》对可能性程度的划分基本上借鉴加拿大特许会计师协会的研究成果,只是对"可能性"划分类的名称略有不同,概率区间都一样。划分标准为"基本确定" 大于 95%但小于 100%,"很可能"大于 50%但小于或等于 95%,"可能"大于 5%但小于或等于 50%,"极小可能" 大于 0%但小于或等于 5%。

(二)负债

1. 负债的定义和特征

负债,是指企业过去的交易或者事项形成的、预期会导致经济利益流出企业的现时义务。根据负债的定义,负债具有以下几个方面的特征:

(1)负债是由企业过去的交易或者事项形成的。

(2)负债的清偿预期会导致经济利益流出企业。

(3)负债是企业承担的现时义务。义务分为现时义务和潜在义务。现时义务是指企业在现行条件下已承担的义务,可分为法定义务和推定义务(如产品质量保证费用);而潜在义务是有可能要发生的义务,但不确定。

2. 负债的确认条件

将一项义务确认为负债,需要符合负债的定义,并同时满足以下两个条件:

(1)与该义务有关的经济利益很可能流出企业。

(2)未来流出的经济利益能够可靠地计量。

(三)所有者权益

1. 所有者权益的定义

所有者权益,是指企业资产扣除负债后,由所有者享有的剩余权益。

2. 所有者权益的来源构成

所有者权益按其来源主要包括所有者投入的资本、直接计入所有者权益的利得和损失、留存收益等。

所有者投入的资本,是指所有者所有投入企业的资本部分,既包括构成企业注册资本或者股本部分的金额,也包括投入资本超过注册资本或者股本部分的金额,即资本溢价或者股本溢价。所以,所有者投入的资本包括实收资本(股本)和资本公积。

直接计入所有者权益的利得和损失,是指不应计入当期损益、会导致所有者权益发生增减变动、与所有者投入资本或者向所有者分配利润无关的利得或者损失。其中,利得是指由企业非日常活动所形成、会导致所有者权益增加、与所有者投入资本无关的经济利益的流入。损失是指由企业非日常活动所发生的、会导致所有者权益减少的、与向所有者分配利润无关的经济利益的流出。

拓展阅读

利得和损失的账务处理原则

在账务处理上,直接计入所有者权益的利得和损失,反映为"资本公积——其他资本公积"账户;除此以外,利得和损失还包括直接计入利润的利得和损失,反映为"营业外收入"账户和"营业外支出"账户。另外,从 2009 年开始,上市公司利润表的"净利润"项目后将增加两行,即"其他综合收益"和"综合收益总额",其中"其他综合收益"项目反映的就是计入所有者权益的利得和损失。因此,是否将"直接计入所有者权益的利得和损失"作为利润的一部分,关键取决于会计准则的选择,没有绝对的对与错,只是一段时期的处理。类似的处理还有接受捐赠利得、债务重组利得的会计处理等。

留存收益是企业历年实现的净利润留存于企业的部分,主要包括计提的盈余公积和未分配利润。

3. 所有者权益的确认条件

所有者权益金额的确定也主要取决于资产和负债的计量。我国并没有对所有者权益制定专门的准则。

(四)收入

1. 收入的定义和特征

收入,是指企业在日常活动中形成、会导致所有者权益增加、与所有者投入资本无关的经济利益的总流入。根据收入的定义,收入具有以下几个方面的特征:

(1)收入是企业在日常活动中形成的。

(2)收入会导致经济利益的流入,该流入不包括所有者投入的资本。

(3)收入最终会导致所有者权益的增加。

收入最终导致所有者权益的增加,但是导致所有者权益增加的并不都是收入,如投资者投入的资本。

2. 收入的确认条件

收入的确认至少应当符合以下条件:

(1)与收入相关的经济利益很可能流入企业。

(2)经济利益流入企业的结果会导致企业资产的增加、负债的减少或者两者兼而有之。

(3)经济利益的流入额能够可靠地计量。

(五)费用

1. 费用的定义和特征

费用，是指企业在日常活动中发生、会导致所有者权益减少、与向所有者分配利润无关的经济利益的总流出。根据费用的定义，费用具有以下几个方面的特征：

(1)费用是企业在日常活动中发生的。

(2)费用最终会导致所有者权益的减少。

(3)费用会导致经济利益的流出，该流出不包括向所有者分配的利润。

2. 费用的确认条件

费用的确认至少应当符合以下条件：

(1)与费用相关的经济利益很可能流出企业。

(2)经济利益流出企业的结果会导致资产的减少、负债的增加或者两者兼而有之。

(3)经济利益的流出额能够可靠地计量。

(六)利润

1. 利润的定义

利润，是指企业在一定会计期间的经营成果。

2. 利润的来源构成

利润包括收入减去费用后的净额、直接计入当期利润的利得和损失等。其中，收入减去费用后的净额反映的是企业日常活动的业绩，直接计入当期利润的利得和损失反映的则是企业非日常活动的业绩(如营业外收入、营业外支出)。直接计入当期利润的利得和损失，是指应当计入当期损益、最终会引起所有者权益发生增减变动、与所有者投入资本或者向所有者分配利润无关的利得或者损失，主要是指营业外收入和营业外支出。

企业应当严格区分收入和利得、费用和损失之间的区别，以便更加全面地反映企业的经营业绩。例如，冰箱厂销售冰箱的收入属于收入，销售生产冰箱的设备取得的收入则不属于日常活动形成的收入，而属于营业外收入，是计入利润的利得和损失。所以，要注意日常活动与非日常活动的区别。

3. 利润的确认条件

利润反映的是收入减去费用、利得减去损失后的净额，因此，利润的确认主要依赖于收入和费用以及利得和损失的确认，其金额的确定也主要取决于收入、费用、利得、损失金额的计量。

六、会计要素的计量

会计要素的计量是指为了在资产负债表和利润表内确认和列示会计要素而确定其金额的过程。这一过程涉及计量属性的选择。可供选择的计量属性包括：

(一)历史成本

历史成本也称实际成本，是指取得或制造某项财产物资时实际所支付的现金或现金等价物的金额，或者承担现时义务的合同金额，或者按照日常活动中为偿还负债预期需要支付的现金或现金等价物的金额计量。

(二)重置成本

重置成本也称现行成本，是指按照当前的市场条件重新取得同样资产所需支付的现金或现金造价物的金额。在重置成本计量下，资产按照现在购买相同或者相似资产所需支付的现金或者现金等价物的金额计量，负债按照现在偿付该项债务所需支付的现金或者现金等价物的金额计量。

(三)可变现净值

可变现净值是指在正常的生产经营过程中，以预计售价减去进一步加工成本和预计销售费用以及相关税费的净值。在可变现净值计量下，资产按照其正常对外销售所能收到现金或者现金等价物的金额扣减该资产至完工时估计将要发生的成本、估计的销售费用以及相关税费后的金额计量。

(四)现值

现值是指对未来现金流量以恰当的折现率进行折现后的价值,是考虑货币时间价值的一种计量属性。在现值计量下,资产按照预计从其持续使用和最终处置中所产生的未来净现金流入量的折现金额计量,负债按照预计期限内需要偿还的未来净现金流出量的折现金额计量。

拓展阅读

货币时间价值的含义以及现值与终值

货币的时间价值又称资金时间价值,是指货币经历一定时间的投资和再投资所增加的价值。在商品经济中,存在这样一种现象:今天你将 100 元钱存入银行,假定利息率为 5%,1 年后的今天,你将会得到 105 元。其中的 100 元是本金,5 元的利息就是这 100 元钱经过 1 年时间的投资所增加的价值,该利息就是货币时间价值。但并非所有货币都具有时间价值,货币具有时间价值的前提条件是货币只有被当作资本投入生产和流通后才能产生增值。

根据马克思的劳动价值理论,在发达的商品经济条件下,资本流通的公式是:$G—W—G$,其中,$G=G+\Delta G$,即原来预付的货币额 G 加上一个增值的货币额 ΔG。处于两端的属于同一性质的货币,若两个货币量完全相等,投资行为就失去了实际意义。所以,资本流通的结果不仅要保持原有资本的价值,而且还要取得更多的价值,即增值。由此可见,货币时间价值的真正来源是工人创造的剩余价值的一部分。

货币的时间价值是客观存在的经济范畴。任何企业的财务活动都是在特定的时空中进行的。离开了时间价值因素,就无法正确计算不同时期的财务收支,也无法正确评价企业的盈亏。因此,货币的时间价值是企业进行财务决策的基础。

在考虑货币时间价值分析资本运动和现金流量时,应明确现值和终值两个基本概念。

现值是指在未来某一时点上的一定数额的资金折合成现在的价值,在商业上俗称"本金",通常记作 P。

终值是指现在一定数额的资金经过一段时期后的价值,在商业上俗称"本利和",通常记作 F。

终值与现值是一定数额的资金在前后两个时点上对应的价值,其差额就是货币时间价值。在现实生活中,计算利息时的本金、本利和相当于货币时间价值理论中的现值和终值。

(五)公允价值

公允价值是指公平交易中,熟悉情况的交易双方自愿进行资产交换或者债务清偿的金额。在公允价值计量模式下,资产和负债按照在公平交易中熟悉情况的交易双方自愿进行资产交换或者债务清偿的金额计量。

内容三　财务会计岗位描述

一、企业财务岗位概述

企业的财务岗位一般是根据企业自身实际情况而设置的。一般来说,小型企业只需设置一个出纳岗和一个会计岗即可。大中型企业则可以根据自身情况设置出纳岗位,财产物资核算岗位,职工薪酬核算岗位,往来核算岗位,收入、费用、利润核算岗位,涉税岗位,所有者权益岗位,总账报表岗位,会计档案管理岗位,稽核岗位,总会计师(或行使总会计师职权)岗位。如果企业是制造业,还可以根据情况开设成本核算岗位。如果企业的固定资产较多,也可以单独设置固定资产核算岗位。总之,企业可以根据自身的情况增减设置岗位数量。此外还应注意以下四点:

(1)医院门诊收费员、住院处收费员、药房收费员、药品库房记账员、商场收费(银)员等所从事的工作均不属于会计岗位。

(2)单位内部审计、社会审计、政府审计工作不属于会计岗位。

(3)会计工作岗位可以一人一岗、一人多岗(但出纳人员不得兼管稽核、会计档案保管和收入、费用、债权债务账目的登记工作)、一岗多人。

(4)注意会计岗位的轮换,它可以是在同一单位让会计人员轮换担任若干种不同财务工作,也可以是会计人员在各单位之间定期进行岗位交换。

二、企业会计岗位的划分

(一)出纳岗位

出纳,顾名思义,"出"即货币资金的支出,"纳"即货币资金的收入。从广义上讲,从事货币资金收支的人员即为出纳,包括会计部门的出纳工作人员,也包括业务部门的各类收款员(收银员);狭义的出纳人员仅指会计部门的出纳人员。出纳岗位是会计基本工作岗位,也往往是刚从事财务工作的人员最先接触的岗位,其工作主要是管理货币资金、票据和有价证券进出。具体来说,出纳是按照有关规定和制度,办理本单位现金收付、银行结算及有关账务,保管库存现金、有价证券、财务印章及有关票据等工作的总称。

出纳岗位涉及现金收付、银行结算等活动,关系到职工个人、单位乃至国家的经济利益,一旦出现差错,便会造成不可挽回的损失。因此,明确出纳人员的职责和权限,是做好出纳工作的基本条件。根据《会计法》《会计基础工作规范》等财会法规,出纳员应具有以下职责:

(1)按照国家有关现金管理和银行结算制度的规定,办理现金收付和银行结算业务。

(2)根据会计制度的规定,在办理现金和银行存款收付业务时,要严格审核有关原始凭证,并据以编制收付款凭证,然后根据审核无误的凭证逐笔顺序登记现金日记账和银行存款日记账,并结出余额。

(3)按照国家外汇管理和结汇、购汇制度的规定及有关批件,办理外汇出纳业务。

(4)掌握银行存款余额,不得签发空头支票,不得出租、出借银行账户为其他单位办理结算业务。

(5)保证库存现金和各种有价证券的安全与完整,保管好有关印章、空白收据和空白支票。

(二)财产物资岗位

财产物资是企业重要的资产,是企业生存的基础。财产物资核算岗位是细致、规范、系统、科学的管理工作岗位,与企业的生产、销售息息相关,进而影响到企业的经济效益。对于从事此项工作岗位的会计人员来说,要正确、及时处理各项财产物资的增减变动,提供准确、可靠的信息,为库存管理、成本管理提供坚实的基础,这是工作的重点。

财产物资岗位的职责主要包括以下几点:

(1)会同有关部门拟订财产物资核算与管理实施办法,并执行。

(2)按规定审查采购计划,控制采购成本,并及时办理固定资产新增手续,建立固定资产卡片,协同物资管理部门建卡入账;做到账账相符、账实相符。

(3)参与财产物资的清查,处理清查账务,制定财产物资的调转和报废制度,对调转和报废的财产物资要及时进行清理。

(4)负责对材料购入、领用、数量及金额进行核算,准确登记材料明细账,及时同保管人员对账。

(5)定期收回材料保管账并及时归档,及时编制固定资产报表及统计资料。

(6)熟练掌握各类物资、设备的技术性能,定期或不定期地进行维护保养,保证各类物资、设备的完好,并做好财产物资的防盗、防潮、防尘、防腐工作。注意分析储备情况,防止呆滞积压,对于超过正常储备和长期积压的财产物资,要分析原因,提出处理意见,督促相关部门处理。

(三)职工薪酬核算岗位

职工薪酬核算岗位是企业重要的会计岗位之一。为了做好职工薪酬的核算工作,企业单位的会计机构可以按照岗位责任制的要求设置职工薪酬核算岗位。若企业职工人数较多,可以配置专门核算人员,也可聘任兼职人员参与相关工作,但必须遵守不相容职务分离的原则。

职工薪酬核算岗位的职责主要包括以下几点:

(1)严格按照本单位工资、奖金核算办法支付工资和各种奖金,定期组织工资发放。

(2)每月根据考勤表或计件工资统计表,依据出勤天数、岗位标准、各种补贴和奖金分配方案等有关内容,正确编制工资结算表,并办理代扣各种款项。

(3)依据国家规定正确提取职工福利费、职工教育经费、工会经费等有关费用,并进行账务处理。

(4)按照工资支付对象和成本核算的要求,编制工资费用分配表,向有关部门提供工资分配的明细资料,并进行工资分配账务处理。

(四)往来核算岗位

一般企业的往来业务非常频繁,核算工作量不但大而且繁琐,容易出现问题,所以往来核算会计是企业会计工作的一个重要岗位。这就要求相关会计人员不仅要经过一定的理论学习与职业教育,明确往来核算岗位的岗位职责与权限,而且能够及时、准确地核算往来业务,为往来的债权债务提供准确无误的数字,减少不必要的损失。

往来核算岗位的职责主要包括以下几点:

(1)建立往来款项结算手续制度。

(2)根据银行存款凭条、各项费用单据,及时、准确无误地做好收付、转账记录。

(3)仓库送交的入库单、销售单、退货单、调拨单等,要按时、按规定进行折扣审核并记账。

(4)根据销售单、退货单、调拨单等编制记账凭证,及时提供、分析客户欠款情况并处理应收款项的疑难问题,有效控制应收账款的坏账损失,提高回款率。

(5)月末对账工作必须按时完成,打印客户对账单并发送至客户,要求客户确认回传。

(6)对客户应收、已收的各项保证金要严格管理,不得少收或不收,要主动、及时做好订金的转款工作。

(五)收入、费用、利润核算岗位

企业的生存靠的是赚取利润,利润的取得依赖于收入的实现,而要想获得收入,就必须要有投入,即费用成本的支出。该岗位对会计人员综合素质的要求较高,不但要正确界定各项收入,还要区分三大期间费用,能够准确核算企业的利润,为管理者提供必要的决策数据。

收入、费用、利润核算岗位的职责主要包括以下几点:

(1)负责编制收入、费用、利润计划,严格控制费用支出。

(2)办理销售款项结算业务。

(3)负责收入、费用、利润的明细核算。

(4)负责利润分配的明细核算。

(5)编制收入和利润报表。

(6)协助有关部门对产成品进行清查盘点。

（六）涉税岗位

涉税岗位是集税法与会计为一体、实践性非常强的岗位。正确计算和缴纳相关税款，是保证国家财政收入的需要，也是企业健康成长的重要保证。企业涉税岗位工作人员主要负责公司涉税业务的核算和管理，各种发票的领取、使用及保管，各项统计报表的填报等工作。

涉税岗位的职责主要包括以下几点：

(1)负责增值税发票、普通发票等各种发票的领购、保管，按规定及时登记发票领购簿。

(2)正确、及时开具增值税发票、普通发票。对异地纳税，要开出外出经营活动证明，并做登记备查。

(3)严格对各种发票特别是增值税专用发票进行审核，及时进行发票认证。

(4)规范本地、异地各项涉税事项的核算、管理流程，对发现的问题及时反映。

(5)负责编制国税、地税需要的各种报表，每月按时进行纳税申报，用好税收政策，规避企业涉税风险，依法纳税；负责减免税、退税的申报。

(6)做好统计工作，填报公司涉税的各种统计报表。

(7)负责主营业务税金及附加、应交税费、所得税账户凭证填制及明细账登记、核对。

(8)负责记账凭证的及时装订，税务相关资料的装订存档。

(9)每月对纳税申报、税负情况进行综合分析，提出合理化建议。

（七）所有者权益岗位

这一工作岗位与其他会计岗位相比工作量不大，业务也比较简单，主要涉及接受投资、利润分配等业务。

所有者权益岗位的职责主要包括以下几点：

(1)负责不同出资方式下实收资本(或股本)及其增减变动的核算。

(2)负责资本溢价(或股本溢价)、其他资本公积的核算。

(3)负责盈余公积的提取和使用的核算。

(4)负责未分配利润的核算。

（八）总账报表岗位

企业财务报表是企业财务会计确认与计量的最终结果体现，是综合性最强的会计资料。由于报表内部、报表之间存在勾稽关系，而且编制报表涉及大量的财务信息，所以要求岗位人员必须熟练掌握会计报表的编制工作。

总账报表岗位的职责主要包括以下几点：

(1)负责登记总账。

(2)负责编制资产负债表、利润表、现金流量表等有关财务会计报表。

(3)负责管理会计凭证和财务会计报表。

（九）会计档案管理岗位

对于会计档案管理岗位，在会计档案正式移交之前，属于会计岗位；正式移交档案管理部门之后，不再属于会计岗位。档案管理部门人员管理会计档案，不属于会计岗位。

（十）稽核岗位

稽核是稽查和复核的简称。会计稽核是会计机构本身对于会计核算工作进行的一种自我检查或审核工作。建立会计机构内部稽核制度，其目的在于防止会计核算工作上的差错和有关人员的舞弊。稽核岗位是规范会计行为、提高会计资料质量的重要保证。

稽查岗位的职责主要包括以下几点：

(1)审查财务成本计划。

(2)审查各项财务收支。

(3)复核会计凭证和财务会计报表。

(十一)总会计师岗位

总会计师组织领导本单位的财务管理、成本管理、预算管理、会计核算和会计监督等方面的工作,参与本单位重要经济问题的分析和决策。

总会计师岗位的职责主要包括以下几点:

(1)编制和执行预算、财务收支计划、信贷计划,拟订资金筹措和使用方案,开辟财源,有效地使用资金。

(2)进行成本费用预测、计划、控制、核算、分析和考核,督促本单位有关部门降低消耗,节约费用,提高经济效益。

(3)建立、健全经济核算制度,利用财务会计资料进行经济活动分析。

(4)负责对本单位财会机构的设置和会计人员的配备、会计专业职务的设置和聘任提出方案;组织会计人员的业务培训和考核;支持会计人员依法行使职权。

(5)协助单位主要行政领导人对企业的生产经营、行政事业单位的业务发展以及基本建设投资等问题作出决策。

(6)参与新产品开发、技术改造、科技研究、商品(劳务)价格和工资奖金等方案的制定,参与重大经济合同和经济协议的研究、审查。

(7)承办单位主要行政领导人交办的其他工作。

内容四　本书知识结构与学习建议

一、本书的知识结构

全书共分为四个部分(见图0—4):

第一部分:导入

第二部分:资产负债表要素的确认、计量与披露(项目一至项目十)

第三部分:利润表要素的确认、计量与披露(项目十一)

第四部分:财务报表的编制与披露(项目十二)

第一部分导入主要涉及新中国会计制度的发展历程、会计规范体系、财务会计基本理论和主要岗位介绍等。本部分的重点是会计基本理论,包括财务会计目标、财务会计假设、财务会计信息质量要求、会计要素的确认和计量等。第二、第三部分是对基本会计要素确认、计量和报告的阐述,包括资产负债表要素(资产、负债、所有者权益)和利润表要素(收入、费用和利润)。这是应重点掌握的业务技能,因为资产计价与收益计量是财务会计的两大核心,而资产计价又决定了收益的计量,六大要素中资产要素是重点,书中共涉及其七大项目专题。第四部分讨论了财务报告,包括这一会计最终产品的编制基础和相关政策说明等内容。

二、本书的学习建议

《财务会计实务》课程是会计专业最核心的课程,要学好该课程,应把握以下几个方面:

(一)课程学习要求

通过本课程的学习,要求学生基本掌握企业会计实务中的基本理论、企业财务核算的内容和方法,对企业经营管理过程中所涉及的各类资产、负债、所有者权益及损益在确认、计量、报告与披露等方面的内容全面掌握,能够基本把握和应用企业会计基本准则和有关具体准则中的要求,达到学以致用的目标。

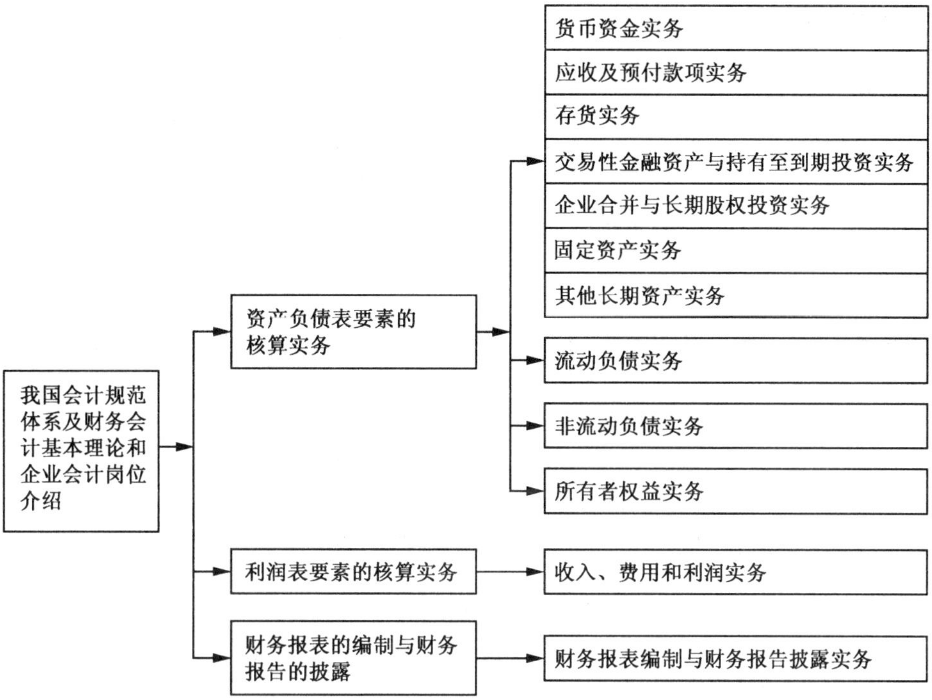

图 0—4　本书的知识结构

(二)课程学习难点

财务会计的核心内容是确认、计量、报告,学习的难点自然是如何把握确认的合理性、计量的准确性和报告与披露的真实性。而确认的合理性的难点在于不同的经济事项发生时其依据在哪里、为什么;计量的准确性的难点在于有哪些计量方法,这些不同的计量方法到底如何采用;报告与披露的真实性的难点在于如何报告、如何披露,如何才能真实、全面、系统地向有关信息使用者报告、披露。

(三)课程学习特点

《财务会计实务》这门课程是会计专业最核心的课程,《会计学原理》是其前奏,《高级会计学》是其延伸,学好这门课程是会计专业学生最重要的任务。该课程在学习过程中的特点主要有三个方面:一是核算内容基本上涵盖了企业经营管理的全过程,故学习时要把握系统性、全面性,点、面结合;二是课程的内容许多方面是关联的,如销售循环牵涉到收入确认、税金计算、货币资金核算和应收账款处理,故学习时要把握好相关性;三是密切联系最新企业会计准则的制定及修订,在学习课程相关的章节时应对照相应的准则,故学习时要把握好应用性。

(四)如何学习本课程

本课程内容十分丰富,要学好本课程难度相当大。因此,学习时要做到三个结合:一是点、面结合,即在学好各章节内容的基础上,将会计循环的概念根植于其中,相关章节的相关内容要融会贯通、前后联络,不能独立地学习;二是教材与准则相结合,即把教材的内容与已经颁布的各相应的会计准则结合起来,充分体现财务会计这门应用性特别强的课程的学习特点,不能死啃书本;三是课程学习与练习相结合,既要充分把握好课程的理论与方法,也要通过适量的实务训练,掌握财务会计核算的应用性。

内容自测

一、判断题

(1)根据国家统一的会计制度的要求,从本期开始对长期股权投资提取减值准备,符合会计信息质量可比性要求。 ( )

(2)费用的流出包括向所有者分配的利润。 ( )

(3)谨慎性原则要求企业在对交易或者事项进行会计确认、计量和报告时应当保持应有的谨慎,应充分估计资产和收益。 ( )

(4)如果可以判断企业不能持续经营,仍可以持续经营为基本假设编制财务报告。 ( )

(5)可靠性原则要求企业应当在符合重要性和成本效益原则的前提下,保证会计信息的完整性,其中包括编报的报表及其附注内容等应当保持完整,不能随意遗漏或者减少应予披露的信息,与使用者决策相关的有用信息都应当充分披露。 ( )

(6)满足会计信息可比性的要求,就要求企业不能变更会计政策。 ( )

(7)实质重于形式原则要求企业应当按照交易或者事项的经济实质进行会计确认、计量和报告,不应仅以交易或者事项的法律形式为依据。 ( )

(8)工业企业处置固定资产的收入构成企业的收入。 ( )

(9)金额较大的会计信息是重要的,而金额较小的会计信息是不重要的。 ( )

(10)收入最终会导致所有者权益的增加。 ( )

(11)我国会计实务中会计要素的计量属性只有历史成本。 ( )

(12)“资产=负债+所有者权益”等式反映了企业特定时点的财务状况,它是编制资产负债表的基础。 ( )

(13)财务会计报告的目标是满足国家宏观经济管理的需要。 ( )

(14)企业在一定期间发生亏损,则企业在这一会计期间的所有者权益一定减少。 ( )

(15)符合资产定义的项目,应当列入资产负债表。 ( )

二、单项选择题

(1)资产按照现在购买相同或者相似资产所需支付的现金或现金等价物的金额计量,是( )会计计量属性。

A. 历史成本　B. 重置成本　C. 可变现净值　D. 公允价值

(2)企业对于重要的前期差错,应采用追溯重述法更正,这体现的是( )要求。

A. 可比性　B. 重要性　C. 客观性　D. 明晰性

(3)以下不属于企业资产的有( )。

A. 经营租入的固定资产　B. 融资租入的固定资产

C. 存货　D. 企业申请的专利

(4)下列有关会计主体的表述中,不正确的是( )。

A. 会计主体可以是营利组织,也可以是非营利组织

B. 会计主体与法律主体是完全一致的

C. 企业的经济活动应与投资者的经济活动相区分

D. 会计主体可以是独立的法人,也可以是非法人

(5)下列说法中,体现了可比性要求的是( )。

A. 核算发出存货的计价方法一经确定,不得随意改变;如有变更,需在财务报告中作出说明

B. 对有的资产、负债采用公允价值计量

C. 对融资租入的固定资产视同自有固定资产

D. 期末对存货采用成本与可变现净值孰低法计价

(6)企业将劳动资料划分为固定资产和低值易耗品，是基于( )会计核算质量要求。

A. 可比性 B. 谨慎性 C. 可理解性 D. 重要性

(7)某企业将预收的货款记入“预收账款”账户，在收到款项的当期不确认收入，而在实际发出商品时确认收入，这主要体现的会计基本假设是( )。

A. 持续经营 B. 会计分期 C. 会计主体 D. 货币计量

(8)企业提供的会计信息应有助于财务会计报告使用者对企业过去、现在或者未来的情况作出评价或者预测，这体现的会计核算质量要求是( )。

A. 相关性 B. 可靠性 C. 可理解性 D. 可比性

(9)企业将融资租入固定资产按自有固定资产的折旧方法计提折旧，遵循的是( )会计核算质量要求。

A. 可比性 B. 重要性 C. 相关性 D. 实质重于形式

(10)不得将投资者个人支出记入企业账户，依据的是( )假设。

A. 会计主体 B. 会计分期 C. 持续经营 D. 货币计量

(11)下列表述中，不符合会计信息质量要求的有( )。

A. 会计核算方法一经确定，不得随意改变

B. 会计核算应当及时进行，不得提前或延后

C. 会计核算应当仅反映交易或事项的法律形式

D. 会计核算应当以实际发生的交易或事项为依据

(12)下列关于会计要素的确认的说法中，不正确的是( )。

A. 会计要素确认的条件之一是与该项目有关的经济利益很可能流入或流出企业

B. 如果公司所售的商品符合合同要求，没有其他例外情况发生，公司能够在未来某一时点完全收回款项，则表明该项应收账款所包含的经济利益很可能流入企业

C. 若某项目有关的经济利益能够可靠地计量，则意味着该项目不需要进行估计

D. 商誉不应作为无形资产核算

(13)下列会计处理符合会计信息质量可比性要求的有( )。

A. 核算发出存货的计价方法一经确定，不得随意更改；如有变更，需在财务报告中作出说明

B. 企业为了调节利润多计提资产减值准备

C. 企业为了完成利润计划，将收入确认的方法由完工百分比法改为完成合同法

D. 企业为了避免3年连续亏损，将固定资产折旧方法由原来的直线法改为年数总和法

(14)企业销售货物或提供应税劳务时，应收取的增值税额属于( )会计要素。

A. 资产 B. 负债 C. 收入 D. 费用

(15)下列各项中，不属于反映企业财务状况的会计要素的是( )。

A. 所有者权益 B. 负债 C. 利润 D. 资产

三、多项选择题

(1)下列组织中，可以作为一个会计主体进行核算的有( )。

A. 母公司 B. 非单独核算的分公司

C. 独立核算的销售门市部 D. 学校

(2)下列各项中，不符合资产会计要素定义的是( )。

A. 计划购买的原材料 B. 待处理财产损失

C. 委托加工物资 D. 预收款项

(3)下列业务事项中，可以引起资产和负债同时变化的有( )。

A. 计提无形资产减值准备 B. 赊购原材料

C. 计提长期借款利息(可资本化) D. 到期支付应付票据金额

(4)以下事项中,属于企业收入的是(　　)。

A. 销售商品所取得的收入
B. 提供劳务所取得的收入
C. 出售无形资产的经济利益流入
D. 出租机器设备取得的收入

(5)以下属于企业资产的有(　　)。

A. 经营租入的固定资产
B. 融资租入的固定资产
C. 企业申请的专利
D. 持有至到期投资

(6)在有不确定因素情况下作出判断时,下列事项符合谨慎性做法的是(　　)。

A. 合理估计可能发生的损失和费用
B. 充分估计可能取得的收益和利润
C. 不要高估资产和预计收益
D. 设置秘密准备

(7)会计计量属性包括(　　)。

A. 历史成本
B. 重置成本
C. 可变现净值
D. 现值
E. 公允价值

(8)在确认资产要素时,应满足的条件有(　　)。

A. 符合资产要素定义
B. 经济利益很可能流入企业
C. 成本或价值能够可靠计量
D. 符合历史成本原则

(9)财务报告使用者包括(　　)。

A. 投资者
B. 债权人
C. 政府
D. 社会公众

(10)下列各项中,属于会计信息质量要求的有(　　)。

A. 会计核算方法一经确定,不得随意变更
B. 会计核算应当注意交易或事项的实质
C. 会计核算应当以实际发生的交易或事项为依据
D. 会计核算应当以权责发生制为依据

项目一　货币资金

项目分解

项目一　货币资金
- 任务一　货币资金的管理与控制
- 任务二　库存现金的核算业务
- 任务三　银行存款的核算业务
- 任务四　其他货币资金的核算业务

技能目标

完成学习任务后，应该掌握如下技能：

1. 较好地理解货币资金的管理和内部控制制度。
2. 掌握库存现金收支业务的核算方法以及库存现金的清查方法。
3. 掌握银行存款收支业务的核算方法以及银行对账的处理方法。
4. 熟悉其他货币资金的收支核算方法。
5. 了解货币资金列报的主要关注点和披露的重要性。

导学案例

巨额银行存款不翼而飞：问题出在哪里？

2005 年 1 月 4 日，东北高速股份有限公司（以下简称东北高速）的领导、财务部经理和出纳员去中国银行河松街支行对账。河松街支行出具了该公司截至 2004 年 12 月 31 日电脑打印的银行对账单，对账单结果显示，公司两个账户应有的近 3 亿元存款余额只剩下 7 万多元，其余存款去向不明。此外，东北高速子公司——黑龙江东高投资开发有限公司存于该行的 530 万元资金也去向不明。与此同时，河松街支行行长高山也神秘"失踪"。东北高速随即向警方报案，并于 2005 年 1 月 17 日向吉林省高级人民法院递交了民事起诉状，请求被告中国银行哈尔滨分行河松街支行立即支付原告在被告处的存款 293 303 076.65 元人民币及利息。

经过调查，警方发现，此案10亿元资金涉及东北高速在哈尔滨河松街支行的两个账户中共计近3亿元存款余额；东北高速子公司——黑龙江东高投资开发有限公司存于该行的530万元资金；黑龙江辰能哈工大高科技风险投资有限公司所存的3亿余元资金；黑龙江社保局1.8亿元资金；同时，东高投资存在大庆市农业银行的履约保证金2 427.98万元亦被悉数卷走。事后查明，该行行长高山以“跳票”“飞单”的形式，利用高息获得巨额存款，在休眠期串通世纪绿洲系企业的实际控制人李东哲，通过地下钱庄将超过10亿元的资金汇往国外，并顺利出境。

问题：上市公司银行存款不翼而飞反映了什么问题?

资料来源：《巨额银行存款不翼而飞的内控教训和启示》，《中国会计报》，2011年5月27日。

货币资金是指企业在生产经营过程中直接以货币形态存在的资产。从内容上看，主要包括库存现金、银行存款和其他货币资金。在流动资产中，货币资金的流动性最强，并且是唯一能够直接转化为其他任何资产形态的流动资产，最能代表企业的现实购买力水平，同时也是分析判断企业偿债能力与支付能力的重要指标。

货币资金既是资本运动的起点，又是资本运动的终点，在流转资金的循环周转中起着纽带作用。如果货币资金流转不畅，企业的生产经营活动就会停滞不前。因此，为了保障企业生产经营活动的正常运行，企业必须拥有一定数量的货币资金，以便购买商品或劳务、支付费用和工资、偿还债务等。但也正是由于货币资金具有高度的流动性和风险性，单位在组织会计核算的过程中，必须要加强货币资金的控制与核算，以确保单位资产安全完整，提高资金周转速度和使用效益。

任务一　货币资金的管理与控制

一、货币资金管理的目的

现金流对于企业，就像是人体的血液，只有血液充足、流动顺畅，人体才会健康。因此，企业要保证“血液”在体内的循环顺畅，就必须重视货币资金的管理。其主要管理目的有以下四个方面：

(1)保证货币资金的安全性。通过良好的内部控制，确保企业库存现金安全，预防被盗窃、诈骗和挪用。

(2)保证货币资金的完整性。即检查企业收到的货币是否已全部入账，预防私设“小金库”等侵占企业收入的违法行为出现。

(3)保证货币资金的合法性。即检查货币资金的取得、使用是否符合国家财经法规，手续是否齐备。

(4)保证货币资金的效益性。即合理调度货币资金，使其发挥最大的效益。货币资金虽然不能直接为企业带来效益，但保存过多的货币资金，实际上意味着企业资金的潜在效益损失，这种损失就是机会成本。

拓展阅读

员工卷款跑路，谁的错?

2011年8月26日，晋中石化任命的头牌客户经理、销售状元吴波卷购油款上千万元“跑路”，晋中石化公司至今既不报案，对众多买油客户也不给交代。就此事，记者致电晋中石化，员工称：

"此人已离职,无法联系,公司已经报案,具体不清楚。"对此很多人也提出一连串疑问:"328 万元是计入成本还是内部消化?甚至是要转嫁到广大的消费者身上?而对于客户损失的购油款却置之不理,这是何种作为?又将做何种解释?"

对于上述问题,一位不愿意透露姓名的行业人士表示:"无论如何,能让客户经理触碰到巨额资金并卷款潜逃,这已经表明公司内部资金管理中存在很大的疏漏,值得引起注意和反思。"

资料来源:中国经营网,2012 年 2 月 1 日。

对此事件,企业应当引以为戒,重视货币资金的管理,建立一套完善而严密的货币资金内部控制制度,并加以有效执行,以保护货币资金的安全和完整。

二、货币资金内部控制制度

(一)货币资金内部控制制度的基本要求

货币资金内部控制制度是企业重要的内部管理制度,是指处理各种业务活动时,依照分工的原则在有关人员之间建立的相互联系、相互制约的管理体系。货币资金收支业务的内部控制,是整个内部控制制度设计的关键。它要求:(1)实现钱账分管,出纳员不得负责总账的记录。(2)各种收付款业务均应集中于出纳部门办理。(3)现金收入和支出应立即记账,定期或不定期检查现金记账情况并进行账务核对。(4)一切货币资金收入,都要入账。(5)银行存款收付业务必须定期核对,并由出纳员以外的人员编制或审核银行调节表。(6)库存现金除日常周转需用外应每日解交银行,库存现金必须存放保险柜。(7)发票与收据必须按编号顺序使用,领用空白发票(银行票据)和收据必须进行登记。(8)支票签发必须由出纳员和财务负责人两人以上负责并签字,并应设置支票签发登记簿进行记录,空白支票不得签名盖章。(9)所有付款业务只有经过审核批准后方可支付办理。(10)一切收付款必须凭证齐全,收付业务完成后必须加盖收讫和(或)付讫的印章。(11)所有与现金或银行存款收付业务有关的人员都必须签字,以备追溯责任。(12)出纳员在每天工作结束时要清点现金、核对账目,主管部门应进行不定期检查。

(二)货币资金内部控制制度的主要内容

企业建立的货币资金内部控制制度的具体内容,因企业规模大小和货币资金收支量多少有所不同,但一般应包括以下几项主要内容:

1. 职责分工和职权分离制度

货币资金收支应由出纳人员和会计人员分工负责、分别办理,职责分明、职权分离。企业内部应建立钱账分离、相互制约的内部牵制制度。不允许单独一个人自始至终地操纵和处理一笔业务的全过程,必须在各部门之间建立明确合理的分工。会计不得兼任出纳;出纳不得兼任稽核、会计档案保管,不得兼管收入、费用、债券债务账目的登记工作。

2. 授权和批准制度

所有货币资金的经济活动必须按权限进行调查批准。单位各级工作人员,必须经过授权和批准,才能对有关的经济业务进行处理;未经授权和批准,不允许接触这些业务。这一控制方式使某些事件在发生时就能得到控制。

3. 内部记录和核对制度

所有货币资金的经济业务必须按会计制度规定进行记录,且各种收付款业务应集中到会计部门办理,任何部门和个人不得擅自出具收款或付款凭证。

出纳员要自觉进行经常性的对账工作。内审人员应负责收支凭证和账目的定期审计、现金的突击盘点及银行账的定期核对工作。

4. 安全制度

对货币资金须有健全的保护措施,由专人负责保管,由专人进行内部监督。货币资金收付和保管只能由出纳员负责,其他任何人员(包括单位负责人)非经单位领导集体特别授权,不得接触货币资金。出纳员应对购入票证及时登记、统一编号、妥善保管。开具时必须按编号顺序连续使用,对已经使用和作废的支票要在登记簿上作详细记录,作废票证应加盖"作废"章,全份保存,并详细登记,由领用人员签名作证。银行预留印鉴分别由两人掌管,财务专用章由出纳员保管,公司总经理私章由财务部指定专人保管。

5. 严密的收支凭证和传递手续

货币资金的收支事项,均应有一定的收支凭证和传递手续,使各项业务按正常渠道运行。每笔收款都要开票;每笔支出都应有单位负责人审批、会计主管审核、会计人员复核;尽可能使用转账结算,现金结算的款项应及时送存银行。出纳员收妥每笔款项后应在收款凭证上加盖"收讫"章;支付每一笔款项都应以健全的凭证和完备的审批手续为依据,付款后,须在付款凭证上加盖"付讫"章。

6. 严格执行规章制度

严格执行国务院颁布的《现金管理暂行条例》,严格执行《银行结算制度》。建立对货币资金业务的监督检查制度,明确监督检查机构或人员的职责权限,定期和不定期地进行检查。

(三)货币资金内部控制制度的要点

由于货币资金流动性最强,也最易被经管人员挪用或侵占,为了减少差错的发生和营私舞弊的机会,企业需要建立一套完善的货币资金内部控制制度。其要点如下:

1. 不相容职务相互分离控制

单位应建立严格的组织分工和货币资金业务的岗位责任制,使不相容岗位和职务之间能够相互监督、相互制约,形成有效的制衡机制。即不能由一个人办理货币资金业务的全过程,应该相互分离、相互制约,不能一人多岗、身兼数职。

2. 依靠规范的操作程序和严格的控制

任何货币资金的收付都应按其业务规律建立管理手续制度。内部财务控制就是要使这一审批手续规范化、制度化,以减少某些不必要的开支,并揭示出与货币资金业务有关的其他业务在内部控制方面的薄弱环节。

3. 对现金收支业务审批权限控制

单位应当对货币资金业务建立严格的授权批准制度,明确规定涉及会计及相关工作的授权批准方式、范围、权限、程序、责任等相关控制措施,规定经办人办理货币资金业务的职责范围和工作要求。单位内部的各级管理者必须在授权范围内行使职权和承担责任,经办人员也必须在授权范围内办理业务。

4. 对货币资金的安全性控制

对货币资金的安全性控制可通过库存现金限额控制。库存现金额不得超过规定的限额,超过限额的货币资金应送存银行,可降低货币资金被盗风险,还能高度集中货币资金,统筹使用;会计主管人员应对库存现金进行定期或不定期的检查及盘点,以确保单位资产安全。

5. 对银行账户、票据控制

严格按规定开立银行账户、办理存款和结算,不得出借账户;应定期检查、清理银行账户的开立和使用情况,及时发现问题并处理。指定专人定期核对银行存款余额;对背书转让票据,应有原始记录或复印件;不准签发空头或远期支票。加强票据管理,明确各种票据购买、保管、领用、背书转让、注销等环节的职责权限,并专设登记簿进行记录,防止空白票据的遗失和被盗用;备查簿需作会计档案管理。

6. 建立内部稽核制度的控制

实行内部稽核制度，以加强对货币资金的管理和监督，及时发现和纠正货币资金在处理过程中出现的问题。

7. 内部报告制度的控制

这种控制方法要求各单位建立和完善内部报告制度，全面反映单位的经济活动情况，及时提供业务活动中的重要信息，增强内部管理的实效性和针对性。在货币资金控制环节适时运用内部报告控制方法十分重要，应切实发挥好内部报告控制方法的作用。

三、库存现金的管理

库存现金是企业流动性最强的一种货币性资产，因此，保证库存现金的安全并加强库存现金的管理是库存现金管理的首要目标。体现在会计实务上，就是要求做到现金的账面数额与实存数额日日相符。为此，企业应当依照《现金管理暂行条例》等相关制度的规定对库存现金进行管理。

（一）现金的使用范围

根据国家现金管理制度和结算制度的规定，企业收支的各种款项必须按照国务院颁发的《现金管理暂行条例》的规定办理，在规定的范围内使用现金。主要包括：(1)职工工资、津贴；(2)个人劳务报酬；(3)根据国家规定颁发给个人的科学技术、文化艺术、体育等各种奖金；(4)各种劳保、福利费用以及国家规定的对个人的其他支出；(5)向个人收购农副产品和其他物资的价款；(6)出差人员必须随身携带的差旅费；(7)零星支出；(8)中国人民银行确定需要支付现金的其他支出。属于上述现金结算范围的支出，企业可以根据需要向银行提取现金支付；不属于上述现金结算范围的款项支付，一律通过银行进行转账结算。

（二）库存现金的限额

库存现金限额是指为保证各单位日常零星支出，按规定允许留存现金的最高数额。库存现金的限额，由开户银行根据开户单位的实际需要和距离银行远近等情况核定。其限额一般按照单位3～5天日常零星开支所需现金确定。远离银行或交通不便的企业，银行最多可以根据企业15天的正常开支需要量来核定库存现金的限额。正常开支需要量不包括企业每月发放工资和不定期差旅费等大额现金支出。库存限额一经核定，要求企业必须严格遵守，不能任意超过，超过限额的现金应及时存入银行；库存现金低于限额时，可以签发现金支票从银行提取现金，补足限额。

（三）现金收支的管理规定

企业应当按照中国人民银行的现金管理办法和财政部关于各单位货币资金管理和控制的规定，办理有关现金收支业务。办理现金收支业务时，应当遵守以下几项规定：

(1)企业现金收入应于当日送存开户银行。当日送存有困难的，由开户银行确定送存时间。

(2)企业支付现金，可以从本企业库存现金限额中支付或者从开户银行提取，不得从本企业的现金收入中直接支付(即坐支)。因特殊情况需要坐支现金的，应当事先报经开户银行审查批准，由开户银行核定坐支范围和限额。企业应定期向银行报送坐支金额和使用情况。

(3)企业从开户银行提取现金，应当写明用途，由本单位财会部门负责人签字盖章，经开户银行审核后，予以支付现金。

(4)企业因采购地点不固定、交通不便以及其他特殊情况必须使用现金的，应向开户银行提出申请，经开户银行审核后，予以支付现金。

(5)不准用不符合制度的凭证顶替库存现金，即不得“白条顶库”；不准谎报用途套取现金；不准用银行账户代其他单位和个人存入或支取现金；不准将单位收入的现金以个人名义存储；不准保留账外公款；不准设置“小金库”等。

银行对于违反上述规定的企业，将按照违规金额的一定比例予以处罚。

拓展阅读

出纳业务术语——坐支

所谓"坐支",是指企事业单位等从本单位的现金收入中直接用于现金支出。

会计上讲究收支两条线。收到的现金直接支付属于坐支现金,因为按规定所有收到的现金当日需要存入银行。支出现金用到的现金是你从银行提出来的,不是直接收到的。如果收支发生在不同日期,相信你也就没有疑问了。例如,你2号收到100元,当日支出50元,1号库存现金10元。按要求你要去银行存入100元,提取40元,最后支出50元,如果要留备用金,还可以多提一点。

当然,坐支也不是一律都禁止的。例如,医院以收入款项退还病人的住院押金、伙食费及支付输血费等。

(四)库存现金账目管理

企业必须建立、健全库存现金账目,除设置库存现金总分类账对现金进行总分类核算以外,还必须设置库存现金日记账进行库存现金的明细核算,逐笔登记现金收入和支出,做到账目日清月结、账实相符。

四、银行存款的管理

银行存款就是企业存放在银行或其他金融机构的货币资金。按照国家有关规定,凡是独立核算的单位都必须在当地银行开设账户。企业在银行开设账户后,除按核定的限额保留库存现金外,超过限额的现金必须存入银行;除了在规定范围内可以用现金直接支付的款项外,在经营过程中发生的一切货币收支业务,都必须通过银行存款账户进行结算。

(一)银行存款开户的有关规定

按照我国《支付结算办法》的规定,企业应在银行开立账户,办理存款、取款和转账等结算。企业在银行开立人民币存款账户,必须遵守中国人民银行《银行账户管理办法》的各项规定。企业开立账户,依据其不同的用途可以分为基本存款账户、一般存款账户、临时存款账户和专用存款账户。其中,基本存款账户是企业办理日常结算和现金收付的账户,企业的工资、奖金等现金的支取,只能通过基本存款账户办理;一般存款账户是企业在基本存款账户以外的银行借款转存,与基本存款账户的企业不在同一地点的附属非独立核算单位的账户,企业可以通过本账户办理转账结算和现金缴存,但不能办理现金支取;临时存款账户是企业因临时经营活动需要开立的账户,企业可以通过本账户办理转账结算和根据国家现金管理的规定办理现金收付;专用存款账户是企业因特定用途需要开立的账户。一个企业只能选择一家银行的一个营业机构开立一个基本存款账户,不得在多家银行机构开立基本存款账户;不得在同一家银行的几个分支机构开立一般存款账户。

拓展阅读

银行账户的开立与使用

表 1—1

账 户	是否需经中国人民银行核准	能否存入现金	能否支取现金
基本存款账户	核准	可以	可以
一般存款账户	备案	可以	不能
专用存款账户	(1)预算单位专用存款账户、QFII 专用存款账户:核准 (2)其他:备案	不同账户规定不同	不同账户规定不同
临时存款账户	核准(因注册验资和增资验资的除外)	可以	可以

(二)银行结算纪律

企业通过银行办理支付结算时,应当认真执行国家各项管理办法和结算制度。中国人民银行于 1997 年 9 月 19 日颁布的《支付结算办法》规定:单位和个人办理支付结算,不准签发没有资金保证的票据或远期支票,套取银行信用;不准签发、取得和转让没有真实交易和债权债务的票据,套取银行和他人资金;不准无理拒绝付款,任意占用他人资金;不准违反规定开立和使用账户。

(三)银行结算方式

企业日常大量的与其他企业或个人的经济业务往来,都是通过银行结算的,银行是社会经济活动中各项资金流转清算的中心。为了保证银行结算业务的正常开展,使社会经济活动中各项资金得以通畅流转,根据《中华人民共和国票据法》和《票据管理实施办法》,中国人民银行总行对银行结算办法进行了全面的修改、完善,形成了《支付结算办法》(以下简称《办法》),并于 1997 年 9 月 19 日颁布,自同年 12 月 1 日起施行。

《办法》规定,企业目前可以选择使用的票据结算工具主要包括银行汇票、银行本票、商业汇票和支票等,可以选择使用的结算方式主要包括汇兑、委托收款和托收承付三种结算方式,还包括信用卡。另外还有一种国际贸易间采用的结算方式——信用证结算方式。

1. 银行汇票

银行汇票是汇款人将款项交存当地出票银行,由出票银行签发的,由其在见票时,按照实际结算金额无条件支付给收款人或持票人的票据。它具有使用较为灵活、票随人到、兑现性强等特点,适用于先收款后发货或钱货两清的商品交易。单位和个人的各种款项结算,均可使用银行汇票。银行汇票的收款人也可以将银行汇票背书转让给他人。

2. 银行本票

银行本票是银行签发的,承诺自己在见票时无条件支付确定的金额给收款人或者持票人的票据,具有信誉高、支付功能强等特点。银行本票可根据需要在票据交换区域内背书转让。

3. 商业汇票

商业汇票是出票人签发的,委托付款人在指定日期见票支付确定的金额给收款人或者持票人的票据。商业汇票可由付款人签发并承兑,也可经由收款人签发交由付款人承兑。商业汇票可背书转让。按照承兑人不同,可分为商业承兑汇票和银行承兑汇票两种。商业承兑汇票由银行以外的付款人承兑。银行承兑汇票由银行承兑,由开立存款账户的存款人签发。

4. 支票

支票是单位或个人签发的,委托办理支票存款业务的银行在见票时无条件支付确定的金额给收款人或者持票人的票据。支票结算方式是同城结算中应用比较广泛的一种结算方式。现金支票可用于支取现金;转账支票可用于转账;普通支票可以用于支取现金,也可以用于转账。

5. 信用卡

信用卡是指商业银行向个人和单位发行的,凭以向特约单位购物、消费和向银行存取现金,且具有消费信用的特制载体卡片。信用卡按使用对象,分为单位卡和个人卡;按信誉等级,分为金卡和普通卡。单位卡一律不得用于 10 万元以上的商品交易、劳务供应款项的结算,不得支取现金。信用卡在规定的限额和期限内允许善意透支,金卡的透支额最高不得超过 10 000 元,普通卡的透支额最高不得超过 5 000 元。透支期限最长为 60 天。

6. 汇兑

汇兑是汇款人委托银行将其款项支付给收款人的结算方式。汇兑分信汇和电汇两种。汇兑结算方式适用于异地之间的各种款项结算。

7. 委托收款

委托收款是收款人委托银行向付款人收取款项的结算方式。无论是单位还是个人,都可收取同城和异地的款项。委托收款结算款项划回的方式分为邮寄和电报两种。

8. 托收承付

托收承付是根据购销合同由收款人发货后委托银行向异地付款人收取款项,由付款人向银行承认付款的结算方式。办理托收承付必须是国有企业、供销合作社以及经营管理较好,并经开户银行审查同意的城乡集体所有制工业企业。

9. 信用证

信用证结算方式是国际结算的一种主要方式。采用信用证结算方式的,收款单位收到信用证后,即备货装运,签发有关发票账单,连同运输单据和信用证,送交银行,根据退还的信用证等有关凭证编制收款凭证;付款单位在接到开证行的通知时,根据付款的有关单据编制付款凭证。

拓展阅读

银行存款的主要结算方式和相关规定

表 1—2

结算方式	适用范围	付款期限	相关规定
银行汇票	同城或异地	1 个月	按实际金额付款;可背书,可转账,也可支现;取消 500 元起点限制
银行本票	同城	2 个月	分为定额和不定额;定额本票面值 1 000 元、5 000 元、10 000 元和 50 000 元;可背书,但注明“现金”字样的除外;申请人或收款人为单位的,不得申请签发现金银行本票。
商业汇票	同城或异地	提示后 10 日	分为商业承兑汇票和银行承兑汇票,须具有真实的交易关系或债务关系方可使用;商业承兑汇票付款期最长为 6 个月
支票	同城	出票后 10 日	空头支票银行处罚 5%不低于 1 000 元,持票人处罚 2%;取消 100 元起点限制
信用卡	同城或异地		单位卡不得用于 10 万元以上结算和支取现金
汇兑	异地		分为信汇和电汇
委托收款	同城或异地	3 日内通知	邮寄和电报,取消了部分拒付
托收承付	异地	3 日或 10 日承付	起点金额为 10 000 元、新华书店 1 000 元,必须是商品交易和商品交易产生的劳务供应
信用证	异地		国际结算,由商业银行或分支办理

五、其他货币资金的管理

企业对于其他货币资金的管理主要表现在：根据业务需要，合理选择结算工具；对逾期尚未办理结算的银行汇票、银行本票以及已办理的汇票、本票结清余额，按规定及时转回；严格按照会计制度的规定，核算其他货币资金的各项支出业务。

任务二　库存现金的核算业务

为了总括反映企业库存现金的收支和结存情况，企业在总账中要设置“库存现金”账户。该账户属于资产类账户，借方登记库存现金的增加额，贷方登记库存现金的减少额，期末余额在借方，反映企业库存现金的金额。同时，为了进行库存现金的序时核算，企业还必须设置“库存现金日记账”。库存现金日记账实际上就是“库存现金”账户的明细账。库存现金日记账由出纳人员按照库存现金收支业务的发生顺序，根据审核无误的收付款凭证，收一笔记一笔，付一笔记一笔，每日结出余额，并与库存现金实际库存数进行核对，做到日清月结、账实相符，并且于每月终了，将“库存现金日记账”余额与“库存现金”总账余额进行核对，做到账账相符。

另有外币业务收支的企业，应当分别按人民币、各种外币设置现金日记账进行明细核算。

拓展阅读

在编制财务报表时，应当在报表附注中分币种报告现金原币余额，并按照交易日汇率或者近似汇率折算为人民币的金额。厦门信达股份有限公司 2009 年半年报表附注的部分内容，如表1—3所示。

表 1—3　　厦门信达股份有限公司 2009 年半年报表附注(部分)

五、合并财务报表主要项目注释 (以下金额单位若未特别注明，均为“人民币元”；凡未注明年初数的，均为期末数。)		
1. 货币资金		
项　目	期末数	年初数
库存现金	228 181.64	1 749 207.59
银行存款	220 631 915.10	180 365 452.92
其他货币资金	86 498 239.31	93 635 213.64
合　计	307 358 336.05	275 749 874.15
其中：美元：外币金额	8 259 719.10	476 906.10
折算汇率	6.814 3	6.835 0
折合人民币	56 284 466.97	3 259 644.04
欧元：外币金额	44 823.64	44 355.24
折算汇率	9.720 4	9.658 8
折合人民币	435 702.85	428 420.30
港币：外币金额	296 510.11	558 926.00
折算汇率	0.881 9	0.881 9
折合人民币	261 492.26	492 916.84

一、库存现金收支业务

企业库存现金的收入主要包括:从银行提取现金、销售收入小额现金、收回职工欠款或报销差旅费余款等。在收入现金时,借记"库存现金"账户,贷记有关账户。

库存现金的支出主要包括:预借职工差旅费、支付工资、职工报销费用等各项现金开支范围以内的支出。在发生现金支出时,贷记"库存现金"账户,借记有关账户。"库存现金"账户的期末借方余额,反映企业持有的库存现金。

【教学案例1-1】

信义股份有限公司2017年3月发生下列库存现金收付业务:

(1)3月10日,支出上月职工工资53 250元。

(2)3月12日,预支经理王强差旅费1 200元。

(3)3月20日,发放现金股利(现金部分)1 370元。

(4)3月23日,购置零星办公用品525元(厂办)。

(5)3月25日,王强出差回来向财务科报销差旅费,实际发生费用1 152元,收回现金48元。

(6)3月26日,将当日销售零星废旧物资收到的现金4 000元存入银行。

(7)3月30日,签发现金支票,从银行提取现金20 000元备用。

针对以上七笔业务,应编制会计分录如下:

(1)借:应付职工薪酬	53 250	
贷:库存现金		53 250
(2)借:其他应收款——王强	1 200	
贷:库存现金		1 200
(3)借:应付股利	1 370	
贷:库存现金		1 370
(4)借:管理费用	525	
贷:库存现金		525
(5)借:库存现金	48	
管理费用——差旅费	1 152	
贷:其他应收款——王强		1 200
(6)借:银行存款	4 000	
贷:库存现金		4 000
(7)借:库存现金	20 000	
贷:银行存款		20 000

二、库存现金清查

库存现金是企业流动性最强的资产,为了保护库存现金的安全与完整,做到账实相符,企业必须做好现金的清查工作,定期或不定期地对库存现金进行清查。

库存现金清查的基本方法是实地盘点法,即清点库存现金,将库存现金实存数与库存现金日记账上的余额进行核对。实存数是指企业金库内实有的现款额,清查时不能用借条等单据来抵充现金。每日终了,出纳人员应核对库存现金实存数与其账面余额是否相符。

企业在定期或不定期清查时,一般应成立清查小组,由清查人员和出纳共同负责库存现金的清查工作,清查人员应在出纳人员在场时清点库存现金,核对账实。如发现现金账实不符或有其他问题，应由清查人员和出纳人员共同查明原因，同时要关注出纳人员有无违反现金管理规定的情况，并报告主管负责人或上级领导部门处理。盘点结束后，应根据清查结果填制"现金盘点报告表"，注明实存数与账面余额，并由清查人员与出纳人员共同签章认可。库存现金盘点报告表是明确经济责任的依据，也是下一步调整账务处理的原始凭证。其格式如表1—4所示。

表1—4　　库存现金盘点报告表

单位：　　　　年　月　日

币　种	实存金额	账存金额	实存与账存对比结果		备　注
			盘　亏	盘　盈	
合　计					

盘点人：　　　　出纳员：

清查的结果不外乎有三种情况：一是实存数与账存数相等，账实相符；二是实存数大于账存数，即盘盈；三是实存数小于账存数，即盘亏。对于现金清查中发现的账实不符，即现金溢缺情况，财会部门应根据"库存现金盘点报告表"，通过"待处理财产损溢——待处理流动资产损溢"账户，按下列原则进行账务处理：

现金清查中发现短缺的现金，应按短缺的金额，借记"待处理财产损溢——待处理流动资产损溢"账户，贷记"库存现金"账户；现金清查中发现溢余的现金，应按溢余的金额，借记"库存现金"账户，贷记"待处理财产损溢——待处理流动资产损溢"账户。待查明原因后，按如下要求进行处理：

(1)如为现金短缺，属于应由责任人赔偿的部分，借记"其他应收款——应收现金短缺款"或"库存现金"等账户；属于应由保险公司赔偿的部分，借记"其他应收款——应收保险赔款"账户；属于无法查明的其他原因，根据管理权限，经批准后作为盘亏损失处理，借记"管理费用"账户；自然灾害等原因造成的净损失，借记"营业外支出"账户。

(2)如为现金溢余，属于应支付给有关人员或单位的，贷记"其他应付款——应付现金溢余"账户；属于无法查明原因的现金溢余，经批准后作为盘盈利得处理，贷记"营业外收入——盘盈利得"账户。详情如表1—5所示。

表1—5　　现金盘点账务处理

盘盈(现金长款)	
调账时	处理时
借：库存现金 　贷：待处理财产损溢——待处理流动资产损溢	借：待处理财产损溢——待处理流动资产损溢 　贷：其他应付款(有主款项) 　　营业外收入(无主款项)
盘亏(现金短款)	
调账时	处理时
借：待处理财产损溢——待处理流动资产损溢 　贷：库存现金	借：管理费用(企业承担部分) 　其他应收款(责任赔款部分) 　营业外支出(自然灾害等原因造成的净损失) 　　贷：待处理财产损溢——待处理流动资产损溢

【教学案例1—2】

信义股份有限公司2017年3月31日对库存现金进行了清查，发现库存现金短缺了120元，仔

细调查后认定为出纳人员个人过失,经厂部研究决定要求出纳员李逸赔偿。核算业务如下:

(1)发现现金短缺时,依据库存现金盘点报告单(见表1—6),做如下账务处理:

借:待处理财产损溢——待处理流动资产损溢　　120

　　贷:库存现金　　120

表1—6　　库存现金盘点报告表

单位:信义股份有限公司　　2017年3月31日

币种	实存金额	账存金额	实存与账存对比结果		备注
			盘亏	盘盈	
人民币	1 580.00	1 700.00	120.00		

盘点人:王丽　　出纳员:李逸

(2)查明原因后,依据厂部研究决定书(见表1—7),做如下账务处理:

借:其他应收款——李逸　　120

　　贷:待处理财产损溢——待处理流动资产损溢　　120

表1—7　　厂部研究决定书

批　复
经厂部研究决定,盘亏现金由出纳员李逸赔偿。
经理:王强
2016年3月31日

如果修改一下上述条件,清查后发现库存现金不是短缺,而是溢余了80元,核查后原因不明,经批准做营业外收入。核算业务如下:

(1)发现现金溢余时,依据库存现金盘点报告单(略),做如下账务处理:

借:库存现金　　80

　　贷:待处理财产损溢——待处理流动资产损溢　　80

(2)原因不明,经批准做营业外收入,账务处理如下:

借:待处理财产损溢——待处理流动资产损溢　　80

　　贷:营业外收入　　80

三、备用金

备用金(国际上也称暂定金额)是企业、机关、事业单位或其他经济组织等拨付给非独立核算的内部单位或工作人员备作差旅费、零星采购、零星开支等用的款项。在实际工作中,备用金的管理办法一般有两种:一是随借随用、用后报销制度,多退少补,适用于不经常使用备用金的单位和个人;二是定额备用金制度,对于零星开支,使用较频繁的备用金,可实行定额备用金制度,即由指定的备用金负责人按照规定的数额领取,支用后凭相关凭证向会计部门报销,补足原定额。

(一)备用金借支管理

企业各部门应填制一式三联的"备用金借款单",说明借款用途和金额。一方面,财务部门核定其零星开支便于管理;另一方面,凭此单据支付现金。另外,针对各部门零星备用金,一般不得超过规定数额，若遇特殊需要，应由企业部门经理核准。最后，各部门零星备用金借支应将取得的正式发票定期送到财务部门备用金管理人员（出纳员）手中，冲转借支额或补充备用金，不得拖欠。

（二）备用金保管

备用金收支应设置“备用金”账户或“其他应收款——备用金”账户，并编制“收支日报表”进行管理。另外，应定期根据取得的发票编制备用金支出一览表，及时反映备用金支出情况，并做到逐月结清。同时，出纳人员应妥善保管与备用金相关的各种票据。总之，不论采用何种管理办法，都应严格备用金的预借、使用和报销制度，认真审核，不得任意提高标准，对于违反国家规定的开支，应坚持原则，拒绝支付或不予报销。

（三）备用金的会计核算

为了准确反映和监督备用金的领用和报销情况，在职工较多、备用金总额较大的企业，可以专设“备用金”账户进行总分类核算；否则，就在“其他应收款”账户下设“备用金”二级账户，进行备用金的核算。

“备用金”账户是资产类账户，其借方登记备用金的领用数，贷方登记备用金的核销数。备用金经管人员一般应设置备用金登记账簿，用于记录各项零星开支。根据备用金的管理制度，备用金的核算分为定额制和非定额制，处理方法比较如表1—8所示。

表1—8　两种备用金制度业务处理方法比较

	设立备用金	审核报销	收回备用金
非定额备用金	借：备用金（其他应收款 ——备用金） 贷：库存现金	借：管理费用等 库存现金 贷：备用金（其他应收款 ——备用金） （或贷：库存现金）	报销时已收回备用金
定额备用金	借：备用金（其他应收款 ——备用金） 贷：库存现金	借：管理费用等 贷：库存现金	取消定额备用金时注销 借：管理费用等 库存现金 贷：备用金（其他应收款 ——备用金）

【教学案例1—3】

信义股份有限公司下属维修部门使用定额备用金制度，金额为1 500元。2017年4月12日，用库存现金购买零部件800元，其备用金只剩下700元，次日到财务部门报销，会计王兰编制付款凭证，出纳员李逸补付现金800元，这样维修部门的备用金又达到了1 500元。其会计分录如下：

借：管理费用　　800

　　贷：库存现金　　800

如果4月12日维修部门购买零部件实际支付了1 700元，由经办人员垫付了200元，则4月13日报销时，出纳员应支付的现金就是1 700元，维修部门的备用金在支付给经办人员垫付的200元后，又恢复到了1 500元。

【教学案例1—4】

信义股份有限公司对行政部门采用非定额备用金制度。2017年4月21日，行政部门为购买办公用品预借备用金1 800元，预借时，财务部门根据借款凭证编制现金付款凭证。4月23日，行政部门购买办公用品后凭发票和验收单到财务部门报销1 720元，交回多余金额80元，财务部门编制转账凭证一张。其会计分录如下：

借：其他应收款——备用金(行政部门)　　1 800
　　贷：库存现金　　1 800
借：管理费用　　1 720
　　库存现金　　80
　　贷：其他应收款——备用金(行政部门)　　1 800

如果行政部门实际购买办公用品为1 890元，经办人员自己垫付了90元，则在报销时，其会计分录变为：

借：管理费用　　1 890
　　贷：其他应收款——备用金(行政部门)　　1 800
　　　　库存现金　　90

任务三　银行存款的核算业务

为了加强对银行存款的管理，及时掌握银行存款收付的动态和结存的余额，企业必须设置“银行存款日记账”，按照银行存款收付业务发生的先后顺序逐笔序时登记，每日终了应结出余额。银行存款应按照银行和其他金融机构的名称及存款的种类进行明细核算。有外币业务的企业，应在“银行存款”账户下分别按人民币和各种外币，设置“银行存款日记账”进行明细核算。

“银行存款日记账”应定期与“银行对账单”核对，至少每月核对一次。企业账面结余与银行对账单余额之间如有差额，必须逐笔查明原因，并按月编制“银行存款余额调节表”调节相符。月份终了，“银行存款日记账”的余额必须与“银行存款”总账账户的余额核对相符。

一、银行存款收支业务

企业存入款项时，应根据银行存款送款单回单或银行收账通知及有关单证，及时编制记账凭证，借记“银行存款”账户，贷记“库存现金”等有关账户。企业支付款项时，应根据支票存根、办理付款结算的付款通知及有关单证，及时编制记账凭证，借记“库存现金”等有关账户，贷记“银行存款”账户。相关凭证经审核无误后，登记银行存款日记账及总账。

企业在银行的其他存款，如外埠存款、银行本票存款、银行汇票存款、在途货币资金、信用证存款等，在“其他货币资金”账户核算，不通过“银行存款”账户进行会计处理。

【教学案例1－5】

信义股份有限公司2017年4月26日发生如下银行存款收支业务：

(1)收到销货款10 000元和增值税1 700元，存入银行。

(2)签发转账支票0494一张，支付购买的办公用纸价款400元。

(3)签发现金支票0514一张，提取现金11 000元备用。

(4)签发转账支票0517一张，支付4月14日购买的原材料价款10 300元。

根据以上业务，应编制会计分录如下：

(1)借：银行存款　　11 700
　　贷：主营业务收入　　10 000
　　　　应交税费——应交增值税(销项税额)　　1 700
(2)借：管理费用——办公费　　400
　　贷：银行存款　　400

(3)借:库存现金　　11 000

　　贷:银行存款　　11 000

(4)借:应付账款　　10 300

　　贷:银行存款　　10 300

记录上述业务的银行存款日记账如表1—9所示。

表1—9　银行存款日记账

2017年		凭证号		摘　要	对方账户	结算凭证		借　方	贷　方	余　额
月	日	字	号			种类	号码			
4				承前页						190 000
	26	银收	15	存入销货款	主营业务收入应交税费	转支	0357	11 700		201 700
	26	银付	22	支付办公费	管理费用	转支	0494		400	201 300
	26	银付	23	提取现金	库存现金	现支	0514		11 000	190 300
	26	银付	24	付进货款	应付账款	转支	0517		10 300	180 000
	26			本日合计				11 700	21 700	180 000

月末,银行存款日记账余额和银行存款总账账户余额应核对相符。

二、银行存款清查

银行存款不同于库存现金,不能通过实物盘点对期末余额进行账实核对。但由于企业与银行发生款项往来时,银行也做了相应的记录,因此,企业银行存款的清查采用核对法,即将开户银行定期送来的对账单与本单位的银行存款日记账逐笔进行核对,以查明银行存款收付及余额是否正确相符。

在与银行对账之前,应先检查本单位银行存款日记账的正确性与完整性。通过核对,往往会发现双方账目不相符。其主要原因有两方面:一是双方记账可能有差错,如错账漏账等,这是不正常的,应及时查明更正;二是存在未达账项,这是正常的。具体情况如表1—10所示。

表1—10　银行存款日记账余额与银行对账单余额差异原因汇总

差　异	差异原因		项　目
记账时间差异(未达账项)	企业已记账,但银行未记账	企业已记存入	如在途存款
		企业已记支出	如未兑现支票
	银行已记账,但企业未记账	银行已记存入	如银行代收利息
		银行已记支出	如银行代付利息
记录错误	银行错误	误收	如误将其他企业存款记入本企业户头
		误支	如误将其他企业支票由本企业户头支出
	企业错误	收入金额误记	
		支票金额误记	

一般查找银行与企业账目不符的原因,首先是查看双方是否存在未达账项的影响,如有,则编制银行存款余额调节表进行调节,以消除未达账项的影响,再核对双方余额是否相符。

所谓未达账项,是指企业与银行之间由于双方记账时间不同,发生的一方已入账而另一方尚未入账的事项。发生未达账项的具体情况有四种:

(1)企业已收款入账,银行尚未收款入账;

(2)企业已付款入账,银行尚未付款入账;

(3)银行已收款入账,企业尚未收款入账;

(4)银行已付款入账,企业尚未付款入账。

银行存款余额调节表的编制方法主要采用补记法,即在银行对账单余额与企业账面余额的基础上,各自加上对方已收、本单位未收账项数额,减去对方已付、本单位未付账项数额,以调整双方余额使其一致的一种调节方法。其计算公式如下:

银行对账单存款余额+企业已收而银行未收账项−企业已付而银行未付账项

=企业账面存款余额+银行已收而企业未收账项−银行已付而企业未付账项

通过核对调节,“银行存款余额调节表”的双方余额相等,一般可以说明双方记账没有差错。如果经调节仍不相等,要么是未达账项未全部查出,要么是一方或双方记账出现差错,需要进一步采用对账方法查明原因,加以更正。调节相等后的银行存款余额是当日可以动用的银行存款实有数。值得注意的是,由于未达账项不是错账、漏账,因此,无需根据调节表做任何账务处理,双方账面仍保持原有的余额,待收到有关凭证之后(即由未达账项变成已达账项),再同正常业务一样进行处理。

【教学案例1-6】

信义股份有限公司2017年5月5日与建设银行建设路支行对账和编制余额调节表的情况如下:

(1)5月1日~5月5日,企业银行存款日记账账面记录与银行出具的5月5日对账单资料及对账后钩对的情况如下:

企业银行存款日记账账面记录:

1日,转支1246号,付料款30 000元,贷方记30 000.00 √

1日,转支1247号,付料款59 360元,借方记59 360.00。经查为登记时方向记错,立即更正并调整账面余额。调整后划 √

1日,存入销货款43 546.09元,借方记43 546.09 √

2日,存入销货款36 920.29元,借方记36 920.29 √

2日,转支1248号,上缴上月税金76 566.43元,贷方记76 566.43 √

3日,存入销货款46 959.06元,借方记46 959.06 √

3日,取现备用20 000元,贷方记20 000.00 √

4日,转支1249号,付料款64 500元,贷方记64 500.00

4日,转支1250号,付职工养老保险金29 100元,贷方记29 100.00 √

5日,存入销货款64 067.91元,借方记64 067.91

5日,转支1251号,付汽车修理费4 500元,贷方记4 500.00

5日,自查后账面余额为506 000.52元

银行对账单记录:

2日,转支1246号,付出30 000元,借方记30 000.00 √

2日,转支1247号,付出59 369元,借方记59 360.00 √

2日,收入存款43 546.09元,贷方记43 546.09 √

3日,收入存款36 920.29元,贷方记36 920.29 √

3 日，转支 1248 号，付出 76 566.43 元，借方记 76 566.43 √

4 日，收入存款 46 959.06 元，贷方记 46 959.06 √

4 日，付出 20 000 元，借方记 20 000.00 √

4 日，代缴电费 12 210.24 元，借方记 12 210.24

5 日，收存货款 43 000 元，贷方记 43 000.00

5 日，转支 1250 号，付出 29 100 元，借方记 29 100.00 √

5 日，代付电话费 5 099.32 元，借方记 5 099.32

5 日，余额为 536 623.05 元

(2)银行存款余额调节表编制如表 1—11 所示。

表 1—11 **银行存款余额调节表**

2017 年 5 月 5 日

币种：人民币 开户银行：建设银行(建设路支行)

项　目	金　额	项　目	金　额
银行存款日记账余额	506 000.52	银行对账单余额	536 623.05
加：银行已收、企业未收款 5 日，委托收款	43 000.00	加：企业已收、银行未收款 5 日，存入款	64 067.91
减：银行已付、企业未付款 5 日，代付电费 5 日，代付电话费	12 210.24 5 099.32	减：企业已付、银行未付款 5 日，转支修理费 4 日，转支货款	4 500.00 64 500.00
调节后存款余额	531 690.96	调节后存款余额	531 690.96

编制：王兰 出纳：李逸

注意：银行存款余额调节表应由与现金无关的人员编制。

拓展阅读

利用银行存款和未达账项来掩饰占用资金的事件

事件一：审计师在审计时发现有家单位的期末银行存款余额为 100 万元，于是要求函证，单位会计出示了一张带有银行公章的对账单，显示余额确实为 100 万元，但审计人员坚持函证。最后，函证结果显示余额确实是 100 万元，但是在银行给出的流水单中发现其中有一笔 100 万元出去，几个月后又进来，但在企业的银行日记账中却没有记录，凭证中也没有，后来继续追问，原来是大股东把钱挪用了，接着又还了回来。

事件二：一般来说，银行对账单和企业的银行日记账余额是对不上的，原因是有未达账项，如银行已收企业未收、银行未收企业已收等，企业就是利用这个调节表来舞弊(个人舞弊)，出纳占用资金，然后做一笔企业已收、银行未收。在审计时，审计人员一定要看未达账项的期后情况，因为入账一笔也就十几天，所以，审计人员可以翻看下一年 1 月份的凭证，核实未达账项是否在后期入账。

任务四　其他货币资金的核算业务

其他货币资金是指企业除库存现金、银行存款以外的其他各种货币资金。即存放地点和用途均与现金和银行存款不同的货币资金，不能像库存现金、银行存款那样随意使用。在管理上也有

别于库存现金和银行存款,因此应单独进行会计核算。

其他货币资金项目包括外埠存款、银行汇票存款、银行本票存款、信用卡、信用证保证金和存出投资款等。为了总括反映企业其他货币资金的增减变动和结余情况,企业应设置“其他货币资金”账户,以进行其他货币资金的总分类核算。同时,应按照其他货币资金的种类设置明细分类账户。

其他货币资金的会计处理,大致可以分为办理(开立)、收到发票账单、退回余额三个阶段,如表1—12所示。

表1—12 其他货币资金的会计处理

时　间	会计处理
1. 办理或开立时	借:其他货币资金——×× 　　贷:银行存款
2. 收到发票账单	借:在途物资、材料采购等 　　应交税费——应交增值税(进项税额) 　　贷:其他货币资金——××
3. 收到多余退款	借:银行存款 　　贷:其他货币资金——××

一、外埠存款业务

外埠存款是指企业到外地进行临时或零星采购时,汇往采购地银行开立采购专户的款项。企业将款项委托当地银行汇往采购地开立专户时,根据汇出款项凭证,编制付款凭证,进行账务处理,借记“其他货币资金——外埠存款”账户,贷记“银行存款”账户。

外出采购人员报销用外埠存款支付材料的采购货款等款项时,借记“在途物资”“应交税费”等账户,贷记“其他货币资金——外埠存款”账户。

完成采购任务,将多余的外埠存款转回当地银行时,应根据银行的收款通知,编制收款凭证,借记“银行存款”账户,贷记“其他货币资金——外埠存款”账户。

【教学案例1—7】

信义股份有限公司2017年5月8日汇往外地购货款50 000元,存入采购地的建设银行开立采购专户,采购共花费49 140元,余额采购后退回开户银行。应做如下账务处理:

(1)将款项汇到外地开立专户时:

借:其他货币资金——外埠存款　　50 000

　　贷:银行存款　　50 000

(2)收到采购货物时:

借:在途物资　　42 000

　　应交税费——应交增值税(进项税额)　　7 140

　　贷:其他货币资金——外埠存款　　49 140

(3)收回多余的款项时:

借:银行存款　　860

　　贷:其他货币资金——外埠存款　　860

二、银行汇票存款业务

银行汇票存款是指企业为取得银行汇票而按规定存入银行的款项。企业在填送“银行汇票申请书”并将款项交存银行，取得银行汇票后，根据银行盖章退回的申请书存根联，借记“其他货币资金——银行汇票”账户，贷记“银行存款”账户。企业使用银行汇票后，根据发票账单等有关凭证，借记“在途物资”“库存商品”“应交税费——应交增值税（进项税额）”等账户，贷记“其他货币资金——银行汇票”账户。如有多余或因汇票超过付款期等原因而退回的款项，应根据开户银行转来的银行汇票第四联（多余款收账单），借记“银行存款”账户，贷记“其他货币资金——银行汇票”账户。

【教学案例1－8】

信义股份有限公司2017年5月9日向开户银行申请办理银行汇票业务，并存入5 500 000元，获得银行汇票。企业持银行汇票采购生产用材料，共花费5 265 000元，并收到银行转来的“多余款收账通知”。应做如下账务处理：

（1）办理银行汇票时：

借：其他货币资金——银行汇票	5 500 000	
贷：银行存款		5 500 000

（2）收到采购货物时：

借：在途物资	4 500 000	
应交税费——应交增值税（进项税额）	765 000	
贷：其他货币资金——银行汇票		5 265 000

（3）收回多余的款项时：

借：银行存款	235 000	
贷：其他货币资金——银行汇票		235 000

三、银行本票存款业务

银行本票存款是企业为取得银行本票而按规定存入银行的款项。银行本票是银行签发的，承诺自己在见票时无条件支付确定金额给收款人或持票人的票据。

企业向银行提交“银行本票申请书”并将款项存入银行，取得银行本票后，应根据银行盖章退回的申请书存根联，编制付款凭证，借记“其他货币资金——银行本票”账户，贷记“银行存款”账户。企业使用本票后，根据发票账单等有关凭证，借记“材料采购”“库存商品”“应交税费——应交增值税（进项税额）”等账户，贷记“其他货币资金——银行本票”账户。因本票超过付款期等原因要求退款时，应当填制进账单，连同本票一并送交银行，根据银行盖章退回的进账单第一联，借记“银行存款”账户，贷记“其他货币资金——银行本票”账户。

银行本票存款的具体核算方法与银行汇票存款的大体一致，读者可参考银行汇票存款的核算实例。

四、信用卡存款业务

信用卡存款是指企业为取得信用卡而按照规定存入银行的款项。企业应按规定填制申请表，连同支票和有关资料一并送交发卡银行，根据银行盖章退回的进账单第一联，借记“其他货币资金——信用卡”账户，贷记“银行存款”账户。企业用信用卡购物或支付有关费用时，借记有关账户，贷记“其他货币资金——信用卡”账户。企业信用卡在使用过程中，向其账户续存资金时，借记“其他货币资金——信用卡”账户，贷记“银行存款”账户。

【教学案例1－9】

信义股份有限公司2017年5月10日向开户银行申请办理信用卡业务，用于购买办公用品，存入款项 30 000 元;5 月 15 日,用信用卡支付购买办公用品费用 19 000 元;5 月 20 日,又从基本存款账户转入 50 000 元。应做如下账务处理:

(1)转入信用卡存款时:

借:其他货币资金——信用卡 30 000
　贷:银行存款 30 000

(2)支付购买办公用品费用时:

借:管理费用 19 000
　贷:其他货币资金——信用卡 19 000

(3)续存款项时:

借:其他货币资金——信用卡 50 000
　贷:银行存款 50 000

五、信用证保证金存款业务

信用证保证金是指企业为取得信用证而按规定存入银行的保证金。企业向银行申请开立信用证,应按规定向银行提交开证申请书、信用证申请人承诺书和购销合同。企业向银行缴纳保证金,根据银行退回的进账单第一联,借记"其他货币资金——信用证保证金"账户,贷记"银行存款"账户。根据开证行交来的信用证来单通知书及有关单据列明的金额,借记"在途物资""库存商品""应交税费——应交增值税(进项税额)"等账户,贷记"其他货币资金——信用证保证金"账户和"银行存款"账户。

【教学案例 1—10】

信义股份有限公司 2017 年 5 月 17 日向开户银行申请办理信用证并向银行缴纳信用证保证金 30 000 元,接到银行的信用证来单通知书后,以信用证方式采购原材料一批,并已验收入库,货款全部支付。货款总计 50 000 元,增值税 8 500 元。应做如下账务处理:

(1)申请开证存入保证金时:

借:其他货币资金——信用证保证金 30 000
　贷:银行存款 30 000

(2)支付购买原材料的货款时:

借:原材料 50 000
　应交税费——应交增值税(进项税额) 8 500
　贷:其他货币资金——信用证保证金 30 000
　　银行存款 28 500

六、存出投资款业务

存出投资款是指企业已存入证券公司但尚未进行投资的现金。企业向证券公司划出资金时,应按实际划出的金额,借记"其他货币资金——存出投资款"账户,贷记"银行存款"账户;购买股票、债券等时,应按实际发生的金额,借记有关账户,贷记"其他货币资金——存出投资款"账户。

【教学案例 1—11】

信义股份有限公司 2017 年 5 月 19 日将银行存款 700 000 元划入中信证券公司,准备进行短期股票投资。次日,购买股票作为交易性金融资产管理,成交价 550 000 元。应做如下账务处理:

(1)划出投资款时:

借：其他货币资金——存出投资款　　700 000

　　贷：银行存款　　700 000

(2)购买股票时：

借：交易性金融资产　　550 000

　　贷：其他货币资金——存出投资款　　550 000

拓展阅读

其他货币资金的认定

某企业将一笔100万元的银行存款转到某证券公司，企业将该笔资金归到其他货币资金中，但是，该证券公司却没有专门的账户和专人来理财，而且该笔资金也有比较大的亏损，所以，上述分类是错的，因为一般的理财资金证券公司会有专人专户进项管理，但是就上述案例没有专人专户，所以不能认为是金融资产，也不能认定是其他货币资金，而是应该分类为其他应收款。正确的做法是将其重分类为其他应收款，并计提减值准备。

七、货币资金的列报与披露

为了总括反映企业货币资金的基本情况，资产负债表上一般只列示“货币资金”项目，不再按照货币资金的组成单独列示或披露。但商业银行例外，仍需按“现金及存放中央银行款项”“存放同业款项”等项目分别列示其货币资金情况，并披露其现金及存放中央银行款项的详细信息。

(一)货币资金的列报

货币资金首先应在资产报表中加以列报。为了更好地进行比较，货币资金列报通常要求将本期和上期的货币资金进行比较性的列示。为了完整地反映企业主体及其附属企业的货币资金情况，货币资金的表内列报还要求分别按合并和母公司资产负债表加以列示。

(二)货币资金的披露

在良好的货币资金列报之下，货币资金还应得到充分的披露。具体而言，企业要定期对货币资金的余额、结构及其风险暴露情况加以披露，同时还应对那些存在重大影响的货币资金事项进行积极的临时披露。披露的内容主要包括三个方面：一是货币资金的抵押、冻结以及基于重要性的前提下被限制使用的金额；二是货币资金被盗用、挪用等重大舞弊事项应及时对外披露；三是货币资金面临较大的外汇风险，并达到重要性标准时，应及时披露。例如，在导学案例中提到的巨额银行存款不翼而飞的情况，当事人就应在事件发生后，及时进行会计处理并予以披露。

拓展阅读

东北高速公路股份有限公司2004年年度报告(节选)

公告日期 2005年4月16日

第八章　董事会报告

……

五、中鸿信建元会计师事务所为我公司2004年度财务报告出具了有保留意见的审计报告。

董事会对此说明如下：

公司及子公司黑龙江东高投资开发有限公司(以下简称东高投资)在中国银行哈尔滨河松街支行的存款29 950万元去向不明。2005年1月11日，公司及子公司东高投资分别向吉林省高级人民法院、哈尔滨市中级人民法院递交了民事诉状，要求中国银行哈尔滨河松街支行支付该存款和利息，并承担全部诉讼费。吉林省高级人民法院已于2005年1月17日受理此案，哈尔滨中级人民法院尚未受理。中国银行哈尔滨河松街支行以该等款项涉案为由拒绝提供银行询证函。因此导致会计师事务所对此出具了保留意见。

……

第十章　重要事项

一、报告期内公司重大诉讼、仲裁事项：

……

(二)从2005年1月1日至本年度报告披露之日发生的重大诉讼仲裁事项，合计金额3.18亿元，占公司经审计的2003年末净资产的9.72%。具体如下：

1. 公司诉中国银行哈尔滨市河松街支行侵占存款的案件正在调查处理中。

2005年1月11日，公司向吉林省高级人民法院(以下简称省高法)递交了民事起诉状，被告为中国银行哈尔滨河松街支行，诉讼请求为：

(1)被告立即向原告支付原告在被告处的存款及利息。

(2)由被告承担全部诉讼费用。

2005年1月17日，公司收到(2005吉民初字第3号)吉林省高法预交案件受理费通知书，称："你单位诉被告中国银行哈尔滨河松街支行侵害财产权纠纷一案的起诉状已经收悉，本院已受理此案。"

……

阅读材料

(1)中华人民共和国财政部：《企业会计制度》(2001)，经济科学出版社2001年版。

(2)中国人民银行：《支付结算办法》。

(3)中国人民银行：《银行账户管理办法》。

(4)国务院：《中华人民共和国现金管理条例》。

(5)中国证券监督委员会：《公开发行证券的公司信息披露编报规则第15号——财务报告的一般规定》。

项目自测

一、判断题

(1)企业可以根据经营需要，在一家或几家银行开立基本存款账户。 (　　)

(2)企业财会部门的出纳人员可以兼管收入、费用、债权、债务等账簿的登记工作。 (　　)

(3)对于银行已入账而企业尚未入账的未达账项，企业必须及时在账簿上进行更正。 (　　)

(4)将现金存入银行或从银行提取现金可以编制付款凭证，也可以编制收款凭证。 (　　)

(5)银行存款余额调节表是用来核对账目的，不能作为记账的凭证。 (　　)

(6)按现行规定，商业汇票的付款期限最长不得超过9个月。 (　　)

(7)单位信用卡账户的资金一律从其基本存款账户存入。 (　　)

(8)银行本票可以背书转让。 (　　)

(9)企业不得从本单位的现金收入中直接支付现金。 ( )
(10)在现金清查中,如有白条,可以抵充现金,以便账实相符。 ( )
(11)货币资金内部控制的根本目的是保证资金的安全,防止货币资金被贪污、侵占和挪用。 ( )
(12)小型企业如果规模较小,可由出纳一人办理货币资金结算的全过程,以提高工作效率。 ( )

二、单项选择题

(1)下列各项中,根据《现金管理暂行条例》的规定,不能用现金结算的是( )。
A. 职工工资、津贴、个人劳务报酬 B. 根据国家规定颁发给个人的奖金
C. 向个人收购农副产品的价款 D. 向农业企业收购农副产品的价款
(2)支票的持票人应在出票日起( )提示付款。
A. 3 天内 B. 5 天内 C. 10 天内 D. 15 天内
(3)不单独设置"备用金"账户的小企业,内部各车间、各部门周转使用的备用金,应通过( )账户来核算。
A."其他货币资金" B."预付账款" C."预收账款" D."其他应收款"
(4)银行本票自出票日起,付款期限最长不得超过( )。
A. 1 个月 B. 2 个月 C. 3 个月 D. 1 年
(5)异地托收承付每笔金额的起点为( )元。
A. 1 000 B. 10 000 C. 50 000 D. 100 000
(6)企业办理日常转账结算和现金收付的账户是( )。
A. 基本存款账户 B. 一般存款账户 C. 临时存款账户 D. 专用存款账户
(7)下列各项中,不通过"其他货币资金"账户核算的是( )。
A. 信用证存款 B. 备用金 C. 银行本票存款 D. 外埠存款
(8)企业一般不得从本单位的现金收入中直接支付现金,因特殊情况需要支付现金的,应事先报经( )审查批准。
A. 上级主管部门 B. 本企业单位负责人 C. 财税部门 D. 开户银行
(9)企业发现现金长短款,在查明原因处理之前,应在( )账户中核算。
A."其他应收款" B."其他应付款" C."管理费用" D."待处理财产损溢"
(10)按照企业会计制度的规定,下列票据中,应通过应收票据核算的是( )。
A. 银行汇票 B. 银行本票 C. 商业汇票 D. 银行支票
(11)企业将款项汇往外地开立采购专户时,应借记( )账户。
A."材料采购" B."委托收款" C."应收账款" D."其他货币资金"
(12)企业对于无法查明原因的现金溢余,经批准后应转入( )账户。
A."主营业务收入" B."其他业务收入" C."其他应付款" D."营业外收入"
(13)确定无法查明原因的定额内现金短款,经批准后应记入( )账户。
A."其他应付款" B."管理费用" C."营业外支出" D."待处理财产损溢"
(14)对于银行已入账而企业尚未入账的未达账项,企业应当( )。
A. 根据"银行对账单"入账 B. 根据"银行存款余额调节表"入账
C. 根据对账单和调节表自制凭证入账 D. 待有关结算凭证到达后入账
(15)采用商业承兑汇票结算方式时,需由( )承兑。
A. 收款人 B. 付款人 C. 承兑申请人 D. 银行

三、多项选择题

(1)货币资金包括( )。
A. 硬币、纸币 B. 银行活期存款 C. 国库券 D. 本票、汇票存款
(2)现金日记账由出纳人员根据审核后的( )逐日逐笔序时登记。
A. 原始凭证 B. 现金收款凭证 C. 现金付款凭证 D. 银行收款凭证

(3)导致企业银行存款日记账与银行存款对账单的金额在同一日期不一致的情况有(　　)。

A. 企业已记银行存款增加,而银行尚未办妥入账手续的款项

B. 银行已记企业存款增加,而企业尚未接到收款通知,尚未记账的款项

C. 企业已记银行存款减少,而银行尚未支付入账的款项

D. 银行已记企业存款减少,而企业尚未接到付款通知,尚未记账的款项

(4)银行存款账户核算的内容包括(　　)。

A. 外埠存款　　B. 外币存款　　C. 银行本票存款　　D. 人民币存款

(5)在到期日,如果商业承兑汇票付款人的账户存款不足以支付,其开户银行将(　　)。

A. 退回票据,由其自行处理　　B. 按规定对付款人处以罚款

C. 对付款人执行扣款　　D. 无条件支付款项

(6)企业进行账单核对时,如果出现银行存款日记账余额和银行对账单同日余额不符的情况,其原因是(　　)。

A. 计算错误　　B. 记账错漏　　C. 有尚未结算的款项　　D. 未达账项

(7)下列金额中,符合定额银行本票面额规定的是(　　)元。

A. 100　　B. 500　　C. 10 000　　D. 50 000

(8)下列事项中,(　　)符合现金管理的有关规定。

A. 企业对于当日送存现金有困难的,由开户银行确定送存时间

B. 因特殊情况需要坐支现金的,应当事先报经开户银行审批

C. 企业从开户银行提取现金的,只要由本单位出纳人员签字盖章即可

D. 如果现金长短款是由于单据丢失或记账产生的差错,应补办手续入账或更正错误

(9)下列银行结算方式中,若无商品交易就不能使用的结算方式有(　　)。

A. 托收承付　　B. 支票　　C. 商业承兑汇票　　D. 银行承兑汇票

(10)下列存款中,应在“其他货币资金”账户核算的有(　　)。

A. 外埠存款　　B. 银行汇票存款　　C. 信用卡存款　　D. 存出投资款

实务训练

训练一

资料:信义股份有限公司 2017 年 1 月发生以下经济业务:

(1)1 月 1 日,某职工借差旅费 1 000 元,以现金支付。

(2)1 月 5 日,购买办公用品共计 650 元,以现金支付。

(3)1 月 10 日,出差人员报销差旅费 850 元,余款 150 元以现金交回。

(4)1 月 27 日,从银行提取 30 000 元备发工资。

(5)1 月 28 日,销售产品,取得销售收入 18 000 元,增值税额 3 060 元,收到支票交存银行。

(6)1 月 29 日,将 30 000 元备发工资发放给职工。

(7)月末对现金进行清查,发现现金溢余 100 元,原因正在核查。

(8)经批准,上项 100 元现金溢余转作营业外收入。

要求:根据以上资料,编制会计分录。

训练二

资料:信义股份有限公司 2017 年 1 月 31 日收到银行送达的对账单,当日银行存款日记账余额为160 000 元,同日银行对账单余额为 106 000 元。经核对有下列未达账项:

(1)银行已收、企业未收的款项 90 000 元。

(2)银行已付、企业未付的款项 50 000 元。

(3)企业已收、银行未收的款项 164 000 元。

(4)企业已付、银行未付的款项 70 000 元。

要求:根据以上资料,编制银行存款余额调节表。

训练三

资料:信义股份有限公司 2017 年 4 月发生以下其他货币资金业务:

(1)4 月 4 日,采购员李军到广州采购材料,开立临时采购账户,委托银行将 30 000 元汇往采购地广州的工商银行。

(2)4 月 9 日,采购员李军回厂,采购发票上列明所购进材料的价款为 16 000 元,支付增值税 2 720 元,共计 18 720 元,材料验收入库。

(3)4 月 10 日,将在广州工商银行的外埠存款清户,收到银行收账通知,外埠存款余额11 280元收妥入账。

(4)4 月 15 日,企业申请办理银行汇票,将银行存款 76 000 元转为银行汇票存款。

(5)4 月 17 日,采用银行汇票结算方式购入原材料,料款 55 000 元,增值税 9 350 元,共计 64 350 元,材料验收入库。

(6)4 月 20 日,银行将多余款 11 650 元退回,收妥入账。

要求:根据以上资料,编制会计分录。

项目二　应收项目

项目分解

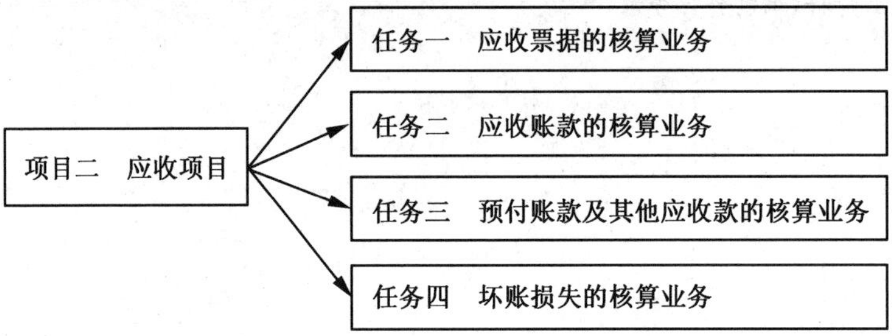

技能目标

完成学习任务后，应该掌握如下技能：

1. 理解应收票据的性质，掌握应收票据的核算和贴现的处理。
2. 掌握应收款项的确认及计价，了解应收账款的融资运作。
3. 了解预付账款和其他应收款的核算方法。
4. 掌握坏账与坏账损失的会计处理方法。

导学案例

香溢融通财报账目之谜：其他应收款做成预付款？（节选）

最近有投资者反映，香溢融通一则购房预付款已支付3年，但仍没有结转，而交易对象温岭环宇房地产有限公司（以下简称环宇地产）正是隆标集团有限公司（以下简称隆标集团）债务的连带责任人。更蹊跷的是，该预付款与隆标集团的还债额几乎吻合。

香溢融通由于广泛委托贷款，因此也官司不断，不断的诉讼公告以及债权转让令人眼花缭乱。根据最近香溢融通的三季报显示，今年前三季度营业总收入9.29亿元，其中营业收入8.44亿元，利息收入和已赚保费较上年同期小幅增长，营业利润1.22亿元，与上年同期几乎相当。

香溢融通2012年半年报中，预付款项第一名为环宇房产，预付款额是1 399.998 7万元，账龄为2～3年，未结算原因是未交房。

而追溯该预付款发现，这笔购房款实际在2009年已支付。早在2008年，因隆标集团未能及时归还香溢德旗的典当当息和息款2 203.37万元，环宇房产需承担连带责任。香溢融通2009年报显示当年隆标集团还款1 439.998 7万元，而香溢融通预付环宇房产的购房款为1 399.998 7万元，如此接近的两个数据令投资者顿生疑窦：隆标集团的法人代表为阮建荣，环宇地产法人代表为阮建敏，隆标集团在2008年陷入多个借贷纠纷中，2009年能迅速还款令人吃惊。

投资者怀疑，是否存在本来应收隆标集团的款项由环宇房地产代偿，而香溢融通记为预付账款，以此规避坏账准备？

资料来源：田运昌：《香溢融通财报账目之谜：其他应收款做成预付款？》，中国资本证券网，2012年12月11日。

应收项目是指企业在日常经营活动中因销售商品、产品，提供劳务，让渡资产使用权等而形成的短期债权，包括应收款项（应收票据、应收账款、其他应收款）和预付账款等。

企业应收项目是现代会计中权责发生制下的必然结果，有些是在企业经营活动中形成的，如销售商品或提供劳务，义务已尽，但报酬并未收到，因此具备了收取货币、财务或得到劳动补偿的请求权，包括应收票据、应收账款和预付账款等项目；有些则是在企业经营活动之外产生的，主要是指企业经营活动之外所形成的各种其他应收款和暂付款项，如应收的各种罚款、租金、备用金、包装物押金等其他应收款项。

应收项目是企业流动资产中的一个重要项目，但它与现金资产不同。现金资产是流动性最强的资产，而应收项目的流动性要大打折扣，不同期限、不同收款对象的应收项目的流动性差别很大，有的甚至不具有流动性。应收及预付款项的确认、核算是否合理不仅会影响到企业资产的计量，还会影响到企业的损益。因此，企业应加强对应收项目的管理，这样不但可以加快企业流动资金的周转，也会进一步增强企业的实力和竞争力。

任务一 应收票据的核算业务

应收票据是企业持有的、尚未到期兑现的商业汇票。它既是一种载有一定付款日期、付款地点、付款金额和付款人的无条件支付的流通证券，也是一种可以由持票人自由转让给他人的债权凭证。与应收账款这种口头承诺相比，应收票据受到《票据法》的保护，并且可以提前贴现或转让，是一种流动性更强的信用工具，因此在资产负债表的列示中位于应收账款的前面。

一、应收票据的分类

能够作为收款书面凭证的商业票据种类很多，如之前提到的银行本票、银行支票、银行汇票和商业汇票。但这里的银行本票、银行支票和银行汇票具有银行证明文件的性质，属于货币资金项目，而会计上所指的应收票据仅限于商业汇票。目前在我国，企业只能签发以真实交易关系或债权债务关系为基础的商业汇票。商业汇票承兑期限由交易双方商定，最长不得超过6个月。

商业汇票可以按不同的标准进行分类：

(1)按是否附息，可分为无息票据和附息票据。无息票据到期时只需支付票据面额；附息票据到期时除需支付票据面额外，还需按票面规定的利率支付利息。需要指出的是，到期不能收回的应收票据应按其账面余额转入应收账款，不再计提利息。

(2)按承兑人不同，可分为商业承兑汇票和银行承兑汇票。承兑是汇票付款人承诺在汇票到期日支付汇票金额的票据行为。商业汇票必须经承兑后方可生效。商业承兑汇票和银行承兑汇票的区别在于承兑人不同，决定了商业承兑汇票是商业信用，银行承兑汇票是银行信用。目前，银行承兑汇票一般由银行签发并承兑,而商业承兑汇票可以不通过银行签发并背书转让,但在信用等级和流通性上低于银行承兑汇票,在银行办理贴现的难度较银行承兑汇票高。

(3)按是否带有追索权,可分为带追索权的商业汇票和不带追索权的商业汇票。票据追索权又称偿还请求权,是指持票人在提示承兑或提示付款,而未获承兑或未获付款时,依法向其前手请求偿还票据金额及其他金额的权利。在我国,商业票据可以背书转让,持票人可以对背书人、出票人以及票据的其他债务人行使追偿权。

拓展阅读

业务术语——背书

背书是一种票据行为,是票据转让的一种重要方式。背书是由持票人在汇票背面签上自己的名字或盖章,并将汇票交付给受让人的行为。这里的持票人称为背书人,受让人称为被背书人。

通过背书方式转让汇票的主要目的是在转让人和受让人之间建立起权利义务关系。作为转让人的背书人一旦在汇票上签名,他就要承担以下两项义务:(1)须对包括被背书人在内的所有后来取得该汇票的人保证该汇票必将得到承兑或付款。(2)须保证在他之前曾在该汇票上签名的一切前手的签字的真实性和背书的连续性。

背书人是被背书人的债务人,被背书人是背书人的债权人。被背书人是汇票的受让人,他有权取得背书人对票据的一切权利。具体表现为:(1)被背书人可以用自己的名义向付款人要求承兑、付款,也可以将汇票再经背书转让他人。(2)当汇票遭到拒付时,被背书人有权向其直接的背书人以及曾在汇票上签名的其他背书人直至出票人进行追索,直到得到兑付或付款。

二、应收票据的确认与核算

应收票据入账价值的确定,目前存在两种方法:一种是按其票面价值入账,另一种是按票面价值的现值入账。如果考虑到货币的时间价值等因素对票据面值的影响,应收票据按现值入账是比较合理和科学的。但是,由于商业汇票的期限较短,利息金额相对来说不大,用现值记账计算繁琐,为了简化核算,企业会计制度规定,应收票据一律按面值入账。

为了反映和监督应收票据取得、票款收回等经济业务,企业应当设置“应收票据”账户,借方登记取得的应收票据的面值和票据利息,贷方登记到期收回票款或到期前向银行贴现的应收票据的票面余额,期末余额在借方,反映企业持有的商业汇票的票面金额和利息。本账户可按照开出、承兑商业汇票的单位进行明细核算,并设置“应收票据备查簿”,逐笔登记商业汇票的种类、号数和出票日、票面金额、交易合同号和付款人、承兑人、背书人的姓名或单位名称、到期日、背书转让日、贴现日、贴现率和贴现净额以及收款日和收回金额、退票情况等资料。商业汇票到期结清票款或退票后,在备查簿中应予注销。

(一)应收票据的取得

企业收到承兑的商业汇票时,按应收票据的面值,借记“应收票据”账户;按实现的营业收入,贷记“主营业务收入”等账户;按专用发票上注明的增值税,贷记“应交税费——应交增值税(销项税额)”账户。如果企业收到应收票据是用来抵偿应收账款时,应借记“应收票据”账户,贷记“应收账款”账户。

其账务处理为:

(1)因债务人抵偿前欠货款而取得应收票据时:

借:应收票据(票据的面值)

贷:应收账款

(2)因销售商品而收到应收票据时:

借:应收票据(票据的面值)

贷:主营业务收入(不含增值税的收入)

应交税费——应交增值税(销项税额)

(二)应收票据持有期内计息

对于带息应收票据,期末按应收票据面值和确定的票面利率计提利息。公式如下:

应收票据利息＝应收票据面值×票据利率×票据期限

上述公式中的"利率",一般是指年利率,如果按月计算利息,应将年利率换算为月利率;如果按日计算利息,应将年利率换算为日利率。为了计算方便,银行通常按 1 年 360 天计算。例如,某公司 3 月 31 日销售商品一批,货款 102 564 元,增值税额 17 436 元,当日收到商业承兑汇票面值 120 000 元,利率 6%,期限 5 个月。8 月 31 日,该票据到期,应计利息＝120 000×6%×5÷12＝3 000(元)。

在会计核算上,企业应按照权责发生制的原则于会计期末反映这一部分利息收入,同时记录应收债权,即借记"应收票据"账户,贷记"财务费用"账户。至于企业于月末、季末还是年末对企业持有的应收票据计提利息,则视企业的会计政策而定。一般金额较大、对企业财务成果影响较大的,应按月计提;如果金额不大且影响较小,可于中期期末或年末计提;但根据重要性和谨慎性要求,也可以平时不计提利息收入,待票据到期时再计提。账务处理如下:

借:应收票据

贷:财务费用

(三)应收票据到期

1. 到期日的确定

应收票据的到期日应按不同的约定方式来确定。如约定按日计算,则应以足日为准,在其计算时,可按算尾不算头或算头不算尾(到期日与出票日只算一天)的方式确定。例如,3 月 2 日开出的 80 天商业汇票的到期日为 5 月 21 日。如约定按月计算,则以足月为标准,在计算时按到期月份的对日确定,当签发日为某月最后一天时,统一以到期月份最后一日为到期日。例如,10 月 31 日开出的 4 个月商业汇票,到期日应为下年 2 月 28 日(若有 29 日,则为 2 月 29 日);若此汇票为 6 个月,则到期日应为下年的 4 月 30 日。

2. 到期价值的确定

应收票据的到期价值即商业汇票到期时的全部应支付款项,要根据票据是否带息来确定。若是不带息票据,到期价值就是票面价值即本金;若是带息票据,到期价值就是票据面值加上应计利息。计算公式为:

不带息应收票据到期值＝票据面值

带息应收票据到期值＝票据面值×(1＋票面利率×票据期限)

例如,一张面值为 1 000 元、期限为 90 天、票面利率为 10%的商业汇票,到期价值为:$1\,000\times\left(1+10\%\times\frac{90}{360}\right)=1\,025$(元)。

3. 应收票据的收回

企业对于持有的即将到期的应收票据,应匡算划款时间,提前委托银行收款。一般来说,银行承兑汇票能及时收妥款项入账,但是商业承兑汇票就要视付款人账户资金是否足额,有两种可能:

一是收回应收票据,按实际收到的金额,借记"银行存款"账户;按应收票据的账面余额,贷记

“应收票据”账户;按其差额,贷记“财务费用”账户。

二是因付款人无力支付票款,收到银行退回的商业承兑汇票、委托收款凭证、未付票款通知书或拒绝付款证明等,按应收票据的到期值,借记“应收账款”账户;按应收票据的账面余额,贷记“应收票据”账户;按带息票据尚未结算入账的利息金额,贷记“财务费用”账户。另外注意,到期不能收回的带息应收票据,转入“应收账款”账户核算后,期末不再计提利息,其应计提的利息,在有关备查簿中进行登记,待实际收到时冲减收到当期的财务费用。其账务处理如下:

若到期收回:

借:银行存款(到期值)

　　贷:应收票据(票据账面余额)

　　　财务费用(尚未计提利息部分)

若到期无法收回:

借:应收账款(到期值)

　　贷:应收票据(票据账面余额)

　　　财务费用(尚未计提利息部分)

【教学案例2-1】

信义股份有限公司2017年3月有关应收票据的业务如下:

(1)3月12日,销售一批商品给创意有限责任公司,货已发出,款项40 000元,增值税额6 800元,按合同约定3个月后付款。创意公司交给信义公司一张不带息3个月到期的银行承兑汇票,面值46 800元,3个月后票据到期收到款项存入银行。

借:应收票据	46 800	
贷:主营业务收入		40 000
应交税费——应交增值税(销项税额)		6 800

3个月后,收到款项时:

借:银行存款	46 800	
贷:应收票据		46 800

(2)3月1日,销售一批产品给春晖股份有限公司,货已发出,销货款总额为234 000元,其中税款34 000元。收到春晖公司开出的商业票据一张,6个月期限,票面利率为10%。企业于中期6月30日计提票据利息,票据到期后没有收到相关款项。

借:应收票据	234 000	
贷:主营业务收入		200 000
应交税费——应交增值税(销项税额)		34 000

计提利息=234 000×10%×4÷12=7 800(元)

借:应收票据	7 800	
贷:财务费用		7 800

到期未收到款项时:

借:应收账款	245 700	
贷:应收票据		241 800
财务费用		3 900

4. 应收票据的转让

企业可以将持有的应收票据进行背书转让,用于购买所需物资或偿还债务。

将持有的应收票据背书转让时，应按票面金额结转。若为带息票据，还应将尚未计提的利息冲减财务费用。如有价差，则应借记或贷记“银行存款”账户。企业转让应收票据时的会计处理为：

借：原材料等（材料物资的成本）
　　应交税费——应交增值税（进项税额）
　　银行存款（差额部分）
　　贷：应收票据（票据账面余额）
　　　　财务费用（尚未计提利息部分）
　　　　银行存款（差额部分）

【教学案例 2－2】

信义股份有限公司 2017 年 3 月有两笔关于应收票据转让的业务如下：

(1)3 月 1 日，采购一批材料，货款总计 11 700 元（其中材料价款 10 000 元，增值税 1 700 元），为支付该批款项，公司将金额为 12 000 元的不带息商业承兑汇票背书转让，同时收到差额款 300 元存入银行。

(2)3 月 22 日，又采购一批材料，货款共计 234 000 元（其中材料价款 200 000 元，增值税 34 000元），将金额为 230 000 元的带息应收票据背书转让，至转让日该应收票据应计利息总额为 300 元，已计提利息为 280 元，尚未计提利息为 20 元，同时以银行存款支付差额3 700元。

其账务处理如下：

(1)借：原材料	10 000	
应交税费——应交增值税（进项税额）	1 700	
银行存款	300	
贷：应收票据		12 000
(2)借：原材料	200 000	
应交税费——应交增值税（进项税额）	34 000	
贷：应收票据		230 280
财务费用		20
银行存款		3 700

5. 应收票据的贴现

贴现是指持票人以未到期的应收票据，通过背书手续，请银行按贴现率从票据价值中扣取自贴现日起到票据到期日止的贴息后，将余额兑付给持票人。贴现是融通资金的一种信贷形式。背书的应收票据是此项借款的担保品。票据价值就是票据的到期值，不带息票据为票据的面值，带息票据为票据到期的本利和金额。用应收票据向银行申请贴现时，持票人必须在票据上“背书”。票据到期值与贴现收到金额之间的差额，为贴息或贴现息，通常记作财务费用。贴息的数额根据票据的到期值按贴现率及贴现期计算。其计算公式为：

贴息＝票据到期值×贴现率×贴现期

贴现票据实收金额＝票据到期值－贴息

用应收票据向银行申请贴现时，企业会计制度规定，如果是带息票据，由于受票面载明的利率与银行贴现率的差异和贴现期的影响，其贴现所得与票面金额会产生差异，在会计上作为利息收支处理。按实际收到的金额，借记“银行存款”账户；按应收票据的账面价值（包括面值和已计提利息），贷记“应收票据”账户；按其差额，借记或贷记“财务费用”账户。

如果是不带息票据,其贴现所得与票面金额产生的差异,在会计上作为利息支出处理。企业应按实际收到的金额,借记“银行存款”账户;按贴现息部分,借记“财务费用”账户;按应收票据的票面价值,贷记“应收票据”账户。

【教学案例2-3】

信义股份有限公司2017年3月发生下列贴现业务:

公司于4月1日将2月1日开出并承兑的面值为100 000元、年利率为8%、5月1日到期的商业承兑汇票向银行贴现,未计提利息,贴现率为10%,则贴现息和贴现所得计算如下:

带息票据到期值$=100\ 000\times\left(1+8\%\times\frac{90}{360}\right)=102\ 000$(元)

贴息$=102\ 000\times10\%\times\frac{30}{360}=850$(元)

贴现所得$=102\ 000-850=101\ 150$(元)

借:银行存款　　101 150

　　贷:应收票据　　100 000

　　　　财务费用　　1 150

若假定该票据为不带息票据,则贴现息和贴现所得计算如下:

票据到期值$=100\ 000$(元)

贴现息$=100\ 000\times10\%\times\frac{30}{360}=833$(元)

贴现所得$=100\ 000-833=99\ 167$(元)

借:银行存款　　99 167

　　财务费用　　833

　　贷:应收票据　　100 000

任务二　应收账款的核算业务

一、应收账款的确认与计价

应收账款是指企业因对外销售商品、产品或提供劳务等经营活动,而应向购货单位或接受劳务单位收取的款项,主要包括应向有关债务人收取的货款、增值税款及代购货单位垫付的运杂费、包装费等。应收账款属于短期债权,在资产负债表上应列为流动资产项目。

应收账款因企业赊销业务而产生,它的确认与收入的确认密切相关。由于是赊销,货币资金并未流向企业,因此,在确认收入时,应同时确认与其相关的应收账款。

应收账款因企业销售或提供劳务而产生,应按实际发生额记账。应收账款的入账价值包括销售货物或提供劳务的价款、增值税,以及代垫费用等。但在现实经济生活中,企业为了促销或尽快收回货款,往往会实行折扣的办法。因此,在确认应收账款的入账价值时,还要进一步考虑折扣因素。折扣主要包括商业折扣和现金折扣两种。

(一)商业折扣

商业折扣是指企业为促进商品销售而在商品标价上给予的价格扣除。例如,企业为鼓励客户多买商品,可能规定购买20件以上商品给予客户20%的折扣,或客户每买10件送1件等。此外,企业为了尽快出售一些残次、陈旧、过季的商品,也可能降价(即打折)出售。商业折扣作为企业的一种促销手段,有利于扩大销路,回笼资金。

商业折扣在销售时即已发生,并不构成最终成交价格的一部分。因此,涉及商业折扣的,应当按照扣除商业折扣后的金额确定销售商品收入金额和应收账款金额。

(二)现金折扣

现金折扣是指债权人为鼓励债务人在规定的期限内尽快付款而向债务人提供的债务折扣。现金折扣一般用符号"折扣率/付款期"表示,如,"2/10,1/20,n/30"。销货方允许客户最长的付款期限为30天,如果客户在10天以内付款,销货方可给予客户2%的折扣;如果客户在20天以内付款,销货方可给予客户1%的折扣;如果客户在21～30天内付款,则不能享受现金折扣。

现金折扣与销售折扣不同,它发生在企业销售商品之后,其是否发生以及发生多少要视买方的付款情况而定,企业在确认销售商品收入时并不能确定现金折扣的金额。因此,对于现金折扣,会计上有两种处理方法可供选择:一是总价法,二是净价法。在我国会计实务中,要求采用总价法。

总价法是指将未减去现金折扣前的金额作为应收账款的入账价值,即应收账款按企业销售商品的实际售价全额入账。发生的现金折扣实际上是对利益的折让,相当于企业销售收入的减少或理财费用的增加。会计实务中以销货发票作为增值税的计税依据,发生现金折扣并不能改变原来发票金额,为了简化会计核算手续,便于纳税管理,一般将发生的现金折扣作为销货折扣处理,不再调整应收的增值税额。

另外注意两点:第一,现金折扣只有客户在折扣期内支付货款时,才予以确认,计入财务费用。第二,在计算现金折扣时,还应注意是否包含增值税的价款,两种情况下购买方享有的折扣金额不同。例如,销售价格为100 000元的商品,增值税额为17 000元,购买方享有的现金折扣为1%。如果购买双方约定计算现金折扣时不考虑增值税,则购买方应享有的现金折扣金额为1 000元;如果购买双方约定考虑增值税,则购买方享有的现金折扣金额为1 170元。

其账务处理如下:

(1)赊销时,按照未扣除现金折扣前的金额确定应收账款金额:

借:应收账款

　　贷:主营业务收入

　　　　应交税费——应交增值税(销项税额)

(2)发生现金折扣时:

借:银行存款

　　财务费用 (实际发生的现金折扣)

　　贷:应收账款

(3)未发生现金折扣时:

借:银行存款

　　贷:应收账款

实际操作中计算现金折扣时究竟是否考虑增值税,取决于交易双方的合同约定,其区别仅仅是购买方享受的现金折扣多一点或少一点的问题,但如果按含增值税的销售额计算现金折扣,与增值税额对应的现金折扣不能冲减销项税。

总价法可以较好地反映销售的全过程,且简便易行。但总价法的缺点是,在客户可能享受折扣时,由于账面上并没有反映,因此会造成应收账款和销售收入的高估,从而高估利润。

净价法是指在销售业务发生时,将扣减最大现金折扣后的金额作为应收账款的入账金额。在这种方法下,销货方把客户取得现金折扣视为正常现象,认为客户一般都会提前付款,将客户超过折扣期限付款而多收到的款项,视为提供信贷获得的收入,于收到款项时冲减财务费用。

净价法虽然可以弥补总价法高估收入、高估利润的问题,但在现金折扣处理上比较麻烦,工作量大。

净价法的账务处理如下:

(1)赊销时,按扣除最大现金折扣后的金额作为应收账款的入账价值:

借:应收账款

贷:主营业务收入

应交税费——应交增值税(销项税额)

(2)在最大折扣期内付款时:

借:银行存款

贷:应收账款

(3)客户超过最大折扣期付款,将多收的款项视为提供信贷获得的收入,于收到账款时入账,冲减财务费用:

借:银行存款

贷:应收账款

财务费用

【教学案例2-4】

信义股份有限公司于3月10日向春晖有限责任公司赊销商品一批,报价125 000元,商业折扣20%。专用发票上注明成交价款为100 000元,收取的增值税为17 000元,付款条件为2/10,$n/30$,不考虑增值税。请分别使用总价法和净价法进行账务处理。

(1)总价法。

① 3月10日赊销时:

借:应收账款——春晖公司	117 000	
贷:主营业务收入		100 000
应交税费——应交增值税(销项税额)		17 000

②假设春晖公司于3月19日付款:

现金折扣=100 000×2%=2 000(元)

借:银行存款	115 000	
财务费用	2 000	
贷:应收账款——春晖公司		117 000

③假设春晖公司于4月9日付款:

借:银行存款	117 000	
贷:应收账款——春晖公司		117 000

(2)净价法。

① 3月10日赊销时:

借:应收账款——春晖公司	115 000	
贷:主营业务收入		98 000
应交税费——应交增值税(销项税额)		17 000

②假设春晖公司于3月19日付款:

现金折扣=100 000×2%=2 000(元)

借:银行存款	115 000	
贷:应收账款——春晖公司		115 000

③假设春晖公司于4月9日付款：

借：银行存款　　117 000

　　贷：应收账款——春晖公司　　115 000

　　　　财务费用　　2 000

二、应收账款发生与收回的核算

为了反映应收账款的增减变动及其结存情况，企业应设置“应收账款”账户，不单独设置“预收账款”账户的企业，预收的账款可在“应收账款”账户核算。“应收账款”账户的借方登记应收账款的增加，贷方登记应收账款的收回及确认的坏账损失。期末余额一般在借方，反映企业尚未收回的应收账款；如果期末余额在贷方，则反映企业预收的账款。该账户应按不同购货单位或接受劳务的单位设户进行明细核算，以便及时向债务人催收账款。

【教学案例2－5】

信义股份有限公司采用托收承付结算方式向创意有限责任公司销售商品一批，货款200 000元，增值税额34 000元，以银行存款代垫运杂费5 000元，已办妥托收手续。编制会计分录如下：

(1)商品发出并办妥托收手续时：

借：应收账款——创意公司　　239 000

　　贷：主营业务收入　　200 000

　　　　应交税费——应交增值税(销项税额)　　34 000

　　　　银行存款　　5 000

(2)实际收到货款时：

借：银行存款　　239 000

　　贷：应收账款——创意公司　　239 000

三、应收账款的融资

为了促进销售，企业往往会增加赊销的规模，但这又会引起占用过多资金、增加坏账发生概率、增加信用管理开支等诸多问题。因此，在一些商业信用比较发达的国家，可以通过应收账款融资的手段来融通资金、规避风险。一般有三种主要方式：应收账款抵借，应收账款转让(有追索权)，应收账款出售(无追索权)。

拓展阅读

资产支持贷款：破解中小企业“融资难”又一途径(节选)

一直以来，中小企业“融资难”的问题困扰着银行和企业。一方面，大量中小企业由于缺乏有效抵押物而无法获得银行信贷资金；另一方面，中小企业资产价值中数量可观的应收账款、存货等大量动产资源却“无处用武”。在央行征信中心日前举办的“资产支持贷款技术培训”上，专家指出，资产支持贷款方式是拓宽中小企业融资渠道、破解中小企业融资难问题的又一途径。

资产支持贷款实际上是一种有担保、有监控的贷款方式。它使用的担保品是可监控的资产，主要包括应收账款和存货。该业务源于20世纪20年代的美国。近年来，在《物权法》的支持下，应收账款融资业务在我国已经初具规模，并表现出良好的发展前景。事实上，应收账款是动产中最容易变现的一种,非常适合用作担保品。掌握针对应收账款融资的贷款技术模式,不仅能为各类金融机构开展新的业务范围、发展新的客户,也能有效地缓解当前中小企业面临的融资难问题。

人民银行征信中心应收账款质押登记公示系统数据显示,截至2011年10月31日,应收账款质押登记系统中累计发生登记457 267笔,查询583 106笔。其中,累计发生的355 942笔初始登记中,出质人为中小型企业的初始登记量超过29万笔,占到了系统初始登记总量的80%多。“这个系统在促进中小企业融资方面发挥了实实在在的作用,从金额上面来看,中小企业出质人获得融资金额的占比超过了43%。”人民银行征信中心有关工作人员介绍说,“我国现在担保交易法律改革,特别是应收账款融资业务的发展已经被列为发展中国家改革的成功范例。G20已经将我们的这种改革列为全球158个模范案例之首,并准备向全世界推广。”

央行征信中心副主任汪路指出,我国资产支持贷款业务特别是应收账款融资,从《物权法》颁布以后获得快速发展。未来,随着我国法律制度环境的不断完善,加上国内金融机构在应收账款融资技术方面的创新与发展,应收账款融资在我国一定会获得更快、更好的发展。客观地看,资产支持贷款的技术、理念以及司法和政策环境,与相对成熟国家的环境和技术水平相比还是存在差距的,这些问题尚需管理层和金融机构继续探索和实践。征信中心将持续改进已有系统,依托登记系统为企业做好登记服务,同时将继续推动相关法律包括登记制度的完善,力所能及地和合作伙伴共同促进资产支持贷款业务在中国的可持续发展。

资料来源:牛娟娟:《资产支持贷款:破解中小企业“融资难”又一途径》,《金融时报》,2011年12月14日。

任务三　预付账款及其他应收款的核算业务

一、预付账款的核算

预付账款是企业按照合同规定预先支付的款项,是企业暂时被供应单位占有的资金。企业预付货款后有权要求供货方按照购货合同的规定发货。预付账款必须以购销双方签订的购货合同为条件,按照规定的程序和方法进行核算。

按照权责发生制原则,预付账款虽已付出,但由于对方尚未履行义务,要求对方履行义务仍是企业的权力,因此,预付账款与应收账款一样,都是企业的短期债权。但是,两者又有区别。应收账款是企业销售货物引起的,是应向购货方收取的款项;而预付账款是企业购货引起的,是预先支付的款项。企业在预付货款和预付工程款时,应以预付金额入账。

为了反映和监督预付账款的增减变动及其结存情况,企业应设置“预付账款”账户,并按供货单位设置明细账户,进行明细核算。“预付账款”账户的借方登记预付款项和补付款项,贷方登记收到所购物资时按发票账单金额冲销的预付账款数及退回的多余款项。期末余额一般在借方,反映企业实际预付的款项;若为贷方余额,则表示尚未补付的款项。

在实际工作中,预付款项情况不多的企业,可以不设置“预付账款”账户,而直接通过“应付账款”账户核算。但在编制资产负债表时,应当将“预付账款”和“应付账款”项目的金额分别反映。

预付账款的核算主要包括预付款项和收回货物两个方面。

(1)预付款项的会计处理。根据购货合同的规定,向供应单位预付款项时,借记“预付账款”账户,贷记“银行存款”账户。

(2)收回货物的会计处理。企业收到所购货物时,按应计入购入物资成本的金额,借记“材料采购”或“原材料”“应交税费——应交增值税(进项税额)”等账户,贷记“预付账款”账户;当预付货款小于采购货物所需支付的款项时,应将不足部分补付,借记“预付账款”账户,贷记“银行存款”账户；当预付货款大于采购货物所需支付的款项时，对收回的多余款项，应借记“银行存款”账户，贷记“预付账款”账户。

【教学案例 2－6】

信义股份有限公司向创意有限责任公司采购材料 5 000 千克，单价 5 元，所需支付的款项总额为 25 000 元。按照合同规定，向乙公司预付货款的 40%，验收货物后补付其余款项。应编制会计分录如下：

(1)预付 40%的货款时：

借：预付账款——创意公司　　10 000

　贷：银行存款　　10 000

(2)收到乙公司发来的 5 000 千克材料，验收无误，增值税专用发票记载的货款为 25 000 元，增值税额为 4 250 元时：

借：原材料　　25 000

　应交税费——应交增值税(进项税额)　　4 250

　贷：预付账款——创意公司　　29 250

(3)以银行存款补付所欠款项 19 250 元时：

借：预付账款——创意公司　　19 250

　贷：银行存款　　19 250

预付账款属于企业的一项短期债权，如果有确凿证据表明企业的预付账款已不符合预付账款的性质，或者因供货单位破产、撤销等原因已无望再收到所购货物的，应按照规定确认其资产的减值损失，计提坏账准备。

二、其他应收款的核算

其他应收款是指除应收票据、应收账款、预付账款以外的其他各种应收及暂付款项。其主要内容包括：

(1)应收的各种赔款、罚款，如企业财产等遭受意外损失而应向有关保险公司收取的赔款等。

(2)应收的出租包装物租金。

(3)应向职工收取的各种垫付款，如为职工垫付的水电费、应由职工负担的医药费、房租费等。

(4)存出保证金，如租入包装物支付的押金。

(5)备用金(向各科室拨出的备用金)。

(6)其他各种应收、暂付款项。

为了反映其他应收款的增减变动及其结存情况，企业应设置“其他应收款”账户对其进行核算。“其他应收款”账户的借方登记其他应收款的增加，贷方登记其他应收款的收回，期末余额一般在借方，反映企业尚未收回的其他应收款项。在“其他应收款”账户下，应按不同债务人设置明细账户，进行明细核算。

【教学案例 2－7】

信义股份有限公司 3 月发生关于其他应收款的如下经济业务：

(1)3 月 11 日，租入包装物一批，以银行存款支付包装物押金 3 000 元。

(2)3 月 13 日，以银行存款代职工王兰垫付应由其个人负担的医药费 2 400 元，并从其工资中扣回。

(3)3 月 17 日,销售员刘磊出差借差旅费 1 000 元,以现金支付。

(4)3 月 21 日,企业归还租入包装物,收到出租方退还的押金。

(5)3 月 24 日,刘磊出差归来,报销差旅费 850 元,余款交回。

信义公司应编制会计分录如下:

(1)租入包装物支付包装物押金时:

借:其他应收款——存出保证金	3 000	
贷:银行存款		3 000

(2)垫付医药费时:

借:其他应收款——王兰	2 400	
贷:银行存款		2 400

从工资中扣款时:

借:应付职工薪酬	2 400	
贷:其他应收款——王兰		2 400

(3)预付差旅费时:

借:其他应收款——刘磊	1 000	
贷:库存现金		1 000

(4)收到押金时:

借:银行存款	3 000	
贷:其他应收款——存出保证金		3 000

(5)刘磊出差归来,报销差旅费 850 元,余款交回时:

借:管理费用	850	
库存现金	150	
贷:其他应收款——刘磊		1 000

企业应定期或至少于年度终了时,对其他应收款进行检查,预计其可能发生的损失,并计提坏账准备。对于不能收回的其他应收款,应查明原因,追究责任。对确实无法收回的,按照企业的管理权限,经股东大会或董事会,或经理(厂长)会议或类似机构批准作为坏账损失,冲减提取的坏账准备。

期末,“其他应收款”项目应按减去已计提的坏账准备后的净额,在资产负债表中列示。

任务四　坏账损失的核算业务

一、坏账损失的确认

坏账是指企业无法收回或收回的可能性极小的应收款项。由于发生坏账而产生的损失,称为坏账损失。

企业应当在资产负债表日对应收款项的账面价值进行检查,有客观证据表明该应收款项发生减值的,应当确认减值损失,计提坏账准备。现行会计准则规定,符合下列条件之一的应收款项,可确认为坏账:

(1)债务人破产、死亡或失踪,以其破产财产或遗产进行清偿后确实无法收回的部分;

(2)因债务单位撤销、资不抵债或现金流量严重不足,确实无法收回的部分;

(3)因债务人发生严重的自然灾害或意外事故等,损失巨大,导致债务单位停产而在短时间内无法偿付债务，确实无法收回的部分；

（4）因债务人逾期未履行偿债义务超过3年，经核查确实无法收回的部分。

除符合以上条件的可以确认为坏账外，下列几种情况不能全额计提坏账准备：

（1）当年发生的应收款项；

（2）计划对应收款项进行重组；

（3）与关联方发生的应收款项；

（4）其他已逾期，但无确凿证据表明不能收回的应收款项。

由于企业采用先提供商品或服务、后收款的方式进行销售，因此发生坏账损失是难以避免的。对已确认为坏账的应收款项，并不意味着企业就放弃追索权，一旦收回，就应及时入账。坏账损失的发生会减少企业利润和现金流量，企业应加强日常对应收款项的管理，尽可能地减少坏账损失的发生。

二、坏账损失的计提和核算

坏账损失的核算方法，有直接转销法和备抵法两种。我国现行会计准则规定，企业只能采用备抵法核算坏账损失。

（一）直接转销法

直接转销法是指在确认坏账的当期，直接确认坏账损失的方法。即某一会计期间确认某笔应收账款确实无法收回，就在当期确认坏账和坏账损失，注销应收账款，同时将坏账损失金额计入当期资产减值损失。

直接转销法的优点是会计处理简单，但只有等到坏账发生时才能确认为当期费用，这样收入和与之相关的坏账费用就不在同一期间确认，从而导致收入和费用不配比，无法如实反映各期的经营责任。

（二）备抵法

备抵法是指按期估计坏账损失，形成坏账准备，当某一应收款项的全部或部分被确认为坏账时，应根据其金额冲减坏账准备，同时转销相应应收款项金额的一种核算方法。

1. 坏账准备计提的范围

新会计准则下，企业计提坏账准备的基础由原先的对“应收账款”和“其他应收款”计提坏账准备，扩大到对全部的应收款项和预付账款等，即如果有证据表明应收账款、其他应收款、长期应收款、预付账款和应收票据等不能收回，或收回的可能性很小时，应计提坏账准备。

2. 坏账准备的账务处理

在备抵法下，企业应当设置“坏账准备”和“资产减值损失”账户，核算应收款项的坏账准备计提、转销等情况。企业当期计提的坏账准备应计入当期损益。“坏账准备”账户的贷方登记当期计提的坏账准备金额，借方登记实际发生的坏账损失金额和冲减的坏账准备金额，期末余额一般在贷方，反映企业已计提但尚未转销的坏账准备。

计提坏账准备时，借记“资产减值损失——计提的坏账准备”账户，贷记“坏账准备”账户；确实无法收回的坏账，经管理权限报批后作为坏账损失，结转应收款项，借记“坏账准备”账户，贷记“应收账款”“应收票据”“预付账款”“其他应收款”等账户。

已确认并转销的应收款项以后又收回的，应按实际收回的金额，借记“应收票据”“应收账款”“预付账款”“其他应收款”等账户，贷记“坏账准备”账户；同时，借记“银行存款”账户，贷记“应收票据”“应收账款”“预付账款”“其他应收款”等账户；也可以直接按实际收回的金额，借记“银行存款”账户，贷记“坏账准备”账户。

3. 计提坏账准备的比例和方法

按照现行会计准则的规定,计提坏账准备的方法和比例由企业自行决定。企业应当制定计提坏账准备的政策,明确计提坏账准备的范围和提取比例。坏账准备计提方法一经确定,不得随意变更;如需变更,应当在会计报表附注中予以说明。

4. 估计坏账损失的方法

估计坏账损失的方法主要有应收款项余额百分比法、账龄分析法、销货百分比法等。

(1)应收款项余额百分比法

应收款项余额百分比法是指根据会计期末应收款项的余额和估计的坏账率,估计坏账损失,计提坏账准备的方法。其计算公式如下:

"坏账准备"账户期末数=应收账款期末余额×估计坏账率

当期应确认的坏账损失数=当期按应收款项计算应提坏账准备金额-(或+)"坏账准备"账户的贷方(或借方)余额

具体来说,有以下三种情况:

第一种情况:调整前"坏账准备"账户为借方余额,这时应按本期估计的坏账加上调整前"坏账准备"账户借方余额之和,作为计提坏账准备的数额。

第二种情况:调整前"坏账准备"账户为贷方余额,且贷方余额小于本期估计坏账准备金额,这时应按其差额计提坏账准备。

第三种情况:调整前"坏账准备"账户为贷方余额,且贷方余额大于本期估计坏账准备金额,这时其差额为负数,应按差额冲减坏账准备。

【教学案例 2-8】

信义股份有限公司近几年发生如下经济业务:

(1)从 2014 年开始计提坏账准备。2014 年末,公司应收账款余额为 850 000 元,企业提取坏账准备的比例为 5%。计算坏账准备并编制会计分录如下:

坏账准备提取额=850 000×5%=42 500(元)

借:资产减值损失——计提的坏账准备　　42 500

　　贷:坏账准备　　42 500

(2)2015 年 5 月,公司发现创意有限责任公司所欠货款 12 000 元无法收回,按有关规定确认为坏账损失。编制会计分录如下:

借:坏账准备　　12 000

　　贷:应收账款——创意公司　　12 000

(3)2015 年 12 月 31 日,公司应收账款余额为 1 500 000 元。年末计提坏账准备前,"坏账准备"账户的贷方余额为 30 500 元(42 500-12 000)。计算坏账准备并编制会计分录如下:

估计坏账准备金额为 75 000 元(1 500 000×5%),前期"坏账准备"账户的贷方余额为30 500 元,小于估计损失数,所以属于第二种情况,应提取其差额 44 500 元。

75 000-30 500=44 500(元)

借:资产减值损失——计提的坏账准备　　44 500

　　贷:坏账准备　　44 500

(4)2016 年 9 月 5 日,接银行通知,公司上年已核销的 12 000 元坏账又收回,款项已存入银行。编制会计分录如下:

借:应收账款　　12 000

　　贷:坏账准备　　12 000

同时:

借:银行存款　　12 000

　　贷:应收账款　　12 000

按照新准则的规定,也可以直接合并成一步:

借:银行存款　　12 000

　　贷:坏账准备　　12000

(5)2016 年 12 月 31 日,公司应收账款余额为 1 600 000 元。计提坏账准备前"坏账准备"账户的贷方余额为 87 000 元(75 000+12 000)。计算坏账准备并编制会计分录如下:

估计坏账准备金额为 80 000 元(1 600 000×5%),前期"坏账准备"账户的贷方余额为87 000 元,大于估计损失数,所以属于第三种情况,应冲减其差额 7 000 元。

80 000－87 000＝－7 000(元)

借:坏账准备　　7 000

　　贷:资产减值损失——计提的坏账准备　　7 000

(2)账龄分析法

账龄分析法是根据应收款项账龄的长短来估计坏账的方法。账龄指的是债务人所欠账款的时间。采用这种方法,企业利用账龄分析表提供的信息,确定坏账准备金额。该方法按各类账龄分别估计其可能成为坏账的部分。一般账龄越长,账款不能回收的可能性越大。

【教学案例 2－9】

信义股份有限公司发生如下经济业务:

2016 年 12 月 31 日"坏账准备"账户的贷方余额为 10 000 元,年末应收账款的账龄及估计坏账损失如表 2－1 所示。

表 2－1　　**估计坏账损失表**

2016 年 12 月 31 日　　单位:元

应收账款账龄	应收账款金额	估计坏账率	估计损失金额
未到期	300 000	1%	3 000
逾期 1 年	120 000	5%	6 000
逾期 2 年	80 000	30%	24 000
逾期 3 年	10 000	80%	8 000
合　计	510 000		41 000

计算坏账准备并编制会计分录如下:

年末应提取的坏账准备额＝41 000－10 000＝31 000(元)

借:资产减值损失——计提的坏账准备　　31 000

　　贷:坏账准备　　31 000

(3)销货百分比法

一般情况下,企业赊销的金额越大,出现坏账损失的可能性就越大。销货百分比法是根据赊销金额的一定百分比估计坏账损失的方法。企业可以根据过去的经验和有关资料,估计坏账损失与赊销金额之间的比率,也可用其他更合理的方法进行估计。

当期应计提的坏账准备＝本期赊销额×坏账准备率

【教学案例 2－10】

信义股份有限公司 2016 年全年赊销金额为 4 500 000 元，根据以往经验和有关资料，估计坏账损失率为 1.2%，本年度应估计坏账损失 54 000 元(4 500 000×1.2%)。应编制会计分录如下：

借：资产减值损失——计提的坏账准备　　54 000

　贷：坏账准备　　54 000

5. 备抵法的优点

(1)预计不能收回的应收款项作为坏账损失及时计入费用，避免企业的虚盈实亏。

(2)在报表上列示应收账款净额，使报表阅读者能了解企业真实的财务状况。

(3)使应收账款实际占用资金接近实际，消除虚列的应收账款，有利于加快企业资金周转，提高经济效益。

拓展阅读

海虹控股炒股大亏　229 笔应收款全部计提坏账(节选)

海虹控股的 140 家公司应收账款、89 笔其他应收款全部计提坏账。由投资者表示，海虹控股有上百家客户赖账不还，几十家单位和个人的其他应收款也要不回来。

据 2011 年半年报显示，海虹控股 2011 年 6 月 30 日“年末”存在 140 家公司的应收账款、89 家单位和个人其他应收款，全部 100%计提坏账准备。

经查，140 家无法收回的应收账款中，10 元以下有 8 家、10～100 元的有 17 家、100～1 000 元的有 31 家、1 000～10 000 元的有 30 家，最多赖账 34.88 万元，最少赖账 0.27 元。

而 89 家单位和个人的其他应收款中，100 元以下的有 7 家、100～1 000 元的有 15 家、1 000～10 000 元的有 22 家，最多的为 225.43 万元。

对此，一专业会计人员表示，对于 6 月 30 日，说成“年末”并不合适，年末一般指一个会计年度的末尾，而对于 0.27 元也赖账不还，则可能是公司显示的“挂账”。

阅读材料

(1)中华人民共和国财政部：《企业会计制度》(2001)，经济科学出版社 2001 年版。

(2)中华人民共和国财政部：《企业会计准则》(2017)，立信会计出版社 2017 年版。

(3)中华人民共和国财政部：《企业会计准则——应用指南》(2017)，立信会计出版社 2017 年版。

(4)财政部会计司编写组：《企业会计准则讲解》(2016)，地震出版社 2016 年版。

项目自测

一、判断题

(1)商业汇票可以背书转让，背书人对票据到期付款负连带责任。　(　　)

(2)企业备用金业务可以通过“其他应收款”账户核算。　(　　)

(3)企业不带息应收票据的到期值等于应收票据的面值。　(　　)

(4)在存在现金折扣的情况下,若采用总价法核算,应收账款应按营业收入扣除预计最大现金折扣之后的金额确认。 ( )

(5)对预付账款不多的企业,可将其直接记入"应收账款"账户的借方。 ( )

(6)企业如果已经确认应收账款为坏账,就意味着企业放弃了其追索权,如果该应收账款又收回,应确认为营业外收入。 ( )

(7)按现行财务制度的规定,企业应按总价法核算应收账款。 ( )

(8)企业只有在发生坏账损失时,才计提坏账准备。 ( )

(9)由于应收账款是企业进行赊销而产生的,因此,其入账确认时间与销售收入的实现时间一致。 ( )

(10)无论合同或协议价款是否公允,应收账款入账金额均应按从购货方应收的合同或协议价值作为初始确认价值。 ( )

(11)如果在应收款项的发生过程中,新增了相应的交易费用,该相关交易费用不应当计入应收账款的初始确认金额。 ( )

(12)为了核算企业应收账款发生的资产减值,会计上应设置"坏账准备"账户和"资产减值损失"账户进行核算。 ( )

(13)企业贴现的商业汇票到期,如果承兑人的银行账户不足支付,银行将从贴现企业的账户中将票款划回,收款企业应按所付票据本息转作应收账款。 ( )

(14)在存在商业折扣的情况下,应收账款应按发票价格减去商业折扣后的净额确认。 ( )

(15)在我国,应收票据也应计提坏账准备。 ( )

二、单项选择题

(1)下列账户中,企业期末不需计提坏账准备的有( )。

A."其他应收款" B."应收票据" C."预付账款" D."预收账款"

(2)计提坏账准备应借记( )账户。

A."管理费用" B."财务费用" C."资产减值损失" D."营业外支出"

(3)若企业预付账款业务不多,为简化核算,可直接将预先支付的货款记入( )。

A."应付账款"账户的借方 B."应收账款"账户的借方

C."应付账款"账户的贷方 D."应收账款"账户的贷方

(4)2017 年 3 月 10 日签发、期限 90 天的票据,到期日为( )。

A. 6 月 11 日 B. 6 月 10 日 C. 6 月 9 日 D. 6 月 8 日

(5)企业 3 月 15 日销售产品一批,价款共计 20 000 元,增值税 3 400 元,应收账款合计为 23 400 元,规定付款条件为 2/10,1/20,n/30(按售价计算现金折扣),购货方于 3 月 26 日付款,则该企业实际收到的金额为( )元。

A. 23 400 B. 23 200 C. 23 166 D. 23 000

(6)按照现行会计制度的规定,对于购货方实际享受的现金折扣,企业应做的会计处理是( )。

A. 冲减当期主营业务收入 B. 增加当期财务费用

C. 增加当期主营业务成本 D. 增加当期管理费用

(7)企业在采用备抵法核算坏账损失时,如果已确认并转销的坏账以后又收回,则应按收回的金额做如下会计分录:( )。

A. 借:应收账款
　　贷:坏账准备

B. 借:应收账款
　　贷:资产减值损失

C. 借:应收账款
　　贷:坏账准备
　借:银行存款
　　贷:应收账款

D. 借:应收账款
　　贷:资产减值损失
　借:银行存款
　　贷:应收账款

(8)企业于6月10日销售一批商品，应收账款100 000元，规定应收账款的现金折扣条件为2/10，1/20，n/30。购货企业于6月18日付款，企业实际收到款项的金额为(　　)元。

A. 100 000　　B. 98 000　　C. 97 000　　D. 99 000

(9)企业提取坏账准备金的时间是(　　)。

A. 月末　　B. 季度末　　C. 年度末　　D. 资产负债表日

(10)下列各项中，按照现行会计制度的规定，销售企业应当作为财务费用处理的是(　　)。

A. 购货方获得的商业折扣　　B. 购货方获得的现金折扣

C. 购货方获得的销售折让　　D. 购货方放弃的现金折扣

(11)在下列账户中，期末可能出现贷方余额的是(　　)。

A.“固定资产”　　B.“应收账款”　　C.“银行存款”　　D.“库存现金”

(12)企业2017年8月28日签发了一张期限为3个月的商业承兑汇票，其到期日为(　　)。

A. 11月26日　　B. 11月27日　　C. 11月28日　　D. 11月29日

(13)“坏账准备”账户在期末结账前如为借方余额，其反映的内容是(　　)。

A. 提取的坏账准备

B. 已经发生的坏账损失

C. 收回以前已经确认并转销的坏账损失

D. 已确认的坏账损失超出坏账准备的余额

(14)企业2017年年初“坏账准备”账户的贷方余额为8 000元，当年实际发生坏账损失为2 000元，2017年底估计的坏账损失为10 000元。2017年末应计提坏账准备(　　)元。

A. 4 000　　B. 10 000　　C. 0　　D. 2 000

(15)企业2017年9月1日销售一批产品给乙公司，货物已发出，专用发票上注明的价款为200 000元，增值税为34 000元。收到乙公司交来的商业承兑汇票一张，期限为6个月，票面利率为5%。票据的到期值为(　　)元。

A. 239 850　　B. 200 000　　C. 234 000　　D. 259 000

三、多项选择题

(1)采用备抵法核算坏账，可采用下列方法中的(　　)估计坏账损失。

A. 加权平均法　　B. 销货百分比法

C. 账龄分析法　　D. 应收账款余额百分比法

(2)“应收账款”账户核算的内容不包括(　　)。

A. 收取职工欠款　　B. 购买的长期债券

C. 因销售活动形成的债权　　D. 存出的保证金

(3)下列各项中，属于其他应收款核算内容的有(　　)。

A. 应收股利　　B. 存出保证金　　C. 备用金　　D. 赊销产品

(4)采用备抵法核算坏账损失，其优点是(　　)。

A. 账务处理比较简单　　B. 符合谨慎性原则

C. 符合权责发生制原则　　D. 避免企业虚夸资产

(5)下列各项中，应计入应收账款的有(　　)。

A. 销售商品款　　B. 销售材料款

C. 垫付的运杂费　　D. 应收的增值税款

(6)下列各项中，应通过“其他应收款”账户核算的有(　　)。

A. 应收的各种赔款　　B. 预付账款转入

C. 应收股利　　D. 职工暂借的款项

(7) 应收账款在分类上属于(　　)。

A. 金融资产　　B. 流动资产　　C. 流动负债　　D. 非流动负债

(8)不能用“应收票据”账户核算的票据包括(　　)。

A. 银行本票　　B. 银行承兑汇票　　C. 银行汇票　　D. 商业承兑汇票

(9)关于“预付账款”账户，下列说法正确的是(　　)。

A. 该账户借方余额反映企业向供货单位预付的货款

B. 预付货款不多的企业，可以不单独设置“预付账款”账户，而将预付的货款记入“应付账款”账户的借方

C.“预付账款”账户贷方余额反映的是应付供货单位的款项

D.“预付账款”账户应按供货单位或个人的名称设置明细账

(10)一般来说，企业的应收账款符合下列(　　)情况之一的，表明该应收账款发生减值，应当计提坏账准备。

A. 债务人违反了合同条款，如偿付利息或本金发生违约或逾期等

B. 债权人出于经济或法律等方面因素的考虑，对发生财务困难的债务人做出让步

C. 债务人很可能倒闭或进行其他财务重组

D. 一年以上不能收回的应收账款

实务训练

训练一

资料：信义股份有限公司销售一批商品给春晖公司，货款为 200 000 元，增值税税率为 17%，春晖公司签发了一张 234 000 元、期限为 3 个月的无息商业承兑汇票。如果 1 个月后信义公司持票据向银行贴现(符合票据终止条件)，贴现率为 12%。

要求：

(1)编制信义公司收到票据的会计分录、到期收到货款的会计分录以及到期不能收到货款的会计分录。

(2)计算贴现息与贴现所得额，并做账务处理。

训练二

资料：信义公司 2017 年 1 月发生以下经济业务：

(1)2 日，销售 B 商品一批，增值税发票上注明：价款共计 30 000 元，增值税 5 100 元。代购货单位垫付运杂费 500 元，已办妥托收承付手续。

(2)6 日，销售 B 商品一批，标价 80 000 元，增值税 13 600 元。由于是成批销售，公司应给予购货方 10% 的商业折扣(折扣与售价开在一张发票上)。

(3)18 日，向创意公司销售 A 商品一批，增值税发票上注明：价款共计 40 000 元，增值税6 800元。合同规定的现金折扣条件为 2/10，n/30。商品已发出并办妥托收手续。

(4)25 日，收到创意公司开来的转账支票一张，支付其 18 日购买 A 商品的价税款。根据合同规定，按售价的 2%给予创意公司现金折扣，支票已送交银行办理转账。

要求：根据上述资料，编制会计分录。

训练三

资料：2014 年，信义公司“坏账准备”账户有年初贷方余额 27 000 元，年末该公司应用减值测试和账龄法估计 2014 年底坏账损失为 35 000 元。2015 年当年实际发生的坏账损失为 3 000 元，年末应用减值测试和账龄法估计 2015 年底坏账损失为 38 000 元。2016 年，上年确认的3 000元坏账损失中有 1 000 元被收回，本年度通过减值测试估计 2016 年底的坏账损失为40 000元。

要求：根据上述资料，编制会计分录。

训练四

资料:信义公司向其供应商创意公司订购紧俏原材料一批,按合同规定预先支付给创意公司20 000元,以银行存款支付。一个月后,信义公司收到创意公司发来的材料,材料价款为30 000元,增值税税额为5 100元。信义公司开出转账支票补付应付给创意公司的不足材料款。

要求:根据上述资料,编制会计分录。

项目三　存　货

项目分解

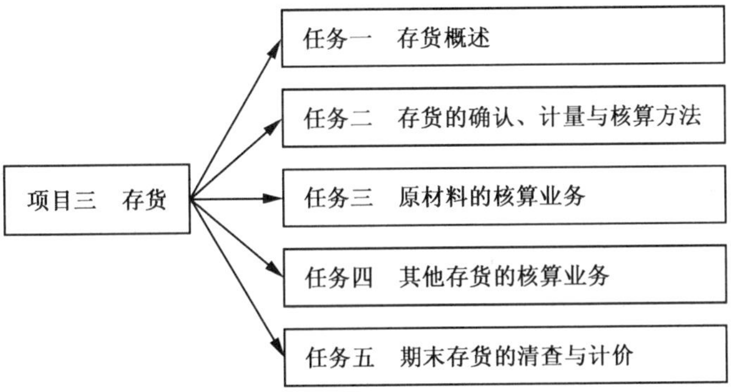

技能目标

完成学习任务后，应该掌握如下技能：

1. 了解存货的概念、分类。
2. 明确存货入账价值的确定方法，熟悉存货发出的各种计价方法以及特点。
3. 掌握原材料收发的核算方法。
4. 掌握周转材料、委托加工物资等存货收发的核算方法。
5. 掌握存货清查的核算方法以及存货期末计价的账务处理方式。

导学案例

170 多亿元的存货，应该计提多少减值准备呢？

五矿发展股份有限公司 2008 年第三季度业绩预减公告

本公司及董事会全体成员保证信息披露内容的真实、准确和完整，没有虚假记载、误导性陈述或者重大遗漏。

一、预计本期业绩情况

1. 业绩预告期间：2008 年 1 月 1 日至 2008 年 9 月 30 日

2. 业绩预告情况

根据公司财务部初步测算,预计公司2008年前三个季度实现净利润与上年同期相比减少31%以上,具体数据将在公司2008年第三季度报告中予以详细披露。

3. 本次预计的业绩是否经过注册会计师审计:否

二、上年同期业绩

1. 净利润:685 047 805.12元

2. 每股收益:0.921 4元

三、业绩预减主要原因

公司2008年前三个季度实现净利润与上年同期相比减少较多的主要原因是:公司约有171亿元铁矿石存货,由于铁矿石价格大幅度下跌造成收益下降,虽然已计提风险损失,但对2008年总体效益带来不小的亏损;同时,由于各类钢材等基础原料价格大幅变化,也对公司业绩造成了不确定的影响;公司2008年前三季度虽然主营业务规模持续增长,但利润率下降,销售毛利率降低;汇率大幅度走高,也对利润造成直接经济损失。

四、其他相关说明

上述预测为公司财务部门初步估计,公司2008年前三季度盈利情况以公司2008年第三季度报告经审计后的半年度财务报告为准。

五矿发展股份有限公司董事会

2008年10月9日

据悉五矿发展股份有限公司2008年第三季度利润同比下降33.71%,每股收益同比下降43.69%,资产减值损失由期初的36 976万元变成期末的99 486万元,增长幅度达169.06%,其公司解释原因主要是坏账准备和存货跌价准备同比增加所造成。

试想,170多亿元的存货,应该计提多少减值准备呢?

资料来源:《五矿发展股份有限公司2008年第三季度财务报告》。

任务一　存货概述

一、存货的定义及范围

存货属于流动资产,其流动性仅次于应收款项,因此在资产负债表中列示于应收款项之后。

根据《企业会计准则第1号——存货》的规定,存货是指企业在日常活动中持有的,以备出售的产成品或商品、处在生产过程中的在产品、在生产过程或提供劳务过程中耗用的材料和物料等。根据定义,存货范围应包括以下三点:

(1)在日常活动中储存的以备出售的存货:指企业在正常生产经营过程中处于待销状态的各种物品,如工业企业的产成品、商品流通企业的库存商品等。

(2)为了最终出售仍然处于生产阶段的存货:指为了最终出售但目前仍处于生产加工过程中的各种物品,如工业企业的在产品、自制半成品等。

(3)为了生产供销售的产品或提供劳务以备消耗的存货:指企业为产品生产和提供劳务服务过程中耗用而储存的各种物资,如工业企业为生产产品而储存的原材料、燃料、包装物、低值易耗品等。

在判断存货范围时,应当依据实质重于形式的原则,判断与存货所有权相关的报酬与风险是否发生了转移,更具体一点就是看法定所有权的归属。即在盘存日下,法定所有权归属于企业的一切存货,无论其存放于何处,都应作为企业的存货。另外,还应特别注意以下几点内容:

(1)凡"法定所有权"属于企业的存货,不管其存放在何处或处于何种状态,都应作为企业的存货。如委托其他单位加工的存货、委托其他单位代销的存货、已购进但尚未入库的在途物资。

(2)凡"法定所有权"不属于企业的存货,即使存放在企业仓库,也不属于企业的存货。如企业销售的商品、产品等,其产权已转移但并未发出;受托加工存货;受托代销商品等。

(3)不是为企业正常生产而储备的资产不属于存货。如特种储备的资产以及按有关部门指令专门储备的物资。

(4)为购置和建造固定资产而储备的资产不属于存货。如为购置和建造固定资产为储备的专用物资,只能列为有关长期资产。

拓展阅读

受托代销商品是谁的存货?

至于受托代销商品,在商品售出之前,其所有权仍然归属于委托方,不属于受托方;售出后则属于购货方,也不属于受托方。所以,商品在售出前,应作为委托方的存货。但为了加强对这部分存货的管理,保证受托代销商品的安全,会计准则规定,受托方应设置"受托代销商品"(资产类账户)和"代销商品款"(负债类账户),将其纳入账内核算。

在编制资产负债表时,"受托代销商品"账户与"代销商品款"账户余额均填入"存货"项目并且借贷方金额相互冲销,实际上资产负债表的"存货"项目并没有包括受托代销商品,即受托代销商品在资产负债表中并没有被确认为一项资产。将受托代销商品纳入账内核算的目的,主要是为了方便企业加强对存货的实物管理,保证受托代销商品的安全。

二、存货的特征

(1)存货是具有实物形态的有形资产,如原材料、产成品、周转材料等。

(2)存货是企业的流动资产,它将在1年或者长于1年的一个营业周期内被出售或耗用,并不断地被重置,因此具有较强的变现能力和流动性。

(3)存货属于非货币性资产,具有时效性和发生潜在损失的可能性。在正常生产情况下,存货能够在生产经营中被销售、生产或耗用而转换为现金和其他资产。但由于存货的价值受到市场价格以及多种因素变动的影响,其转换货币的金额并不固定,具有较大的不确定性。因此,当存货因为各种原因长期不能销售、使用时,常常需要折价销售,或变成无用物资,因而给企业造成损失。

(4)企业在判断一个资产项目是否属于存货时,必须考虑取得该资产项目的目的,即其在生产经营过程中的用途或起到的作用。例如,企业为生产产品或提供劳务而购进的材料属于存货,但为购置和建造固定资产而储备的专用物资就不属于存货。又如,对于生产机器设备的企业来说,机器设备属于存货;而对于使用机器设备的企业来说,则属于固定资产。因此,企业持有存货的目的是为了出售,无论是直接出售,还是进一步加工后再出售,而不是为了自用或消耗。这是存货区别于其他资产的最基本特征。

三、存货的分类

存货按照经济内容的不同,一般做如下分类:

(1)原材料,是指直接或间接用于产品生产的各种物资。它们或者形成产品实体的一部分,或者有助于产品的生产。一般包括原料及主要材料、辅料、燃料、包装材料、修理用备件及外购半成品等。

(2)在产品,是指企业正在生产、加工或装配,尚未完工的产品,包括正在各个生产工序加工的产品,以及已加工完毕但尚未检验或虽已检验但尚未办理入库手续的产品。

(3)半成品,是指已经过一定生产过程,并已验收合格、交付半成品仓库保管,但尚未制造完工成为产成品,仍须进一步加工的中间产品。不包括从一个车间转给另一个车间继续加工的自制半成品以及不能单独计算成本的自制半成品。半成品也可以直接作为商品对外销售。

(4)产成品,是指已完成全部生产过程,验收合格交付成品库保管,可按照合同规定的条件送交订货单位或作为商品对外销售的产品。另外,企业接受外来原材料加工制造的代制品和为外单位加工修理的代修品,制造和修理完成验收入库后,应视同本企业的产成品。

(5)商品,是指商品流通企业的商品,包括外购或委托外单位加工完成,并已验收入库用于销售的各种商品。

(6)包装物,是指为包装企业商品,并准备随同商品一起出售而储备,以及在销售过程中用于出租出借、周转使用的各种包装容器,如桶、箱、罐、瓶、坛、袋等。

(7)低值易耗品,是指不能作为固定资产的各种劳动资料。如价值较低而又易损耗的各种工具、管理用品、器具、劳动保护用品等。低值易耗品与包装物一起,统称为周转材料。

拓展阅读

存货的行业特征:以万科股份和康美药业为例

一般来说,特定的行业存货都具有其典型的存货特征。例如,万科企业股份有限公司,是一家从事房地产开发的企业。它的存货主要包括:在建开发产品、出租开发产品、完工开发产品、拟开发土地、物业工程、低值易耗品、原材料。又如,康美药业是一家中药饮片、中药材、化学药品等医药产品的生产、经营和批发销售公司。它的存货分为原材料、库存商品、自制半成品、在产品、周转材料、消耗性生物资产等。其中,消耗性生物资产主要是自行种植的人参、三七等。

从以上例子可以看出,不同行业具有不同的特征,其存货内容也不尽相同。所以,在分析存货时,一定要关注行业的特征。

任务二　存货的确认、计量与核算方法

一、存货的确认

存货的确认,除须符合存货的定义外,还需要同时满足下列两个条件:

(1)该存货包含的经济利益很可能流入企业;

(2)该存货的成本能可靠地计量。

存货在确认与计量中主要解决的问题就是存货数量的确认与存货价值的计量。

为了正确确定存货的数量,就必须首先确认存货的所有权归属。企业拥有存货的所有权是存货所包含的经济利益很可能流入企业的重要标志。因此,企业存货的确认,应以存货所有权的归属为前提条件,而不仅看其存在的方式、存放的地点、合同的约定等。

二、存货的初始计量

我国会计准则规定,存货应当按照成本进行初始计量。所谓成本,是指使一项物品达到其目前场所和状态所发生的直接或间接的费用和支出的金额。

(一)存货成本的构成

存货成本包括采购成本、加工成本和其他成本。

1. 采购成本

存货的采购成本一般包括购买价款、相关税金、运输费、装卸费、保险费以及其他可归属于存货采购成本的费用。

采购价格，是指企业购入的材料或商品的发票账单上列明的价款，不包括按规定可以抵扣的增值税额。在发生购货折扣的情况下，购货价格是指已扣除商业折扣但包括现金折扣在内的金额。

相关税金，是指企业购买、自制或委托加工存货时发生的消费税、资源税和不能从销项税额中抵扣的增值税进项税等。其征收方法包括价内税和价外税两种。价内税主要包括：消费税、资源税、城市维护建设税等，税金已经包含在企业所购进存货的购货价格中，所以计入存货的成本。价外税不计入存货成本。目前，我国只有增值税执行价外征收方法。

运输费，按现行税法规定，购进货物和销售货物所支付的运输费，凡符合相关规定，由一般纳税人开出的，允许按照增值税专用发票上注明的税率(11%)和税额抵扣进项税，剩余的89%计入存货的采购成本中。但是，如果是运杂费而不是单纯的运费，且无法分清到底有多少是运输费的话，就应将运杂费全部计入成本。

其他可直接归属于存货采购的费用，是指采购成本中除上述各项以外可直接归属于存货采购的费用，如在存货采购过程中发生的仓储费、包装费、运输途中的合理损耗、入库前的挑选整理费用等。其中，入库前的挑选整理费用，包括挑选整理人员的工资及有关费用支出，以及挑选整理过程中在扣除残料价值后的合理损耗。上述这些费用能分清负担对象的，直接计入该存货的采购成本；不能分清负担对象的，应选择合理的分配方法，如按所购存货的重量比例或采购价格比例等，分配计入有关存货的采购成本。

2. 加工成本

存货的加工成本是指将原材料形式的存货转化为产成品形式的存货过程中所追加发生的费用，包括直接人工以及按照一定方法分配的制造费用两部分。

直接人工，是指企业在产品生产过程中，直接从事产品生产的工人的薪酬费用。制造费用，是指企业为生产产品、提供劳务而发生的各项间接费用。企业应当根据制造费用的性质，合理地选择制造费用分配方法。分配方法一经确定，不得随意变更。例如，在同一生产过程中，同时生产两种或两种以上的产品，并且每种产品的加工成本不能直接区分的，其加工成本可以按照生产工人工资、生产工时、产品产量等方法在各种产品之间进行分配。

3. 其他成本

其他成本是指除采购成本、加工成本以外，使存货达到目前场所和状态所发生的其他支出。例如，企业设计产品发生的设计费用通常应计入当期损益，但是为特定客户设计产品所发生、可直接确定的设计费用，则应计入存货的成本。

(二)不应计入成本的费用

需要注意的是，在确定存货成本的过程中，下列费用应当在发生时确认为当期费用，不应当包括在存货成本中。

(1)非正常消耗的直接材料、直接人工及制造费用，如因遭受意外或自然灾害而发生的直接材料、直接人工及制造费用。

(2)仓储费用，是指企业在采购入库后发生的仓储费用，通常应计入当期损益。但在生产过程中为达到下一个生产阶段所必需的仓储费用，则应计入存货成本。

(3)不能归属于使存货达到目前场所和状态的其他支出。

注意:对于采购过程中发生的物资毁损、短缺等,除合理的损耗应作为存货的“其他可归属于存货采购成本的费用”计入采购成本外,应区别不同情况进行会计处理:一种情况是,从供应单位、外部运输机构等收回的物资短缺或其他赔款,应冲减物资的采购成本;另一种情况是,因遭受意外灾害发生的损失和尚待查明原因的途中损耗,不得增加物资的采购成本,应暂作为待处理财产损溢进行核算,待查明原因后再做处理。

【教学案例3-1】

信义股份有限公司于2017年4月21日以每千克20元的价格购买甲材料100千克,收到销货单位开具的增值税专用发票一张,其中买价为2 000元,增值税税额为340元。该批材料的运杂费总计600元,以现金支付完毕。在甲材料入库时,发现实际重量仅为85千克,发生15千克的损耗,其中1%属于合理损耗,其他损耗尚待查明原因。经调查得知,运输工人张某私自盗窃3千克,其他部分由保险公司理赔。

购买甲材料时:

借:在途物资	2 600	
应交税费——应交增值税(进项税额)	340	
贷:应付账款		2 340
库存现金		600

验收入库时:

在损耗的15千克中,1千克(100×1%)为合理损耗,其余14千克均应由相应的责任人进行赔偿。因此,甲材料的入库成本=2 600−20×14=2 320(元)。

借:原材料——甲材料	2 320	
待处理财产损溢(14×20)	280	
贷:在途物资		2 600
借:其他应收款——张某(3×20)	60	
——保险公司(11×20)	220	
贷:待处理财产损溢		280

(三)存货的取得方式及其成本确定

在会计实务中,存货可以多种方式取得,其取得成本可以按以下方法确定:

(1)外购取得的存货,按采购成本确定。

(2)自制取得的存货,按制造过程中的各项实际支出作为实际成本,包括自制存货过程中所使用存货的成本、加工成本和其他成本。

(3)委托外单位加工完成的存货,其入账价值包括加工中所耗用的原材料或半成品的实际成本、往返运杂费、加工费、装卸费和保险费等费用,以及应由委托单位负担的按规定应计入成本的税金。

(4)投资者投入的存货,应当按照投资合同或协议约定的价值确定,但合同或协议约定价值不公允的除外。

(5)盘盈的存货,按照同类型或类似产品的市场价格确定其入账价值。

(6)受赠取得的存货,在会计准则上应当按照公允价值进行计量;公允价值不能可靠取得的,按照名义金额计量。受赠资产附带有关文件、协议、发票、报关单等凭证注明的价值与公允价值差异不大的,应当以有关凭证中注明的价值作为公允价值;如没有注明价值或者注明价值与公允价值差异较大、但有活跃市场的，应当根据有确凿证据表明的同类或类似资产市场价格作为公允价值；如没有注明价值且没有活跃市场、不能可靠取得公允价值的，应当按照名义金额计量，名义金额为1元。

(7)以债务重组方式取得的存货，根据会计准则规定，其成本应当以该存货的公允价值进行计量。

(8)以非货币性资产交换方式取得的存货，根据规定，企业应当视情况采用两种模式计量：一是以公允价值模式计量。对于具有商业实质且其换入或换出资产的公允价值能够可靠计量的非货币性资产交换，不涉及补价的，应当按照换出资产的公允价值作为确定换入存货成本的基础，但有确凿证据表明换入存货的公允价值更加可靠的，则以换入存货的公允价值作为确定换入存货成本的基础。二是以成本计量模式计量。如果不具有商业实质或者交换所涉及资产的公允价值不能够可靠计量的，就应当按照换出资产的账面价值和应当支付的相关税费作为换入存货成本。

三、发出存货的计量

(一)存货发出数量的确定方法

存货的数量需要通过盘存来确定。常用的存货数量盘存方法有两种：永续盘存制和定期盘存制。

1. 永续盘存制

永续盘存制又称账面盘存制，是指对存货设置明细账，逐日逐笔登记其收入数、发出数，并随时结算其结存数的一种存货盘存方法。

这种方法要求存货明细账按每一品种的规格设置，以保持对各项存货的记录。在明细账中，要随时登记收入、发出、结存数量与金额，这样就可以完整、系统地反映存货的收入、发出和结存情况。存货账户的贷方发生额合计数便是本期存货的销货成本或耗用成本，而借方余额则是期末库存存货的实际成本。

永续盘存制的最大优点是有利于加强对存货的管理。由于设置存货明细账，可以随时反映出各个品种规格存货的收入、发出和结存情况，因而能够同时在数量与成本两个方面进行监督与控制，具有内在的检查作用。在永续盘存制下，为了验证存货明细账记录的正确性，仍须对存货定期或不定期地进行实地盘点，核对账面数和实有数是否相符。当发生库存溢余或短缺时，便于查明原因，及时处理。另外，存货的账面结存数可以随时与预定的最高和最低库存限额数进行比较，以反映存货是否过多或不足，便于及时组织存货的增购或削减，加速资金周转。永续盘存制的最大缺点是存货日常核对工作量大，尤其是存货品种规格繁多的企业，需要花费很多的人力和费用。

2. 定期盘存制

定期盘存制又称实地盘存制，是指期末通过现场实物的盘点来确定存货的数量，并据以计算出期末存货成本和销货(耗用)成本的一种存货盘存方法。在实际工作中，这种方法用于工业企业，称为“以存计耗”；用于商品流通企业，称为“以存计销”。采用实地盘存制方法，平时对存货只记购入，不记发出，期末通过实地盘点确定存货数量，据以计算出期末存货成本和当期销货或耗用成本。其计算公式如下：

期末存货成本＝库存数量×单价

本期销货成本＝期初存货成本＋本期购货成本－期末存货成本

定期盘存制的最大优点是简化了日常对存货的核算工作，平时对销货(耗用)成本或结存数量不作明细记录。因此，有关存货账户可按大类或全部库存品设置，不设具体明细品种账户，每一明细品种的单价可直接根据进货凭证获得。

定期盘存制的主要缺点有两个：一是不能正确地反映存货销货(耗用)成本。由于平时对发出存货不作记录，因此无法随时反映存货的收入、发出和结存动态，存货的账面数只是定期实物盘点的结果,缺乏存货管理所得的信息,因而容易放松对存货的控制和监督作用。二是不能准确地反映当期的生产经营状况。按照定期盘存制,期末存货成本是经过实物盘点而得出的,并通过公式计算以存计销,倒推出销货成本或耗用成本,这样,凡未计入期末结存的部分都视为已售出或耗用,甚至包括无论何种原因造成的非销售、非耗用的库存品损耗,如盗抢、责任损失、自然损耗等,全部计入销货成本或耗用成本,不仅人为地掩盖了存货管理中出现的自然和人为损耗因素,更重要的是造成了存货成本的不真实。由于定期盘存制存在上述缺点,一般只适用于一些价值低、品种杂、交易频繁的存货和一些损耗大、数量不稳定的鲜活商品。

(二)存货发出计价方法

发出存货价值确定的正确与否,不仅直接影响到当期销货成本、当期损益和有关税金的计算,还会影响到各期期末存货价值的确定,进而影响资产负债表中存货项目的表达。日常工作中,企业发出的存货,可以按实际成本核算,也可以按计划成本核算。发出存货的计价方法通常包括个别计价法、加权平均法、移动加权平均法、先进先出法等。商品流通企业发出商品还可以采用毛利率法和售价金额核算法等方法进行核算。此外,按照计划成本进行存货日常核算的企业可以通过材料成本差异的分配,将发出存货和结存存货的计划成本调整为实际成本。

1. 个别计价法

个别计价法又称个别认定法,是以某种存货或某批存货收入时的实际成本作为该种存货或该批存货发出时的实际成本的一种方法。在这种方法下,存货流转与实物流转完全一致,即按每一种或每一批存货的原始实际成本直接作为计算发出存货成本和期末存货成本的基础。

这种方法看似理想,计算结果也精确,无论是在实地盘存制还是在永续盘存制下均可使用,且计算结果相同,但在实际中操作复杂,困难较大。个别计价法适用于不能替代使用的存货、为特定项目专门购入或制造的存货以及提供的劳务计价。

2. 加权平均法

加权平均法又称全月一次加权平均法,是指在各期期末以期初存货数量和本期进货数量作为权数,去除期初存货成本和本期全部进货成本,以平均计算单位存货成本的一种方法。其计算公式如下:

$$\text{存货加权平均单价}=\frac{\text{期初库存存货的实际成本}+\text{本期收入存货的实际成本}}{\text{期初库存存货的数量}+\text{本期收入存货的数量}}$$

本期发出存货成本=月末加权平均单价×本期发出存货数量

期末结存存货成本=月末加权平均单价×本期结存存货数量

但在实际工作中,计算月末加权平均单位成本时,往往会出现不能整除的情况,因此应采用如下公式:

本期发出存货成本=月末加权平均单价×本期发出存货数量

期末结存存货成本=期初结存存货成本+本期收入存货成本-本期发出存货成本

【教学案例 3-2】

信义股份有限公司 2017 年 4 月份收、发、存资料如表 3-1 所示。

表 3-1　　A 存货收、发、存业务记录

2017 年		收入			发出			结存		
月	日	数量(千克)	单价(元/千克)	金额(元)	数量(千克)	单价(元/千克)	金额(元)	数量(千克)	单价(元/千克)	金额(元)
8								10	20	200

续表

2017年		收 入			发 出			结 存		
月	日	数量（千克）	单价（元/千克）	金额（元）	数量（千克）	单价（元/千克）	金额（元）	数量（千克）	单价（元/千克）	金额（元）
	3	40	21	840						
	6				30					
	14	30	22	660						
	27				40					
	31	20	23	460						

根据上述资料，采用全月一次加权平均法确定该项存货的加权平均单价为：

$$加权平均单价=\frac{200+840+660+460}{10+40+30+20}=21.6(元/千克)$$

本月发出存货成本＝21.6×70＝1 512(元)

全月一次加权平均法适用于实地盘存制，期内发出的存货平时只记录数量、不登记金额，待期末计算出加权平均单价后，再填列发出存货的金额合计数。这种方法计算简单、应用方便，但日常不能提供发出和结存存货的单价及金额，不利于加强对存货的管理。月末一次加权平均法适用于收发批次较多、数量较大但是单价差异并不大的存货计价。

3. 移动加权平均法

移动加权平均法是指在每收入一次存货后，就根据库存存货数量和总成本计算出新的平均单位成本的一种方法。其计算公式如下：

$$存货移动加权平均单价=\frac{本次进货前库存存货总成本+本次收入存货实际成本}{本次进货前库存存货数量+本次收入存货数量}$$

本次发出存货实际成本＝本次发出存货数量×存货移动加权平均单价

【教学案例3－3】

依前例，按移动加权平均法计算的结果如表3－2所示。

表3－2　　A存货明细账（移动加权平均法）

2017年		收 入			发 出			结 存		
月	日	数量（千克）	单价（元/千克）	金额（元）	数量（千克）	单价（元/千克）	金额（元）	数量（千克）	单价（元/千克）	金额（元）
8	1							10	20	200
	3	40	21	840				50	20.8	1 040
	6				30	20.8	624	20	20.8	416
	14	30	22	660				50	21.52	1 076
	27				40	21.52	860.8	10	21.52	215.2
	31	20	23	460				30	22.51	675.2

这种方法一般用于永续盘存制下，是对加权平均法的改进，每次进货后都要计算一次平均单

价,虽然工作量加大,但能及时从账面反映出存货的最新平均单位成本,满足管理部门日常存货成本管理与控制的需要,适用于品种较少、收发批次不多的存货计价。

4. 先进先出法

先进先出法是假定先收到的存货先发出(销售或耗用),并依据这种假定的存货流转次序对发出存货成本和结存存货成本计价的一种方法。即先收到的存货成本在后收到的存货成本之前转出,并据以计算发出存货成本和结存存货成本。

采用先进先出法,在收到存货时,应逐笔登记每批存货的数量、单价和金额;在发出存货时,按照先进先出的原则计价,并逐笔登记发出存货的数量、单价和金额,以及结存存货的数量、单价和金额。这种方法既适用于永续盘存制,又适用于实地盘存制,且两种存货盘存制度下所得出的结果一致。

在先进先出法下,存货成本流转较为接近存货的实物流转。这种计价方法的特点是使企业无法任意挑选存货单价来操纵当期利润。从资产计价角度来看,由于期末库存按后期进货单价计价,其实际成本较为接近该种存货的现行市价,因而资产负债表中的存货成本能较好地反映存货的实际价值。但从利润确定角度来看,由于反映在损益表上的毛利是以较早的存货成本与当前营业收入相配比,不能正确反映当期利润。在物价持续上涨的情况下,因期末库存存货按后期进货单价计算,而本期发出存货按早期进货单价计算,必然会压低发出存货成本,高估库存存货价值,虚增当期利润,不利于资本的保全。

【教学案例3—4】

依前例,按先进先出法计算的结果如表3—3所示。

表3—3　　A存货明细账(先进先出法)

2017年		收　入			发　出			结　存		
月	日	数量(千克)	单价(元/千克)	金额(元)	数量(千克)	单价(元/千克)	金额(元)	数量(千克)	单价(元/千克)	金额(元)
8	1							10	20	200
	3	40	21	840				10 40	20 21	200 840
	6				10 20	20 21	200 420	20	21	420
	14	30	22	660				20 30	21 22	420 660
	27				20 20	21 22	420 440	10	22	220
	31	20	23	460				10 20	22 23	220 460

四、存货的核算方法

对于各项存货的日常收发,企业必须根据有关收发凭证,在既有数量、又有金额的明细账内,逐项逐笔进行登记。企业进行存货的日常核算有两种方法:一种是采用实际成本进行核算,另一种是采用计划成本进行核算。

(一)实际成本法

企业采用实际成本计价方法核算时,应设置"在途物资"和"原材料"等账户。

采用实际成本进行核算的,一般适用于规模较小、存货品种简单、采购业务不多的企业。由于各种存货是分次购入或分批生产形成的,所以同一项目的存货,其单价或单位成本往往不同。要核算领用、发出存货的价值,就要选择一定的计量方法,只有正确地计算领用、发出存货的价值,才能真实地反映企业生产成本和销售成本,进而正确地确定企业的净利润。企业会计制度规定,企业领用或发出存货,按照实际成本核算的,可以根据实际情况选择采用先进先出法、加权平均法、移动平均法、个别计价法等确定其实际成本。

(二)计划成本法

计划成本法是指企业存货的收入、发出和结余均按预先制定的计划成本计价,同时另设"材料成本差异"账户,作为计划成本和实际成本联系的纽带,用来登记实际成本和计划成本的差额,同时计划成本法下存货的总分类和明细分类核算均按计划成本计价。这种方法适用于存货品种繁多、收发频繁的企业。如果企业的自制半成品、产成品品种繁多,或者在管理上需要分别核算其计划成本和成本差异,也可采用计划成本法核算。

存货采用计划成本法核算,有利于简化财务会计处理工作,有利于考核采购部门的经营业绩,促使其降低采购成本、节约支出,因此,这一计价方法在大中型制造企业中得到了广泛应用。计划成本法应用是否恰当,直接影响到企业财务核算的规范性、真实性以及反映的财务状况、经营成果、现金流量的真实性。

1. 计算原理

$$\text{存货的计划成本}=\text{存货的计划单位成本}\times\text{存货数量}$$

$$\text{存货的实际成本}=\text{存货的计划成本}\pm\text{存货应承担的成本差异额}$$

$$\text{存货应承担的成本差异额}=\text{存货的计划成本}\times\text{存货成本差异率}$$

$$\text{存货成本差异率}=\frac{\text{月初结存存货的成本差异}+\text{本月购入存货的成本差异}}{\text{本次进货前库存存货计划成本}+\text{本月购入存货计划成本}}$$

$$\text{存货成本差异额}=\text{存货实际成本}-\text{存货计划成本}$$

2. 账户设置和使用

采用计划成本进行存货日常核算的企业,一般需要设置"材料采购"、"材料成本差异"及"原材料"等账户,对每一品种、每一规格的存货制定计划成本。平时采用计划成本记录收入和发出的存货,每到期末,将库存和发出的存货由计划成本调整为原始(或实际)成本。

采购时,按实际成本付款,记入"材料采购"账户的借方;验收入库时,按计划成本记入"原材料"等账户的借方、"材料采购"账户的贷方;期末结转,验收入库材料形成的材料成本差异的超支差记入"材料成本差异"账户的借方,节约差记入"材料成本差异"账户的贷方;平时发出材料时,一律采用计划成本;期末,计算材料成本差异率,结转发出材料应负担的差异额。发生的差异做如下会计分录:

借:生产成本等

　　贷:材料成本差异

超支差用蓝字,节约差用红字;合理损耗作为材料成本差异。

发出材料应负担的成本差异,除委托外部加工发出材料可按上月的差异率计算外,都应使用当月的实际差异率;如果上月成本差异率与本月成本差异率相差不大,也可按上月成本差异率计算。计算方法一经确定,不得任意变动。

对存货日常核算采用何种方法,由企业根据实际情况自行确定,但要遵守前后一致的原则。在采用实际成本进行核算时,对于发出存货的实际成本的计算方法,以及在采用计划成本进行核算时,对于成本差异额的分摊方法,一经确定,一般不应变更。

拓展阅读

深圳市中金岭南有色金属股份有限公司 2012 年半年度报告(节选)

……

(三)公司基本情况

11. 存货

(1)存货的分类

存货分为库存商品及产成品、发出商品、原材料、委托加工物资、在产品、包装物及低值易耗品、开发产品、开发成本八大类。

(2)发出存货的计价方法

☑ 先进先出法 □ 加权平均法 □ 个别认定法 □ 其他

各类存货的购入与入库按实际成本计价,发出采用加权平均法计价。

(3)存货可变现净值的确定依据及存货跌价准备的计提方法

存货可变现净值系根据本公司在正常经营过程中,以估计售价减去估计完工成本及销售所必须的估计费用后的价值。存货跌价准备的计提方法:本公司于每年中期期末及年度终了在对存货进行全面盘点的基础上,对遭受损失,全部或部分陈旧过时或销售价格低于成本的存货,根据存货成本与可变现净值孰低计量,按单个存货项目对同类存货项目的可变现净值低于存货成本的差额计提存货跌价准备,并计入当期损益。确定可变现净值时,除考虑持有目的和资产负债表日该存货的价格与成本波动外,还需要考虑未来事项的影响。

(4)存货的盘存制度

☑ 永续盘存制 □ 定期盘存制 □ 其他

存货的盘存制度采用永续盘存制。

……

资料来源:《深圳市中金岭南有色金属股份有限公司 2012 年半年度报告》,2012 年 8 月 24 日。

任务三 原材料的核算业务

原材料是企业生产和经营的物质资料,是生产过程中的劳动对象。原材料是指在生产过程中经过加工,改变其实物形态,成为新的产品,或者为劳动工具所消耗,以保证生产顺利进行的各种原料及主要材料、辅助材料、外购半成品、包装材料、燃料等。原材料经过一个生产周期就被消耗掉,并且随着原材料的消耗,其价值也一次性地全部转移到新产品价值中去,成为产品成本的主要组成部分。在会计实务中,原材料的日常核算有两种方法:可以按实际成本计价核算,也可以按计划成本计价核算。

一、原材料按实际成本计价核算

原材料按实际成本计价核算,是指从原材料的收、发、存均按实际成本在总分类账、明细分类账中予以记录。

(一)原材料按实际成本计价核算的账户设置

原材料按实际成本计价核算,要求在原材料日常核算中,按实际成本填列其收发凭证,按实际成本登记其原材料总账和明细分类账。原材料收入的实际成本,应根据原材料的不同来源下实际成本构成情况计算确定,并填列在有关原材料收入凭证中,进行账务处理。对原材料发出实际成本的计算,因其来源不同,进货时间、批次不同,其实际成本也不尽相同,所以应根据其存货管理的特点和具体要求选用相应的计价方法。常用的计价方法有个别计价法、全月一次加权平均法、移动加权平均法、先进先出法等。

企业采用实际成本计价方法进行原材料采购和收发核算时,应设置"在途物资"和"原材料"账户。

1."在途物资"账户

"在途物资"账户用来核算企业采用实际成本进行材料(或商品)日常核算,货款已付,但尚未验收入库的购入材料或商品的采购成本。借方登记已付款但尚未验收入库物资的实际成本,贷方登记已验收入库的各种物资实际成本,期末借方余额表示各种在途物资的实际成本。本账户应当按照供应单位和物资品种设置明细账,进行明细核算。

2."原材料"账户

"原材料"账户用以核算企业各种原材料的收发及结存情况,借方登记已验收入库各种原材料的实际成本,贷方登记发出原材料的实际成本,期末余额在借方,反映原材料的实际库存成本。在该账户下,应按原材料的保管地点,原材料的类别、品种和规格设置明细账,进行明细核算。

(二)原材料采购和收入的会计处理

企业外购原材料时,由于结算方式和采购地点的不同,货款的支付与原材料入库的时间不一定能完全一致,因而其账务处理也会有所差异。

1. 结算凭证到达,同时原材料入库

凡是银行结算凭证和原材料同时到达企业的原材料采购业务,应根据银行结算凭证和供应单位开来的发票账单,按原材料的实际成本填制收料凭证,将原材料验收入库。按增值税专用发票上注明的货款及税额,借记"原材料"、"应交税费——应交增值税(进项税额)"账户,贷记"银行存款"等账户。

2. 结算凭证已到,原材料尚未入库

对于结算凭证已经到达,货款已支付,但原材料尚在途中的情况,称为在途物资。企业在这种情况下应先办理货款结算手续,按发票账单所列示的货款和运杂费承付或支付货款,借记"在途物资""应交税费——应交增值税(进项税额)"账户,贷记"库存现金""银行存款""应付票据""应付账款"等账户。待原材料运达并验收入库后,再借记"原材料"账户,贷记"在途物资"账户,根据收料凭证按原材料实际成本结转入库。

3. 原材料已入库,结算凭证未收到

一般情况下,结算凭证在原材料到达后几天内即可收到,因此,为简化核算手续,发生此类业务时,可暂不进行账务处理,只将有关的入库单据单独保管,待有关结算凭证到达后,再借记"原材料""应交税费——应交增值税(进项税额)"账户,贷记"银行存款""库存现金"等账户。如果月末仍未收到相关结算凭证,未办理付款手续,则应按原材料合同价格或计划价格暂估入账,借记"原材料"账户,贷记"应付账款——暂估应付账款"账户,等到下月初再用红字做相同会计分录予以冲回。

【教学案例3-5】

信义股份有限公司为增值税一般纳税人,发生以下采购业务:

(1)2017年4月13日,购入原材料一批,取得的增值税专用发票上注明原材料价款200 000元,增值税税额34 000元,另付运杂费5 000元。全部款项已开出并使用商业承兑汇票结算,材料验收入库。应做会计处理如下：

借：原材料　205 000
　应交税费——应交增值税(进项税额)　34 000
　贷：应付票据　239 000

(2)2017 年 4 月 16 日，按合同规定向华中机械厂购入原材料一批，发票等结算凭证已到，取得的增值税专用发票上注明原材料价款 300 000 元，增值税税额 51 000 元。款项已通过银行存款付讫，原材料尚未到达。应做会计处理如下：

借：在途物资　300 000
　应交税费——应交增值税(进项税额)　51 000
　贷：银行存款　351 000

当这批材料运达企业并验收合格入库时，再做会计处理如下：

借：原材料　300 000
　贷：在途物资　300 000

(3)2017 年 4 月 29 日，购入燃料一批，已验收入库，但月末发票账单等结算凭证未到达，货款尚未支付。该批燃料合同价格为 60 000 元。根据上述资料，应做会计处理如下：

2017 年 4 月 29 日收到燃料时，不做会计处理。

2017 年 4 月末按合同价格暂估入账时：

借：原材料　60 000
　贷：应付账款——暂估应付账款　60 000

(4)2017 年 5 月 5 日，收到发票账单，并于当日以银行存款支付，实际支付燃料价款60 000元，增值税税额 10 200 元。应做会计处理如下：

2017 年 5 月初，用红字做相同会计分录予以冲回：

借：原材料　[60 000]
　贷：应付账款——暂估应付账款　[60 000]

2017 年 5 月 5 日，支付燃料价款时：

借：原材料　60 000
　应交税费——应交增值税(进项税额)　10 200
　贷：银行存款　70 200

需要说明的是，原材料在验收入库时如果发现短缺或毁损，应视不同情况区别处理。

属于运输途中合理损耗的，应计入原材料采购成本。

属于供应单位责任的，若货款尚未承付或支付，应填写“拒付理由书”予以部分拒付，只按已承付部分货款借记“原材料”账户，贷记“银行存款”等账户；若货款已经承付，应填写“赔偿损失请求单”，要求索赔，并据以借记“其他应收款”或“应付账款”账户，贷记“在途物资”账户。

属于运输部门责任的，同供应部门类似处理。

属于自然灾害造成非常损失的，应将扣除残料收入和保险公司赔偿后的净损失借记“营业外支出”账户，贷记“在途物资”账户。

属于尚待查明原因或需要经过批准后才能转销损失的，应先借记“待处理财产损溢——待处理流动资产损溢”账户，贷记“在途物资”账户，待查明原因并经批准后再作处理。

(三)原材料发出的会计处理

发出原材料应区分不同的使用部门和用途进行核算。生产用原材料通过“生产成本”“制造费用”等账户核算，非生产用原材料通过“管理费用”“销售费用”等账户核算。在实际工作中，由于企业发料频繁、发料凭证数量较多，因此，为简化核算手续，平时一般不直接根据发料凭证编制记账凭证和登记总分类账，而是对已签收和标价的发料凭证按各类原材料的用途等进行分类整理，月末据以编制“发料凭证汇总表”，再进行原材料发出的总分类核算。

【教学案例3－6】

信义股份有限公司2017年4月发出材料一批，根据发料凭证汇总如下(单位:元)：

材料用途	原材料
生产甲产品领用	54 568
生产乙产品领用	34 687
第一车间一般耗用	2 312
第二车间一般耗用	1 876
管理部门领用	6 455
企业扩建工程领用(暂不考虑增值税)	6 500

应做会计处理如下：

借：生产成本——甲产品　54 568
　　　　　——乙产品　34 687
　制造费用——第一车间　2 312
　　　　　——第二车间　1 876
　管理费用　6 455
　在建工程　6 500
　　贷：原材料　106 398

二、原材料按计划成本计价核算

原材料按计划成本计价核算，是指原材料的收、发、结存，不论总分类核算和明细分类核算均按计划成本计价。在这种方法下，要求企业在日常的原材料核算过程中，应按计划成本填列收发凭证，登记原材料总分类账和明细分类账，只有在月末计算出本月材料成本差异率后，才能将原材料的计划成本调整为实际成本。

(一)原材料按计划成本核算的账户设置

企业采用计划成本计价方法进行原材料采购和收发核算时，应设置“材料采购”、“材料成本差异”和“原材料”账户。

1.“材料采购”账户

“材料采购”账户是用来核算企业采用计划成本进行材料日常核算而购入材料的采购成本。借方登记已付款原材料的实际采购成本和原材料实际采购成本小于计划成本的差异；贷方登记已验收入库原材料的计划成本和原材料实际采购成本大于计划成本的差异；本账户的期末借方余额反映企业已经收到发票账单付款或已开出、承兑商业汇票，但尚未到达或尚未验收入库的在途材料的采购成本。在该账户下，可按供应单位和物资品种设置“材料采购明细账”，进行明细分类核算。

2.“材料成本差异”账户

“材料成本差异”账户是用来核算企业各种材料的实际成本与计划成本之间的差异的账户。实际成本大于计划成本的超支数，借记本账户，贷记“材料采购”账户；实际成本小于计划成本的节约数和发出材料应负担成本差异的调整数，应贷记本账户。发出材料应负担的实际成本大于计划成本的超支数用蓝笔登记，实际成本小于计划成本的节约数用红笔登记。本账户期末借方余额反映企业库存原材料等的实际成本大于计划成本的超支差异,期末贷方余额反映企业库存原材料等的实际成本小于计划成本的节约差异。本账户应当区分"原材料""包装物及低值易耗品"等,按照类别或品种进行明细核算。

材料的计划成本所包括的内容应与其实际成本相一致,计划成本应当尽可能地接近实际。计划成本除特殊情况外,在年度内一般不作变动。

3."原材料"账户

"原材料"账户用来反映和监督原料及主要材料、燃料、辅助材料、包装材料等各类原材料的收、发、结存情况。在采用计划成本法进行核算时,借方登记已验收入库原材料的计划成本,贷方登记发出原材料的计划成本,期末借方余额反映库存原材料的计划成本。在该账户下,应按原材料的保管地点及原材料的类别、品种和规格设置"原材料明细账"进行明细核算。月末在计算出本月材料成本差异率后,将原材料的计划成本调整为实际成本,才能真正反映各类原材料期末实际占用资金的情况。

(二)原材料采购和收入的会计处理

在计划成本法下,原材料的采购过程与按实际成本法核算一样,应注意区分不同情况。

1. 结算凭证到达,同时原材料入库

对于发票账单与原材料同时到达企业的采购业务,其会计处理方法如下:

付款时,企业根据银行结算凭证和供应单位开来的发票账单等,借记"材料采购""应交税费——应交增值税(进项税额)"账户,贷记"银行存款""库存现金"和"其他货币资金"等账户。如果采用商业汇票结算方式购入物资,应贷记"应付票据"账户;如果通过商业信用赊购原材料,则贷记"应付账款"账户;若企业根据合同规定已预付材料款,则应贷记"预付账款"账户。

当企业收到原材料且验收入库时,应根据收料凭证,按其计划成本(实际入库数量与计划单价的乘积),借记"原材料"账户,贷记"材料采购"账户。

结转成本差异时,应将原材料实际成本与计划成本之间的差异额自"材料采购"账户结转至"材料成本差异"账户,该账户借方登记原材料实际成本大于计划成本的超支数,贷方登记原材料实际成本小于计划成本的节约数。

2. 结算凭证已到,原材料尚未入库

对于已经付款或已开出商业汇票,但原材料尚未到达或尚未验收入库采购业务的会计处理,同发票账单与原材料同时到达企业的采购业务基本相同,只是在做账的时间上稍有延迟,即必须等到原材料到达且验收入库后,才能按其计划成本记入"原材料"账户,同时结转相应的材料成本差异。

如果原材料月底仍未到达企业,财会部门只能根据发票账单确定这部分材料的实际成本,但却不能做材料入库和确定入库材料成本差异的会计分录。因此,在这种情况下,月底计算成本差异率时,公式中的分子和分母均不会涉及这部分原材料。

3. 原材料已入库,结算凭证未收到

在原材料采购业务中,由于货款结算和原材料到达时间上的差异,可能会导致原材料已验收入库,但企业尚未付款的情况发生。一般正常情况下,发票账单等结算凭证在原材料到达后几天内即可收到。因此,为简化核算手续,对此类情况,可暂不处理,待收到结算凭证支付货款时,再按发票账单与原材料同时到达企业的采购业务做付款、收料和结转差异的账务处理。但如果月末仍未收到相关结算凭证,则为了如实反映资金的动态情况,应按原材料的计划成本暂估入账,即借记"原材料"账户,贷记"应付账款——暂估应付账款"账户,并于下月初用红字冲回;待付款时,再按发票账单与原材料同时到达的情况进行会计核算。

【教学案例3－7】

信义股份有限公司为增值税一般纳税人。2017年4月发生如下材料采购业务：

(1)4月5日，外购生产用原材料一批，取得的增值税专用发票上注明原材料价款25 000元，增值税税额4 250元，全部款项已通过银行转账付讫。4月10日，该批原材料已验收入库，计划成本为26 000元。

支付原材料货款时：

借：材料采购	25 000	
应交税费——应交增值税(进项税额)	4 250	
贷：银行存款		29 250

4月10日，该批原材料验收入库时：

借：原材料	26 000	
贷：材料采购		26 000

结转材料成本差异时：

借：材料采购	1 000	
贷：材料成本差异		1 000

(2)4月12日，购入原材料一批，取得的增值税专用发票上注明原材料价款240 000元，增值税税额40 800元，企业当即开出商业承兑汇票结算。原材料尚未到达。

借：材料采购	240 000	
应交税费——应交增值税(进项税额)	40 800	
贷：应付票据		280 800

(3)4月25日，收到创意有限责任公司发来的电子元件并已验收入库，但月底仍未收到结算凭证。该批原材料的计划成本为25 000元。直到5月初收到结算凭证，并于5月6日以银行存款支付，实际支付原材料价款24 500元，增值税税额4 165元。

收到电子元件时，不做会计处理。

4月末，按计划成本暂估入账时：

借：原材料	25 000	
贷：应付账款——暂估应付账款		25 000

5月初，用红字做相同的会计分录予以冲销时：

借：原材料	[25 000]	
贷：应付账款——暂估应付账款		[25 000]

5月6日，收到结算凭证时：

借：材料采购	24 500	
应交税费——应交增值税(进项税额)	4 165	
贷：银行存款		28 665

结转计划成本时：

借：原材料	25 000	
贷：材料采购		25 000

结转材料成本差异时：

借：材料采购	500	
贷：材料成本差异		500

如果是企业自制或委托外单位加工的原材料验收入库时，应当按原材料计划成本，借记“原材料”账户；按实际成本，贷记“生产成本”或“委托加工物资”账户；并将原材料实际成本与计划成本之间的差异，借记或贷记“材料成本差异”账户。

需要注意的是，以上原材料验收入库和结转成本差异的会计分录是逐笔编制的，为了简化核算工作，一般可按旬或按月汇总编制。

(三)原材料发出的会计处理

企业发出原材料应按其用途不同进行区分，记入不同的账户中。当生产车间为进行产品生产或经营管理而领用原材料时，应通过“生产成本”“制造费用”等账户进行核算；当固定资产新建、改建、扩建领用原材料时，应通过“在建工程”账户进行核算；当企业专设销售机构领用原材料时，应通过“销售费用”账户进行核算；企业管理部门出于经营管理目的领用原材料的，应使用“管理费用”账户核算；对外销售发出原材料的，应通过“其他业务成本”账户进行核算。

由于原材料发出业务比较频繁，为简化核算手续，一般应根据原材料发料凭证，按原材料的领用部门、用途，定期进行归类汇总，编制发料凭证汇总表。在计划成本计价法下，表中除填列发出原材料的计划成本外，还应根据当月或上月的材料成本差异率计算并填列发出原材料计划成本应当负担的成本差异额，并将发出原材料的计划成本调整为实际成本。

结转发出原材料应负担的成本差异时，应借记“生产成本”“制造费用”“管理费用”等账户，贷记“材料成本差异”账户。如果实际成本大于计划成本，是超支数，则用蓝字登记；如果实际成本小于计划成本，是节约数，则应用红字登记。这样，可以直接冲减原材料计划成本，反映出实际消耗数额。

【教学案例3-8】

信义股份有限公司为增值税一般纳税人。2017年4月发生的材料发出业务根据发料凭证汇总如下(单位：元)：

材料用途	计划成本
基本生产车间生产产品领用	200 000
辅助生产车间生产产品领用	150 000
各车间一般消耗	50 000
企业管理部门领用	38 000
对外销售	62 000
合计	500 000

企业月初“原材料”账户余额为250 000元，当月收入原材料计划成本为350 000元。月初“材料成本差异”账户借方余额为6 800元，本月收入材料成本差异为贷方800元。

(1)分配发出原材料计划成本：

借：生产成本——基本生产成本　　200 000
　　　　　　——辅助生产成本　　150 000
　　制造费用　　50 000
　　管理费用　　38 000
　　其他业务成本　　62 000
　　贷：原材料　　　　500 000

(2)计算并结转发出原材料计划成本应负担的成本差异：

$$本月材料成本差异分配率=\frac{6\ 800-800}{250\ 000+350\ 000}\times 100\%=1\%$$

借:生产成本——基本生产成本　　2 000
　　　　——辅助生产成本　　1 500
　制造费用　　500
　管理费用　　380
　其他业务成本　　620
　贷:材料成本差异　　5 000

发出原材料的实际成本=500 000+5 000=505 000(元)

(3)如果月初"材料成本差异"账户为贷方余额 6 800 元,本月收入材料成本差异为借方 800 元,则:

$$本月材料成本差异分配率=\frac{-6\ 800+800}{250\ 000+350\ 000}\times100\%=-1\%$$

借:生产成本——基本生产成本　　2 000
　　　　——辅助生产成本　　1 500
　制造费用　　500
　管理费用　　380
　其他业务成本　　620
　贷:材料成本差异　　5 000

发出原材料的实际成本=500 000-5 000=495 000(元)

任务四　其他存货的核算业务

一、委托加工物资

委托加工物资是指企业为了满足生产经营需要,在企业无法加工或者由于生产业务量大而企业生产能力有限的情况下,委托外单位加工的各种商品物资。材料物资委托加工前,企业一般应与受托方就加工的要求、加工数量、加工费、加工过程中的损耗、交货日期与交货方式等项目签订加工合同。材料物资发外加工时,应填写"委托加工物资出库单";加工完毕验收入库时,应填写"委托加工物资入库单"。发外加工材料物资虽已离开本企业仓库,但其所有权仍属本企业所有,只是暂时由受托单位负责保管。

委托外单位加工的物资成本在计价时,应包括实际发出加工材料物资的实际成本、支付的加工费及往返运杂费等、支付的有关税金(包括应由委托加工物资负担的增值税和消费税)。

为了总括地反映和监督委托加工物资的发出、收回和结存情况,企业应设置"委托加工物资"账户,用来核算企业各种委托外单位加工物资的实际成本。该账户的借方登记发出材料物资的实际成本和加工费、运杂费、税金等,贷方登记已加工完毕并已验收入库的委托加工物资的全部成本,期末借方余额反映尚未加工完毕的委托加工物资的实际成本等。

委托加工物资可按实际成本计价核算,也可按计划成本计价核算。委托加工业务在会计处理上主要包括发出委托加工物资,支付加工费、往返运杂费、增值税、消费税等,加工完成收回加工物资和剩余物资三个环节。

(一)发出委托加工物资

当企业发出委托加工材料物资时,应按发出物资的实际成本,借记"委托加工物资"账户,贷记

“原材料”“库存商品”等账户;如果企业采用计划成本法核算,还应将发出材料物资所负担的材料成本差异,借记或贷记“材料成本差异”账户。

(二)支付加工费、往返运杂费、增值税、消费税等

发出和收回加工材料物资的往返运杂费、材料物资加工过程中的加工费,均应作为委托加工物资的成本,借记“委托加工物资”账户;支付的增值税,在满足抵扣条件下,应借记“应交税费——应交增值税(进项税额)”账户,贷记“银行存款”“库存现金”“应付账款”等账户。

需要注意的是,如果委托加工物资属于应纳消费税的应税消费品,则应由受托方在向委托方交货时代收代缴消费税款。如果委托加工物资收回后直接用于销售的,应将所缴纳的消费税计入委托加工物资的成本,借记“委托加工物资”账户,贷记“银行存款”“应付账款”等账户;如果委托加工物资收回后还要连续生产应税消费品的,则应借记“应交税费——应交消费税”账户,贷记“银行存款”“应付账款”等账户。

(三)加工完成收回加工物资和剩余物资

加工完毕后验收入库的委托加工物资和剩余物资,应分别按其实际成本,借记“原材料”“周转材料”“库存商品”等账户,贷记“委托加工物资”账户;如果企业采用计划成本法核算,还应将实际成本与计划成本间的差异,借记或贷记“材料成本差异”账户。

【教学案例3-9】

信义股份有限公司为增值税一般纳税人。2017年4月发出原材料1吨,计划成本20 000元,原材料成本差异率为3%,委托华达工具厂加工专用元件,通过银行支付发出材料的运杂费2 500元。当月加工完毕验收入库,共100件,每件计划成本320元。企业支付加工费8 000元和华达工具厂代垫运杂费1 400元,增值税税率为17%。

发出钢材时:

借:委托加工物资	20 600	
贷:原材料		20 000
材料成本差异——原材料		600

支付发出委托加工材料的运杂费时:

借:委托加工物资	2 500	
贷:银行存款		2 500

支付加工费及华达工具厂代垫运杂费时:

借:委托加工物资	9 400	
应交税费——应交增值税(进项税额)	1 360	
贷:银行存款		10 760

专用元件验收入库时:

借:周转材料——低值易耗品	32 000	
材料成本差异——周转材料	500	
贷:委托加工物资		32 500

二、周转材料

周转材料是指企业能够多次使用、逐渐转移其价值但仍保持原有形态、不确认为固定资产的材料,包括:为了包装本企业商品而储备的各种包装物;各种管理用具、工具、玻璃器皿、劳动保护用品以及在经营过程中周转使用的容器等低值易耗品;建造承包商的钢模板、木模板、脚手架等其他周转材料。

周转材料可多次参与生产经营活动而不改变原有实物形态，且其价值随着磨损程度逐渐地转移到企业成本费用之中，与固定资产相似。但另一方面，周转材料价值低、易损耗、品种多、数量大、进出频繁，在使用中需要经常更换、补充，这又与材料相同。因此，周转材料的会计处理既有别于原材料核算，又与固定资产核算不尽相同。

根据周转材料的实际特点，企业可将其分为在库与在用两个阶段进行账务处理。在库周转材料的核算是指周转材料的采购、入库、发出和结存的核算，与前述原材料的核算基本相同。在用周转材料的核算，包括周转材料自仓库发出开始直至报废为止整个使用过程的核算。在这一过程中，周转材料所损耗的价值应采用较为简便的摊销方法，合理地计入企业成本费用，以便从产品利润中得到补偿，实现资金的周转。

企业应设置"周转材料"账户，核算各种周转材料的实际成本或计划成本。该账户借方登记已验收入库周转材料的成本，贷方登记领用周转材料的成本，期末借方余额反映所有在库周转材料的成本。该账户按照周转材料的种类，即低值易耗品、包装物来设置明细账户，进行明细分类核算。

（一）低值易耗品

1. 低值易耗品的核算内容

低值易耗品是指那些单位价值低于固定资产的最低限额或者使用期限在1年以内，不能列作固定资产的各种物品。企业低值易耗品一般可划分为以下几种类别：

(1)一般工具。指生产各种不同产品时能共同使用的工具，如刀具、量具、夹具、模具等。

(2)专用工具。指专门用于制造某种产品，或在某一工序上使用的工具，如专用模具等。

(3)替换设备。指容易磨损或为制造不同产品需要替换使用的机器装备和零件，如浇注钢锭用的钢锭模等。

(4)管理用具。指用于管理工作的家具和办公用品，如桌、椅、柜、仪器等。

(5)劳动保护用品。指用于保障职工安全生产的各种用品，如工作服、工作鞋等。

(6)其他。指不属于上述各类的低值易耗品。

2. 低值易耗品的会计处理

为了反映和监督低值易耗品的增减变动及其结存情况，企业应设置"周转材料——低值易耗品"账户，借方核算低值易耗品成本的增加，贷方登记其成本的减少，余额在借方，通常反映期末低值易耗品的成本。

购入或其他渠道形成的低值易耗品的核算方法与原材料的核算方法完全相同，可比照原材料的核算方法进行。

低值易耗品被领用后，其价值须以摊销方式计入相关成本费用。低值易耗品的摊销方法主要有三种：一次摊销法、五五摊销法和分次摊销法。

(1)一次摊销法

一次摊销法，是指在领用低值易耗品时，就将其全部账面价值一次计入有关成本费用的方法，即一经领用，其价值便从账面上消失，变成耗费。这种方法适用于单位价值很小或易于损坏的管理用具等，以及在单件、小批量生产方式下为制造某批订货所用的专用工具。在一次摊销法下，"周转材料"账户可按种类设置明细账核算。领用时，借记"制造费用""管理费用"等账户，贷记"周转材料"账户。低值易耗品报废时回收的残料，应作为当期周转材料摊销额的减少，直接冲减相关成本费用，即借记"原材料""银行存款"等账户，贷记"制造费用""管理费用"等账户。

【教学案例3－10】

信义股份有限公司为增值税一般纳税人。2017年4月，公司第一基本生产车间领用低值易耗品50件，单位计划成本为200元。预计使用期限为6个月，使用期满时，40件仍可使用，10件报废,每件残值6元。该低值易耗品的成本差异率为1%。该低值易耗品采用一次摊销法。

领用低值易耗品时:

借:制造费用　　10 000

　　贷:周转材料——低值易耗品　　10 000

分摊低值易耗品成本差异时:

借:制造费用　　100

　　贷:材料成本差异　　100

低值易耗品报废10件,其残值冲减当期成本费用时:

借:原材料　　60

　　贷:制造费用　　60

(2)五五摊销法

五五摊销法,是指低值易耗品在领用时或出租、出借包装物时先摊销其成本的一半,在报废时再摊销其成本的另一半。即低值易耗品或包装物分两次各按50%进行摊销。

(3)分次摊销法

分次摊销法,是指根据低值易耗品可供使用的估计次数,将其价值按比例地分摊计入有关成本费用的方法。

某次应摊销额可用下列公式计算:

$$\text{某次应摊销额}=\frac{\text{低值易耗品的账面价值}}{\text{预计使用次数}}\times\text{该期实际使用次数}$$

(二)包装物

包装物是指在生产流通过程中,为了包装本企业的产品或商品并随同一起出售,或者出租、出借给购货单位的各种包装容器,如桶、箱、罐、瓶、坛、袋等。包装物按其具体用途可以分为:生产流通过程中用于包装产品或商品并作为其组成部分的包装物,如酒瓶、油桶等;随同产品出售而不单独计价的包装物;随同产品出售而单独计价的包装物;出租或出借给购买单位使用的包装物。

1. 包装物的核算内容

进行包装物核算时应注意以下三点:

(1)企业各种一次性使用的包装材料,如纸、绳、铁皮、铁丝等不属于包装物之列,应在"原材料"账户核算;

(2)企业用于储存、保管产品或商品等存货而不对外销售、出租或出借的包装物,应按其价值大小和使用期限,在"固定资产"或"周转材料——低值易耗品"账户核算;

(3)单独列为企业产品或商品存货的自制包装物,应在"库存商品"账户核算。

2. 包装物入库的会计处理

企业购入、自制、委托外单位加工完成等验收入库的包装物核算方法与原材料的核算方法相同,这里不再重复。

3. 生产领用包装物的会计处理

生产领用包装物核算与生产领用原材料核算方法相同,应借记"生产成本"账户,贷记"周转材料——包装物"账户。

4. 包装物随同产品或商品出售的会计处理

包装物出售的会计处理主要包括两种情况:

(1)随同产品或商品一同出售但不单独计价的包装物。企业未用包装物一般极少单独出售,通常随同产品一起出售。因无独立的收入可与包装物存货成本相配比,所以将其视为销售过程中耗用的原材料，在其发出时，将其实际成本记做产品销售费用，借记“销售费用”账户，贷记“周转材料——包装物”账户。

(2)随同产品或商品一同出售但单独计价的包装物。对在销售过程中领用并随同产品一同出售，但单独计价的包装物，应视为企业其他业务，按原材料销售处理。销售时所获得的收入记入“其他业务收入”账户，相应地，其成本也作为“其他业务成本”，以与其收入配比。

5. 包装物出租的会计处理

出租包装物是企业的一项非生产性经营业务，应按其他业务处理。企业出租的包装物在周转使用过程中其实物形态保持不变，因此，其价值也应按损耗程度，逐渐地转到有关的成本费用中去，其摊销方法与低值易耗品类似，可以采用一次摊销法、五五摊销法和分次摊销法等。

具体核算方法如下：企业第一次领用新包装物向购货单位出租时，应按包装物摊销金额，借记“其他业务成本”账户，贷记“周转材料”账户。收取租金时，借记“库存现金”或“银行存款”账户，贷记“其他业务收入”账户。收取押金时，借记“库存现金”或“银行存款”账户，贷记“其他应付款——存入保证金”账户；退回押金时，做相反的会计分录。对于逾期未退包装物而没收的押金，应根据其中所含的增值税额，贷记“应交税费——应交增值税(销项税额)”账户，另外扣税后的部分转入“其他业务收入”账户。当出租的包装物报废时，其残料价值应冲减其他业务成本，借记“原材料”账户，贷记“其他业务成本”账户。

6. 包装物出借的会计处理

严格来说，出借包装物不属于企业的经营业务，而只是一种促销手段，是指企业的产品或商品在销售时将包装物无偿提供给购货单位临时使用。包装物在出借期间，其价值损耗和其他有关支出，都是为推销产品而发生的，因此，应作为销售费用处理。其摊销方法与包装物出租相同。

具体核算方法如下：企业第一次领用新包装物出借给购货单位时，应按包装物摊销金额，借记“销售费用”账户，贷记“包装物”账户。企业收取押金时，借记“库存现金”或“银行存款”账户，贷记“其他应付款——存入保证金”账户；退回押金时，做相反的会计分录。对于逾期未退包装物而没收的押金，应根据其中所含的增值税额，贷记“应交税费——应交增值税(销项税额)”账户，另外扣税后的部分转入“其他业务收入”账户。出借包装物报废时，其残料价值应冲减销售费用，借记“原材料”账户，贷记“销售费用”账户。

【教学案例3－11】

信义股份有限公司为增值税一般纳税人，采用计划成本法进行包装物的核算，并用一次摊销法摊销。2017年4月发生如下包装物业务：

(1)生产领用包装物一批，其计划成本为20 000元。

(2)企业销售产品时，领用不单独计价的包装物，其计划成本为2 000元。

(3)企业销售产品时，领用单独计价的包装物，销售时收到6 000元现金，其计划成本为5 000元。

(4)仓库发出新包装物一批，出租给购货单位，计划成本为3 000元。收到租金1 000元，存入银行。

(5)出借新包装物一批，计划成本为1 000元，收到押金1 170元，存入银行。

(6)出借包装物逾期未退，按规定没收其押金1 170元。

(7)出租包装物收回后，不能使用而报废，回收残料入库，价值400元。

(8)月末，按1%的差异率结转本月生产领用、出售、出租、出借包装物分摊的成本差异额。

具体账务处理如下：

(1)借：生产成本　　20 000

　　贷：周转材料——包装物　　20 000

(2)借:销售费用	2 000	
贷:周转材料——包装物		2 000
(3)借:库存现金	6 000	
贷:其他业务收入		6 000
借:其他业务成本	5 000	
贷:周转材料——包装物		5 000
(4)借:其他业务成本	3 000	
贷:周转材料——包装物		3 000
同时收到租金:		
借:银行存款	1 000	
贷:其他业务收入		1 000
(5)借:销售费用	1 000	
贷:周转材料——包装物		1 000
同时收取押金:		
借:银行存款	1 170	
贷:其他应付款		1 170
(6)借:其他应付款	1 170	
贷:其他业务收入		1 000
应交税费——应交增值税(销项税额)		170
(7)借:原材料	400	
贷:其他业务成本		400
(8)借:生产成本	200	
其他业务成本	76	
销售费用	30	
贷:材料成本差异		306

其中:生产领用包装物的成本差异额=20 000×1%=200(元)

出售(不单独计价)包装物的成本差异额=2 000×1%=20(元)

出售(单独计价)包装物的成本差异额=5 000×1%=50(元)

出租包装物的成本差异额=(3 000−400)×1%=26(元)

出借包装物的成本差异额=1 000×1%=10(元)

三、库存商品

库存商品是企业库存的各种商品。对于工业企业而言,库存商品是企业完工入库的产成品,对于商品流通企业而言,库存商品是企业以销售为目的购入的商品。工业企业的产成品和商品流通企业的商品均通过“库存商品”账户核算。

从事工业生产的企业,其产成品一般按实际成本核算。在按实际成本核算的情况下,产成品的收发,平时只记数量,不记金额。月度终了,计算入库产成品的实际成本。对发出和销售的产成品,可以采用先进先出法、加权平均法、移动加权平均法或个别计价法等方法确定其实际成本。核算方法一经确定,不得随意变更;如需变更,应在会计报表附注中予以说明。企业生产完成验收入库的产成品,按实际成本,借记“库存商品”账户,贷记“生产成本”等账户。企业在销售产成品并结转成本时,应借记“主营业务成本”账户,贷记“库存商品”账户。

新会计准则规定,从事商品流通的企业,在采购商品过程中发生的运输费、装卸费、保险费以及其他可归属于存货采购成本的费用等进货费用，应当计入存货采购成本。其库存商品的核算方法分为数量金额核算法和金额核算法。

数量金额核算法是同时采用实物计量和货币计量对库存商品的增减变动和结存情况进行反映和监督的核算方法，它既可以提供库存商品的数量指标，又可以提供库存商品的金额指标。数量金额核算法可进一步分为数量进价金额核算法和数量售价金额核算法两种。

金额核算法是仅以货币计量对库存商品的增减变动及结存情况进行反映和监督的核算方法。金额核算法又可以分为售价金额核算法和进价金额核算法。不同类型的商品流通企业，可以根据本企业的经营特点及经营管理的要求来选择确定采用不同的库存商品核算方法。

任务五 期末存货的清查与计价

一、存货清查

企业在进行存货的日常收发及保管过程中，因种种原因可能造成存货实际结存数量与账面结存数量不符，有时还会因非常事项而造成存货毁损。为了确保企业存货的安全，做到账实相符，企业应定期或不定期地对存货进行盘点。发生存货盘盈(实际结存数量大于账面结存数量)、盘亏(实际结存数量小于账面结存数量)及毁损(非常性事项造成的存货损失)时，应及时查明原因，并进行账务处理，以保证账实相符。

(一)存货清查的方法

存货清查是企业财产清查中的一项重要内容。企业有可能因日常管理不善或收发计量差错以及记录登记错误等原因，造成账面记录和实物结存不一致的情况发生。因此，需要对各种存货经常进行清查，确定存货数量，与账簿进行核对。对于账实不符的，应尽快查明发生原因，明确经济责任，以便作出适当的处理，从而改进管理，保证存货的安全和完整。存货盘点应当定期进行，每年至少一次。

常用的存货数量盘存方法有两种：永续盘存制和定期盘存制。

1. 永续盘存制

永续盘存制又称账面盘存制，是指对存货设置明细账，逐日逐笔登记其收入数、发出数，并随时结算其结存数的一种存货盘存方法。

这种方法要求存货明细账按每一品种规格设置，以保持对各项存货的记录。在明细账中，要随时登记收入、发出、结存数量与金额，这样，就可以完整、系统地反映存货的收入、发出和结存情况。存货账户的贷方发生额合计数便是本期存货的销货成本或耗用成本，借方余额则是期末库存存货的实际成本。其计算公式如下：

期末存货成本＝期初存货成本＋本期购货成本－本期销货成本

2. 定期盘存制

定期盘存制又称实地盘存制，是指期末通过现场实物的盘点来确定存货的数量，并据以计算出期末存货成本和销货(耗用)成本的一种存货盘存方法。在实际工作中，这种方法用于工业企业，称为“以存计耗”；用于商品流通企业，称为“以存计销”。采用实地盘存制方法，平时对存货只记购入，不记发出，期末通过实地盘点确定存货数量，据以计算出期末存货成本和当期销货或耗用成本。其计算公式如下：

期末存货成本＝库存数量×单价

本期销货成本＝期初存货成本＋本期购货成本－期末存货成本

(二)存货清查结果的处理程序

存货清查结果的会计处理分为以下两个步骤：

第一步,根据“存货盘点盈亏报告表”,按盘盈或盘亏、毁损存货的实际成本调整存货的账面价值,使得存货账实相符,并将其记入“待处理财产损溢——待处理流动资产损溢”账户,报送有关部门批示。

第二步,经有关部门审批后,根据存货盘盈或盘亏、毁损的不同原因及处理结果,将待处理财产损溢分别结转到不同的账户,以落实经济责任。

(三)存货清查结果的会计处理

为了核算存货清查过程中各项物资的盘盈、盘亏及毁损等情况,企业应设置“待处理财产损溢”总账账户及“待处理流动资产损溢”明细账账户。该账户具有双重性质。借方登记各种财产物资的盘亏金额以及批准转销的盘盈金额,贷方登记各种财产物资的盘盈金额和批准转销的盘亏金额。借方余额反映企业尚未处理的各种财产净损失,贷方余额反映企业尚未处理的各种财产的净溢余。期末,在存货清查结果处理完毕后,该账户没有余额。存货的盘盈、盘亏、毁损进行账务处理时,应根据不同情况确定账户。

1. 存货盘盈的核算

企业盘盈的存货,属于前期差错,多因企业日常收发计量或计算差错而引起,应及时办理存货的入库手续,调整增加存货的实存数。但由于存货盘盈通常金额较小,不会影响财务报表使用者对企业以前年度的财务状况、经营成果和现金流量进行判断,因此,存货盘盈时,应按同类或类似存货的市场价格作为实际成本,记入“待处理财产损溢——待处理流动资产损溢”账户,按管理权限报经批准后冲减管理费用。

2. 存货盘亏或毁损的核算

企业存货发生盘亏或损毁,在批准处理之前,应先根据“存货盘点盈亏报告表”及时办理存货销账手续,调减存货的账面记录。同时,按盘亏或毁损存货的实际成本,记入“待处理财产损溢——待处理流动资产损溢”账户的借方。

对于购进的货物、在产品、产成品发生非正常损失而引起盘亏的,这一部分存货的进项增值税不得从销项税中抵扣,应将进项税从贷方转出,一并转入“待处理财产损溢——待处理流动资产损溢”账户的借方。这样,非正常损失的存货价值应包括其实际成本和应负担的增值税两部分。另外,若存货按计划成本法核算,还须计算其成本差异,使“待处理财产损溢”账户反映其实际损溢。

在查明存货盘亏和损毁的原因并报经批准后,应按以下不同情况进行会计处理:

属于自然损耗的定额内短缺及日常收发计量、计算差错,经批准后一般作为管理费用列支。

属一般经营性损失或管理不善所造成的,企业应尽快落实责任人,通过“其他应收款”向其追偿,在扣除赔偿后还有净损失的,经批准后可转作管理费用。

属于自然灾害或意外事故等非常原因而造成非常损失的,在扣除过失人或保险公司赔款及残料价值后的净损失经批准后转作营业外支出处理,其中赔款应通过“其他应收款”账户核算,残料则通过“原材料”账户核算。

【教学案例3-12】

信义股份有限公司为增值税一般纳税人,并于2017年12月底开始一年一度的财产清查,在存货盘点过程中发现有两处账实不符。其中,甲种材料盘亏100件,该存货的单位实际成本为10元/件。后查明原因,管理员梁某私自盗用了40件;自然损耗了18件,且无任何回收价值,其他部分损失则由保险公司赔偿。另发现乙种材料盘盈,按重置成本计算其价值为900元,查明原因属于收发时计量误差所致,经批准冲销企业管理费用。根据“存货盘点盈亏报告表”(表3-4)做账:

表 3—4　　　　　　　　　　　　**存货盘点盈亏报告表**

仓库:1号仓库　　　　　　　　　2017年12月30日

序号	物资名称	单位	单价	账面		实际		盘盈(+) 盘亏(-)		差异原因
				数量	金额	数量	金额	数量	金额	
1	甲材料	件	10	1 300	13 000	1 200	12 000	-100	-1 000	管理员盗用40件 自然损耗18件
2	乙材料	件	100	110	11 000	119	11 900	+9	+900	收发计量错误

填表部门:财务部　　　　　　填表人:王芳　　　　　　审核人:李明

(1)甲材料盘亏时:

借:待处理财产损溢——待处理流动资产损溢　　1 000

　　贷:原材料——甲材料　　1 000

报经上级批准后:

借:其他应收款——梁某　　400

　　　　　　——保险公司　　420

　管理费用　　180

　　贷:待处理财产损溢——待处理流动资产损溢　　1 000

(2)乙材料盘盈时:

借:原材料——乙材料　　900

　　贷:待处理财产损溢——待处理流动资产损溢　　900

报经上级批准后,冲减当期管理费用:

借:待处理财产损溢——待处理流动资产损溢　　900

　　贷:管理费用　　900

需要注意的是,这里的“盘盈”和“盘亏”,是指存货的实际结存数量与账面记录之间的差异。这种差异只有在永续盘存制下才有,因为在实地盘存制下,账面记录的存货结存数量就是实际盘点的结果。

【教学案例3—13】

信义股份有限公司为增值税一般纳税人,甲材料为其日常生产所必需的材料之一。本年年初原材料甲1 000件,单位成本10元/件。假设本期信义公司仅组织了一次对于甲材料的采购,数量3 000件,单位成本12元;假设本期也只发生了一次关于甲材料的领用,领用数量2 700件,且采购过程中无其他支出。假设信义公司按照移动加权平均法确定原材料的耗用成本。期末在存货盘点过程中发现原材料甲的实际库存为1 250件。经查,该短缺为管理不善造成,经批准计入管理费用。

(1)如果是在实地盘存制下,信义公司仅对日常存货购买进行记录:

借:原材料——甲材料　　36 000

　　贷:在途物资　　36 000

对于日常领用并不做任何会计记录,待期末进行盘点时,确定存货领用成本。

$$甲材料单位成本=\frac{1\ 000\times10+3\ 000\times12}{1\ 000+3\ 000}=11.5(元)$$

本期耗用甲材料的数量=1 000+3 000-1 250=2 750(件)

耗用甲材料的成本=2 750×11.5=31 625(元)

期末存货的成本＝1 250×11.5＝14 375(元)

借:生产成本　　31 625

　　贷:原材料——甲材料　　31 625

(2)如果是在永续盘存制下,信义公司需要对日常存货的收发进行记录:

借:原材料——甲材料　　36 000

　　贷:在途物资　　36 000

对于日常领用需要确定存货发出单位成本,并进行会计记录。

$$甲材料单位成本=\frac{1\ 000\times10+3\ 000\times12}{1\ 000+3\ 000}=11.5(元)$$

耗用甲材料的成本＝2 700×11.5＝31 050(元)

借:生产成本　　31 050

　　贷:原材料——甲材料　　31 050

期末结存数量＝1 000＋3 000－2 700＝1 300(件),但实际结存1 250件,发生原材料盘亏50件(1 300－1 250),其成本为575元(11.5×50)。

借:待处理财产损溢——待处理流动资产损溢　　575

　　贷:原材料——甲材料　　575

报经上级批准后:

借:管理费用　　575

　　贷:待处理财产损溢——待处理流动资产损溢　　575

期末甲材料的成本＝1 000×10＋3 000×12－31 050－575＝14 375(元)

二、存货的期末计量

存货期末计价是指在会计期末,为了客观、真实、准确地反映期末存货的实际价值,需要对存货价值重新计量,以确定资产负债表中"存货"项目的金额。会计准则规定:资产负债表日,存货应当按照成本与可变现净值孰低计量。期末存货的成本低于其可变现净值的,期末存货按成本计价;期末存货的成本高于可变现净值的,期末存货按可变现净值计价。

(一)成本与可变现净值孰低法的含义

这里的"成本",是指存货的历史成本,具体指依据实际成本为基础的存货计价方法所计算的期末存货账面价值。如果企业日常核算采用的是计划成本法,则成本应该为调整后的实际成本。

这里的"可变现净值",是指在日常活动中,以存货的估计售价减去至完工时估计将要发生的成本、销售费用以及相关税费后的金额。注意,可变现净值并不等同于售价,而是在售价的基础上,减去估计将要发生各项成本费用以后才能得到。

"成本与可变现净值孰低"是指对于期末存货应当以成本与可变现净值两者之中较低者来进行计价的一种方法。采用这种方法体现了谨慎性原则,当期末存货成本低于可变现净值时,企业并不确认增值收益,存货价值仍按原先成本反映;相反,如果期末存货成本高于可变现净值时,存货发生贬值,则应及时确认存货跌价损失,在资产负债表上按可变现净值反映。比较成本与可变现净值的目的在于更加谨慎地、如实地反映企业期末存货的价值。

在采用成本与可变现净值孰低法时,需要解决以下三个主要问题:

(1)如何确定可变现净值。

(2)如何进行成本与可变现净值的比较。

(3)可变现净值低于成本时的跌价损失如何处理。

(二)可变现净值的确定

存货可变现净值＝存货估计售价－至完工估计将发生的成本－估计销售费用－相关税金

1. 确定可变现净值应考虑的主要因素

企业在确定存货的可变现净值时，应当以取得的可靠证据为基础，主要考虑持有存货的目的、资产负债表日后事项等因素的影响。

“可靠证据”是指对确定存货的可变现净值有直接影响的确凿证明，如产品的市场销售价格、与企业产品相同或类似商品的市场销售价格、供货方提供的有关资料、销售方提供的有关资料、生产成本资料等。

“持有存货的目的”。由于企业持有存货的目的不同，确定存货可变现净值的计算方法也不相同，如用于出售的存货和用于继续加工的存货，可变现净值的计算就不一样。因此，企业在确定存货可变现净值时，应考虑其持有目的。通常企业持有存货的目的，可以分为两种：一是持有以备出售，二是持有以待耗用。

如果是持有以备出售的存货，如商品、产成品或可直接用于出售的材料，其可变现净值指的是在正常生产经营过程中，以存货估计售价减去估计的销售费用以及相关税金后的金额。如果存货已经有了合同约定，则估计售价按合同价格确定；如果没有合同约定，则其估计售价按一般市场销售价确定。

如果是在生产过程或提供劳务过程中耗用的存货，如材料、在产品和自制半成品，其可变现净值指的是在正常的生产经营过程中，以存货估计售价减去至完工时估计将要发生的成本和估计的销售费用以及相关税金后的金额。如果生产出来的完工产品有合同约定，其估计售价应按完工产品合同价格确定；如果没有合同约定，则其估计售价按完工产品一般市场销售价确定。

“资产负债表日后事项的影响”是指在资产负债表日下确定存货的可变现净值时，不应仅限于财务会计报告批准报出日之前所发生的相关价格与成本波动，还应考虑批准报出日以后期间所发生的相关事项。存货可变现净值确定时，企业应当按照资产负债表日后事项准则的规定，正确区分资产负债表日后调整事项和非调整事项。

在确定存货可变现净值时，企业应以资产负债表日取得最可靠的证据估计的售价为基础，并考虑持有存货的目的。如果资产负债表日至财务报告批准报出日之间存货售价发生波动，且有确凿证据表明其对资产负债表日的存货已经存在的状况提供了新的或进一步的证据，应当作为资产负债表日后调整事项进行处理；否则，应当作为资产负债表日后非调整事项。

【教学案例3－14】

2016年12月31日，信义股份有限公司库存商品的市场报价为500元/吨。2017年，该库存商品的价格逐渐攀升，截至2016年度财务报告批准报出日2017年3月8日时，该库存商品的价格已经攀升至700元/吨。

解析：甲公司在编制2016年度财务报表、确定2016年12月31日该库存商品的可变现净值时，应以500元/吨的市场报价作为估计售价。但是，由于在2016年度财务报告于2017年3月8日对外报出时，已有确凿证据表明其对资产负债表日存货已经存在的情况提供了新的证据，即资产负债表日后事项期间该商品的价格攀升至700元/吨，应当作为资产负债表日后调整事项进行处理。

2. 可变现净值中估计售价的确定

从以上“可变现净值”的概念中可以看出，存货估计售价的确定对于企业确定可变现净值非常关键。企业应以资产负债表日为基准，如果当月存货价格变动较大时，则应以当月该存货平均销售价格或资产负债表日最近几次销售价格的平均数，作为其估计售价的基础。此外，还应按照以下原则确定存货的估计售价。

(1)如果为执行销售合同或者劳务合同而持有的存货,通常应当以产成品或商品的合同价格作为其可变现净值的计量基础。

(2)如果企业持有存货的数量多于销售合同订购的数量,超出部分存货的可变现净值应当以产成品或商品的一般销售价格作为计量基础。

(3)如果企业持有的存货(不包括用于出售的材料)没有销售合同约定,其可变现净值应当以产成品或商品一般销售价格(即市场销售价格)作为计量基础。

(4)如果企业持有的存货是用于出售的材料等,应当以市场价格作为其可变现净值的计量基础。这里的市场价格是指材料等的市场销售价格。

3. 材料存货的期末计量

对用于生产而持有的原材料以及为继续加工生产而持有的在产品、委托加工材料等,在期末计量时,不能只考虑其自身可变现净值与成本的关系,而应以其完成生产后产成品的可变现净值与成本的关系为基础进行判断。如果用其生产的产成品的可变现净值高于产成品的生产成本,则说明产成品未贬值,无论生产该产品材料的市场价格是否下降,都应推断该材料尚未贬值,所以材料仍然需按成本计量;如果材料价格的下降表明产成品的可变现净值低于成本的,该材料应当按可变现净值计量。

【教学案例3-15】

信义股份有限公司为增值税一般纳税人。2017年12月31日,公司库存原材料——甲材料的账面价值为12 000元,市价为11 000元,假设不发生其他购买费用,由于甲材料价格下降,市场上用甲材料生产的A1型机器的售价也发生了相应下降,下降了10%。由此造成信义公司A1型机器售价总额由30 000元降为27 000元,但生产成本仍为28 000元,将甲材料加工成A1型机器尚需投入16 000元,估计销售费用及税金为1 000元。

确定2017年12月31日甲材料价值的步骤如下:

第一步,计算用该原材料所生产的产成品的可变现净值。

A1型机器的可变现净值=A1型机器估计售价-估计销售费用及税金

=27 000-1 000=26 000(元)

第二步,将用该原材料所生产的产成品的可变现净值与其成本进行比较。

A1型机器的可变现净值26 000元,低于其成本28 000元,即A1型机器发生贬值,因此甲材料应当按可变现净值计量。

第三步,计算该原材料的可变现净值,并确定其期末价值。

甲材料的可变现净值=A1型机器的售价总额-将甲材料加工成A1型机器尚需投入的成本-估计销售费用及税金

=27 000-16 000-1 000=10 000(元)

甲材料的可变现净值10 000元,低于其成本12 000元,因此,甲材料的期末价值应为其可变现净值10 000元,即甲材料应按10 000元列示在2017年12月31日资产负债表的存货项目之中。

4. 成本与可变现净值的比较方法

采用成本与可变现净值孰低法计价时,可分别采用单项比较法、分类比较法和总额比较法三种不同的方法。

单项比较法又称逐项比较法或个别认定法,是指将每个存货项目的成本与其可变现净值逐一比较,取其低者来确定该项存货的期末价值。

分类比较法,是指将存货按相同的性质进行分类,把各类存货的成本总额与其可变现净值总额进行比较，取其低者来确定该类存货的期末价值。

总额比较法又称综合比较法，是指将全部存货的总成本与总可变现净值相比较，取其低者作为全部存货期末计价的基础。

【教学案例 3－16】

信义股份有限公司为增值税一般纳税人。企业共有甲、乙、丙、丁四种存货，并按性质的不同分为 A 类和 B 类，各类存货的可变现净值与成本已经确定，现分别按照三种方法比较确定期末存货的成本，如表 3—5 所示。

表 3—5 期末存货成本与可变现净值比较表 单位：元

项目	成本	可变现净值	单项比较法	分类比较法	总额比较法
A 类材料	25 000	24 000		24 000	
甲材料	10 000	8 000	8 000		
乙材料	15 000	16 000	15 000		
B 类商品	50 000	52 000		50 000	
丙商品	33 000	32 000	32 000		
丁商品	17 000	20 000	17 000		
合计	75 000	76 000	72 000	74 000	75 000

由表 3—5 可见，单项比较法确定的期末存货成本最低，分类比较法次之，总额比较法最高，其原因是因为单项比较法所确定的均是各项存货的最低价。由此可见，单项比较法确定的成本最准确，最符合谨慎性原则，但工作量最大；总额比较法最简便易行，但结果过于粗糙；分类比较法介于两者之间。

实际工作中，通常采用单项比较法或分类比较法来确定存货期末价值。

5. 存货减值迹象的判断

对出现下列情形之一的，应考虑计提存货跌价准备：

(1)市价持续下跌，并且在可预见的未来无回升的希望；

(2)企业使用该项原材料所生产产品的成本大于产品的销售价格；

(3)企业因产品更新换代，原有库存材料已不适应新产品的需要，而该原材料市场价格又低于其账面成本；

(4)因企业所提供的商品或劳务过时或消费者爱好改变而使市场的需求发生变化，导致市场价格逐渐下跌；

(5)其他足以证明该项存货实质上已经发生减值的情形。

另外，当存货出现存在下列一项或若干情形时，表明存货的可变现净值为零，应当将存货账面价值全部转入当期损益：

(1)已霉烂变质的存货；

(2)已过期且无转让价值的存货；

(3)生产中已不再需要，并且已无使用价值和转让价值的存货；

(4)其他足以证明已无使用价值和转让价值的存货。

6. 存货跌价准备的计提方法

资产负债表日下,企业应当对存货进行全面清查,考虑存货是否存在减值迹象,并按照成本与可变现净值孰低法的原则进行计量。区分不同情况计提存货跌价准备,计入当期损益。

对于直接出售的存货,只需将存货成本与根据存货本身的估计售价、估计销售费用及相关税金确定的可变现净值相对比即可,如果成本高于可变现净值,则需要计提跌价准备;反之,则不需要计提。这类存货的可变现净值应通过其自身的估计售价和预计销售费用及税金来计算,公式如下:

存货可变现净值=存货估计售价-估计销售费用-相关税金

对于待加工的材料存货,应当将其与所生产的产成品的期末价值减损情况联系起来,如果预计其生产的产成品的可变现净值高于产成品的生产成本,则该材料应当按照成本计量,即不计提跌价准备;如果材料价格下降,导致产成品的可变现净值低于产成品的生产成本,则该材料应当按材料的可变现净值计量,即需要计提跌价准备。同时应特别注意的是,材料的可变现净值应通过用其生产的产成品的估计售价和产成品的预计销售费用及税金来计算,公式如下:

材料的可变现净值=产成品的估计售价-将材料加工成产成品尚需投入的成本
-产成品估计销售费用及相关税金

企业通常应当按照单个存货项目计提存货跌价准备。但是,对于数量繁多、单价较低的存货,可以按照存货类别计提存货跌价准备。另外,对于在同一地区生产和销售,与产品系列相关、具有相同或相似最终目的或用途,且难以与其他项目区分计量的存货,可以合并计提存货跌价准备。

需要说明的是,具有相同或相似最终目的或用途,并在同一地区生产和销售,意味着存货所处的法律环境、经济环境、市场环境等相同,具有相同的报酬和风险。在这种情况下,可以对该存货进行合并计提存货跌价准备。

7. 成本与可变现净值孰低法的会计处理

采用成本与可变现净值孰低法时,需要确认存货跌价损失,并做相应的会计处理:一方面,在资产负债表上将存货价值减至可变现净值;另一方面,在损益表上确认存货跌价损失。会计实务中,对于期末存货可变现净值低于成本而形成的存货跌价损失采用备抵法处理。

备抵法,是指对于存货账面净值低于成本而形成的损失不直接冲销存货相关账户,而另设"存货跌价准备"账户,以抵减存货价值。当企业期末存货发生跌价损失时,借记"资产减值损失"账户,贷记"存货跌价准备"账户。这种方法的优点在于:一是保持了存货明细账记录的原貌,工作量小;二是资产负债表上可以揭示存货的成本和可变现净值两方面信息。

资产负债表日,如果存货可变现净值低于成本,则:

存货跌价准备期末应有余额=成本-可变现净值

当存货跌价准备期末应有余额大于已提数时,应补提差额:

借:资产减值损失

　　贷:存货跌价准备

当存货跌价准备应有余额小于已提数时,应以已提的跌价准备为限转回:

借:存货跌价准备

　　贷:资产减值损失

当以前减计存货价值的影响因素已经消失时,减计的金额就应当予以恢复,并在原已计提的存货跌价准备金额内转回,转回的金额计入当期损益,即"资产减值损失"账户的贷方。但转回跌价准备金时,应注意以下三点:

(1)以前减计价值的影响因素消失。如果以前计提跌价准备时是因为产品市场价格的下跌导致可变现净值低于成本,而现在可变现净值高于成本,是由于强化了企业内部管理,降低了成本,则不符合转回的条件。

(2)在核算存货跌价准备的转回时,转回的存货跌价准备与计提该跌价准备的存货项目类别应当存在直接对应关系。

(3)在原已计提的存货跌价准备金额内转回,意味着转回的金额应以存货跌价准备的余额为限进行冲减,最多冲减至零。

8. 存货跌价准备的结转

企业计提了存货跌价准备,如果其中一部分存货已经销售,则企业在结转销售成本时,应同时结转对其已计提的存货跌价准备。如果已经计提存货跌价准备的存货销售了一部分,则应按比例结转相应的存货跌价准备。

借:主营业务成本(或其他业务成本)
　　存货跌价准备
　　贷:库存商品(或原材料等)

【教学案例 3-17】

信义股份有限公司为增值税一般纳税人,期末存货采用成本与可变现净值孰低法计价。2016年9月26日,与创意有限责任公司签订销售合同:由信义公司于2017年4月6日向创意公司销售笔记本电脑10 000台,每台1.5万元。2016年12月31日,信义公司库存笔记本电脑14 000台,单位成本为1.41万元。2016年12月31日,市场销售价格为每台1.3万元,预计销售税费均为每台0.05万元。信义公司于2017年4月6日向创意公司销售笔记本电脑10 000台,每台1.5万元。信义公司于2017年5月16日销售笔记本电脑100台,市场销售价格为每台1.2万元。货款均已收到。

要求:

(1)编制计提存货跌价准备的会计分录,并列示计算过程。(金额单位以万元表示)

(2)编制有关销售业务的会计分录。(金额单位以万元表示)

由于信义公司持有的笔记本电脑数量14 000台多于已经签订销售合同的数量10 000台,因此,销售合同约定数量10 000台的可变现净值应以销售合同约定的销售价格作为计量基础,超过部分4 000台的可变现净值应以一般销售价格作为计量基础。

(1)有合同部分:

①可变现净值=10 000×1.5-10 000×0.05=14 500(万元)

②账面成本=10 000×1.41=14 100(万元)

可变现净值大于成本,该部分存货未发生减值,因此计提存货跌价准备金额为0。

(2)没有合同的部分:

①可变现净值=4 000×1.3-4 000×0.05=5 000(万元)

②账面成本=4 000×1.41=5 640(万元)

可变现净值小于成本,该部分存货发生减值,则:

存货跌价准备金额=5 640-5 000=640(万元)

(3)会计分录如下:

借:资产减值损失——计提的存货跌价准备	640	
贷:存货跌价准备		640

向创意公司销售笔记本电脑10 000台时:

借:银行存款	17 550	
贷:主营业务收入(10 000×1.5)		15 000
应交税费——应交增值税(销项税额)		2 550

借:主营业务成本(10 000×1.41)　　14 100
　　贷:库存商品　　14 100

5月16日销售笔记本电脑100台,市场销售价格为每台1.2万元:

借:银行存款　　140.40
　　贷:主营业务收入(100×1.2)　　120
　　　　应交税费——应交增值税(销项税额)　　20.40

借:主营业务成本(100×1.41)　　141
　　贷:库存商品　　141

因销售应结转的存货跌价准备=640×(100÷4 000)=16(万元)

借:存货跌价准备　　16
　　贷:主营业务成本　　16

本题需要注意的是,期末对存货进行计量时,如果同一类存货,其中一部分是有合同价格约定的,另一部分没有合同价格,则需要分别按照有合同价格约定部分和没有合同价格约定部分,计算其期末可变现净值,并与相应的成本进行比较,分别确定是否需要计提存货跌价准备,并且由此所计提的存货跌价准备不得相互抵消。

三、存货信息的披露

为了真实、完整地反映存货对企业财务状况、经营成果的影响,企业应对与存货有关的信息予以披露。具体披露内容如下:

(1)各类存货的期初和期末账面价值。

(2)确定发出存货成本所采用的方法。

(3)存货可变现净值的确定依据,存货跌价准备的计提方法,当期计提的存货跌价准备的金额,当期转回的存货跌价准备的金额,以及计提和转回的有关情况。

(4)用于担保的存货账面价值。

阅读材料

(1)中华人民共和国财政部:《企业会计制度》(2001),经济科学出版社2001年版。

(2)中华人民共和国财政部:《企业会计准则》(2017),立信会计出版社2017年版。

(3)中华人民共和国财政部:《企业会计准则——应用指南》(2017),立信会计出版社2017年版。

(4)财政部会计司编写组:《企业会计准则讲解》(2016),地震出版社2016年版。

项目自测

一、判断题

(1)月末一次加权平均法有利于存货成本日常管理与控制。　(　)

(2)存货发出计价方法的选择直接影响着资产负债表中资产总额的多少,而与利润表中净利润的大小无关。　(　)

(3)委托加工物资收回后,直接用于对外销售的,委托方应将缴纳的消费税计入委托加工物资的成本。　(　)

(4)因遭受意外灾害发生的损失和尚待查明原因的途中损耗,应计入物资的采购成本。　(　)

(5)如果某一材料是专门用于生产某种产品的,当材料发生减值,但生产的产品没有发生减值时,该材料

就按自身的可变现净值和账面价值相比较确认减值额。 ( )

(6)购入材料在运输途中发生的合理损耗应计入管理费用。 ( )

(7)属于非常损失造成的存货毁损,应按该存货的实际成本计入营业外支出。 ( )

(8)存货的成本就是存货的采购成本。 ( )

(9)商品流通企业采购商品过程中发生的采购费用应计入当期损益。 ( )

(10)计提存货跌价准备时,会减少资产负债表中存货项目的金额。 ( )

(11)企业采用计划成本核算原材料,平时收到原材料时,应按实际成本,借记“原材料”账户;领用或发出原材料时,应按计划成本,贷记“原材料”账户;期末再将发出材料和期末材料调整为实际成本。 ( )

(12)股份有限公司在财产清查时发现的存货盘亏、盘盈,应当于年末结账前处理完毕,如果确实尚未报经批准的,可先保留在“待处理财产损溢”账户中,待批准后再作处理。 ( )

(13)企业出售原材料取得的款项扣除其成本及相关费用后的净额,应当计入营业外收入或营业外支出。 ( )

(14)商品流通企业在采购商品过程中发生的运输费、装卸费、保险费以及其他可归属于存货采购成本的费用等,应当计入存货的采购成本,也可以先进行归集,期末再根据所购商品的存销情况进行分摊。 ( )

二、单项选择题

(1)在物价持续下跌的情况下,发出存货采用( )更能体现谨慎性要求。

A. 移动加权平均法　　B. 月末一次加权平均法

C. 个别计价法　　D. 先进先出法

(2)某工业企业为增值税小规模纳税人,2017 年 10 月 9 日购入材料一批,取得的增值税专用发票上注明含税的价款为 21 200 元,该企业适用的增值税征收率为 6%,材料入库前的挑选整理费用为 200 元,材料已验收入库。则该企业取得的该材料的入账价值应为( )元。

A. 20 200　　B. 21 400　　C. 25 004　　D. 22 672

(3)某企业采用移动平均法计算发出材料的成本。2017 年 3 月 1 日,结存 A 材料 200 吨,每吨实际成本为 200 元;3 月 4 日和 3 月 17 日,分别购进 A 材料 300 吨和 400 吨,每吨实际成本分别为 180 元和 220 元;3 月10 日和 3 月 27 日,分别发出 A 材料 400 吨和 350 吨。A 材料月末账面余额为( )元。

A. 30 000　　B. 30 333　　C. 32 040　　D. 33 000

(4)下列有关确定存货可变现净值基础的表述中,不正确的有( )。

A. 有销售合同的库存商品以该库存商品的合同售价为基础

B. 无销售合同的库存商品以该库存商品的估计售价为基础

C. 用于生产且有销售合同产品的材料以该材料的市场价格为基础

D. 用于出售且无销售合同的材料以该材料的市场价格为基础

(5)企业在材料收入的核算中,需在月末暂估入账并于下月初红字冲回的是( )。

A. 月末购货发票账单未到,但已入库的材料

B. 月末购货发票账单已到,货款未付但已入库的材料

C. 月末购货发票账单已到,货款已付且已入库的材料

D. 月末购货发票账单已到,货款已付但未入库的材料

(6)对于每期领用数量和报废数量大致相等的周转材料,应采用( )进行摊销。

A. 一次转销法　　B. 五五摊销法　　C. 分次摊销法　　D. 计划成本法

(7)企业对随同商品出售而不单独计价的包装物进行会计处理时,该包装物的实际成本应结转到( )。

A.“制造费用”账户　　B.“销售费用”账户

C.“营业外支出”账户　　D.“其他业务成本”账户

(8)某企业因火灾原因盘亏一批材料 16 000 元,该批材料的进项税为 2 720 元。收到各种赔款 1 500 元,残料入库 200 元。报经批准后,应记入“营业外支出”账户的金额为( )元。

A. 17 020　　B. 18 620　　C. 14 300　　D. 14 400

(9)对下列存货盘亏或损毁事项进行处理时，企业不应当计入管理费用的有(　　)。

A. 由于定额内损耗造成的存货盘亏净损失

B. 由于核算差错造成的存货盘亏净损失

C. 由于自然灾害造成的存货毁损净损失

D. 由于收发计量原因造成的存货盘亏净损失

(10)企业进行材料清查时，对于盘亏的材料，应先记入“待处理财产损溢”账户，待期末或报批准后，对于应由过失人赔偿的损失记入(　　)账户。

A.“管理费用”　　B.“其他应收款”　　C.“营业外支出”　　D.“销售费用”

(11)某企业月初结存材料的计划成本为250万元，材料成本差异为超支45万元；当月入库材料的计划成本为550万元，材料成本差异为节约85万元；当月生产车间领用材料的计划成本为600万元。当月生产车间领用材料的实际成本为(　　)万元。

A. 502.5　　B. 570　　C. 630　　D. 697.5

(12)应交消费税的委托加工物资收回后用于连续生产应税消费品的，按规定准予抵扣的由受托方代扣代缴的消费税，应当记入(　　)账户。

A.“生产成本”　　B.“应交税费”　　C.“主营业务成本”　　D.“委托加工物资”

(13)下列各项中，不会引起企业期末存货账面价值变动的是(　　)。

A. 已发出商品但尚未确认销售收入　　B. 已确认销售收入但尚未发出商品

C. 已收到材料但尚未收到发票账单　　D. 已收到发票账单并付款但尚未收到材料

(14)某企业采用计划成本进行材料的日常核算。月初结存材料的计划成本为80万元，成本差异为超支20万元。当月购入材料一批，实际成本为110万元，计划成本为120万元。当月领用材料的计划成本为100万元，当月领用材料应负担的材料成本差异为(　　)万元。

A. 超支5　　B. 节约5　　C. 超支15　　D. 节约15

(15)某企业为增值税一般纳税人，购入材料一批，增值税专用发票上标明的价款为25万元，增值税为4.25万元，另支付材料的保险费2万元、包装物押金2万元。该批材料的采购成本为(　　)万元。

A. 27　　B. 29　　C. 29.25　　D. 31.25

(16)某企业采用月末一次加权平均计算发出原材料的成本。2017年2月1日，甲材料结存200千克，每千克实际成本为100元；2月10日购入甲材料300千克，每千克实际成本为110元；2月25日发出甲材料400千克。2月末，甲材料的库存余额为(　　)元。

A. 10 000　　B. 10 500　　C. 10 600　　D. 11 000

(17)乙工业企业为增值税一般纳税企业。本月购进原材料200千克，货款为6 000元，增值税为1 020元；发生的保险费为350元，入库前的挑选整理费用为130元；验收入库时发现数量短缺10%，经查属于运输途中合理损耗。乙工业企业该批原材料实际单位成本为每千克(　　)元。

A. 32.4　　B. 33.33　　C. 35.28　　D. 36

(18)甲企业发出实际成本为140万元的原材料，委托乙企业加工成半成品，收回后用于连续生产应税消费品。甲企业和乙企业均为增值税一般纳税人。甲企业根据乙企业开具有增值税专用发票向其支付加工费4万元和增值税0.68万元，另支付消费税16万元。假定不考虑其他相关税费，甲企业收回该批半成品的入账价值为(　　)万元。

A. 144　　B. 144.68　　C. 160　　D. 160.68

三、多项选择题

(1)下列各项中，应计入存货实际成本的是(　　)。

A. 用于继续加工的委托加工应税消费品收回时支付的消费税

B. 一般纳税企业委托加工物资收回时所支付的增值税

C. 发出用于委托加工的物资在运输途中发生的合理损耗

D. 商品流通企业外购商品时所发生的合理损耗

(2)在我国的会计实务中，下列项目中构成企业存货实际成本的有(　　)。

A. 自然灾害造成的原材料净损失　　B. 入库后的挑选整理费

C. 运输途中的合理损耗　　D. 小规模纳税人购货时的增值税进项税额

(3)下列各项中，计算为生产产品而持有的材料的可变现净值时，不会影响其可变现净值的因素有(　　)。

A. 材料的账面成本　　B. 材料的售价

C. 估计发生的销售产品的费用及相关税费　　D. 估计发生的销售材料的费用及相关税费

(4)企业期末编制资产负债表时，下列各项应包括在“存货”项目的是(　　)。

A. 委托代销商品　　B. 周转材料

C. 为在建工程购入的工程物资　　D. 约定将于未来购入的商品

(5)下列各项中，应确认为购货企业存货的有(　　)。

A. 销售方已确认销售，但尚未发运给购货方的商品

B. 购销双方已签协议约定，但尚未办理商品购买手续

C. 未收到销售方结算发票，但已运抵购货方验收入库的商品

D. 购货方已付款购进，但尚在运输途中的商品

(6)下列情形中，表明存货的可变现净值为零的有(　　)。

A. 已霉烂变质的存货

B. 已过期但是有转让价值的存货

C. 生产中已不再需要，并且已无使用价值和转让价值的存货

D. 其他足以证明已无使用价值和转让价值的存货

(7)下列各项中，属于存货采购成本的有(　　)。

A. 采购价格

B. 入库前的挑选整理费

C. 运输途中的合理损耗

D. 运输途中因遭受灾害发生的损耗

(8)“材料成本差异”账户的借方可以用来登记(　　)。

A. 购进材料实际成本小于计划成本的差额　　B. 发出材料应负担的超支差异

C. 发出材料应负担的节约差异　　D. 购进材料实际成本大于计划成本的差额

(9)小规模纳税企业委托其他单位加工材料收回后用于直接对外出售的，其发生的下列支出中，应计入委托加工物资成本的有(　　)。

A. 加工费　　B. 增值税

C. 发出材料的实际成本　　D. 受托方代收代缴的消费税

(10)下列各项中，应计入存货成本的有(　　)。

A. 商品流通企业在采购商品过程中发生的运输费

B. 非正常消耗的直接材料、直接人工和制造费用

C. 在生产过程中为达到下一个生产阶段所必需的费用

D. 存货的加工成本

(11)下列各项中，构成企业委托加工物资成本的有(　　)。

A. 加工中实际耗用物资的成本　　B. 支付的加工费用和保险费

C. 收回后直接销售物资的代收代缴消费税　　D. 收回后继续加工物资的代收代缴消费税

实务训练

训练一

资料:信义股份有限公司为增值税一般纳税企业,材料按计划成本计价核算。甲材料计划单位成本为每千克10元。该企业2017年4月有关资料如下:

(1)"原材料"账户月初余额40 000元,"材料成本差异"账户月初借方余额500元 。

(2)4月5日,企业发出甲材料100千克,委托华达公司加工成新的物资(注:发出材料时应计算确定其实际成本)。

(3)4月15日,从外地创意有限责任公司购入甲材料6 000千克,增值税专用发票注明的材料价款为61 000元,增值税额10 370元。企业已用银行存款支付上述款项,材料尚未到达。

(4)4月20日,从创意公司购入的甲材料到达,验收入库时发现短缺20千克,经查明为途中定额内自然损耗。按实收数量验收入库。

(5)4月30日,汇总本月发料凭证,本月共发出甲材料5 000千克,全部用于产品生产。

要求:根据上述业务编制相关的会计分录,并计算本月材料成本差异率、本月发出材料应负担的成本差异及月末库存材料的实际成本。

训练二

资料:信义股份有限公司将生产应税消费品甲产品所用原材料委托华达企业加工。4月21日,信义公司发出材料,实际成本为35 950元,应付加工费为5 000元(不含增值税),消费税税率为10%,信义公司收回后将进行加工应税消费品甲产品;4月25日,收回加工物资并验收入库,另支付往返运杂费100元,加工费及代扣代缴的消费税均未结算;5月6日,将所加工收回的物资投入生产甲产品。信义公司为增值税一般纳税人,增值税税率为17%。

要求:编制信义公司有关会计分录。

训练三

资料:信义公司为增值税一般纳税人,增值税税率为17%。原材料采用实际成本核算,原材料发出采用月末一次加权平均法计价。运输费不考虑增值税。2017年4月,与甲材料相关的资料如下:

(1)1日,"原材料——甲材料"账户余额20 000元(共2 000千克,其中含3月末验收入库但因发票账单未到而以2 000元暂估入账的甲材料200千克)。

(2)5日,收到3月末以暂估价入库甲材料的发票账单,货款1 800元,增值税额306元,对方代垫运杂费400元,全部款项已用转账支票付讫。

(3)8日,以汇兑结算方式购入甲材料3 000千克,发票账单已收到,货款36 000元,增值税额6 120元,运杂费1 000元。材料尚未到达,款项已由银行存款支付。

(4)11日,收到8日采购的甲材料,验收时发现只有2 950千克。经检查,短缺的50千克确定为运输途中的合理损耗,甲材料验收入库。

(5)18日,持银行汇票80 000元购入甲材料5 000千克,增值税专用发票上注明的货款为49 500元,增值税额为8 415元,另支付运杂费2 000元。材料已验收入库,剩余票款退回并存入银行。

(6)21日,基本生产车间自制甲材料50千克验收入库,总成本为600元。

(7)30日,根据"发料凭证汇总表"的记录,4月份基本生产车间为生产产品领用甲材料6 000千克,车间管理部门领用甲材料1 000千克,企业管理部门领用甲材料1 000千克。

要求:

(1)计算信义公司4月份发出甲材料的单位成本。

(2)根据上述资料,编制信义公司4月份与甲材料有关的会计分录。

("应交税费"账户要求写出明细账户和专栏名称)

训练四

资料：信义公司为增值税一般纳税人，库存商品采用实际成本核算，商品售价不含增值税，商品销售成本随销售同时结转。2017 年 4 月 1 日，A 商品账面余额为 230 万元。2017 年 4 月发生的有关采购与销售业务如下：

(1)4 月 3 日，从春晖公司采购 A 商品一批，收到的增值税专用发票上注明的货款为 80 万元，增值税为 13.6 万元。A 商品已验收入库，款项尚未支付。

(2)3 月 8 日，向创意公司销售 A 商品一批，开出的增值税专用发票上注明的售价为 150 万元，增值税为 25.5 万元，该批 A 商品实际成本为 120 万元，款项尚未收到。

(3)销售给创意公司的部分 A 商品由于存在质量问题，3 月 20 日 B 公司要求退回 3 月 8 日所购 A 商品的 50%，经过协商，信义公司同意了创意公司的退货要求，并按规定向创意公司开具了增值税专用发票(红字)，发生的销售退回允许扣减当期的增值税销项税额，该批退回的 A 商品已验收入库。

(4)3 月 31 日，经过减值测试，A 商品的可变现净值为 230 万元。

要求：

(1)编制信义公司上述(1)、(2)、(3)项业务的会计分录。

(2)计算信义公司 2017 年 4 月 30 日 A 商品的账面余额。

(3)计算信义公司 2017 年 4 月 30 日 A 商品应确认的存货跌价准备，并编制会计分录。

(“应交税费”账户要求写出明细账户，金额单位以万元表示)

项目四　金融资产

项目分解

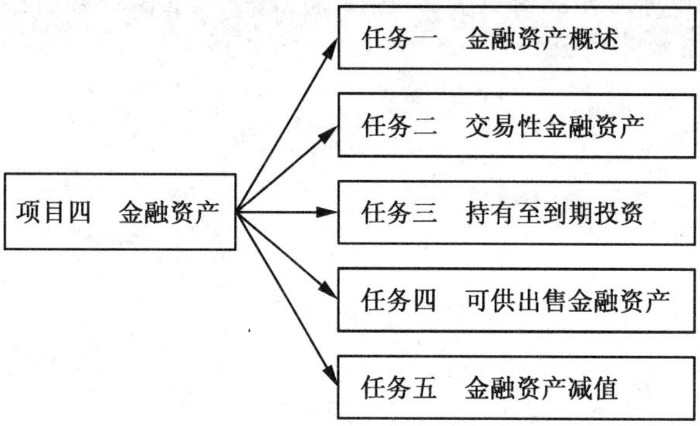

技能目标

完成学习任务后，应该掌握如下技能：

1. 了解金融资产的概念及分类。

2. 掌握交易性金融资产的特征、初始入账价值的构成，以及公允价值变动的确认方法和处置。

3. 掌握持有至到期投资取得的核算、摊余成本和投资收益的实际利率计算法，以及到期兑现的会计处理，理解债券溢价和折价形成原因及摊销的原理。

4. 掌握可供出售金融资产的特征，取得、公允价值变动以及处置时的账务处理，了解持有至到期投资与可供出售金融资产的转换条件。

5. 理解持有至到期投资和可供出售金融资产减值的核算方法。

导学案例

参股海通证券　上市公司获益几何?

海通证券目前的67名股东中共有民生银行、百联股份、兰生股份等20家上市公司。除民生银行外，其余全部系非金融企业，由于都是采用成本法核算，因此有关上市公司目前均无法根据海通证券所实现的净利润来确认投资收益。

海通证券2003～2005年连续3年亏损，累计达46.94亿元，而2006年度的净利润仅为6.5亿元。根据《公司法》的有关规定，海通证券需要在弥补亏损以后才能向股东分配利润，故而在2007年度，有关上市公司的投资收益中不可能有来自海通证券所分配的现金股利。

海通证券借壳上市后，相关上市公司需要结合本次交易方案中的有关条款，判断其所持有的海通证券股权是否属于"在活跃市场中没有报价、公允价值不能可靠计量的权益性投资"。如是，则继续采用成本法核算，只有在海通证券宣告分派现金股利时，才能确认投资收益。如否，则属于"金融资产"，可以进一步划分为"交易性金融资产"或"可供出售金融资产"，如确认为"交易性金融资产"，海通证券股价的变动将直接计入有关上市公司的当期损益；如划分为"可供出售金融资产"，海通证券股价的变动将直接计入有关上市公司的净资产，待今后出售时，股价的累计变动金额与处置收益将一并转入当期损益。

在参股海通证券的上市公司中，兰生股份与世茂股份已在2006年年报中转回了以前年度所计提的长期投资减值准备，分别达1.4亿元与0.18亿元，相应增加了2006年度的净利润。而申能股份、东方创业、华银电力、外高桥、浦东金桥5家上市公司的2006年年报中仍保留了有关长期投资减值准备。如果这5家上市公司继续采用成本法核算，即使减值迹象已经消除，减值准备仍然不得转回。如果这5家上市公司将其所持有的海通证券股权确认为"交易性金融资产"，则海通证券股价与扣除减值准备后账面价值之间的差额将计入当期损益；如划分为"可供出售金融资产"，则海通证券股价与扣除减值准备后账面价值之间的差额将计入净资产。

因此，在现阶段，参股海通证券的上市公司只有通过处置相关长期股权投资，其账面价值与实际取得价款之间的差额才能计入损益，进而体现为净利润。但值得注意的是，包括百联股份、兰生股份、东方明珠、申能股份4家上市公司在内的13家海通证券股东承诺：自获得上市流通权之日起，在2010年11月8日前不上市交易或者转让。本公司及董事会全体成员保证信息披露内容的真实、准确和完整，没有虚假记载、误导性陈述或者重大遗漏。

资料来源：朱德峰：《参股海通证券 上市公司获益几何?》，《上海证券报》，2007年6月14日。

任务一 金融资产概述

一、金融资产的内容

金融是现代经济的核心，是金融市场健康与可持续发展的保障。所谓金融资产，是指单位或个人所拥有的以价值形态存在的资产，是一种索取实物资产的无形权利，也是一切可以在有组织的金融市场上进行交易、具有现实价格和未来估价的金融工具的总称。其主要包括库存现金、银行存款、应收账款、应收票据、贷款、其他应收款、债权投资、股权投资、基金投资等。一般具有货币性、流通性、风险性、收益性等特征，其中最显著的特征就是在市场交易中能够为其持有者提供即期或远期的现金流量。

在组成金融资产的项目中，库存现金、银行存款等货币资金，已在项目一"货币资金"中做了专门的介绍；而应收账款等也已经在项目二"应收项目"中进行了学习；对于子公司、联营企业、合营企业的股权投资以及活跃市场上没有报价且其公允价值不能可靠计量的股权投资，将在项目五"长期股权投资"中进行介绍。因此，本部分中所指的金融资产不包括货币资金、应收款项以及长期股权投资这几部分内容。

二、金融资产的分类

金融资产的分类是其确认和计量的基础。根据《企业会计准则第22号——金融工具确认和计量》的要求,企业在首次执行日,应当结合其自身业务特点和风险管理要求,将所取得的金融资产在初始确认时(不含《企业会计准则第 2 号——长期股权投资》规范的投资),划分为以下四类:以公允价值计量且其变动计入当期损益的金融资产;持有至到期投资;贷款和应收款项;可供出售的金融资产。

(一)以公允价值计量且其变动计入当期损益的金融资产

以公允价值计量且其变动计入当期损益的金融资产,又可以进一步划分为交易性金融资产和直接指定为以公允价值计量且其变动计入当期损益的金融资产。

这类金融资产,通常为交易而持有,是一种主要为从价格或交易商保证金的短期波动中获利而购置的金融资产。"为交易而持有"反映的是企业管理者对于持有该金融资产的意图。如果取得一项金融资产的目的主要是为了近期内出售或回购,或者属于进行集中管理的可辨认金融工具组合的一部分,且有客观证据表明企业近期采用短期获利方式对该组合进行管理,那么该项金融资产应当划分为以公允价值计量且其变动计入当期损益的金融资产。

(二)持有至到期投资

持有至到期投资,是指到期日固定、回收金额固定或可确定,且企业有明确意图和能力持有至到期的非衍生金融资产。如果企业管理层决定将某项金融资产持有至到期日,则在该金融资产未到期前不能随意改变其意图。也就是说,除非发生一些企业所不能控制、预期不会重复发生且难以合理预计的独立事件,否则该金融资产将持有至到期日。

(三)贷款和应收款项

贷款和应收款项,是指在活跃市场中没有报价、回收金额固定或可确定的非衍生金融资产。贷款和应收款项泛指一类金融资产,主要是金融企业发放的贷款和其他债权,但不限于金融企业发放的贷款和其他债权。非金融企业持有的现金和银行存款、销售商品或提供劳务形成的应收款项、企业持有的其他企业的债权等,只要符合贷款和应收款项的定义,就可以划分为这一类。这一类别已经在项目二"应收项目"中进行了详细介绍,这里不再重复。

(四)可供出售金融资产

可供出售金融资产,是指初始确认时即被指定为可供出售的非衍生金融资产,以及没有被划分为以公允价值计量且其变动计入当期损益的金融资产、持有至到期投资、贷款和应收款项的金融资产。

三、金融资产分类时应考虑的因素

(一)管理层意图

一项金融资产划分为哪一类,主要取决于管理当局的意图,也就是应结合企业自身的情况、管理的要求以及投资的策略等。如果管理层持有金融资产的意图是为了近期内出售,赚取差价,就应该划分为交易性金融资产。如果管理层的意图是为了长期持有并且有能力持有至到期日,就可以划分为持有至到期投资。如果管理层的持有意图不是很明确,既不是短期出售,也不准备持有至到期,则可将其划分为可供出售金融资产。

(二)是否满足该种分类的特征

每一类金融资产都有自身的特征。例如,交易性金融资产,为交易而持有,可以随时出售,处置很方便,以从价格或交易商保证金的短期波动中获利为目的;而持有至到期投资,到期日固定,回收金额固定或可确定,且企业有明确意图和能力持有至到期日,不能随意处置。相比之下,可供出售金融资产的特征就不明显了,如果一项金融资产既不能划分为以公允价值计量且其变动计入当期损益的金融资产,也不能划分为持有至到期投资,则可以考虑将其划分为可供出售金融资产。

四、金融资产重分类的严格限制及原因

企业将某项金融资产进行初始分类后，通常不能对其分类再进行调整。具体来说，分为以下三种情况：

(1)企业在初始确认时将某金融资产划分为以公允价值计量且其变动计入当期损益的金融资产后，不能重分类为其他类金融资产，其他类金融资产也不能重分类为以公允价值计量且其变动计入当期损益的金融资产。因为该类资产以赚取差价为目的，确认后以公允价值计量且其变动计入当期损益。准则规定，该类资产一经确定，不允许再划分为其他三类，其他三类也不得再确认为该类资产。

(2)企业在初始确认时将某项金融资产划分为贷款和应收款项后，不能重分类为其他类金融资产，其他类金融资产也不能重新分类为贷款和应收款项。

(3)企业因持有能力发生变化，使金融资产不再适合划分为持有至到期投资的，应当将其重分类为可供出售金融资产。例如，企业将持有至到期投资部分出售或者重分类的金额较大，且出售或者重分类不属于企业无法控制、预期不会重复发生且难以合理预计的独立事件所引起的，也应当将该类投资的剩余部分重分类为可供出售金融资产。

准则这样规定的目的主要是为了防止企业调节利润，因为同一金融资产划分的类别不同，对企业损益的影响是不同的。例如，交易性金融资产的公允价值变动和交易费用计入当期损益，而可供出售金融资产的公允价值变动计入所有者权益，交易费用计入成本，可见它们对企业损益的影响是不同的。因此，归类时必须谨慎，因为一旦类别确定，便不得随意变更。

五、金融资产的计量

(一)初始计量

以公允价值计量且其变动计入当期损益的金融资产用其买价(即公允价值)入账，作为金融资产的取得成本，发生的相关交易费用不计入投资成本，应计入投资收益。其他三类都应用其公允价值加上交易费用来确认金融资产的初始成本。

(二)后续计量

(1)以公允价值计量且其变动计入当期损益的金融资产，应当按照公允价值计量，且不扣除将来处置该金融资产时可能发生的交易费用。

(2)持有至到期投资，应当采用实际利率法，按摊余成本计量。

(3)贷款和应收款项，应当采用实际利率法，按摊余成本计量。

(4)可供出售金融资产，应当按公允价值计量，且不扣除将来处置该金融资产时可能发生的交易费用。

拓展阅读

部分上市公司持有金融资产情况一览

2007年一季报中，392家上市公司持有交易性金融类资产，其中13家为金融行业上市公司，因考虑到金融类上市公司持有证券种类的多样性，在计算资产增值时剔除了这些公司。数据统计显示，按沪指4月1日至5月29日期间36.15%的涨幅计算，379家非金融类上市公司在假设持股不变的情况下，交易性金融资产增加45.71亿元，而这些上市公司一季度净利润合计为268.56亿

元,所占比例为17.02%。按6月4日收盘计算,交易性金融资产增加额下降为19.32亿元,比45.71亿元缩水57.7%,占一季报净利润总额的比例下降为7.19%。毋庸置疑,二级市场市值的大幅波动,对持有金融资产的上市公司业绩产生了较大的影响。

上市公司持有金融资产的具体情况如表4—1所示。

表4—1　部分上市公司持有金融资产情况(节选)

股票代码	股票简称	收盘价(元)	昨日涨跌幅(%)	5月30日以来涨跌幅(%)	2007年一季度可供出售金融资产(万元)	2007年一季度交易性金融资产(万元)	2007年一季度基本每股收益(元)
600900	长江电力	12.75	—	—14.94	837 254.64	—	0.048
600104	上海汽车	14.31	—2.12	—13.11	456 761.4	44 861.45	0.177
600177	雅戈尔	23.57	3.47	—8.09	400 576.53	29 821.98	0.508 8
600864	岁宝热电	31.35	10	—19.8	229 393.6	45.35	2.05
601991	大唐发电	21.69	1.54	—13.83	215 146.3	—	0.15
600291	西水股份	12.8	—	—	207 282.23	10.19	—0.04
600011	华能国际	11.61	—2.68	—19.07	194 700.24	21 273.99	0.1
600741	巴士股份	11.67	9.27	—22.2	184 784.76	—	0.05
600249	两面针	34.7	0.43	—31.89	172 154.63	9 395.56	0.37
000039	中集集团	27.48	—0.43	—7.22	150 972.72	53 106.7	0.26
600064	南京高科	28.19	4.06	—25.82	144 785.3	—	0.061 5
600191	华资实业	16.41	—1.38	—33.4	118 483.2	306.31	0.03
000090	深天健	21.5	8.86	—10.45	114 997.75	—	0.01
600802	福建水泥	8.25	1.98	—32.38	87 255.42	—	0.033
600066	宇通客车	22.31	1.97	—12.51	76 681.43	7 114.89	0.111 3
600270	外运发展	15.51	—0.51	—18.15	63 440	—	0.108 9
600106	重庆路桥	13.43	5.58	—20.95	50 000	207.67	0.052 7
600163	福建南纸	6.68	—	—33.6	48 684.27	—	0.01
600895	张江高科	16.79	3.01	—20.03	46 576.42	10 239.51	0.04
600649	原水股份	14.9	3.4	—9.15	42 734.95	4 412.54	0.060 5

资料来源:《中国证券报》。

任务二　交易性金融资产

交易性金融资产主要是指企业为了近期内出售而持有的、在活跃市场上有公开报价、公允价值能够持续可靠获得的金融资产。通常情况下,企业以赚取差价为目的,利用闲置资金从二级市场购入的股票、债权、基金等,属于交易性金融资产。其在类别上属于以公允价值计量且其变动计入当期损益的金融资产。

一、交易性金融资产的确认条件

满足以下条件之一的金融资产,应当划分为交易性金融资产:

(1)取得该金融资产的目的是为了近期内出售。例如,企业以赚取差价为目的从二级市场购入的股票、债券和基金等。

(2)属于进行集中管理的可辨认金融工具组合的一部分,且有客观证据表明企业近期采用短期获利方式对该组合进行管理。在这种情况下,即使组合中有某个组成项目持有的期限稍长,也不受影响。

(3)属于衍生工具。但是,被指定为有效套期工具的衍生工具、属于财务担保合同的衍生工具等除外。其中,财务担保合同是指保证人和债权人约定,当债务人不履行债务时,保证人按照约定履行债务或者承担责任的合同。

二、交易性金融资产的会计处理

(一)交易性金融资产核算应设置的会计科目

交易性金融资产主要是指企业为了近期内出售而持有的金融资产。企业应当设置"交易性金融资产""公允价值变动损益""投资收益"等账户,核算交易性金融资产的取得、收取现金股利或利息、处置等业务。

"交易性金融资产"账户核算企业为交易目的所持有的债券投资、股票投资、基金投资等交易性金融资产的公允价值。企业持有的直接指定为以公允价值计量且变动计入当期损益的金融资产,也在"交易性金融资产"账户核算。"交易性金融资产"账户的借方登记交易性金融资产的取得成本、资产负债表日其公允价值高于账面余额的差额等;贷方登记资产负债表日其公允价值低于账面余额的差额,以及企业出售交易性金融资产时结转的成本和公允价值变动损益。企业应当按照交易性金融资产的类别和品种,分别设置"成本""公允价值变动"等明细账户进行核算。

"公允价值变动损益"账户核算企业交易性金融资产等因公允价值变动而形成的计入当期损益的利得或损失。贷方登记资产负债表日企业持有的交易性金融资产等的公允价值高于账面余额的差额,借方登记资产负债表日企业持有的交易性金融资产等的公允价值低于账面余额的差额。

"投资收益"账户核算企业持有交易性金融资产期间取得的投资收益以及处置交易性金融资产等实现的投资收益或投资损失。贷方登记企业出售交易性金融资产等实现的投资收益,借方登记企业出售交易性金融资产等发生的投资损失。

(二)交易性金融资产的取得

企业取得交易性金融资产时,应当按照该金融资产取得时的公允价值作为其初始确认金额,记入"交易性金融资产——成本"账户的借方。取得交易性金融资产所支付价款中如果包含已宣告但尚未发放的现金股利或已到付息期但尚未领取的债券利息,应当单独确认为应收项目,记入"应收股利"或"应收利息"账户的借方。如果取得交易性金融资产时发生了相关的交易费用,则该费用应当在发生时记入"投资收益"账户的借方。这里的交易费用是指可直接归属于购买、发行或处置金融工具新增外部费用,包括支付给代理机构、咨询公司、券商的手续费和佣金及其他必要支出,不包括债券溢价、折价、融资费用、内部管理成本及其他与交易不直接相关费用。

【教学案例 4-1】

信义股份有限公司于 2017 年 5 月 20 日委托长城证券公司从上海证券交易所购入 A 上市公司股票 100 万股,并将其划分为交易性金融资产。该笔股票投资在购买日的公允价值为 1 000 万元,另支付相关交易费用金额 3 万元。5 月 29 日,又支付价款 270 000 元(其中含交易费用5 000元和已宣告但尚未发放的现金股利 25 000 元),购入 B 上市公司发行的股票 12 万股,公司将其划分为交易性金融资产。依据成交过户交割单,应做如下会计处理:

(1)2017 年 5 月 20 日,购买 A 上市公司股票时:

借:交易性金融资产——成本　　10 000 000

　贷:其他货币资金——存出投资款　　10 000 000

支付相关交易费用时:

借:投资收益　　30 000

　贷:其他货币资金——存出投资款　　30 000

(2)2017 年 5 月 29 日,购买 B 上市公司股票时:

借:交易性金融资产——成本　　240 000

　投资收益　　5 000

　应收股利　　25 000

　贷:其他货币资金——存出投资款　　270 000

(三)交易性金融资产的现金股利和利息

企业持有交易性金融资产期间,如果收到购入时买价中包含的股利/利息,应借记“银行存款”账户,贷记“应收股利”或“应收利息”账户。对于企业持有期间内,被投资单位宣告发放的现金股利或企业在资产负债表日按分期付息、一次还本债券投资的票面利率计算的利息收入,应确认为应收项目,借记“应收股利”或“应收利息”账户,贷记 “投资收益”账户;收到股利或利息时,借记“其他货币资金——存出投资款”账户,贷记“应收股利”或“应收利息”账户。

(四)交易性金融资产的期末计量

资产负债表日,交易性金融资产应当按照公允价值计量,公允价值与账面余额之间的差额计入当期损益。企业应当在资产负债表日比较交易性金融资产公允价值与其账面余额的大小。如果交易性金融资产的公允价值大于账面余额,则借记“交易性金融资产——公允价值变动”账户,贷记“公允价值变动损益”账户;如果资产负债表日公允价值小于账面余额,则借记“公允价值变动损益”账户,贷记“交易性金融资产——公允价值变动”账户。

(五)交易性金融资产的处置

出售交易性金融资产时,应当将该金融资产出售时的公允价值与其初始入账金额之间的差额确认为投资收益,同时调整公允价值变动损益。“公允价值变动损益”是损益类账户,期末结转入本年利润,处置时将公允价值变动损益转入投资收益,即持有收益转化为转让收益。

企业应按实际收到的金额,借记“其他货币资金——存出投资款”等账户;按该交易性金融资产的账面余额,贷记“交易性金融资产——成本”“交易性金融资产 ——公允价值变动”账户;按其差额,贷记或借记“投资收益”账户。同时,将原计入该交易性金融资产的公允价值变动转出,借记或贷记“公允价值变动损益”账户,贷记或借记“投资收益”账户。

【教学案例 4-2】

信义股份有限公司于 2017 年 5 月 20 日从上海证券交易所购入 C 上市公司股票 1 万股,每股买价 6 元(含 0.2 元现金股利),相关税费 4 000 元,并将其划分为交易性金融资产,6 月 1 日收到现金股利,6 月 30 日每股公允价值 5 元,8 月 20 日出售,收到 7 万元存入银行。应编制有关分录如下:

(1)5 月 20 日,购买 C 上市公司股票时:

借:交易性金融资产 ——成本　　58 000

　应收股利　　2 000

　投资收益　　4 000

　贷:其他货币资金——存出投资款　　64 000

(2)6 月 1 日，收到现金股利时：

借：其他货币资金——存出投资款 2 000

贷：应收股利 2 000

(3)6 月 30 日，确认公允价值变动损益时：

借：公允价值变动损益 8 000

贷：交易性金融资产 ——公允价值变动 8 000

(4)8 月 20 日，出售该股票时：

借：其他货币资金——存出投资款 70 000

交易性金融资产——公允价值变动 8 000

贷：交易性金融资产——成本 58 000

投资收益 20 000

(5)将原计入该交易性金融资产的公允价值变动转出时：

借：投资收益 8 000

贷：公允价值变动损益 8 000

在本例中，企业出售交易性金融资产时，应将原计入该金融资产的公允价值变动转出，即出售交易性金融资产时，应将“公允价值变动”明细账户的贷方余额 8 000 元从借方转出，借记“投资收益”账户，贷记“公允价值变动损益”账户。当然，以上两笔业务也可以合并成一个分录：

借：其他货币资金——存出投资款 70 000

交易性金融资产——公允价值变动 8 000

贷：交易性金融资产——成本 58 000

公允价值变动损益 8 000

投资收益 12 000

【教学案例 4—3】

信义股份有限公司于 2016 年 1 月 1 日从上海证券交易所支付价款 1 050 000 元(含已到期但尚未领取的利息 50 000 元)购入 D 公司发行的债券，另发生交易费用 30 000 元。该债券面值 1 000 000元，剩余期限为 3 年，票面年利率为 10%，每半年付息一次，甲企业将其划分为交易性金融资产。其他资料如下：

(1)2016 年 1 月 5 日，收到该债券 2015 年下半年利息 50 000 元；

(2)2016 年 6 月 30 日，该债券的公允价值为 1 150 000 元(不含利息)；

(3)2016 年 7 月 5 日，收到该债券 2016 年上半年利息；

(4)2016 年 12 月 31 日，该债券的公允价值为 1 120 000 元(不含利息)；

(5)2017 年 1 月 5 日，收到该债券 2016 年下半年利息；

(6)2017 年 3 月 31 日，甲企业将该债券出售，取得价款 1 170 000 元(含第一季度利息25 000元)。假定不考虑其他因素。企业的账务处理如下：

(1)2016 年 1 月 1 日，购入债券时：

借：交易性金融资产——成本 1 000 000

应收利息 50 000

投资收益 30 000

贷：其他货币资金——存出投资款 1 080 000

(2)2016 年 1 月 5 日，收到该债券 2015 年下半年利息时：

借：其他货币资金——存出投资款 50 000

贷:应收利息 50 000

(3)2016 年 6 月 30 日,确认债券公允价值变动和投资收益时:

借:交易性金融资产——公允价值变动 150 000

贷:公允价值变动损益 150 000

借:应收利息 50 000

贷:投资收益 50 000

(4)2016 年 7 月 5 日,收到该债券 2016 年上半年利息时:

借:其他货币资金——存出投资款 50 000

贷:应收利息 50 000

(5)2016 年 12 月 31 日,确认债券公允价值变动和投资收益时:

借:公允价值变动损益 30 000

贷:交易性金融资产——公允价值变动 30 000

借:应收利息 50 000

贷:投资收益 50 000

(6)2017 年 1 月 5 日,收到该债券 2016 年下半年利息时:

借:其他货币资金——存出投资款 50 000

贷:应收利息 50 000

(7)2017 年 3 月 31 日,将该债券予以出售时:

借:应收利息 25 000

贷:投资收益 25 000

借:其他货币资金——存出投资款 25 000

贷:应收利息 25 000

借:其他货币资金——存出投资款 1 145 000

公允价值变动损益 120 000

贷:交易性金融资产——成本 1 000 000

——公允价值变动 120 000

投资收益 145 000

拓展阅读

交易性金融资产在处置时为何将“公允价值变动损益”转入“投资收益”

会计准则这样规定的目的主要有以下两点:

一是为了更好地核算投资产生的收益,从交易性金融资产取得、后续计量、处置的整个过程来看,只有把公允价值变动损益转入投资收益才真实地反映了该项业务的损益情况。

二是因为公允价值变动损益是一个过渡性账户,平时产生的公允价值变动都不确定,随时都有增加或减少的可能,不太稳定,如果直接确认收益,很容易造成报表的不真实,因此暂时把它冻结在“公允价值变动损益”账户中,直到该项投资处置后,这项投资产生的收益就明确了。所以这时才将一直在过渡性账户“公允价值变动损益”中核算的金额转出,转到投资收益中,变成真正的投资收益。“公允价值变动损益”账户和“投资收益”账户都属于损益类账户,期末余额都应转入“本年利润”账户,所以这笔结转的分录并不影响当期损益。

任务三 持有至到期投资

一、持有至到期投资概述

持有至到期投资，是指到期日固定、回收金额固定或可确定，且企业有明确意图和能力持有至到期的非衍生金融资产，如国债和企业债券等各种债权。

企业应当于每个资产负债表日对持有至到期投资的意图和能力进行评价。发生变化的，应当将其重分类为可供出售金融资产进行处理。即企业如果违背了将投资持有到期的最初意图，将持有至到期投资在到期前处置或重分类，并且处置或重分类为其他类型金融资产的金额相对于该类投资总额较大的，应立即将其剩余的持有至到期投资重分类为可供出售金融资产。

二、持有至到期投资的会计处理

持有至到期投资的会计处理，着重于该金融资产的持有者打算“持有至到期”，未到期前通常不会出售或重分类。因此，持有至到期投资的会计处理主要应解决该金融资产的取得、实际利率的计算、摊余成本的确定、持有期间的收益确认及将其处置时损益的处理。

（一）持有至到期投资核算应设置的会计科目

为了反映和监督持有至到期投资的取得、收取利息和出售等情况，企业应当设置“持有至到期投资”、“投资收益”等科目进行核算。

“持有至到期投资”科目核算企业持有至到期投资的摊余成本。借方登记持有至到期投资的取得成本、一次还本付息债券投资在资产负债表日按照票面利率计算确定的应收未收利息等，贷方登记企业出售持有至到期投资时结转的成本等。

本账户应当按照持有至到期投资的类别和品种，分别以“成本”、“利息调整”、“应计利息”进行明细核算。“成本”明细账户反映持有至到期投资的面值；“利息调整”明细账户反映持有至到期投资的初始确认金额与其面值的差额，以及按照实际利率法分期摊销后该差额的摊余金额；“应计利息”明细账户反映企业应计提的到期一次还本付息持有至到期投资的应计而未付的利息。

（二）持有至到期投资的取得

我国现行会计准则规定，企业应当按照购入时的实际支付价款作为初始入账金额，实际支付的价款包括购买债券的公允价值和相关的手续费、佣金等初始直接费用。如果支付的价款中包含已到付息期但尚未领取的利息，应当单独确认为应收项目，直接计入应收利息，不确认为债券的初始入账金额。

持有至到期投资初始成本＝取得时的公允价值＋交易费用－支付的价款中包含的已宣告发放债券利息

持有至到期投资初始确认时，除要确定入账金额外，还应同时确定其实际利率，并在该持有至到期投资预期存续期间内保持不变。实际利率，是指将该金融资产在预期存续期间内的未来现金流量，折现为该金融资产当前账面价值所使用的利率。实际利率可按下列公式确定：

金融资产的当前账面价值＝该金融资产到期可收回本金的现值＋该金融资产每期可收到现金流量的现值

取得时，应按该投资的面值，借记“持有至到期投资——成本”账户；按支付的价款中包含的已到付息期但尚未领取的利息，借记“应收利息”账户；按实际支付的金额，贷记“银行存款”等账户；按其差额，借记或贷记“持有至到期投资——利息调整”账户。如果是溢价购入，应为借差，是债券面值的增项；如果是折价购入，则应为贷差，是债券面值的减项。

【教学案例 4－4】

(1)信义股份有限公司于 2017 年 1 月 1 日从上海证券交易所购入 B 企业 2017 年 1 月 1 日发

行的5年期债券,票面利率为12%,债券面值为1 000元。企业按1 050元的价格购入100张,该债券每年付息一次,最后一年归还本金并支付最后一次利息。不考虑所得税、减值损失等因素。假设信义公司按年计算利息,购入时的账务处理如下:

借:持有至到期投资——成本　　100 000
　　　　　　　——利息调整　　5 000
　贷:其他货币资金——存出投资款　　105 000

(2)信义公司于2017年1月2日从证券市场上购入C公司于2016年1月1日发行的债券,该债券为4年期,票面年利率为4%,每年1月5日支付上年度的利息,到期日为2020年1月1日,到期日一次归还本金和最后一次利息。信义公司购入债券的面值为1 000万元,实际支付价款992.77万元,另支付相关费用20万元。信义公司购入后将其划分为持有至到期投资。购入债券的实际利率为5%。假定按年计提利息。账务处理如下(金额单位以万元表示):

信义公司2017年1月2日购入债券时:

借:持有至到期投资——成本　　1 000
　应收利息(1 000×4%)　　40
　贷:其他货币资金——存出投资款　　1 012.77
　　持有至到期投资——利息调整　　27.23

信义公司2017年1月5日收到利息时:

借:其他货币资金——存出投资款　　40
　贷:应收利息　　40

(三)持有至到期投资摊余成本与投资收益的确定

对持有至到期投资的期末计价,即确定投资的摊余成本。所谓摊余成本,依据《企业会计准则第22号——金融工具确认和计量》中的规定,是指该金融资产(负债)的初始确认金额经下列调整后的结果:

(1)扣除已收回或偿还的本金。

(2)加上或减去采用实际利率法将该初始确认金额与到期日金额之间的差额进行摊销形成的累计摊销额。

(3)扣除已发生的减值损失(仅适用于金融资产)。

持有至到期投资的摊余成本=持有至到期投资的初始确认金额-已偿还的本金±累计的利息调整(溢价购入取减号,折价购入取加号)-已发生的减值损失

实际上,金融资产的摊余成本等于其账面价值。资产或负债的账面价值,是企业按照相关会计准则的规定进行核算后在资产负债表中列示的金额,对于计提了减值准备的各项资产,账面价值就是其账面余额减去已计提的减值准备后的金额。

持有至到期投资摊余成本的确定方法有两种,即利息调整的摊销方法,一是实际利率法,二是直线法。我国现行会计准则要求采用实际利率法确定摊余成本。实际利率法是指按照金融资产(负债)的实际利率计算其摊余成本及各期利息收入或利息费用的方法。

当实际利率与票面利率不一致时,就会形成债券的溢价或折价,记入"利息调整"账户的借方或贷方。在持有投资期间内的每个资产负债表日,需要对"利息调整"明细账户金额按照实际利率法进行摊销,假设不考虑本金的收回以及资产减值因素,摊余成本等于初始确认金额减去累计利息调整摊销额,也等于持有至到期投资"本金"借方余额加上"利息调整"借方余额(贷方余额以"-"列示)加上"应计利息"借方余额,即账面价值,在持有期间将"利息调整"明细账户余额摊销至零。可见,摊余成本的第一项调整是对"成本"明细账户的调整,第二项调整是对"利息调整"和"应计利息”明细账户的调整，第三项调整是对“持有至到期投资减值准备”账户的调整，摊余成本在数量上等于账面价值。

具体账务处理原则如下：

资产负债表日，持有至到期投资在持有期间应当按照摊余成本和实际利率计算确认利息收入，记入“投资收益”账户。实际利率应当在取得持有至到期投资时确定，在该持有至到期投资预计存续期间或适用的更短期间内保持不变。实际利率与票面利率差别较小的，也可按票面利率计算利息收入，计入投资收益。

持有至到期投资为分期付息、一次还本债券投资的，应按票面利率计算确定的应收未收利息，借记“应收利息”账户；按持有至到期投资摊余成本和实际利率计算确定的利息收入，贷记“投资收益”账户；按其差额，借记或贷记“持有至到期投资——利息调整”账户。

持有至到期投资为一次还本付息债券投资的，应于资产负债表日按票面利率计算确定的应收未收利息，借记“持有至到期投资——应计利息”账户；按持有至到期投资摊余成本和实际利率计算确定的利息收入，贷记“投资收益”账户；按其差额，借记或贷记“持有至到期投资——利息调整”账户。

持有至到期投资的每期实际利息收入＝持有至到期投资的每期期初摊余成本×实际利率

持有至到期投资的每期利息调整额＝每期按票面利率计算的利息收入－每期实际利息收入

对金融资产来说，在持有期间的每个资产负债表日，按照实际利率法计算的摊余成本进行后续计量。其分录模型为：

借：应收利息[面值（本金）×票面利率]

　　贷：投资收益（摊余成本×实际利率）

借或贷：金融资产——利息调整（借贷方差额）

该分录中的“应收利息”是指分期付息债券的应收利息，属于流动资产；若为到期一次付息债券，应收取的利息属于非流动资产，应记入“持有至到期投资——应计利息”账户。

（四）持有至到期投资到期兑现

持有至到期投资到期兑现，是指持有至到期投资的期限届满时，按面值收回投资及应收而未收的利息。如果是一次付息的债券，到期时企业可收回面值和所有的利息；如果是分期付息的债券，到期时可收回面值。通常，当债券到期时，溢价和折价部分已经摊销完毕，不论按照面值购入还是溢价、折价购入，“持有者到期投资”账户余额均为债券面值和应计利息。做账时，借记“其他货币资金——存出投资款”账户，贷记“持有至到期投资”账户。

【教学案例 4－5】

(1)信义股份有限公司于 2013 年 1 月 1 日从上海证券交易所支付价款 1 000 元（含交易费用）购入某公司 5 年期债券，面值 1 250 元，票面利率 4.72%，按年支付利息（即每年 59 元），本金最后一次支付。不考虑所得税、减值损失等因素。实际利率 $r=10\%$。

信义公司采用实际利率法编制利息收入与摊余成本计算表，如表 4－2 所示。

表 4－2　　利息收入与摊余成本计算表　　单位：元

年　份	现金流入(a)	实际利息(b) (按 10%计算)	利息调整摊销 c＝b－a	摊余成本 (期末 d＝期初 d＋c)
初始购入				1 000
2013	59	100	41	1 041
2014	59	104.1	45.1	1 086.1

续表

年　份	现金流入(a)	实际利息(b) (按10%计算)	利息调整摊销 c=b−a	摊余成本 (期末d=期初d+c)
2015	59	108.61	49.61	1 135.71
2016	59	113.571	54.571	1 190.281
2017	59	118.719	59.719	1 250
合　计	295	—	250	—

备注:2017年利息调整摊销额=250−41−45.1−49.61−54.571=59.719(元)

根据上述数据,信义公司的有关账务处理如下:

2013年1月1日,购入债券时:

借:持有至到期投资——成本　1 250
　　贷:其他货币资金——存出投资款　1 000
　　　　持有至到期投资——利息调整　250

2013年12月31日,确认实际利息收入、收到票面利息等时:

借:应收利息　59
　　持有至到期投资——利息调整　41
　　贷:投资收益　100
借:其他货币资金——存出投资款　59
　　贷:应收利息　59

2014年12月31日,确认实际利息收入、收到票面利息等时:

借:应收利息　59
　　持有至到期投资——利息调整　45.1
　　贷:投资收益　104.1
借:其他货币资金——存出投资款　59
　　贷:应收利息　59

2015年12月31日,确认实际利息收入、收到票面利息等时:

借:应收利息　59
　　持有至到期投资——利息调整　49.61
　　贷:投资收益　108.61
借:其他货币资金——存出投资款　59
　　贷:应收利息　59

2016年12月31日,确认实际利息收入、收到票面利息等时:

借:应收利息　59
　　持有至到期投资——利息调整　54.571
　　贷:投资收益　113.571
借:其他货币资金——存出投资款　59
　　贷:应收利息　59

2017年12月31日,确认实际利息收入、收到票面利息和本金等时:

借:应收利息　59
　　持有至到期投资——利息调整　59.719
　　贷:投资收益　118.719

借:其他货币资金——存出投资款　59
　　贷:应收利息　59
借:其他货币资金——存出投资款　1 250
　　贷:持有至到期投资——成本　1 250

(五)持有至到期投资的处置与重分类

企业处置持有至到期投资时,应按实际收到的金额,借记"银行存款"等账户;按其账面余额,贷记"持有至到期投资——成本/利息调整/应计利息"账户;按其差额,贷记或借记"投资收益"账户。已计提减值准备的,还应同时结转减值准备。会计分录如下:

借:其他货币资金——存出投资款(实际收到金额)
　持有至到期投资减值准备(已计提的减值准备)
　　贷:持有至到期投资——投资成本
　　　　　　　　　　——应计利息
借或贷:持有至到期投资——利息调整
借或贷:投资收益(差额)

企业将持有至到期投资重分类为可供出售金融资产时,应在重分类日按其公允价值,借记"可供出售金融资产"账户;按其账面余额,贷记"持有至到期投资——成本/利息调整/应计利息"账户;按其差额,贷记或借记"其他综合收益"账户。已计提减值准备的,还应同时结转减值准备。

借:可供出售金融资产(公允价值)
　持有至到期投资减值准备(已提减值准备)
　　贷:持有至到期投资——成本、利息调整、应计利息(各明细账户余额)
借或贷:其他综合收益(差额)

【教学案例4-6】

信义股份有限公司有关购入、持有和出售乙公司发行的不可赎回债券的资料如下:

(1)2016年1月1日,信义公司支付价款1 100万元(含交易费用),从活跃市场购入乙公司当日发行的面值为1 000万元、5年期的不可赎回债券。该债券票面年利率为10%,利息按单利计算,到期一次还本付息,实际年利率为6.4%。当日,信义公司将其划分为持有至到期投资,按年确认投资收益。2016年12月31日,该债券未发生减值迹象。

(2)2017年1月1日,该债券市价总额为1 200万元。当日,为筹集生产线扩建所需资金,信义公司出售债券的80%,将扣除手续费5万元后的款项存入银行;该债券剩余的20%重分类为可供出售金融资产。

其账务处理如下(金额单位以万元表示):

(1)2016年1月1日,购入该债券时:

借:持有至到期投资——成本　1 000
　　　　　　　　——利息调整　100
　　贷:其他货币资金——存出投资款　1 100

(2)计算2016年12月31日该债券投资收益、应计利息和利息调整摊销额:

投资收益=1 100×6.4%=70.4(万元)

应计利息=1 000×10%=100(万元)

利息调整摊销额=100-70.4=29.6(万元)

借:持有至到期投资——应计利息　100

贷:投资收益 70.4

持有至到期投资——利息调整 29.6

(3)出售债券时:

借:其他货币资金——存出投资款(1 200×80%－5) 955

贷:持有至到期投资——成本(1 000×80%) 800

——利息调整[(100－29.6)×80%] 56.32

——应计利息(100×80%) 80

投资收益 18.68

(4)将该债券剩余的20%重分类为可供出售金融资产时:

借:可供出售金融资产(1 200×20%) 240

贷:持有至到期投资——成本(1 000×20%) 200

——利息调整[(100－29.6)×20%] 14.08

——应计利息(100×20%) 20

其他综合收益 5.92

任务四 可供出售金融资产

一、可供出售金融资产概述

可供出售金融资产,是指初始确认时即被指定为可供出售的非衍生金融资产,以及除下列各类资产以外的金融资产:(1)贷款和应收款项;(2)持有至到期投资;(3)以公允价值计量且其变动计入当期损益的金融资产。例如,企业购入的在活跃市场上有报价的股票、债券和基金等,没有划分为以公允价值计量且其变动计入当期损益的金融资产或持有至到期投资等金融资产的,可归为此类。

因此,可供出售金融资产可以分为两类:一类是企业直接指定的可供出售金融资产,它是指企业直接获得的在活跃市场上有公开报价的股票、债券和基金等,因获取意图不明确,而直接被指定为可供出售金融资产;另一类是企业全部金融资产中没有被划分为其他三类金融资产的部分。或者说,如果管理层持有意图不是很明确,既不是短期出售,也不准备持有到期,则可将其划分为可供出售金融资产。

无论是哪一类可供出售金融资产,都有两个明显的特征:一是在活跃市场上有公开报价、公允价值能够持续、可靠地获得和计量,二是持有意图不明确。

二、可供出售金融资产的会计处理

(一)可供出售金融资产核算应设置的会计科目

为了反映和监督可供出售金融资产的取得、收取股利或利息,企业应当设置“可供出售金融资产”“其他综合收益”“投资收益”等科目进行核算。

“可供出售金融资产”科目核算企业持有的可供出售金融资产的公允价值。借方登记可供出售金融资产的取得成本、资产负债表日其公允价值高于账面余额的差额、可供出售金融资产转回的减值损失等;贷方登记资产负债表日其公允价值低于账面余额的差额、可供出售金融资产发生的减值损失、出售可供出售金融资产时结转的成本和公允价值变动。企业应当按照可供出售金融资产的类别和品种,分别设置“成本”“利息调整”“应计利息”“公允价值变动”等明细科目进行核算。

“其他综合收益”科目核算企业可供出售金融资产公允价值变动而形成的应计入所有者权益

的利得或损失等。“其他综合收益”科目的借方登记资产负债表日企业持有的可供出售金融资产的公允价值低于账面余额的差额等，贷方登记资产负债表日企业持有的可供出售金融资产的公允价值高于账面余额的差额。

（二）可供出售金融资产的取得

企业取得可供出售权益工具投资的，应按其公允价值与交易费用之和，借记“可供出售金融资产——成本”账户；按支付的价款中包含的已宣告但尚未发放的现金股利，借记“应收股利”账户；按实际支付的金额，贷记“其他货币资金——存出投资款”等账户。企业取得可供出售债务工具投资的，应按债券的面值，借记“可供出售金融资产——成本”账户；按支付的价款中包含的已到付息期但尚未领取的利息，借记“应收利息”账户；按实际支付的金额，贷记“其他货币资金——存出投资款”等账户；其差额借记或贷记“可供出售金融资产——利息调整”账户。

【教学案例 4—7】

信义股份有限公司于 2017 年 5 月 4 日从二级市场购入某公司股票 1 000 000 股，每股市价 15 元，手续费 30 000 元。初始确认时，该股票划分为可供出售金融资产。又于 5 月 14 日以 970 万元的价格购入 S 公司发行的面值为 1 000 万元、票面利率为 5%的 3 年期公司债券。手续费 1 万元，债券实际利率为 6%。账务处理如下：

5 月 4 日，购入可供出售权益工具时：

借：可供出售金融资产——成本	15 030 000	
贷：其他货币资金——存出投资款		15 030 000

5 月 14 日，购入可供出售债务工具时：

借：可供出售金融资产——成本	1 000 000	
贷：其他货币资金——存出投资款		9 710 000
可供出售金融资产——利息调整		290 000

（三）可供出售金融资产的持有

1. 资产负债表日股利、债券利息的确认

资产负债表日，可供出售金融资产应将被投资单位宣告发放的现金股利或者已到付息期尚未收取的利息，作为投资期间内的收益处理，借记“应收股利”或“应收利息”账户，贷记“投资收益”账户。该类股利和利息的处理与交易性金融资产完全相同，此处不再重复。

2. 资产负债表日公允价值的变动

可供出售金融资产的公允价值高于其账面余额的差额，借记“可供出售金融资产——公允价值变动”账户，贷记“其他综合收益”账户；公允价值低于其账面余额的差额，做相反的会计分录。

【教学案例 4—8】

信义股份有限公司于 2016 年 5 月 5 日从二级市场支付价款 10 200 000 元(含交易费用 20 000 元和已宣告发放现金股利 180 000 元)，购入乙公司发行的股票 2 000 000 股，占乙公司有表决权股份的 0.7%。甲公司将其划分为可供出售金融资产。

2016 年 5 月 10 日，甲公司收到乙公司发放的现金股利 180 000 元。

2016 年 6 月 30 日，该股票市价为每股 5.2 元。

2016 年 12 月 31 日，甲公司仍持有该股票；当日，该股票市价为每股 5.1 元。

2017 年 5 月 9 日，乙公司宣告发放股利 50 000 000 元。

2017 年 5 月 13 日，甲公司收到乙公司发放的现金股利。

2017 年 5 月 20 日,甲公司以每股 5 元的价格将股票全部转让。

假定不考虑其他因素,甲公司的账务处理如下:

(1)2016 年 5 月 5 日,购入股票时:

借:应收股利　180 000
　可供出售金融资产——成本　10 020 000
　　贷:其他货币资金——存出投资款　10 200 000

(2)2016 年 5 月 10 日,收到现金股利时:

借:其他货币资金——存出投资款　180 000
　　贷:应收股利　180 000

(3)2016 年 6 月 30 日,确认股票价格变动时:

借:可供出售金融资产——公允价值变动　380 000
　　贷:其他综合收益　380 000

(4)2016 年 12 月 31 日,确认股票价格变动时:

借:其他综合收益　200 000
　　贷:可供出售金融资产——公允价值变动　200 000

(5)2017 年 5 月 9 日,确认应收现金股利时:

借:应收股利　350 000
　　贷:投资收益　350 000

(6)2017 年 5 月 13 日,收到现金股利时:

借:其他货币资金——存出投资款　350 000
　　贷:应收股利　350 000

(7)2017 年 5 月 20 日,出售股票时:

借:其他货币资金——存出投资款　10 000 000
　投资收益　20 000
　其他综合收益　180 000
　　贷:可供出售金融资产——成本　10 020 000
　　　　　　　　　　　——公允价值变动　180 000

如果可供出售债券为分期付息、一次还本债券,应按票面利率计算确定的应收未收利息,借记“应收利息”账户;按可供出售债券的摊余成本和实际利率计算确定的利息收入,贷记“投资收益”账户;按其差额,借记或贷记“可供出售金融资产——利息调整”账户。

如果可供出售债券为一次还本付息债券,应在资产负债表日按票面利率计算确定的应收未收利息,借记“可供出售金融资产——应计利息”账户;按可供出售债券的摊余成本和实际利率计算确定的利息收入,贷记“投资收益”账户;按其差额,借记或贷记“可供出售金融资产——利息调整”账户。

(四)可供出售金融资产的出售

出售可供出售的金融资产,应按实际收到的金额,借记“其他货币资金——存出投资款”等账户;按其账面余额,贷记“可供出售金融资产——成本/公允价值变动/利息调整/应计利息”账户;按应从所有者权益中转出的公允价值累计变动额,借记或贷记“其他综合收益”账户;按其差额,贷记或借记“投资收益”账户。

【教学案例 4-9】

信义股份有限公司于 2016 年 5 月 4 日从二级市场购入某公司股票 1 000 000 股,每股市价 15

元，手续费40 000元；初始确认时，该股票划分为可供出售金融资产。公司至2016年12月31日仍持有该股票，该股票当时的市价为16元。2017年2月1日，公司将该股票售出，售价为每股18元，另支付交易费用15 000元。假定不考虑其他因素，公司的账务处理如下：

(1)2016年5月4日，购入股票时：

借：可供出售金融资产——成本　　15 040 000

　贷：其他货币资金——存出投资款　　15 040 000

(2)2016年12月31日，确认股票价格变动时：

借：可供出售金融资产——公允价值变动　　960 000

　贷：其他综合收益　　960 000

(3)2017年2月1日，出售股票时：

借：银行存款　　17 985 000

　其他综合收益　　960 000

　贷：可供出售金融资产——成本　　15 040 000

　　　　——公允价值变动　　960 000

　　投资收益　　2 945 000

任务五 金融资产减值

一、金融资产减值准备的计提范围

企业应当在资产负债表日对以公允价值计量且其变动计入当期损益的金融资产以外的金融资产的账面价值进行检查，有客观证据表明该金融资产发生减值的，应当确认减值损失，计提减值准备。金融资产发生减值应有客观证据。所谓客观证据，是指金融资产初始确认后实际发生的、对该金融资产的预计未来现金流量有影响，且企业能够对该影响进行可靠计量的事项。

需要注意的是，可供出售金融资产只有在该资产期末价值下降的幅度较大或持续时间较长的情况下，才需计提减值准备，否则可以按公允价值调整该资产期末账面价值，并将变动计入资本公积。

二、金融资产发生减值的判断

企业在判断金融资产是否发生减值时，应当以表明金融资产发生减值的客观证据为基础。表明金融资产发生减值的客观证据是指金融资产初始确认后实际发生的、对该金融资产的预计未来现金流量有影响，且企业能够对该影响进行可靠计量的事项。主要包括下列各项：

(1)发行方或债务人发生严重财务困难。

(2)债务人违反了合同条款，如偿付利息或本金发生违约或逾期等。

(3)债权人出于经济或法律等方面因素的考虑，对发生财务困难的债务人作出让步。

(4)债务人很可能倒闭或进行其他财务重组。

(5)因发行方发生重大财务困难，该金融资产无法在活跃市场继续交易。

(6)无法辨认一组金融资产中某项资产的现金流量是否已经减少，但根据公开的数据对其进行总体评价后发现该组金融资产自初始确认以来的预计未来现金流量确已减少且可计量，如该组金融资产的债务人支付能力逐步恶化，或债务人所在国家或地区失业率提高、担保物在其所在地区的价格明显下降、所处行业不景气等。

(7)债务人经营所处的技术、市场、经济或法律环境等发生重大不利变化,使权益工具投资人可能无法收回投资成本。

(8)权益工具投资的公允价值发生严重或非暂时性下跌。

(9)其他表明金融资产发生减值的客观证据。

三、持有至到期投资的减值

持有至到期投资以摊余成本后续计量,其发生减值时,应当将该金融资产的账面价值减记至预计未来现金流量现值,减记的金额确认为资产减值损失,计入当期损益。以摊余成本计量的金融资产的预计未来现金流量现值,应当按照该金融资产的原实际利率折现确定,并考虑相关担保物的价值。原实际利率是初始确认该金融资产时计算确定的实际利率。在计算未来现金流量现值时,可采用合同规定的现行实际利率作为折现率。即使合同条款因债务方或金融资产发行方发生财务困难而重新商定或修改,在确认减值损失时,仍用条款修改前所确定的该金融资产的原实际利率计算。

在对以摊余成本计量的持有至到期投资确认减值损失后,若有客观证据表明该金融资产价值已恢复,且客观上与确认该损失后发生的事项有关,则原确认的减值损失应当予以转回,计入当期损益。但是,该转回后的账面价值不应当超过假定不计提减值准备情况下该金融资产在转回日的摊余成本。

持有至到期投资确认减值损失后,利息收入应当按照确定减值损失时对未来现金流量进行折现采用的折现率作为利率计算确认。具体会计处理如下:

发生减值时:

借:资产减值损失

　　贷:持有至到期投资减值准备

减值损失转回时,会计分录相反。

四、可供出售金融资产的减值

可供出售金融资产发生减值时,即使该金融资产没有终止确认,原直接计入所有者权益中的因公允价值下降形成的累计损失,应当予以转出,计入当期损益。具体处理原则如下:确定可供出售金融资产发生减值的,按应减记的金额,借记"资产减值损失"账户;将原直接计入所有者权益中因公允价值下降形成的累计损失转出,贷记"其他综合收益"账户;按其差额,贷记"可供出售金额资产——公允价值变动"账户。

原可供出售金融资产公允价值下降时:

借:其他综合收益

　　贷:可供出售金融资产——公允价值变动

可供出售金融资产发生减值时:

借:资产减值损失(账面价值与预计未来现金流量现值的差额)

　　贷:其他综合收益(转出原计入其他综合收益的累计损失额)

　　　　可供出售金融资产——公允价值变动(差额)

【教学案例 4—10】

信义股份有限公司于 2017 年 5 月 4 日从二级市场购入某公司股票 100 万元,公司将其划归为可供出售金融资产,年末股票的公允价值为 80 万元。

公司年末应进行如下会计处理:

借：其他综合收益　　200 000

　　贷：可供出售金融资产——公允价值变动　　200 000

2017 年 6 月 30 日，该股票的公允价值再次下跌至 50 万元，信义公司预期这种下降趋势属于非暂时性的。会计处理如下：

借：资产减值损失　　500 000

　　贷：可供出售金融资产——公允价值变动　　300 000

　　　　其他综合收益　　200 000

对于原先已确认减值损失的可供出售债务工具，在随后会计期间，如果公允价值上升且客观上与确认原减值损失确认后发生的事项有关的，应当将原确认的减值损失予以转回，计入当期损益。但是，转回后的账面价值不应当超过假定不计提减值准备情况下该金融资产在转回日的摊余成本。

借：可供出售金融资产——公允价值变动

　　贷：资产减值损失

可供出售金融资产发生减值后，利息收入应当按照确定减值损失时对未来现金流量进行折现采用的折现率作为利率计算确认。

但是，对于股票这类可供出售的权益工具，若公允价值已上升且客观上与原减值损失确认后发生的事项相关，不能通过损益转回，应通过所有者权益类账户转回。

借：可供出售金融资产——公允价值变动

　　贷：其他综合收益

另外，对于在活跃市场中没有报价且公允价值不能可靠计量的权益工具投资，或与该权益工具挂钩并须通过交付该权益工具结算的衍生金融资产发生的减值，在该权益工具确认减值损失后，不得转回。

【教学案例 4－11】

信义股份有限公司于 2014 年 5 月 2 日从股票二级市场以每股 10.2 元（含宣告发放的股利 0.2 元）的价格购入 XYZ 公司发行的股票 2 000 000 股，占 XYZ 公司有表决权股份的 5%，对 XYZ 公司无重大影响，划分为可供出售金融资产。

2014 年 5 月 10 日，公司收到 XYZ 公司发放的上年现金股利 400 000 元。

2014 年 12 月 31 日，该股票的市场价格为每股 9 元。公司预计该股票的价格下跌是暂时的。

2015 年，XYZ 公司因违反相关证券法规，受到证券监管部门查处。受此影响，XYZ 公司股票的价格发生下跌，至 12 月 31 日，该股票的市场价格下跌到每股 6 元。

2016 年，XYZ 公司整改完成，加之市场宏观面好转，股票价格有所回升，至 12 月 31 日，该股票的市场价格上升到每股 7 元。

假定 2015 年和 2016 年均未分派现金股利，不考虑其他因素，则信义公司有关的账务处理如下：

(1)2014 年 5 月 2 日，购入股票时：

借：可供出售金融资产——成本　　20 000 000

　　应收股利　　400 000

　　贷：其他货币资金　　20 400 000

(2)2014 年 5 月，确认现金股利时：

借：其他货币资金　　400 000

　　贷：应收股利　　400 000

(3)2014 年 12 月 31 日，确认股票公允价值变动时：

借：资本公积——其他资本公积　　2 000 000

　　贷：可供出售金融资产——公允价值变动　　2 000 000

(4)2015 年 12 月 31 日，确认股票投资的减值损失时：

借：资本减值损失　　80 000 000

　　贷：其他综合收益　　2 000 000

　　　　可供出售金融资产——公允价值变动　　6 000 000

(5)2016 年 12 月 31 日，确认股票价格上涨时：

借：可供出售金融资产——公允价值变动　　2 000 000

　　贷：其他综合收益　　2 000 000

拓展阅读

我国上市金融企业 2008 年金融资产减值情况分析报告(节选)

1. 资产减值损失总体情况

2008 年度，我国 27 家上市金融企业共确认资产减值损失 2 492.73 亿元，比 2007 年度增加了 1 320.68 亿元，增幅高达 112.68%。27 家上市金融企业 2008 年度资产减值损失对利润总额的影响程度为 49.07%，远高于 2007 年度的 26.46%。

14 家上市商业银行 2008 年度共确认资产减值损失 2 032.95 亿元，增幅高达 80.07%，占上市金融企业 2008 年度资产减值损失总额的比例为 81.56%。其中，中国工商银行、中国建设银行和中国银行 3 家商业银行 2008 年度确认的资产减值损失金额分别为 555.28 亿元、508.29 亿元和 450.31 亿元，合计为 1 513.88 亿元，占 27 家上市金融企业 2008 年度资产减值损失总额的 60.73%。

3 家上市保险公司 2008 年度共确认资产减值损失 450.88 亿元，增幅最大为 1 103.63%，占利润总额的比例为 892.65%，远高于其他金融类上市企业(14 家上市商业银行次之，占利润总额的比例为 41.97%)。

8 家上市证券公司 2008 年度共确认资产减值损失 8.63 亿元，占利润总额的比例仅为 5.26%，但增幅也达 54.79%；2 家上市信托公司虽然资产规模相对较小，资产减值损失总额仅为 0.27 亿元，但增幅也高达 417.59%，资产价值下降对经营业绩的影响不容忽视。

由此可见，受国际金融危机、宏观经济低迷等各方面因素的综合影响，我国上市金融企业资产价值在 2008 年度下滑明显，确认的资产减值损失金额扩大，对企业业绩的负面影响较为显著。

2. 可供出售金融资产减值损失情况

2008 年度，受资本市场深度下调和国际金融危机的双重影响，上市金融企业持有的大量可供出售金融资产发生了减值，确认了巨额减值损失。年报分析表明，27 家上市金融企业 2008 年度确认的可供出售金融资产减值损失金额合计为 737.12 亿元，比 2007 年度增加了 538.38 亿元，增幅高达 270.90%，占 27 家上市金融企业 2008 年度确认的资产减值损失金额合计的 36.26%。

14 家上市商业银行 2008 年度共确认可供出售金融资产减值损失 537.37 亿元，增幅高达 226.23%，占上市金融企业 2008 年度资产减值损失总额的 21.56%。其中，中国银行、中国工商银行和中国建设银行 3 家商业银行 2008 年度确认的可供出售金融资产减值损失分别为 231.62 亿元、165.51 亿元、107.56 亿元，合计为 504.69 亿元，占 27 家上市金融企业 2008 年度确认的可供出售金融资产减值损失总额的68.47%。3家上市保险公司2008年度确认的可供出售金融资产减值损失金额虽然不大，增幅却高达461.92%。对于8家上市证券公司和2家上市信托公司而言，可供出售金融资产减值损失几乎等于其确认的全部资产减值损失。

根据会计准则规定，可供出售金融资产采用公允价值计量，公允价值的增减变动通常计入所有者权益。但是，如果可供出售金融资产的公允价值发生严重或者非暂时性的下跌，企业就应当确认可供出售金融资产减值损失而不是将其计入所有者权益。如何判断可供出售金融资产是否发生减值，如何计量可供出售金融资产（债务工具）的减值损失等问题，已经成为国际会计准则理事会修改金融工具会计准则的重要议题，也值得我们进一步研究和关注。

3. 贷款减值损失情况

年报分析表明，14家上市商业银行2008年度确认的贷款减值损失金额合计为1 356.04亿元，同比增加了482.89亿元，增幅为55.30%；贷款减值损失总额占14家上市商业银行资产减值损失总额的66.70%，占利润总额的27.88%；贷款减值损失总额占27家上市金融企业资产减值损失总额的54.40%。上市商业银行确认的贷款减值损失对其2008年度业绩产生了一定的负面影响，对个别商业银行甚至是决定性的负面影响。比如，部分商业银行确认的贷款减值损失占资产减值损失的比例超过90%，占利润总额的比例接近30%；个别商业银行确认的贷款减值损失占资产减值损失的比例超过95%，是利润总额的8.8倍，贷款减值损失对商业银行业绩的负面影响由此可见一斑。

与2008年度确认巨额贷款减值损失相对应，上市商业银行不良贷款余额（包括次级类贷款、可疑类贷款和损失类贷款）和不良贷款率（不良贷款/贷款总额）实现双降，不良贷款拨备覆盖率（贷款损失准备余额/不良贷款余额）提高。年报分析表明，14家上市商业银行2008年末不良贷款余额为3 531.39亿元，同比减少了167亿元；不良贷款率为2.04%，比2007年末（2.50%）下降了0.46个百分点；不良贷款拨备覆盖率为134.37%，比2007年末（107.97%）提高了26.40个百分点。14家上市商业银行中，绝大多数均按照监管部门要求提高了不良贷款拨备覆盖率（五大国有商业银行和股份制商业银行不良贷款拨备覆盖率分别由原来的100%提高到130%、150%），只有极少数未达到监管部门的要求，部分上市商业银行不良贷款拨备覆盖率接近200%，甚至超过220%，远远超过监管部门的要求。

在实务中，上市商业银行一方面需要按照会计准则规定确认贷款减值损失，另一方面应当按照监管部门规定计提贷款拨备，如何处理会计准则规定和监管部门标准之间的关系，是金融稳定理事会正在研究的重要议题，也值得我们与相关监管部门进一步沟通和协调。

4. 持有至到期投资减值损失情况

27家上市金融企业2008年度确认的持有至到期投资减值损失金额合计为93.83亿元，几乎全部是上市商业银行确认的。3家上市保险公司中，只有中国太保确认了0.04亿元持有至到期投资减值损失，8家上市证券公司和2家上市信托公司没有确认持有至到期投资减值损失。

资料来源：王骏：http://blog.sina.com.cn/s/blog_493cd61c0100eiw1.html。

阅读材料

（1）中华人民共和国财政部：《企业会计制度》（2001），经济科学出版社2001年版。

（2）中华人民共和国财政部：《企业会计准则》（2017），立信会计出版社2017年版。

（3）中华人民共和国财政部：《企业会计准则——应用指南》（2017），立信会计出版社2017年版。

（4）财政部会计司编写组：《企业会计准则讲解》（2016），地震出版社2016年版。

项目自测

一、判断题

(1)企业在初始确认时将某项金融资产划分为以公允价值计量且其变动计入当期损益的金融资产后,视情况变化可以将其重分类为其他类金融资产。 ( )

(2)企业应当结合自身业务特点和风险管理要求,将取得的金融资产在初始确认时分为四类,交易性金融资产属于其中一类,金融资产分类后是可以改变的。 ( )

(3)持有至到期投资、贷款和应收款项、可供出售金融资产不能重分类为以公允价值计量且其变动计入当期损益的金融资产,但在这三类金融资产之间,可随意重分类。 ( )

(4)交易性金融资产按公允价值进行后续计量,且公允价值变动计入当期损益。 ( )

(5)交易性金融资产在资产负债表日的公允价值大于账面价值的差额,应作为投资收益。 ( )

(6)企业持有交易性金融资产期间,对于被投资单位宣告发放的现金股利,应当确认为当期的投资收益。 ( )

(7)可出售金融资产符合一定条件时,可重分类为交易性金融资产。 ( )

(8)持有至到期投资在持有期间应当按照公允价值计量,公允价值与账面价值的差额计入公允价值变动损益。 ( )

(9)处置持有至到期投资时,应将所得价款与该投资账面价值之间的差额计入投资收益。 ( )

(10)在实际利率法下,每期溢折价的摊销数额相等。 ( )

(11)持有至到期投资应当按期计提利息,计提的利息按债券账面价值及适用的利率计算。 ( )

(12)如果持有至到期投资期末进行减值测试发生减值,则应借记"资产减值损失"账户,贷记"持有至到期投资减值准备"账户;如果持有至到期投资减值损失转回,应借记"持有至到期投资减值准备"账户,贷记"资产减值损失"账户。 ( )

(13)持有至到期投资溢价购入是为以后多得利息而付出的代价,应冲减以后的利息收入。 ( )

(14)处置可供出售金融资产时,应将取得的价款与该金融资产账面价值之间的差额计入投资收益;同时,将原直接计入所有者权益的公允价值变动累计额对应处置部分的金额转出,计入投资收益。 ( )

(15)可供出售金融资产发生减值的,在确认减值损失时,应当将原直接计入所有者权益的公允价值下降形成的累计损失一并转出,计入减值损失。 ( )

二、单项选择题

(1)某股份有限公司于2017年8月1日,以每股12元的价格购入某上市公司股票50万股,划分为交易性金融资产,购买该股票支付手续费等10万元。10月11日,收到该上市公司按每股0.5元发放的现金股利。12月31日该股票的市价为每股11元。则在2017年12月31日,该交易性金融资产的账面价值为( )万元。

A. 550　　B. 575　　C. 585　　D. 610

(2)企业在发生以公允价值计量且其变动计入当期损益的金融资产的下列有关业务中,应该贷记"投资收益"账户的是( )。

A. 收到持有期间获得的现金股利

B. 收到持有期间获得的债券利息

C. 资产负债表日,持有的股票市价大于其账面价值

D. 企业转让交易性金融资产收到的价款大于其账面价值的差额

(3)甲公司购入某上市公司股票2%的普通股份,暂不准备随时变现,甲公司应将该项投资划分为( )。

A. 交易性金融资产　　B. 持有至到期投资

C. 长期股权投资　　　　　　　　　　D. 可供出售金融资产

(4)甲公司于2016年4月1日从证券市场购入A公司股票60 000股,划分为交易性金融资产,每股买价7元(其中包括已宣告发放尚未领取的现金股利1元),另外支付印花税及佣金8 000元。2016年年底,甲公司持有的该股票的市价总额(公允价值)为400 000元。2017年3月12日,甲公司决定出售全部A公司股票,收入现金450 000元。甲公司出售该项金融资产时应确认的投资收益为(　　)元。

A. 30 000　　B. 60 000　　C. 85 000　　D. 90 000

(5)下列金融资产中,在确定相关减值损失时,可不对其预计未来现金流量进行折现的是(　　)。

A. 长期应收款项　　B. 持有至到期投资　　C. 短期应收款项　　D. 可供出售金融资产

(6)根据《企业会计准则第22号——金融工具确认和计量》的规定,下列对持有至到期投资的后续计量的表述中,正确的有(　　)。

A. 按照公允价值进行后续计量,公允价值变动计入当期投资收益

B. 按照摊余成本进行后续计量

C. 按照公允价值进行后续计量,变动计入资本公积

D. 按照公允价值进行后续计量,公允价值变动计入当期公允价值变动损益

(7)甲公司2017年1月1日购入A公司发行的3年期公司债券作为持有至到期投资金融资产。公允价值为52 000万元,债券面值为50 000万元,每半年付息一次,到期还本,该债券票面利率6%,实际利率4%。采用实际利率法摊销,则甲公司2017年12月31日"持有至到期投资——利息调整"账户的余额为(　　)万元。

A. 982.8　　B. 1 555.94　　C. 2 000　　D. 1 070.8

(8)可供出售金融资产以公允价值进行后续计量。公允价值变动形成的利得或损失,除减值损失和外币货币性金融资产形成的汇兑差额外,应当直接记入(　　)账户。

A."营业外支出"　　B."投资收益"　　C."公允价值变动损益"　　D."其他综合收益"

(9)下列说法中,不正确的是(　　)。

A. 交易性金融资产主要是指企业为了近期内出售而持有的金融资产

B. 以公允价值计量且其变动计入当期损益的金融资产,包括交易性金融资产和指定为以公允价值计量且其变动计入当期损益的金融资产

C. 交易性金融资产可以重分类为可供出售金融资产

D. 直接指定为以公允价值计量且其变动计入当期损益的金融资产,主要是指企业基于风险管理、战略投资需要等所做的指定

(10)关于金融资产的重分类,下列说法中正确的是(　　)。

A. 交易性金融资产和持有至到期投资之间不能进行重分类

B. 交易性金融资产可以和可供出售金融资产之间进行重分类

C. 持有至到期投资可以随意和可供出售金融资产之间进行重分类

D. 交易性金融资产在符合一定条件时可以和持有至到期投资之间进行重分类

(11)在已确认减值损失的金融资产价值恢复时,下列金融资产的减值损失不得通过损益转回的是(　　)。

A. 持有至到期投资的减值损失　　　　B. 贷款及应收款项的减值损失

C. 可供出售权益工具投资的减值损失　　D. 可供出售债务工具投资的减值损失

三、多项选择题

(1)企业取得下列金融资产时,应将交易费用计入初始确认金额的有(　　)。

A. 交易性金融资产　　B. 持有至到期投资　　C. 应收款项　　D. 可供出售金融资产

(2)下列各项中,应确认投资收益的事项有(　　)。

A. 交易性金融资产在持有期间获得现金股利

B. 交易性金融资产在资产负债表日的公允价值大于账面价值的差额

C. 持有至到期投资在持有期间按摊余成本和实际利率计算确认的利息收入
D. 可供出售债券在持有期间按摊余成本和实际利率计算确认的利息收入
(3)在计算金融资产的摊余成本时,下列项目中,应对金融资产初始确认金额予以调整的有(　　)。
A. 已偿还的本金
B. 初始确认金额与到期日金额之间的差额按实际利率法摊销形成的累计摊销额
C. 已发生的减值损失
D. 取得金融资产时支付的手续费
(4)下列有关持有至到期投资的处理方法中,正确的有(　　)。
A. 购入的股权投资也可能划分为持有至到期投资
B. 持有至到期投资通常具有长期性质,但期限较短(1年以内)的债券投资,符合持有至到期投资条件的,也可将其划分为持有至到期投资
C. 持有至到期投资应当按取得时的公允价值作为初始确认金额,相关交易费用计入当期损益,支付的价款中包含已宣告发放债券利息的,应作为初始确认金额
D. 持有至到期投资在持有期间应当按照实际利率法确认利息收入,计入投资收益。实际利率应当在取得持有至到期投资时确定,在随后期间保持不变
(5)以公允价值计量且其变动计入当期损益的金融资产,正确的会计处理方法有(　　)。
A. 企业划分为以公允价值计量且其变动计入当期损益的金融资产的股票、债券、基金,以及不作为有效套期工具的衍生工具,应当按照取得时的公允价值和相关的交易费用作为初始确认金额
B. 支付的价款中包含已宣告发放的现金股利或债券利息,应当单独确认为应收项目
C. 企业在持有以公允价值计量且其变动计入当期损益金融资产期间取得的利息或现金股利,应当确认为投资收益
D. 资产负债表日,企业应将以公允价值计量且其变动计入当期损益的金融资产的公允价值变动计入当期损益
(6)交易费用是指可直接归属于购买、发行或处置金额工具新增的外部费用,其内容包括(　　)。
A. 支付给代理机构、咨询公司、券商等的手续费
B. 支付给代理机构、咨询公司、券商等的佣金及其他必要支出
C. 支付给代理机构、咨询公司、券商等的债券溢价折价
D. 融资费用
(7)下列有关金融资产的会计核算方法中,正确的有(　　)。
A. 持有至到期投资在持有期间应当按照实际利率法确认利息收入,计入投资收益
B. 持有至到期投资在持有期间应当按照实际利率法确认利息收入,其实际利率应当按照各期期初市场利率计算确定
C. 可供出售金融资产应当按取得该金融资产的公允价值作为初始确认金额,相关交易费用计入当期损益,支付的价款中包含了已宣告发放的债券利息或现金股利的,应单独确认为应收项目
D. 资产负债表日,可供出售金融资产应当以公允价值计量,且公允价值变动计入所有者权益
(8)下列各项中,属于金融资产发生减值的客观证据有(　　)。
A. 发行方或债务人发生严重财务困难
B. 债务人违反了合同条款,如偿付利息或本金发生违约或逾期等
C. 因发行方发生重大财务困难,该金融资产无法在活跃市场继续交易
D. 债务人很可能倒闭或进行其他财务重组
(9)下列项目中,可作为持有至到期债券投资的有(　　)。
A. 企业从二级市场上购入的固定利率国债
B. 企业从二级市场上购入的浮动利率公司债券
C. 购入的股权投资
D. 符合持有至到期投资条件的期限较短(1年以内)的债券投资

(10)关于可供出售金融资产的计量,下列说法中正确的有(　　)。

A. 支付的价款中包含的已到付息期但尚未领取的债券利息或已宣告但尚未发放的现金股利,应单独确认为应收项目

B. 资产负债表日,可供出售金融资产应当以公允价值计量,且公允价值变动计入其他综合收益

C. 处置可供出售金融资产时,应将取得的价款与该金融资产账面价值之间的差额,计入投资损益;同时,将原直接计入所有者权益的公允价值变动累计额对应处置部分的金额转出,计入投资损益

D. 处置可供出售金融资产时,应将取得的价款与该金融资产账面价值之间的差额,计入投资损益,不考虑原计入所有者权益的公允价值变动累计额的转出

(11)关于金融资产的处置,下列说法中正确的有(　　)。

A. 处置交易性金融资产时,其公允价值与初始入账金额之间的差额应确认为投资收益,同时调整公允价值变动损益

B. 处置持有至到期投资时,应将所取得价款与该投资账面价值之间的差额计入投资收益

C. 处置可供出售金融资产时,应将取得的价款与该金融资产账面价值之间的差额,计入投资损益;同时,将原直接计入所有者权益的公允价值变动累计额对应处置部分的金额转出,计入投资损益

D. 处置金融资产时,应将取得的价款与该金融资产账面价值之间的差额,计入资本公积

实务训练

训练一

资料:信义股份有限公司系上市公司,按季对外提供中期财务报表,按季计提利息。2017 年有关业务如下:

(1)1 月 6 日,公司以赚取差价为目的,从二级市场购入一批债券作为交易性金融资产,面值总额为 100 万元,票面利率为 6%,3 年期,每半年付息一次,该债券为 2011 年 1 月 1 日发行。取得时公允价值为 103 万元,含已到付息期但尚未领取的 2016 年下半年的利息 3 万元,另支付交易费用 2 万元,全部价款以银行存款支付。

(2)1 月 16 日,收到 2016 年下半年的利息 3 万元。

(3)3 月 31 日,该债券公允价值为 110 万元。

(4)3 月 31 日,按债券票面利率计算利息。

(5)6 月 30 日,该债券公允价值为 96 万元。

(6)6 月 30 日,按债券票面利率计算利息。

(7)7 月 16 日,收到 2017 年上半年的利息 3 万元。

(8)8 月 16 日,将该债券全部处置,实际收到价款 120 万元。

要求:根据以上业务,编制有关交易性金融资产的会计分录。(金额单位以万元表示)

训练二

资料:信义公司 2014 年 3 月 10 日购买 B 公司发行的股票 300 万股,成交价为 14.7 元,另付交易费用 90 万元,占 B 公司有表决权股份的 5%,作为可供出售金融资产;2014 年 4 月 20 日,B 公司宣告发放现金股利 1 200万元;5 月 20 日,收到现金股利。

2014 年 12 月 31 日,该股票每股市价为 13 元,信义公司预计股票价格下跌是暂时的。

2015 年 12 月 31 日,B 公司因违反相关证券法规,受到证券监管部门查处,受此影响,B 公司股票的价格发生严重下跌。

2015 年 12 月 31 日,该股票的收盘价格为每股市价 6 元。

2016 年 12 月 31 日,B 公司整改完成,加之市场宏观面好转,2016 年 12 月 31 日收盘价格为每股市价

10元。

要求:编制信义公司有关可供出售金融资产的会计分录。

训练三

资料:信义公司持有的交易性金融资产期末按公允价值计量。有关资料如下:

(1)2016年6月30日,交易性金融资产的账面成本与公允价值金额如下:

项　目		账面成本(元)	公允价值(元)
交易性金融资产——股票	股票A	150 000	145 800
	股票B	85 000	84 500
	股票C	120 000	121 000
交易性金融资产——债券	A公司债券	500 000	495 000
	C公司债券	350 000	350 500

(2)信义公司于2016年9月5日将A公司债券的50%出售,取得净收入(扣除相关税费)260 000元;同日又将股票A全部出售,取得净收入(扣除相关税费)149 000元。

(3)信义公司于2016年12月15日购入已宣告每股发放现金股利0.1元但尚未支取的D股票50 000股,实际以银行存款支付价款175 000元。

要求:根据上述资料,回答下列问题:

(1)信义公司2016年6月30日计算的公允价值变动损益。

(2)信义公司2016年6月30日确认交易性金融资产公允价值变动损益时应编制的会计分录。

(3)信义公司2016年9月5日出售债券和股票时应编制的会计分录。

(4)信义公司2016年12月15日购入D股票时应编制的会计分录。

训练四

资料:信义公司于2014年1月1日购买债券一批,面值2 000万元,支付款项1 994万元,其中手续费2万元。该债券于2013年1月1日发行,5年期,票面利率10%,实际利率10.08%,每年支付利息,到期支付最后一期利息及本金。该公司将此项投资划分为持有至到期投资。

要求:编制与该项投资相关的会计分录。(金额单位以万元表示)

项目五　长期股权投资

项目分解

项目五　长期股权投资
- 任务一　长期股权投资概述及初始计量
- 任务二　长期股权投资的成本法
- 任务三　长期股权投资的权益法

技能目标

完成学习任务后，应该掌握如下技能：

1. 了解长期股权投资的基本概念，包括控制、共同控制、重大影响，无控制、无共同控制且无重大影响等。
2. 掌握长期股权投资初始成本的确定。
3. 掌握长期股权投资成本法的会计处理。
4. 掌握长期股权投资权益法的会计处理。
5. 掌握长期股权投资减值、处置的会计处理，了解成本法和权益法相互转换的会计处理。

导学案例

雅戈尔的长期股权投资情况

雅戈尔公司投资情况：报告期内，公司投资 665 794.14 万元，比上年同期减少 834 989.37 万元，减少幅度为 55.64%。

公司股权投资已形成自己的模式，由实力超强的团队(凯石)为其打点。运作模式为：手中持有数量众多公司的股权，每年会出售其中价格高估的，收回的部分收益再选择新的投资标的，以实现良性循环。这一模式是其他公司包括基金和券商都难以模仿的，可以说很少有券商或者基金能超过它的盈利能力。随着 2011 年及以后大盘走好，这一模式将为雅戈尔带来百亿元利润。

部分被投资的公司情况如表 5—1 所示。

表 5—1　　被投资的公司情况(节选)

被投资的公司名称	主要经营活动	占被投资公司权益比例(%)	备注
嵊州雅戈尔毛纺织有限公司	生产销售面料	100	公司和公司全资子公司雅戈尔(香港)实业有限公司各出资 1 500 万美元设立
宁波雅盛园林景观有限公司	园林绿化规划、设计	100	公司出资 2 600 万元设立
宁波青春投资有限公司	投资	100	公司出资 50 000 万元设立
宁波雅戈尔投资有限公司	投资	100	公司出资 10 000 万元设立
雅戈尔(意大利)公司	采购服饰	100	公司全资子公司雅戈尔(香港)实业有限公司出资 10 万欧元设立
浙江英特物业管理有限公司	物业管理	100	公司出资 45 635.98 万元收购其 100%股权
宁波卓成服饰辅料有限公司	服装辅料加工	100	公司出资 142.21 万元收购其 100%股权
宁波雅戈尔服饰有限公司	服装制造	75	公司全资子公司雅戈尔服装控股有限公司出资 3 150 万美元对其增资
宁波雅戈尔北方服饰有限公司	服装制造	75	公司全资子公司雅戈尔服装控股有限公司出资 1 050 万美元对其增资
宁波雅戈尔运动服制造有限公司	服装制造	75	公司全资子公司雅戈尔服装控股有限公司出资 1 200 万美元对其增资
宁波雅戈尔法轩针织有限公司	服装制造	75	公司全资子公司雅戈尔服装控股有限公司出资 375 万美元对其增资
宁波雅戈尔裤业有限公司	服装制造	75	公司全资子公司雅戈尔服装控股有限公司出资 1 200 万美元对其增资
宁波雅戈尔衬衫有限公司	服装制造	75	公司全资子公司雅戈尔服装控股有限公司出资 8 504.45 万港元对其增资
宁波雅戈尔环球服饰科技有限公司	服装制造	75	公司全资子公司雅戈尔服装控股有限公司出资 3 000 万美元对其增资
银联商务有限公司	银行卡服务	5.05	公司出资 2.25 亿元收购其 3.03%股权

资料来源:《雅戈尔 2011 年度报告(节选)》,中财网,2012 年 3 月 27 日。

任务一　长期股权投资概述

长期股权投资是指通过投出各种资产取得被投资企业股权且不准备随时出售的投资。一般其目的主要是通过股权投资达到控制被投资单位,或对被投资单位施加重大影响,或为了与被投资单位建立密切关系,以分散经营风险等。

一、长期股权投资的特点

(一)长期持有

长期股权投资的目的是要长期持有被投资单位的股份,成为被投资单位的股东,并通过股份的持有,对被投资单位施加控制或重大影响,或为了改善和巩固贸易关系,或持有不易变现的长期股权投资等。

(二)利益与风险并存

长期股权投资的最终目标是为了获得较大的经济利益,这种经济利益可以通过分得利润或股利获取,如被投资单位盈利,投资企业作为股东可以进行分红,但是如果被投资企业经营状况不佳，或者进行破产清算时，投资企业作为股东，也需要承担相应的投资损失。此外，经济利益还可以通过其他方式取得，如被投资单位生产的产品为投资企业生产所需原料，在市场上这种原料的价格波动大且紧缺。在这种情况下，投资企业可通过所持股份，达到对被投资企业的控制或重大影响，保证其原料的正常供应和价格稳定，使其生产经营顺利进行。

（三）投资不能随意抽回

投资企业一旦成为被投资单位的股东，就会依所持股份份额享有股东的权利并承担相应的义务，一般情况下不能随意抽回投资。

（四）投资风险较大

长期股权投资相对于长期债权投资而言，投资风险较大。

二、长期股权投资的取得方式

在我国，长期股权投资的取得方式主要有两种：

（1）在证券市场上以货币资金购买其他企业的股票，从而成为被投资单位的股东。

（2）以资产（包括货币资金、无形资产和其他实物资产等）投资于其他单位，从而成为被投资单位的股东。

三、投资企业与被投资企业的关系

按照投资企业对被投资企业产生的影响程度，两者之间的关系可分为以下四种类型：

（一）控制

控制是指有权决定一个企业的财务和经营政策，并能据以从该企业的经营活动中获取利益。

一般来说，母公司直接或通过子公司间接拥有被投资单位半数以上的表决权，表明母公司能够控制被投资单位，应当将该被投资单位认定为子公司。拥有被投资单位半数以上表决权，是母公司对其拥有控制权的最明显标志。母公司拥有被投资单位半数以上表决权，通常包括如下三种情况：

（1）直接拥有，是指投资企业直接拥有被投资企业50%以上的表决权股份。

（2）间接拥有，是指投资公司通过其子公司而拥有被投资公司50%以上的表决权资本。

（3）直接和间接方式合计拥有，是指投资企业虽然并不直接拥有被投资企业50%以上的股份，但是通过其子公司拥有被投资企业另外一部分有表决权的股份，两者合计超过50%。例如，P公司拥有S公司35%的股份，又通过其子公司S^*拥有了S公司25%的股份，两者合计60%，从而控制了S公司。注意，前提是S^*必须是P的子公司。

但在某些特殊情况下，母公司拥有其半数以下的表决权，但对被投资单位也能施加控制。例如：

（1）通过与被投资单位其他投资者之间的协议，拥有被投资单位半数以上的表决权。例如，A、B、C三家企业拥有甲公司的股份分别为45%、25%、30%，从法律形式上看，三家企业持股比例都未达到50%，谁都不能对甲施加控制。但是，如果A和B达成协议，A代表B行使其在甲公司的股份权益，那么从经济实质角度来看，A企业已经达到了70%的股权，表明其已经在实质上控制了甲，尽管从法律上看A只拥有甲公司45%的股份。

（2）根据公司章程或协议，有权决定被投资单位的财务和经营政策。例如，A企业虽然只拥有甲公司45%的比例，但是根据协议，甲公司的董事长和总经理均由A企业任命或派出，那么A企业就可以通过其派驻的董事长和总经理达到决定甲公司财务和经营决策的目的，从而在实质上达到了对甲公司的控制。

（3）有权任免被投资单位的董事会或类似机构的多数成员。

(4)在被投资单位董事会或类似机构占多数表决权。

(二)共同控制

共同控制是指按合同约定与其他投资者对被投资企业所共有的控制。一般来说,具有共同控制权的各投资方所持表决权资本基本相同,被投资企业重要的财务和经营决策只有在分享控制权的双方一致同意的情况下才能通过。被投资单位为本企业的合营企业。

(三)重大影响

重大影响是指对一个企业的财务和经营政策有参与决策的权力,但并不能控制或与他方一起控制这些政策的制定。一般来说,投资企业在被投资企业的董事会中派有董事,能够参与财务经营决策的制定,能对投资企业形成重大影响。被投资单位为本企业的联营企业。

需要注意的是,投资企业通常可以通过以下一种或几种情形判断是否对被投资单位具有重大影响。

1. 在被投资单位的董事会或类似权力机构中派有代表;
2. 参与被投资单位的政策制定过程。
3. 与被投资单位之间发生重要交易。
4. 向被投资单位派出管理人员。
5. 向被投资单位提供关键技术资料。因被投资单位的生产经营需要依赖投资企业的技术或技术资料,表明投资企业对被投资单位具有重大影响。

(四)无控制、无共同控制且无重大影响,且在活跃市场中没有报价,公允价值不能可靠计量的权益性投资

如果某权益性投资对被投资单位不具有控制、共同控制或重大影响,但在活跃市场中有报价、或者公允价值能可靠计量,则应进一步根据持有意图,确认为交易性金融资产或可供出售金融资产,而不是认定为长期股权投资。

总之,在判断投资公司与被投资公司之间的关系时,不能仅仅根据其投资比例而定,还应贯彻实质重于形式的要求,进行综合判定。

四、长期股权投资的会计处理方法与账户设置

企业区分控制、共同控制、重大影响以及无控制、无共同控制且无重大影响的四种情况非常重要,因为这往往决定着长期股权投资究竟应采用何种会计处理方法。按照《企业会计准则第2号——长期股权投资》的规定,长期股权投资的核算方法有两种:一是成本法,二是权益法。

(一)成本法核算的长期股权投资的范围

(1)企业能够对被投资单位实施控制的长期股权投资,即企业对子公司的长期股权投资。

(2)企业对被投资单位不具有控制、共同控制或重大影响,且在活跃市场中没有报价、公允价值不能可靠计量的长期股权投资。

(二)权益法核算的长期股权投资的范围

企业对被投资单位具有共同控制或者重大影响时,长期股权投资应当采用权益法核算。

(1)企业对被投资单位具有共同控制的长期股权投资,即企业对其合营企业的长期股权投资。

(2)企业对被投资单位具有重大影响的长期股权投资,即企业对其联营企业的长期股权投资。

为了简便说明,从法律形式角度分析不同持股比例下企业长期股权投资的目的以及应采用的会计核算方法,如图5—1所示。

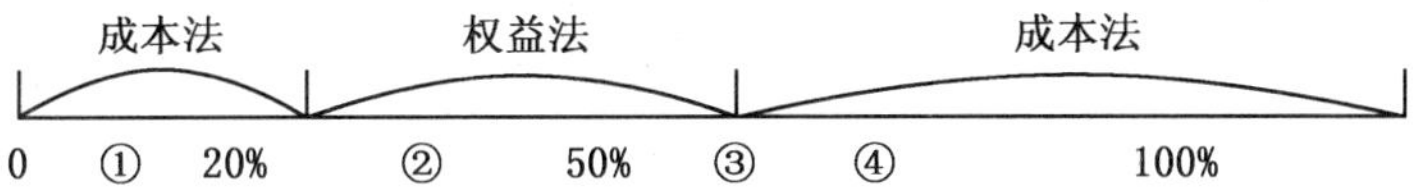

图 5—1 依据持股比例进行长期股权投资划分

其中：①涵盖的区域为(0,20%)，代表“无控制、共同控制且无重大影响”的情况；②涵盖的区域为(20%,50%)，代表“重大影响”的情况；③涵盖的区域为 50%，代表“共同控制”的情况；④涵盖的区域为(50%,100%]，代表“控制”的情况。

根据集合论知识，“(”或“)”代表不包括临界点的情况；“[”或“]”代表包括临界点的情况。

需要指出的是，持股比例并非决定长期股权投资分类方式和采用相应会计核算方法的唯一依据，甚至不是刚性依据。实际上，企业之间存在的复杂投资关系往往并不严格遵循法律形式上的持股比例来决定会计处理方法，而是应当从经济实质的角度，全面考虑，综合界定。

为核算企业的长期股权投资，企业应当设置“长期股权投资”“投资收益”等账户。

“长期股权投资”账户核算企业持有的采用成本法和权益法核算的长期股权投资。该账户的借方登记长期股权投资取得时的成本以及采用权益法核算时按被投资企业实现的净利润计算的应分享的份额；贷方登记收回长期股权投资的价值或采用权益法核算时被投资单位发生的净亏损计算的应分担的份额，以及被投资单位宣告分配现金股利时，按比例冲减的份额；期末借方余额反映企业持有的长期股权投资的价值。

“投资收益”账户核算企业根据长期股权投资准则确认的投资收益或投资损失。本账户应当按照投资项目进行明细核算。

五、长期股权投资的初始计量

除企业合并形成的长期股权投资以外，其他方式取得的长期股权投资，应当按照下列规定确定其初始投资成本：

1. 以支付现金方式取得长期股权投资的，应按照实际支付的购买价款作为长期股权投资的初始投资成本。包括与取得长期股权投资直接相关的费用、税金及其他必要支出。企业取得长期股权投资，实际支付的价款或对价中包含的已宣告但尚未发放的现金股利或利润，应作为应收项目处理。

【教学案例 5—1】

信义股份有限公司于 2017 年 6 月 10 日自公开市场买入 S 公司 20%的股份，实际支付价款 8 000万元。另外，在购买过程中支付手续费等相关费用 200 万元。信义公司应当按照实际支付的购买价款作为取得长期股权投资的成本，其账务处理为：

借：长期股权投资	82 000 000	
贷：其他货币资金——存出投资款		82 000 000

2. 以发行权益性证券方式取得长期股权投资的，其成本为所发行权益性证券的公允价值。发行权益性证券过程中支付的手续费、佣金等应当自权益性证券的溢价发行收入中扣除，溢价收入不足的，应冲减盈余公积和未分配利润。

【教学案例 5—2】

信义股份有限公司于 2017 年 6 月 10 日，通过增发 3 000 万股(每股面值 1 元)自身的股份取得对S公司20%的股权,按照增发前后的平均股价计算,该3 000万股股份的公允价值为5 200万元。为增发该部分股份,信义公司支付了200万元的佣金和手续费。本例中,信义公司应当以所发行股份的公允价值作为取得长期股权投资的成本。

借:长期股权投资	52 000 000	
贷:股本		30 000 000
资本公积——股本溢价		22 000 000
借:资本公积——股本溢价	2 000 000	
贷:其他货币资金——存出投资款		2 000 000

3. 投资者投入长期股权投资的,应当按照投资合同或协议约定的价格为初始投资成本,但合同或协议约定价格不公允的除外。

投资者投入的长期股权投资,是指投资者以其持有的对第三方的投资作为出资投入被投资企业,被投资企业在确定取得的长期股权投资成本时,应按照投资各方在投资合同或协议中约定的价值作为其初始成本。但投资合同或协议中约定的价值明显高于或低于该项投资公允价值的,应以公允价值作为长期股权投资的初始投资成本。

在确定长期股权投资的公允价值时,如果存在活跃市场,可以参照市价确定其公允价值;如果不存在活跃市场,可以按照一定的估价技术等合理方法确定的价值作为其公允价值。

【教学案例5-3】

信义股份有限公司于2017年6月11日将持有的对甲公司的长期股权投资投入到S公司。其持有的对甲公司的长期股权投资的账面余额为800万元,未计提减值准备。信义公司和S公司投资合同约定的价值为1 000万元,S公司的注册资本为5 000万元,信义公司投资后持股比例为20%。

(1)假定合同约定的价值是公允的:

借:长期股权投资——甲公司(成本)	10 000 000	
贷:实收资本——信义公司		10 000 000

如果投资者在合同或协议中约定的价值明显不公允,应当按照取得长期股权投资的公允价值作为其初始投资成本,所确认的长期股权投资初始投资成本与计入企业实收资本金额之间的差额,应调整资本公积(资本溢价)。

(2)假定公允价值为1 200万元:

借:长期股权投资——甲公司(成本)	12 000 000	
贷:实收资本——信义公司		10 000 000
资本公积——资本溢价		2 000 000

(3)假定公允价值为800万元:

借:长期股权投资——甲公司(成本)	8 000 000	
资本公积——资本溢价	2 000 000	
贷:实收资本——信义公司		10 000 000

4. 通过非货币性资产交换取得的长期股权投资,其初始投资成本应当按照《企业会计准则第7号——非货币性资产交换》确定。

5. 通过债务重组取得的长期股权投资,其初始投资成本应当按照《企业会计准则第12号——债务重组》确定。

任务二 长期股权投资的成本法

企业取得长期股权投资，在确定其初始投资成本后，持续持有期间，应当视对投资单位的影响情况采用成本法或权益法确定期末账面余额。

一、成本法的概念及其适用范围

成本法，是指某项长期股权投资的账面价值在其持有期间，除追加或收回投资外，始终保持按其初始投资成本计量的方法。按现行《企业会计准则》的规定，长期股权投资成本法的核算适用于下列情形：

(1)投资企业能够对被投资单位实施控制的长期股权投资。

(2)投资企业对被投资单位不具有控制、共同控制或重大影响，并且在活跃市场中没有报价、公允价值不能可靠计量的长期股权投资。

二、成本法的核算原理

一般情况下，成本法是指投资按成本计价的方法，成本不变，投资的账面价值也不变；而权益法则是被投资单位所有者权益不变，投资的账面价值也不变。因此，成本法更加侧重于法律形式，是形式重于实质原则，而非实质重于形式。支持成本法的人认为，投资企业和被投资企业均为独立的法人，除非被投资企业宣布分配现金股利，否则其实现的利润就只属于被投资企业，而投资企业无法按照比例分享。

三、成本法的会计处理

(一)取得长期股权投资

在成本法下，长期股权投资应当按照初始投资成本计价。追加或收回投资应当调整长期股权投资的初始投资成本。

除企业合并形成的长期股权投资以外，以支付现金取得的长期股权投资，应当按照实际支付的购买价款作为初始投资成本。企业发生的取得长期股权投资直接相关的费用、税金及其他必要支出，应计入长期股权投资的初始投资成本。

此外，企业取得长期股权投资，实际支付的价款或对价中包含的已宣告但尚未发放的现金股利或利润，作为应收项目处理，不构成长期股权投资的成本。

(二)长期股权投资持有期间被投资单位宣告发放现金股利或利润

股权持有期间，企业应于被投资单位宣告发放现金股利或利润时确认投资收益。按被投资单位宣告发放的现金股利或利润中属于应由本企业享有的部分，借记“应收股利”账户，贷记“投资收益”账户。收到现金股利或利润时，借记“其他货币资金——存出投资款”账户，贷记“应收股利”账户。

企业按照上述规定确认自被投资单位应分得的现金股利或利润后，应当考虑长期股权投资是否发生减值。在判断该类长期股权投资是否存在减值迹象时，应当关注长期股权投资的账面价值是否大于享有被投资单位净资产(包括相关商誉)账面价值的份额等类似情况。出现类似情况时，企业应当按照《企业会计准则第8号——资产减值》的规定对长期股权投资进行减值测试，可收回金额低于长期股权投资账面价值的，应当计提减值准备。

【教学案例5—4】

信义股份有限公司于2016年6月13日获得对S公司6%的股权，对于S公司无控制、共同控制且无重大影响,该投资不存在活跃的交易市场、公允价值无法可靠计量,投资成本为120万元。2017年2月6日,S公司宣布分配利润,信义公司按照持股比例可取得6万元。2017年3月6日,收到股利。账务处理如下:

2016年6月13日:

借:长期股权投资——S公司	1 200 000	
贷:其他货币资金——存出投资款		1 200 000

2017年2月6日:

借:应收股利	60 000	
贷:投资收益		60 000

2017年3月6日:

借:其他货币资金——存出投资款	60 000	
贷:应收股利		60 000

拓展阅读

股利分配程序及股利支付方式

1. 决策程序:我国股利分配决策权属于股东大会。

2. 分配信息披露公告内容包括:

(1)利润分配方案。

(2)股利分配对象。为股权登记日当日登记在册的全体股东。

(3)股利发放方法。我国上市公司的股利分配程序应按所登记证券交易所的个别规定进行。

3. 股利支付过程中的重要日期:

(1)股利宣告日:公司董事会将股利支付情况予以公告的日期。

(2)股权登记日:(除权日)有权领取股利的股东有资格登记的截止日期。只有在股权登记日前在公司股东名册上登记的股东,才有权分享股利。

(3)除息日:一般股权登记日的下一个交易日为除息日,该日交易的股票已被除息处理,不再享有分红派息的权利。

(4)股利支付日:向股东发放股利的日期。

4. 股利支付形式及特点:

(1)现金股利:现金股利是以现金支付的股利,它是股利支付的主要方式。公司支付现金股利除了要有累计盈余外,还要有足够的现金。

(2)财产股利:财产股利是以现金以外的资产支付的股利。包括两种基本形式:

一是证券股利,即以本公司持有的其他公司的有价证券或政府公债等证券作为股利发放;

二是实物股利,即以公司的物资、产品或不动产等充当股利。

(3)负债股利:负债股利是公司以负债支付的股利,通常以公司的应付票据支付给股东,不得已情况下也有发行公司债券抵付股利的。

(4)股票股利:股票股利是公司以发放的股票作为股利的支付方式。

(三)长期股权投资的处置

处置长期股权投资时,按实际取得的价款与长期股权投资账面价值的差额确认为投资损益,并应同时结转已计提的长期股权投资减值准备。其会计处理为:按实际收到的金额,借记“其他货币资金——存出投资款”等账户;按原已计提的减值准备,借记“长期股权投资减值准备”账户;按该项长期股权投资的账面余额,贷记“长期股权投资”账户;按尚未领取的现金股利或利润,贷记“应收股利”账户;按其差额,贷记或借记“投资收益”账户。

任务三 长期股权投资的权益法

一、权益法的概念及其适用范围

权益法是指投资以初始投资成本计量后,在投资持有期间内依据投资企业享有被投资单位所有者权益份额的变动对投资的账面价值进行调整的方法。

按现行《企业会计准则》的规定,长期股权投资权益法的核算适用于下列情形:

(1)投资企业能够对被投资单位实施共同控制的长期股权投资。

(2)投资企业对被投资单位具有重大影响的长期股权投资。

二、权益法的核算原理

如果说成本法体现的是法律形式重于经济实质的思路,那么权益法则是经济实质重于法律形式。其核心思想是:权益法下,被投资单位所有者权益金额增加(或减少),则投资单位就应按照持股比例反映其长期股权投资随着所有者权益金额变动而变动的部分。对于所有者权益金额变动,可以分为两大类,即被投资企业净损益引起的所有者权益变动和除净损益之外的、引起被投资企业所有者权益金额变动的情况。

三、权益法的会计处理

采用权益法核算的,可以在“长期股权投资”账户下,设置“投资成本”“损益调整”“其他综合收益”“其他权益变动”等明细账户。权益法下,“长期股权投资”账户余额,反映全部投资成本。其中,“投资成本”明细分类账户反映购入股权时被投资企业按照公允价值确定的所有者权益中所占的份额以及初始投资成本大于占有份额形成的商誉;“损益调整”明细分类账户反映购入股权后随着被投资企业留存收益增减变动而引起的享有份额的增减变动数;“其他综合收益”明细分类账户反映被投资企业实现的其他综合收益的金额,是企业根据其他会计准则规定未在当期损益中确认的各项利得和损失;“其他权益变动”明细分类账户反映购入股权后随着被投资企业资本公积的增减变动而引起的享有份额的增减变动数。

(一)初始投资成本的调整

采用权益法进行核算的,投资企业为了更加客观地反映在被投资企业所有者权益中的份额,应根据被投资企业可辨认净资产公允价值(即被投资企业可辨认资产的公允价值减去负债及或有负债公允价值后的余额)和其持股比例,对初始投资成本进行调整。

取得长期股权投资时,长期股权投资初始投资成本大于投资时应享有被投资单位可辨认净资产公允价值份额的差额,性质与商誉相同,不调整已确认的初始投资成本,在投资期内也不进行摊销,借记“长期股权投资——投资成本”账户,贷记“其他货币资金——存出投资款”等账户。长期股权投资的初始投资成本小于投资时应享有被投资单位可辨认净资产公允价值份额的差额,应计入损益,同时调整长期股权投资的成本,借记“长期股权投资——投资成本”账户,贷记“其他货币资金——存出投资款”等账户;按其差额,贷记“营业外收入”账户。

【教学案例5-5】

信义股份有限公司于2017年6月13日获得对S公司30%的股权，实际支付价款3 000万元。取得投资时被投资单位账面所有者权益的构成如下(假定该时点被投资单位各项可辨认资产、负债的公允价值与其账面价值相同，单位：万元)：

实收资本	3 000
资本公积	2 400
盈余公积	600
未分配利润	1 500
所有者权益总额	7 500

假定在S公司的董事会中，所有股东均以其持股比例行使表决权。信义公司在取得对S公司的股权后，派人参与了S公司的生产经营决策。因能够对S公司的生产经营决策施加重大影响，信义公司对该投资按照权益法核算。在取得投资时点上，应进行的账务处理为：

借：长期股权投资——投资成本　　30 000 000
　　贷：其他货币资金——存出投资款　　30 000 000

由于长期股权投资的成本3 000万元大于取得投资时点上应享有被投资单位可辨认净资产公允价值的份额2 250万元(7 500×30%)，因此不对其账面价值进行调整。

但如果长期股权投资的成本为2 000万元，则小于取得投资时点上应享有被投资单位可辨认净资产公允价值的份额2 250万元(7 500×30%)，应对其账面价值进行调整，并将差额计入损益。

借：长期股权投资——投资成本　　20 000 000
　　贷：其他货币资金——存出投资款　　20 000 000
借：长期股权投资——投资成本　　2 500 000
　　贷：营业外收入　　2 500 000

(二)权益法下投资收益的确认

当被投资企业实现净利润时，其所有者权益增加，投资企业长期股权投资的账面价值应相应增加。而当被投资企业发生亏损时，其所有者权益减少，投资企业长期股权投资的账面价值应相应减少。

1. 投资收益的确认

投资企业在持有长期股权投资期间，应在被投资企业取得净利润后，按照持股比例计算应享有的份额，确认投资收益并增加长期股权投资的账面价值。借记“长期股权投资——损益调整”账户，贷记“投资收益”账户。

2. 投资损失的确认

投资企业在持有长期股权投资期间，应在被投资企业发生亏损时，按照持股比例计算应分担的份额，确认应分担的投资损失，并减少长期股权投资的账面价值。借记“投资收益”账户，贷记“长期股权投资——损益调整”账户，但以“长期股权投资”账户的账面价值减记至零为限。

【教学案例5-6】

2016年1月2日，信义股份有限公司以货币资金取得S公司30%的股权，初始投资成本为4 000万元；当日，S公司可辨认净资产公允价值为14 000万元，与其账面价值相同。信义公司取得投资后即派人参与S公司的生产经营决策，但未能对S公司形成控制。S公司2016年实现净利润1 000万元。S公司2017年发生亏损300万元。

【解析】

（会计分录的金额单位为万元）

(1)2016年1月2日，确认初始投资成本为4 000万元。

借：长期股权投资——S公司(投资成本)　　4 000

　　贷：其他货币资金——存出投资款　　4 000

由于初始投资成本4 000万元<取得投资时点上应享有被投资单位可辨认净资产公允价值的份额4 200万元(14 000×30%)，应对其账面价值进行调整，并将差额计入损益。

借：长期股权投资——S公司(投资成本)　　200

　　贷：营业外收入　　200

(2)2016年实现净利润1 000万元时，信义公司应按照持股比例计算应享有的份额，确认投资收益并增加长期股权投资的账面价值。

借：长期股权投资——S公司(损益调整)　　300

　　贷：投资收益　　300

(3)2017年发生亏损300万元时，信义公司应按照持股比例计算应分担的份额，确认应分担的投资损失并减少长期股权投资的账面价值。

借：投资收益　　90

　　贷：长期股权投资——S公司(损益调整)　　90

(三)权益法下超额亏损的确认

当被投资企业发生亏损时，其所有者权益金额必然减少，则投资企业也应根据持股比例承担被投资企业的亏损金额。会计分录为借记“投资收益”账户，贷记“长期股权投资——损益调整”账户。

但需注意，冲减长期股权投资时，应当以长期股权投资的账面价值以及其他实质上构成对被投资单位净投资的长期权益减记至零为限，投资企业负有承担额外损失义务的除外。这里所讲的“其他实质上构成对被投资单位净投资的长期权益”，通常指长期性的应收项目。例如，企业对被投资单位的长期债权，该债权没有明确的清收计划且在可预见的未来期间不准备收回的，实质上构成对被投资单位的净投资。企业存在其他实质上构成对被投资单位净投资的长期权益项目以及负有承担额外损失义务的情况下，在确认应分担被投资单位发生的亏损时，应当按照以下顺序进行处理：

(1)冲减长期股权投资的账面价值。

(2)冲减长期应收项目的账面价值。

(3)确认预计负债，计入当期投资损失。

如果按照上述顺序确认损失后，仍有额外损失的，应在账外做备查登记，不再予以确认。

如果被投资单位以后期间实现盈利的，在扣除备查登记中未确认的亏损分担额后，应严格按照相反顺序予以处理，先减记已确认预计负债的账面余额，然后恢复长期应收项目的账面价值，最后恢复长期股权投资的账面价值，同时确认投资收益。

【教学案例5－7】

信义股份有限公司于2016年6月22日获得对S公司30%的股权。2017年12月31日，长期股权投资的账面价值为2 000万元，包括投资成本以及因S公司以前期间实现净利润而确认的投资收益。S企业2017年由于一项主要经营业务的市场条件发生变化，当年度发生亏损3 000万元。假定信义公司在取得投资时点上，S公司各项可辨认资产、负债的公允价值与其账面价值相等,双方所采用的会计政策及会计期间也相同,则信义公司当年度应确认的投资损失为900万元。确认上述投资损失后,长期股权投资的账面价值变为1 100万元。

如果S公司当年度的亏损额为8 000万元,则信义公司按其持股比例确认应分担的损失为2 400万元(8 000×30%)。但长期股权投资的账面价值仅为2 000万元,如果没有其他构成长期权益的项目,则信义公司应确认的投资损失仅为2 000万元。超额损失400万元应在账外进行备查登记;当后期实现盈利时,应先扣除备查登记的额外损失部分,再恢复长期股权投资账面价值,确认投资收益。若第二年盈利1 000万元,则应按持股比例扣除备查登记中的额外损失300万元;若第二年盈利2 000万元,则在扣除备查登记中未确认的亏损分担额后,可恢复长期股权投资200万元,同时确认投资收益200万元。

如果信义公司账上仍有应收S公司的长期应收款800万元(该长期应收款从实质上构成对投资单位的长期权益),在确认了2 000万元的投资损失后,还应进一步确认投资损失400万元。账务处理为:

借:投资收益(80 000 000×30%)　　24 000 000
　贷:长期股权投资　　20 000 000
　　长期应收款　　4 000 000

后期恢复时,应先恢复长期应收款,再恢复长期股权投资的账面价值。

(四)取得现金股利或利润的处理

采用权益法核算的长期股权投资,当被投资单位宣告发放现金股利或利润时,投资单位应冲减长期股权投资的账面价值。企业计算应分得的部分,借记"应收股利"账户,贷记"长期股权投资——损益调整"账户。收到被投资单位宣告发放股票股利,则不进行账务处理,但应在备查簿中登记。

【教学案例5-8】

信义股份有限公司2016年1月1日购入S公司25%的股权,2017年1月30日S公司宣布2016年取得净利润100 000元,2017年3月30日宣告分派现金股利每股0.01元,信义公司按持股比例计算应分得的现金股利为10 000元。2017年5月10日,信义公司收到现金股利。

【解析】

(会计分录的金额单位为万元)

(1)2017年1月30日S公司宣布2016年实现净利润100 000万元时,信义公司应按照持股比例计算应享有的份额,确认投资收益并增加长期股权投资的账面价值。

借:长期股权投资——S公司(损益调整)　　25 000
　贷:投资收益　　25 000

(2)2017年3月30日S公司宣告分派现金股利时,应按份额冲减长期股权投资的账面价值。

借:应收股利　　10 000
　贷:长期股权投资——S公司(损益调整)　　10 000

(3)2017年5月10日收到现金股利时,应当做收款的会计处理。

借:其他货币资金——存出投资款　　10 000
　贷:应收股利　　10 000

【知识链接】

宣告和发放现金股利以及股票股利的会计处理差异

投资方的会计分录如下：

(1)宣告派发现金股利时：

借:应收股利

贷:投资收益(或长期股权投资——损益调整)

(2)实际发放现金股利时：

借:其他货币资金——存出投资款

贷:应收股利

(3)宣告派发和实际发放股票股利无需做账务处理,因为宣布和分发股票股利,既不影响公司的资产和负债,也不影响股东权益总额。它只是在股东权益账户内部,把一个项目转为另一个项目,即减少了留存收益,增加了股本。获得股票股利的股东,只需要进行备查登记股票数量的变化,虽然所持有的股票数量有所增加,但在公司中所占权益的份额并未发生变化。

被投资方的会计分录如下：

(1)宣告分配现金股利时：

借:利润分配——应付普通股股利

贷:应付股利

(2)宣告分配股票股利时：

不做账务处理。

(3)实际发放现金股利时：

借:应付股利

贷:库存现金

(4)实际发放股票股利时：

借:利润分配——转作股本(或资本)的普通股股利

贷:股本(或实收资本)

(五)其他综合收益变动

投资企业在持有长期股权投资期间,应当按照享有或应分担被投资单位实现其他综合收益的份额,借记或贷记“长期股权投资——其他综合收益”账户,贷记或借记“其他综合收益”账户。

(六)净损益以外所有者权益的其他变动

投资企业对于被投资单位除净损益以外所有者权益的其他变动,应当调整长期股权投资的账面价值,并计入所有者权益。

在持股比例不变的情况下,被投资单位除净损益以外所有者权益的其他变动,企业按持股比例计算应享有的份额,借记或贷记“长期股权投资——其他权益变动”账户,贷记或借记“资本公积——其他资本公积”账户。

【教学案例5-9】

信义股份有限公司于2017年6月22日获得对S公司30%的股权,S公司当年持有的一项可供出售金融资产,年初公允价值为6 000万元,年末公允价值为8 000万元。当年S公司的净利润为15 000万元,假定信义公司与S公司的会计政策与会计期间相同,投资时S公司可辨认资产和负债的公允价值与账面价值相等。假定不考虑所得税费用的影响。

信义公司的会计处理如下：

借:长期股权投资——其他权益变动　　6 000 000
　　　　　　　——损益调整　　45 000 000
　贷:资本公积——其他资本公积　　6 000 000
　　投资收益　　45 000 000

(七)长期股权投资减值的会计处理

企业计提长期股权投资减值准备,应当设置"长期股权投资减值准备"账户核算。企业按应减记的金额,借记"资产减值损失——计提的长期股权投资减值准备"账户,贷记"长期股权投资减值准备"账户。

长期股权投资减值损失一经确认,在以后会计期间不得转回。

(八)长期股权投资的处置

企业出于各种原因(现金流量的考虑、投资战略的变化、投资环境的变化等),可能处置其持有的长期股权投资。

处置长期股权投资时,应按实际收到的金额,借记"其他货币资金——存出投资款"等账户;按其账面余额,贷记"长期股权投资"账户;按尚未领取的现金股利或利润,贷记"应收股利"账户;按其差额,贷记或借记"投资收益"账户。已计提减值准备的,还应同时结转减值准备。

采用权益法核算长期股权投资的处置,除上述规定外,还应结转原计入资本公积的相关金额,借记或贷记"资本公积——其他资本公积"账户,贷记或借记"投资收益"账户;并结转"其他综合收益"账户金额,借记或贷记"其他综合收益"账户,贷记或借记"投资收益"账户。

【教学案例5－10】

信义股份有限公司2015年1月20日购买东方股份有限公司股票500万股,占东方公司股份的30%。每股买入价为6元,另外,购买该股票时发生有关税费50万元,款项已由银行存款支付。2014年12月31日,东方公司所有者权益的账面价值(与其公允价值不存在差异)为10 000万元。2015年东方公司实现净利润1 000万元。信义公司按照持股比例确认投资收益300万元。2016年5月15日,东方公司已宣告发放现金股利,每10股派3元,信义公司可分派到150万元。2016年6月15日,信义公司收到东方公司分派的现金股利。2016年东方公司可供出售金融资产的公允价值增加了400万元。信义公司按照持股比例确认相应的资本公积120万元。2017年1月20日,信义公司出售所持东方公司的股票500万股,每股出售价为10元,款项已收回。信义公司应做如下会计处理(金额单位以万元表示):

计算初始投资成本为3 050万元。

(1)购入股票时:

借:长期股权投资——投资成本　　3 050
　贷:其他货币资金——存出投资款　　3 050

(2)确认东方公司实现的投资收益时:

借:长期股权投资——损益调整　　300
　贷:投资收益　　300

(3)东方公司宣告发放现金股利时:

借:应收股利　　150
　贷:长期股权投资——损益调整　　150

(4)收到东方公司宣告发放的现金股利时：

借：其他货币资金——存出投资款　150

　　贷：应收股利　150

(6)资本公积增加时：

借：长期股权投资——其他权益变动　120

　　贷：资本公积——其他资本公积　120

(7)出售股票时：

借：其他货币资金——存出投资款　5 000

　　贷：长期股权投资——投资成本　3 050

　　　　——损益调整　150

　　　　——其他权益变动　120

　　　　投资收益　1 680

(8)同时：

借：资本公积——其他资本公积　120

　　贷：投资收益　120

阅读材料

(1)中华人民共和国财政部:《企业会计制度》(2001),经济科学出版社2001年版。

(2)中华人民共和国财政部:《企业会计准则》(2017),立信会计出版社2017年版。

(3)中华人民共和国财政部:《企业会计准则——应用指南》(2017),立信会计出版社2017年版。

(4)财政部会计司编写组:《企业会计准则讲解》(2016),地震出版社2016年版。

项目自测

一、判断题

(1)企业对其他单位的长期股权投资,即使其持股比例不超过20%,只要能对被投资单位的财务和经营政策施加重大影响,仍应采用权益法进行核算。（　）

(2)企业在长期股权投资持有期间所取得的现金股利,应全部计入投资收益。（　）

(3)企业取得长期股权投资,实际支付的价款或对价中包含的已宣告但尚未发放的现金股利或利润,应构成长期股权投资的成本。（　）

(4)企业持有的长期股权投资发生减值的,减值损失一经确认,即使以后期间价值得以回升,也不得转回。（　）

(5)长期股权投资如果发生减值,则应将其减值损失确认为当期的投资损失。（　）

(6)长期股权投资在成本法核算的情况下,股权持有期间内,企业应于被投资单位宣告发放现金股利或利润时确认投资收益。（　）

(7)采用权益法核算时,投资企业收到现金股利或利润时应确认投资收益。（　）

(8)在对长期股权投资进行权益法核算时,对于被投资单位净损益以外所有者权益的其他变动,投资企业都应该按持股比例计算应享有的份额,借记或贷记“资本公积——其他资本公积”账户。（　）

(9)采用权益法核算的长期股权投资处置时,还应结转原计入资本公积的相关金额,贷记或借记“投资收益”账户。（　）

(10)企业取得长期股权投资,实际支付的价款或对价中包含的已宣告但尚未发放的现金股利或利润,应

作为应收项目处理。 ( )

二、单项选择题

(1)下列投资中,不应作为长期股权投资核算的是( )。

A. 对子公司的投资

B. 对联营企业和合营企业的投资

C. 在活跃市场中没有报价、公允价值无法可靠计量的没有重大影响的权益性投资

D. 在活跃市场中有报价、公允价值能可靠计量的没有重大影响的权益性投资

(2)甲公司 2017 年对 B 公司投资,获得 B 公司有表决权资本的 15%(B 公司为非上市公司)并准备长期持有,对 B 公司无重大影响。当年 5 月 4 日,B 公司宣告发放 2016 年现金股利40 000元。2016 年,B 公司实现净利润50 000元,则甲公司 2017 年应确认投资收益的数额为( )元。

A. 5 250　　B. 3 750　　C. 6 000　　D. 5 000

(3)长期股权投资发生下列事项时,不能确认当期损益的是( )。

A. 权益法下,被投资单位实现净利润时投资方确认应享有的份额

B. 成本法下,被投资单位实现净利润后分配的现金股利

C. 收到分派的股票股利

D. 处置长期股权投资时,处置收入大于长期股权投资账面价值的差额

(4)采用权益法核算,发生下列各事项时会引起投资企业长期股权投资账面价值发生增减变动的是( )。

A. 被投资单位接受现金捐赠　　B. 被投资单位接受实物捐赠

C. 被投资单位宣告分派股票股利　　D. 被投资单位宣告分派现金股利

(5)长期股权投资采用权益法核算时,在持股比例不变的情况下,被投资单位除净损益以外所有者权益的增加,企业按持股比例计算应享有的份额,借记( )账户。

A.“长期股权投资——股权投资准备”　　B.“资本公积——其他资本公积”

C.“长期股权投资——损益调整”　　D.“长期股权投资——其他权益变动”

(6)出售采用权益法核算的长期股权投资时,按处置长期股权投资的投资成本比例结转原计入资本公积的金额,转入的会计账户是( )。

A.“资本公积”　　B.“长期股权投资——投资成本”

C.“投资收益”　　D.“资本公积——其他资本公积”

(7)对被投资单位不具有控制、共同控制或重大影响,且在活跃市场中没有报价、公允价值不能可靠计量的权益性投资,应作为( )。

A. 长期股权投资　　B. 交易性金融资产　　C. 可供出售金融资产 D. 持有至到期投资

(8)投资企业确认被投资单位发生的净亏损,在长期股权投资账面价值减至零后,如果存在其他实质上构成对被投资单位净投资的长期权益,应( )。

A. 冲减长期股权投资 B. 计入预计负债　　C. 冲减长期应收款　　D. 计入营业外支出

(9)按照会计准则规定,下列说法中正确的是( )。

A. 投资企业对子公司的长期股权投资,应采用成本法核算

B. 投资企业对子公司的长期股权投资,应采用权益法核算

C. 投资企业对子公司的长期股权投资,既可以采用权益法核算,也可以采用成本法核算

D. 投资企业对子公司的长期股权投资,应按公允价值核算

(10)长期股权投资采用成本法核算时,投资企业确认投资收益的时点为( )。

A. 被投资企业实现净利润　　B. 被投资企业发生净亏损

C. 被投资企业宣告分配的现金股利　　D. 被投资企业宣告分配的股票股利

三、多项选择题

(1)采用权益法核算时,下列事项不会引起投资企业“长期股权投资”账面余额发生变动的有( )。

A. 被投资企业实现净利润或发生亏损　　B. 被投资企业提取盈余公积
C. 被投资企业宣告发放股票股利　　D. 投资企业计提长期股权投资减值准备
E. 被投资方持有的可供出售金融资产公允价值变动
(2)下列股权投资中，应采用成本法核算的有(　　)。
A. 投资企业对子公司的权益性投资
B. 投资企业对合营企业的权益性投资
C. 投资企业对联营企业的权益性投资
D. 投资企业对被投资单位不具有共同控制或重大影响，并且在活跃市场中没有报价、公允价值不能可靠计量的权益性投资
E. 投资企业对被投资单位不具有重大影响，在活跃市场中有报价、公允价值能可靠计量的权益性投资
(3)下列哪些条件可确认投资企业对被投资单位具有重大影响：(　　)。
A. 在被投资单位的董事会或类似的权力机构中派有代表
B. 参与被投资单位的政策制定过程
C. 向被投资单位派出管理人员
D. 直接持有被投资单位20%或以上至50%的表决权资本
E. 直接持有被投资单位50%的表决权资本
(4)下列情形中，属于控制的是(　　)。
A. 投资单位直接拥有被投资单位50%以上的表决权资本
B. 投资单位直接拥有被投资单位50%的表决权资本
C. 投资单位直接拥有被投资单位30%的表决权资本，投资单位与其他投资者达成协议，代表其他投资者在被投资单位的权益
D. 投资单位直接拥有被投资单位40%的表决权资本，双方签订的投资协议规定，该投资单位可决定被投资单位的生产经营决策
E. 投资单位有权任免被投资单位董事会等类似权力机构的多数成员
(5)长期股权投资采用权益法核算时，以下业务的发生，投资企业不需要进行会计处理的是(　　)。
A. 被投资单位提取法定盈余公积
B. 因被投资单位增加其他资本公积
C. 因被投资单位以盈余公积转增资本
D. 被投资单位以税前利润被亏盈余公积弥补亏损
(6)按长期股权投资准则规定，下列事项中，投资企业应采用成本法核算的有(　　)。
A. 投资企业能够对被投资单位实施控制的长期股权投资
B. 投资企业对被投资单位不具有共同控制或重大影响，并且在活跃市场中没有报价、公允价值不能可靠计量的长期股权投资
C. 投资企业对被投资单位不具有共同控制或重大影响，但在活跃市场中有报价、公允价值能够可靠计量的投资
D. 投资企业对被投资单位具有共同控制的长期股权投资
E. 投资企业对被投资单位具有重大影响的长期股权投资
(7)关于长期股权投资的处置，下列说法中，正确的有(　　)。
A. 采用成本法核算的长期股权投资，处置长期股权投资时，其账面价值与实际取得价款的差额，应当计入当期损益
B. 采用权益法核算的长期股权投资，因被投资单位除净损益以外所有者权益的其他变动而计入所有者权益的，处置该项投资时，应当将原计入所有者权益的部分按相应比例转入当期损益
C. 采用成本法核算的长期股权投资，处置长期股权投资时，其账面价值与实际取得价款的差额，应当计入所有者权益
D. 采用权益法核算的长期股权投资，因被投资单位除净损益以外所有者权益的其他变动而计入所有者

权益的,处置该项投资时,不应当将原计入所有者权益的部分转入当期损益,应按其账面价值与实际取得价款的差额,计入当期损益

E. 处置长期股权投资时,其账面余额与实际取得价款的差额,应当计入当期投资收益,将长期股权投资减值准备冲减资产减值损失

(8)在长期股权投资采用权益法核算时,下列各项中,投资企业应当调整长期股权投资账面价值的是(　　)。

A. 被投资企业实现净利润　　B. 被投资企业提取盈余公积

C. 被投资企业宣告分配的现金股利　　D. 被投资企业宣告分配的股票股利

(9)甲公司于2016年1月1日投资A公司,取得A公司有表决权股份的15%。A公司于2016年4月1日分配现金股利10万元,2016年实现净利润40万元,2017年4月1日分配现金股利20万元。下列说法正确的是(　　)。

A. 甲公司2016年确认投资收益0元　　B. 甲公司2016年确认投资收益1.5万元

C. 甲公司2017年确认投资收益3万元　　D. 甲公司2017年确认投资收益6万元

(10)A公司对C公司的投资占其有表决权资本的比例为40%,C公司2017年8月20日将自用房地产转换为采用公允价值模式计量的投资性房地产,该项房地产在转换日的公允价值大于其账面价值的差额为100万元(按准则规定要计入资本公积——其他资本公积),不考虑所得税的影响。A公司会计处理涉及的科目有(　　)。

A.“长期股权投资——C公司(损益调整)”

B.“长期股权投资——C公司(其他权益变动)”

C.“投资收益”

D.“资本公积——其他资本公积”

实务训练

训练一

资料:信义股份有限公司以支付现金的方式取得A公司5%的股权,实际支付的价款为320万元,在购买过程中另支付手续费8万元。购买价款中包含A公司已宣告但尚未发放的现金股利10万元。A公司的股权在活跃市场中没有报价,公允价值不能可靠计量。

要求:编制信义公司取得投资的会计分录。

训练二

资料:信义股份有限公司与B公司2015～2017年与投资有关的资料如下:

(1)2015年1月1日,信义公司支付现金1 000万元取得B公司15%的股权(不具有重大影响),发生相关税费3万元,假定该项投资无公允价值。

(2)2015年4月1日,B公司宣告分配2014年实现的净利润,分配现金股利200万元。

(3)信义公司于2015年4月10日收到现金股利。

(4)2015年,B公司发生亏损200万元。

(5)2016年B公司发生巨额亏损,2016年末信义公司对B公司的投资按当时市场收益率对未来现金流量折现确定的现值为600万元。

(6)2017年1月20日,信义公司将持有的B公司的全部股权转让给乙企业,收到股权转让款620万元。

要求:编制信义公司上述与投资有关业务的会计分录。

训练三

资料:信义股份有限公司2014～2017年投资业务的有关资料如下:

(1)2014年11月1日,信义公司与甲股份有限公司(以下简称甲公司)签订股权转让协议。该股权转让

协议规定:信义公司收购甲公司持有A公司股份总额的30%,收购价格为270万元,收购价款于协议生效后以银行存款支付;该股权协议生效日为2014年12月31日,同日,上述股权转让过户手续办理完毕。该股权转让协议于2014年12月25日分别经信义公司和甲公司临时股东大会审议通过,并依法报经有关部门批准。

(2)假定2015年1月1日,A公司可辨认净资产的公允价值为800万元。假定取得投资时被投资单位各项资产的公允价值与账面价值的差额不具有重要性。

(3)2015年1月1日,信义公司以银行存款支付收购股权价款270万元,并办理了相关的股权划转手续。

(4)2015年5月1日,A公司股东大会通过2014年度利润分配方案。该分配方案如下:按实现净利润的10%提取法定盈余公积,分配现金股利200万元。

(5)2015年6月5日,信义公司收到A公司分派的现金股利。

(6)2015年6月12日,A公司因长期股权投资业务核算确认资本公积80万元。

(7)2015年度,A公司实现净利润400万元。

(8)2016年5月4日,A公司股东大会通过2015年度利润分配方案。该方案如下:按实现净利润的10%提取法定盈余公积,不分配现金股利。

(9)2016年度,A公司发生净亏损200万元。

(10)2016年12月31日,信义公司对A公司投资的预计可收回金额为272万元。

(11)2017年1月5日,信义公司将其持有的A公司股份全部对外转让,转让价款250万元,相关的股权划转手续已办妥,转让价款已存入银行。

假定信义公司在转让股份过程中没有发生相关税费。

要求:编制信义公司上述经济业务有关的会计分录(金额单位以万元表示)。

项目六　固定资产

项目分解

项目六　固定资产
- 任务一　固定资产概述
- 任务二　固定资产的取得
- 任务三　固定资产的折旧
- 任务四　固定资产的后续支出
- 任务五　固定资产的清查、期末计价与处置

技能目标

完成学习任务后，应该掌握如下技能：

1. 了解固定资产的基本概念、特征与分类等。
2. 掌握固定资产取得的确认原则、计价基础、会计处理。
3. 掌握固定资产折旧的相关概念、主要的折旧方法及其会计处理。
4. 掌握固定资产后续支出的相关概念及其会计处理。
5. 掌握固定资产清查的方法与核算、固定资产减值计提的基本原理和步骤以及固定资产处置的概念及其确认与计量。

导学案例

固定资产的重要性

固定资产是企业生产管理的必要长期资产。表6—1是我国各行业上市公司2011年度固定资产(含在建工程)净额占总资产的百分比，由此可以看出，制造业的固定资产比重高于其他行业，一般制造业的固定资产多为厂房、机器设备、运输工具等，占总资产的比重一般在50%左右。而在其他行业中，所占比重最高的是交通运输仓储业和电力煤气的生产与供应业，金融业的比重最低，因为金融服务类行业的盈利模式为吸存放贷，主要的盈利性资产是贷款、债券投资，固定资产是非生息性资产，所以，这类行业的固定资产比重应当尽量低。对于固定资产占到一定比例的公司而言，固定资产管理的重要性不言而喻。

表 6—1　　我国各行业上市公司 2011 年度固定资产占总资产的比重

制造业		比重(%)	其他行业		比重(%)
行　业	公司名称		行　业	公司名称	
机械仪表设备	中航精机	29.48	金融保险业	浦发银行	0.26
石化塑胶塑料	南京化纤	27.54	批发和零售业	苏宁电器	11.18
电子	隆基股份	35.88	房地产业	保利地产	0.38
医药生物制品	东宝生物	40.61	建筑业	嘉寓股份	11.45
金属非金属	首钢股份	55.31	农林牧渔业	西部牧业	38.96
纺织服装皮毛	雅戈尔	9.99	传播文化产业	华数传媒	41.22
食品饮料	贵州茅台	15.03	信息技术业	天泽信息	10.04
木材家具	宜华木业	28.44	综合类	廊坊发展	0.27
造纸印刷	福建南纸	54	采掘业	山东黄金	29.71
其他制造业	梅花伞	26.14	社会服务业	全聚德	43.39
			交通运输仓储业	上海机场	60.72
			电力煤气及水的生产与供应业	国投电力	40

任务一　固定资产概述

固定资产是企业进行生产经营活动的主要生产资料，通常是企业最具盈利性的核心资产之一。固定资产一般占企业资产总额的比重比较大，是一项重要的长期资产。正确地对固定资产进行分类并核算，有利于提高企业管理资产的水平，降低生产成本，实现资产的保值和增值。

一、固定资产的概念及特征

根据《企业会计准则第 4 号——固定资产》的规定，固定资产是指同时具有以下特征的有形资产：

(1)为生产商品、提供劳务、出租或经营管理而持有的；

(2)使用寿命超过一个会计年度。

如果固定资产的各组成部分具有不同的使用寿命或以不同的方式为企业提供经济利益，且应该适用于不同的折旧率或折旧方法的，应单独确认为固定资产。如飞机的引擎。

另外需要注意的是，企业购置的环保设备和安全设备等资产，它们的使用虽然不能直接为企业带来经济利益，但有助于企业从相关资产中获取经济利益，或者将减少企业未来经济利益的流出，因此，对于这些设备，企业应将其确认为固定资产。备品、备件和维修设备一般作为存货核算，但某些备品、备件和维修设备与相关固定资产组合发挥效用，如民用航空运输企业的高价周转件，就应当确认为固定资产。

总之,作为企业进行生产经营活动必须拥有的劳动资料,固定资产与其他资产相比具有如下特点:

(1)企业持有固定资产的目的是为了满足生产经营活动的需要,而不是为了出售;

(2)使用期限较长,固定资产的使用寿命一般超过一个会计年度,能在1年以上的时间里连续多次为企业生产经营活动服务而不改变其实物形态,并为企业创造经济利益;

(3)固定资产为有形资产。

二、固定资产的确认

确认固定资产必须同时满足以下两个条件:

(一)与该固定资产有关的经济利益很可能流入企业

企业的资产是企业获取经济利益的物质基础,因此,资产应能给企业带来经济利益。如果某一项资产预期不能给企业带来经济利益,就不能确认为企业资产。

企业在确认某项固定资产时,要判断该项固定资产所包含的经济利益能否流入企业,主要的判断依据是与该项固定资产所有权相关的风险和报酬是否转移到了企业。衡量与资产所有权相关的风险和报酬是否转移到企业的重要标志则是固定资产所有权的取得——凡是所有权已归属于企业的,无论企业是否收到或拥有该项固定资产,均应当作为企业的固定资产予以确认;反之,如果企业没有取得所有权的,即使存放在企业,也不能认定为企业的固定资产。不过,这种所有权的归属,也不是判定与固定资产所有权相关的风险和报酬是否转到企业的唯一标准,按照实质重于形式的原则,有时某项固定资产的所有权并不属于企业,但企业能够控制该项固定资产并能使用它创造未来经济利益流入企业,这就意味着与该项固定资产所有权相关的风险和报酬实质上已转移到企业,应该作为企业固定资产予以确认。如融资租入固定资产。

(二)该固定资产的成本能够可靠地计量

企业取得某项固定资产时而发生的支出必须能够可靠地加以计量,是确认固定资产必须满足的另一条件。如果固定资产的成本能够可靠地计量,并同时满足其他条件,即可确认为固定资产;否则,不能予以确认。

固定资产成本有时虽然不能可靠地计量,但可以根据最新资料对其成本进行合理地估计。例如,已达到预定使用状态,但尚未办理竣工决算手续的固定资产,企业可以根据工程预算或工程实际发生的成本等资料,暂估其成本入账,等办理了竣工决算手续后再作调整。如果企业能够合理地估计出固定资产成本,则应视同为固定资产成本能够可靠地计量。

三、固定资产的分类

企业的固定资产种类繁多、用途各异,为加强管理和核算,必须对固定资产进行科学合理的分类。企业根据不同的需要,可以按下列不同标准进行分类:

(一)按经济用途分类

按固定资产的经济用途分类,可以分为生产经营用固定资产和非生产经营用固定资产。

(1)生产经营用固定资产,是指直接服务于企业生产经营活动的各种固定资产。如生产经营用的房屋、建筑物、机器、设备、工具器具等。

(2)非生产经营用固定资产,是不直接服务于生产经营活动但又必不可少的各种固定资产。如职工宿舍、食堂、浴室等房屋,建筑物,设施,设备等。

按固定资产的经济用途分类,可以分别反映生产性和非生产性固定资产的数量规模,借以考核固定资产的有效利用情况,促进固定资产的合理配置。

（二）按使用情况分类

按固定资产的使用情况分类，可以分为使用中的固定资产、未使用的固定资产和不需用的固定资产。

(1)使用中的固定资产，是指正在使用中的生产经营性和非生产经营性固定资产。季节性停用、大修理停用以及经营租出的固定资产，也属于使用中的固定资产。

(2)未使用的固定资产，是指尚未交付使用的新增固定资产以及因更新改造而暂停使用的固定资产。

(3)不需用的固定资产，是指企业多余或不适用而准备调配处理的固定资产。

按固定资产的使用情况分类，可以清楚地反映企业固定资产的使用、闲置及待处理资产的现状，有利于企业采取调剂措施，有效地使用、调配和处置各种固定资产。

（三）综合分类

按固定资产的经济用途和使用情况进行综合分类，可以分为以下七类：

(1)生产经营用固定资产。

(2)非生产经营用固定资产。

(3)经营租出固定资产。

(4)不需用固定资产。

(5)未使用固定资产。

(6)土地(指过去已经估价单独入账的土地。因征地而支付的补偿费，应计入与土地有关的房屋、建筑物的价值内，不单独作为土地价值入账。企业取得的土地使用权不能作为固定资产，应作为无形资产管理)。

(7)融资租入的固定资产(指以融资租赁方式租入的固定资产，在租赁期间，应视同自有固定资产管理)。

这种分类能综合反映固定资产的用途结构及使用情况，有利于固定资产的核算与管理。在实务中，大多按此分类方法进行分类。

（四）按产权归属分类

按固定资产的产权归属分类，可以分为自有固定资产和租入固定资产。

(1)自有固定资产，是指企业拥有的可供企业自由支配使用的固定资产。经营性租出的机器设备类也属于企业的自有固定资产。

(2)租入固定资产，是指企业采用租赁的方式从其他企业租入的固定资产。

租入固定资产可以分为经营租入固定资产和融资租入固定资产。经营租入固定资产不符合固定资产的定义，所以不应作为企业的固定资产处理。而融资租入固定资产，企业虽然不拥有它的所有权，但却可以为企业拥有或者控制，并预期会给企业带来经济利益的流入，符合固定资产的定义，因此属于企业的固定资产。

（五）按实物形态分类

按固定资产的实物形态分类，可以分为土地、房屋及建筑物和各类设备。

(1)土地，是指没有建筑物等附着设施的土地。在西方，土地可以私有化，可以作为固定资产核算，但在我国，土地国有化，企业拥有的只是土地的使用权，应归为无形资产。这里指的“土地”仅为过去已经估价单独入账的土地。

(2)房屋及建筑物，是指为人类活动、设备运转以及储备物资提供的场所。如果土地与建筑物的价值难以分类，那么两者应合并为建筑物类的资产进行核算。应注意的是，经营租赁方式出租的房屋及建筑物属于企业的投资性房地产，不属于固定资产。

(3)各类设备，是指企业生产经营过程中所使用的各种机器设备、电子设备、运输设备及其他设备、工具器具等。

拓展阅读

企业账簿中所列"固定资产——土地"的形成历史

第一次是1950年开始的第一次全国性的清产核资。1950年12月23日,政务院财政经济委员会公布《私营企业重估财产调整资本办法》(中财委)。该《办法》规定,全国私营企业于1950年12月31日办理年度决算后,将全部财产(包括资产、负债)重估价值并调整其资本额。重估财产一律以1950年12月31日实有财产以当时当地价格为估价依据,以人民币为计算单位,并规定了各种财产的估价标准。当时的土地属于固定资产,而无形资产仅包括商标权、著作权、专利权等。

第二次是1950～1956年基本完成的中国资本主义工商业的社会主义改造。1956年2月8日,国务院全体会议第二十四次会议通过并发布的《国务院关于私营企业实行公私合营时对财产清理估价的几项主要问题的规定》中规定:"(二)对房屋、其他建筑物和可资利用的铺面装修设备,按照它的新旧程度,参照当地房地产管理机关的估价标准进行估价;如果没有上述价格,由公私双方协商估价。土地也应该进行适当的估价。""(十)企业实行公私合营的时候,如果需要迁移、合并,应该按照迁移、合并以前的情况,对企业的机器、设备、房屋、土地和其他建筑物,予以估价。""(十一)根据1950年12月政务院财政经济委员会《私营企业重估财产调整资本办法》进行过重估财产的企业,重估结果比较合理的,经公私双方协商,可以作为估价的基础。"1955年1月31日,国务院发布《国营企业决算报告编送办法》,该《办法》第四章(资产估价)"第二十八条:各种固定资产,除土地外,列入资产负债表的价值,为其原价及折旧;原价列入资产方,折旧列入负债方。"同时规定"土地列入资产负债的价值,应依《国营企业资产清理及估价暂行办法》第八条的规定。"即依据估价列入资产方的"固定资产——土地",并相应列入固定资金(反映国家对企业固定资产上的投资)。

第三次是1993年开始的第五次全国性的清产核资。这次全国国有企业清产核资工作的主要任务之一是对全部国有企业占用的土地进行清查和估价,逐步建立国有土地基准价制度。财政部《关于国有企业清产核资中土地估价有关财务处理问题的通知》(财工字[1995]108号)规定:"二、对于企业过去已作为固定资产单独入账的土地,估价后,应按确认、批复的价值调整账面价值,并按调整后的账面价值单独入账,不计提折旧,调整后的土地账面价值高于原账面价值部分,经清产核资机构会同同级财政部门批准后,作为国家投资,在资本公积金中单独反映。三、对于通过行政划拨方式依法无偿取得的土地,企业应按确认、批复后的价值,经清产核资机构会同同级财政部门批准后,作增加固定资产处理,同时增加国家资本公积金。"

(六)按最短使用期限分类

按固定资产的最短使用期限分类,可以分为最短使用期限为5年的固定资产、最短使用期限为10年的固定资产和最短使用期限为20年的固定资产。

(1)最短使用期限为5年的固定资产,如电子设备和火车、轮船以外的运输工具,以及与生产经营有关的器具、工具、家具等。

(2)最短使用期限为10年的固定资产,如火车、轮船、机器、机械和其他生产设备。

(3)最短使用期限为20年的固定资产,如房屋、建筑物等。

企业在对固定资产最短使用期限分类时,不能将不同使用年限的固定资产划为一类,以免影响固定资产折旧计提的正确性。

根据《企业会计制度》的规定，企业应当根据固定资产的定义，结合本企业的具体情况，制定适合于本企业的固定资产目录、分类方法以及每类或每项固定资产的折旧年限、折旧方法等，作为进行固定资产核算的依据。固定资产分类方法一经确定，不得随意变更；如需变更，应经批准后报送有关部门备案，并在报表附注中予以说明。

四、固定资产的计价

固定资产的计价，是指企业以货币量度对固定资产的价值进行计量，作为固定资产的入账价值。

1. 购置不需要经过建造过程即可使用的固定资产，应按实际支付的买价以及使固定资产达到预定可使用状态前所发生的应归属于固定资产的运输费、装卸费、安装费、税金和专业人员服务费等，作为固定资产的初始成本计价入账。

2. 自行建造的固定资产，应按建造该项固定资产达到预定可使用状态前所发生的全部支出，作为成本计价入账。

3. 投资者投入的固定资产，应按投资合同或协议约定的价值，作为入账价值；但合同或协议约定价值不公允的除外。

4. 融资租入的固定资产，应按租赁开始日租赁资产的公允价值与最低租赁付款额现值两者中的较低者，以及在租赁谈判和签订租赁合同过程中发生的，可直接归属于租赁项目的手续费、律师费、差旅费、印花税等初始直接费用，作为租入固定资产的入账价值。

5. 接受捐赠的固定资产，如果捐赠方提供了相关凭据的，应按凭据上的金额加上有关税费作为入账价值；如果捐赠方没有提供有关的凭据，则可按下列顺序确定入账价值：

(1)同类或类似固定资产存在活跃市场的，按同类或类似固定资产的市场价格估计金额入账；

(2)同类或类似固定资产不存在活跃市场的，按该受赠固定资产的预计未来现金流量求其现值入账；

(3)如果受赠固定资产系旧固定资产的，应按照上述方法确定价值后，再减去按该项资产新旧程度估计的价值损耗后的金额入账。

接受捐赠发生的相关税费，也应作为固定资产价值入账。

6. 盘盈的固定资产，如果同类或类似固定资产存在活跃市场，可按同类或类似固定资产的市场价格减去按该项资产新旧程度估计的价值损耗后的金额入账；如果同类或类似固定资产不存在活跃市场，则应按该项资产预计未来现金流量的现值入账。

7. 以非货币性资产交换、债务重组等方式取得的固定资产，应分别按照“非货币性资产交换”和“债务重组”准则中的有关规定确定其入账价值。

需要说明的是，固定资产的入账价值中还应包括购建固定资产在达到预定可使用状态前发生的专门借款费用(购建发生非正常中断并且中断时间连续超过 3 个月的专门借款费用除外)。

企业按照上述方法确定固定资产入账价值并且入账以后，一般不得调整账面价值。但国家规定在出现一些特殊情况时，如应对固定资产重新估价、企业改良设备装置、将资产部分拆除、调整暂估价值以及原入账价值有错误等，可对已入账的价值进行调整。

【知识链接】

账面余额、账面净值、账面价值、账面净额的关系

账面价值与账面余额是两个不同的概念。账面价值是指某账户(通常是资产类账户)的账面余额减去相关备抵项目后的净额，如应收账款账面余额减去相应的坏账准备后的净额即为账面价值。账面余额是指某账户的账面实际余额，不扣除作为该账户备抵的项目(如累计折旧、相关资产的减值准备等)。

根据《企业会计制度》[财会(2000)25号]的规定,各项主要资产如短期投资、应收款项、存货、长期投资、固定资产、无形资产、在建工程以及委托贷款等,都要计提资产减值准备。上述项目除固定资产外,其他七项资产在资产负债表上全部采用净值反映,即按照期末有关资产的"账面价值"填列。

1. 固定资产

账面价值=固定资产的原价-计提的减值准备-计提的累计折旧

账面余额=固定资产的账面原价

账面净值=固定资产的折余价值=固定资产原价-计提的累计折旧

2. 无形资产

账面价值=无形资产的原价-计提的减值准备-累积摊销

账面余额=无形资产的账面原价

账面净值=无形资产的摊余价值=无形资产原价-累积摊销

3. 其他资产

账面价值=账面余额-计提的资产减值准备

对于企业的其他资产,只涉及账面价值和账面余额的概念。账面价值都是减去计提的减值准备后的金额,账面余额都是各自账户结余的金额。

与此相关的还有两个容易混淆的概念,即固定资产净值与固定资产净额。它们之间的关系用公式表示为:

固定资产净值=固定资产原价-累计折旧

固定资产净额=固定资产净值-固定资产减值准备

五、账户设置

为了核算固定资产,企业一般需要设置"固定资产""累计折旧""在建工程""工程物资""固定资产清理"等账户,核算固定资产的取得、折旧的提取以及处置等情况。

"固定资产"账户核算企业所有固定资产的原价。借方登记企业增加的固定资产的原价,贷方登记企业减少的固定资产的原价,期末借方余额反映固定资产的原价。

企业应当设置"固定资产登记簿"和"固定资产卡片",按固定资产的类别、使用部门和每项固定资产进行明细核算。

"累计折旧"账户是"固定资产"的调整账户,核算企业固定资产的累计折旧数额。贷方登记企业计提的固定资产折旧,借方登记处置固定资产转出的累计折旧,期末贷方余额反映企业固定资产折旧的累计数。本账户可按照固定资产类别或项目进行明细核算。

"在建工程"账户核算企业基建、更新改造等在建工程发生的支出。借方登记企业各项在建工程的实际支出,贷方登记完工工程转出的实际支出,期末借方余额反映尚未完工的工程实际成本。本账户可按工程项目设户进行明细核算。

"工程物资"账户核算企业为在建工程而准备的各种物资的实际成本,包括各种工程使用的材料、尚未安装的设备以及为生产准备的器具等。借方登记购入工程物资的实际成本,贷方登记领出工程物资的实际成本,期末借方余额反映企业库存工程物资的实际成本。

"固定资产清理"账户核算企业因出售、报废和毁损、对外投资、非货币性资产交换、债务重组等原因转出的固定资产价值及其在清理过程中所发生的清理税费和清理收入等。借方登记转出的固定资产、清理过程中支付的相关税费及其他费用,贷方登记清理固定资产的变价收入和应由保险公司或过失人承担的损失等,期末借方余额反映企业尚未清理完毕的固定资产清理净损失。本账户应按被清理的固定资产项目设置明细账。

此外，还要设置“固定资产减值准备”“在建工程减值准备”“工程物资减值准备”等账户，以核算企业固定资产、在建工程和工程物资发生的减值。

任务二 固定资产的取得

固定资产的取得按照来源不同，可分为外购固定资产、自行建造的固定资产、投资者投入的固定资产等，企业应当根据不同的来源进行账务处理。

一、固定资产的购置

企业购置的固定资产，有的需要经过安装、调试和试生产后才能投入正常使用，称为需要安装的固定资产；有的则无需经过安装调试，购入后即可投入使用，称为不需要安装的固定资产。

（一）购置不需要安装的固定资产

企业购入不需要安装的固定资产，应按实际支付的买价、运输费、包装费等相关税费入账。借记“固定资产”账户，贷记“银行存款”“其他应付款”“应付票据”等账户。

外购固定资产成本＝买价＋相关税费（达到预定可使用状态前发生的可归属该资产的运输费、装卸费、安装费、专业人员服务费，但不包括员工培训费）

按照《关于全国实施增值税转型改革若干问题的通知》（财税[2008]170号）的规定：自2009年1月1日起，增值税一般纳税人购进或者自制固定资产发生的进项税额，凭增值税专用发票、海关进口增值税专用缴款书和运输费用结算单据从销项税额中抵扣，其进项税额应当记入“应交税费——应交增值税（进项税额）”账户。

2016年3月5日，李克强总理在“两会”《政府工作报告》中提出：5月1日，“营改增”全面推开，建筑业、房地产业、金融业和生活服务业将全面纳入试点范围，实现全行业覆盖。

2016年5月1日，我国全面实施“营改增”，企业新增房屋、建筑物等不动产纳入增值税抵扣范围。

其他情况：

（1）以一笔款项购入多项没有单独标价的固定资产，应当按照各项固定资产的公允价值比例对总成本进行分配，分别确定各项固定资产的成本。

（2）购买固定资产的价款超过正常信用条件延期支付，实质上具有融资性质的，固定资产的成本以购买价款的现值为基础确定。实际支付的价款与购买价款的现值之间的差额，应当在信用期间内采用实际利率法进行摊销，摊销金额除满足借款费用资本化条件应当计入固定资产成本外，均应当在信用期间内确认为财务费用，计入当期损益。

【教学案例6－1】

信义股份有限公司购入一台不需要安装的设备，取得的增值税专用发票上注明的设备价款为80 000元，增值税额为13 600元，另支付运输费1 400元，以上款项均以银行存款支付。应编制会计分录如下：

借：固定资产	81 400	
应交税费——应交增值税（进项税额）	13 600	
贷：银行存款		95 000

（二）购置需要安装的固定资产

企业购入需要安装的固定资产，在安装过程中发生的实际安装费用，应计入固定资产原值。在固定资产投入安装时，先将购置成本及安装成本记入“在建工程”账户，待该资产达到预定可使用状态时，将其全部成本从“在建工程”账户中转入“固定资产”账户。

【教学案例6－2】

信义股份有限公司购入一台需要安装的A设备，增值税专用发票上注明的买价为10 000元，增值税额为1 700元，运输费为100元(不含税，增值税额11元)；包装费500元，安装费3 000元，以上款项均用银行存款支付。设备已达到预定可使用状态并交付使用。应编制会计分录如下：

购入设备并投入安装时：

借：在建工程——A设备安装工程	10 600	
应交税费——应交增值税(进项税额)	1 711	
贷：银行存款		12 311

安装中支付安装费用时：

借：在建工程——A设备安装工程	3 000	
贷：银行存款		3 000

设备安装达到预定可使用状态并交付使用时：

借：固定资产	13 600	
贷：在建工程——A设备安装工程		13 600

二、固定资产的自行建造

企业自行建造固定资产是指企业利用自己的力量自营建造以及出包给他人建造的固定资产。具体有自营建造和出包建造两种形式，无论哪种形式，均应按建造该项资产达到预定可使用状态前所发生的全部支出，作为固定资产的成本。

(一)自营建造固定资产

自营建造固定资产是企业自行采购工程物资、自行组织施工而建造的固定资产。企业自营建造工程中耗用的材料物资，一般应单独进行核算。企业购入自营工程所需材料物资时，应根据实际支付的全部价款的买价和应计入工程物资成本的包装运杂费等，借记“工程物资”账户；发生的增值税额，借记“应交税费——应交增值税(进项税额)”账户；按实际支付的款项，贷记“银行存款”等账户。

企业自营工程中若领用材料物资，应按照材料实际成本计入工程成本，借记“在建工程”账户，贷记“工程物资”账户。

工程中若领用本企业生产的产品，借记“在建工程”账户，贷记“库存商品”账户。

企业自营工程应承担的职工工资和福利费等，应借记“在建工程”账户，贷记“应付职工薪酬”账户。

企业的辅助生产车间为自营工程提供的水、电、设备安装、运输等产品或劳务，应根据实际成本，借记“在建工程”账户，贷记“生产成本”账户。

企业自营建造的固定资产发生的其他支出，应借记“在建工程”账户，贷记“银行存款”账户。

企业自营建造的固定资产在交付使用前应负担的长期负债利息，应计入自营工程成本，借记“在建工程”账户，贷记“长期借款”等账户。

企业自营工程中发生的报废损失，应计入工程成本；发生的残料收入，应冲减工程成本，借记“原材料”账户，贷记“在建工程”账户。

工程物资盘点时，如发生盘亏，应将盘亏物资的实际成本计入工程成本，借记“在建工程”账户，贷记“工程物资”账户。盘盈的工程物资，做相反处理。

所有工程成本均通过“在建工程”账户归集，待工程达到预定可使用状态时，将其成本全部转入“固定资产”账户。

需要说明的是，当固定资产达到预定可使用状态时，如果尚未办理竣工决算的，应先按暂估价入账，同时停止借款费用的资本化并开始计提折旧，待办理竣工决算手续后，再按实际成本调整账面暂估成本(注意，原先已提取的折旧不再调整)。如该固定资产的实际原值大于原入账价值，应对原入账价值进行调整，借记“固定资产”账户，贷记“在建工程”账户(实际原值小于原入账价值的差额，做相反处理)。

【教学案例6－3】

信义股份有限公司自营建造一台生产设备，用银行存款购入工程所需物资一批，增值税专用发票上注明买价1 500 000元，增值税255 000元；工程开工后，陆续领用工程物资1 450 000元；领用企业为生产产品而储备的原材料50 000元(买价)；领用企业生产的产品15 000元，该批产品按税务部门确定的计税价格为20 000元；用银行存款支付水电费43 100元；计提工程人员工资180 000元。工程完工达到预定可使用状态时，经盘点实存工程物资45 000元转为原材料，盘亏5 000元，系自然损耗，经批准作营业外支出处理。应编制会计分录如下：

购入工程物资时：

借：工程物资　　1 500 000

　　应交税费——应交增值税(进项税额)　　255 000

　　贷：银行存款　　1 755 000

工程领用工程物资时：

借：在建工程——设备　　1 450 000

　　贷：工程物资　　1 450 000

工程领用库存原材料时：

借：在建工程——设备　　50 000

　　贷：原材料　　50 000

工程领用企业库存商品时：

借：在建工程——设备　　15 000

　　贷：库存商品　　15 000

支付水电费时：

借：在建工程——设备　　43 100

　　贷：银行存款　　43 100

计提工程人员工资时：

借：在建工程——设备　　180 000

　　贷：应付职工薪酬　　180 000

工程达到预定可使用状态并交付使用时：

借：固定资产　　1 738 100

　　贷：在建工程——设备　　1 738 100

剩余工程物资转作库存材料时：

借：原材料　　45 000

　　贷：工程物资　　45 000

结转盘亏物资时：

借：营业外支出　　5 000

　　贷：工程物资　　5 000

（二）出包建造固定资产

出包建造固定资产，是指企业通过招标等方式将工程发包给建筑承包商，由承包商组织施工而建造的固定资产。在这种方式下，企业只需根据建筑承包合同中的规定，按工程进度拨付工程款。企业拨付的工程款，通过“在建工程”账户核算，待工程达到预定可使用状态经验收合格时，再转入“固定资产”账户。

【教学案例6－4】

甲公司将一项B设备安装工程出包给某安装公司承建，工程总造价500 000元。合同中规定，工程开工时拨付工程款400 000元，其余100 000元待工程完工并验收合格后再结付。应编制会计分录如下：

工程开工时：

借：在建工程——B设备安装工程	400 000	
贷：银行存款		400 000

工程完工并验收合格时：

借：在建工程——B设备安装工程	100 000	
贷：银行存款		100 000

同时：

借：固定资产	500 000	
贷：在建工程——B设备安装工程		500 000

三、接受投资的固定资产

企业接受投资者投入的固定资产，应当按照投资合同或协议中约定的公允价值作为入账价值，但合同或协议约定价值不公允的除外。

接受投资的固定资产，应借记“固定资产”账户，贷记“实收资本”账户。

【教学案例6－5】

信义股份有限公司接受某投资者投入的机器一台，投资协议中约定该机器的公允价值为150 000元。应编制会计分录如下：

借：固定资产	150 000	
贷：实收资本		150 000

四、接受捐赠的固定资产

企业接受捐赠的固定资产，应当根据捐赠者提供的有关凭据金额，或按同类或类似资产的市场价格，或按该资产的预计未来现金流量现值作为入账价值。接受捐赠时发生的相关税费，也应计入固定资产价值。

企业接受捐赠的固定资产属于利得，按现行会计准则规定，捐赠利得应作为营业外收入处理。因此，企业受赠时，直接按资产的入账价值借记“固定资产”账户，按其受赠价值贷记“营业外收入”账户。

五、租入固定资产

租赁分为经营租赁和融资租赁。融资租赁是指实质上转移了与资产所有权有关的全部风险和报酬的租赁，承租人应作为自有固定资产入账；如果一项租赁在实质上没有转移与租赁资产所有权相关的全部风险和报酬，应认定为经营租赁。在经营租赁下，企业应当将经营租赁的租金在租赁期内各个期间，按照直线法计入相关资产成本或者当期损益。

【教学案例6—6】

信义股份有限公司向某公司租入办公设备一台，租期为2年，从2015年1月1日至2016年12月31日，该设备预计使用年限为10年，属于经营租赁。租赁合同规定，每年租金12万元，总共24万元，其中2015年年初支付20万元，2016年年末支付4万元。公司账务处理如下：

2015年1月1日：

借：预付账款	200 000	
贷：银行存款		200 000

2015年12月31日：

借：管理费用	120 000	
贷：预付账款		120 000

2016年12月31日：

借：管理费用	120 000	
贷：预付账款		80 000
银行存款		40 000

六、其他方式取得的固定资产

企业通过其他方式取得的固定资产主要包括盘盈的固定资产、以非货币性资产交换和债务重组等方式取得的固定资产。

盘盈的固定资产，可按同类或类似资产的市场价格减去估计价值损耗后的余额入账，也可按该资产的预计未来现金流量现值作为入账价值。具体核算办法将在本章任务五中详细介绍。

任务三 固定资产的折旧

一、固定资产折旧的性质及影响因素

（一）固定资产折旧的性质

固定资产折旧是指固定资产由于损耗而减少的价值。固定资产能够长期服务于企业的生产经营过程而保持原有的实物形态，但随着固定资产的使用，其实物在逐渐磨损，价值在不断减少，固定资产折旧就是把逐渐损耗而消失的那部分价值转移到成本费用中的价值分摊过程。

固定资产损耗分为有形损耗和无形损耗两种。有形损耗是固定资产由于使用和自然力作用而造成的使用价值及价值的损失，如机器发生磨损、房屋建筑物受到自然侵蚀等；无形损耗是由于科学技术的进步和劳动生产率的提高而引起的固定资产价值损失，如因新技术的出现而使使用中的固定资产技术水平相对陈旧等。在计提固定资产折旧时，应充分考虑这两种损耗的影响，选择合理的折旧方法，确保固定资产折旧科学合理。

（二）影响固定资产折旧的因素

影响固定资产折旧的因素主要有以下几个方面：

（1）固定资产原价。固定资产原价是固定资产折旧的基数。

（2）预计净残值。固定资产的预计净残值是指预计在固定资产使用寿命期满时，企业从该项资产的处置收益中扣除预计处置费用后的金额。因为这部分残值是预计可以收回的价值，所以应

该从固定资产原价中扣除后再计算折旧额。预计净残值应合理确定,一经确定,不得随意变更。

(3)固定资产减值准备。按现行会计准则规定,当企业有迹象表明,固定资产的预计可收回金额低于账面价值的,可预先计提减值准备。这部分准备金可以弥补固定资产的价值损失,应从应计折旧额中扣除。

(4)固定资产的使用寿命。固定资产使用寿命的长短直接影响各期应提取的折旧额。在确定使用寿命时,除应充分考虑该项资产的有形损耗和无形损耗外,还应考虑该项资产的预计生产能力及法律对该项资产的使用限制。同样,固定资产的使用寿命确定后,不得随意变更。

二、固定资产折旧的范围

按现行会计准则规定,企业应对所有固定资产计提折旧,但是已提足折旧仍继续使用的固定资产和按规定单独估价作为固定资产入账的土地除外。

在确定固定资产折旧范围时,还应注意以下几点:

(1)固定资产应当按月计提折旧,当月增加的固定资产,当月不计提折旧,从下月起计提折旧;当月减少的固定资产,当月仍计提折旧,从下月起停止计提折旧。

(2)固定资产提足折旧后,不论能否继续使用,均不再计提折旧;提前报废的固定资产,也不再补提折旧。

(3)已达到预定可使用状态但尚未办理竣工决算手续的固定资产,应当按照估计价值确定其成本入账,并计提折旧,待办理竣工决算手续后,再按实际成本调整原暂估成本,但不需要调整原已计提的折旧额。

(4)融资租入的固定资产,能确定租赁期届满时将会取得资产所有权的,应当在租赁资产尚可使用年限内计提折旧;不能确定租赁期届满时能否取得资产所有权的,应当在租赁期与租赁资产尚可使用年限两者中较短的期间内计提折旧。

(5)因更新改造而停止使用的固定资产,应将其账面价值转入在建工程,不再计提折旧,待改造达到预定可使用状态转为固定资产后,再按重新确定的使用寿命和折旧方法计提折旧。

(6)因进行大修理而停用的固定资产,应当照提折旧,计提的折旧计入相关资产成本或当期损益。

三、固定资产折旧方法

固定资产折旧方法有年限平均法、工作量法、双倍余额递减法和年数总和法等。企业可以根据固定资产价值损耗的特性确定合理的折旧方法。折旧方法一经确定,不得随意变更。

(一)直线法

直线法是指按照时间或完成工作量平均计提折旧的方法,主要包括平均年限法和工作量法。

1. 年限平均法

年限平均法是指按固定资产使用年限平均计算折旧额的一种方法。由于采用这种方法计提的折旧额在各个会计期都是相等的,折旧累计金额呈一直线上升趋势,故又称直线法。计算公式如下:

$$年折旧额=\frac{固定资产原价-预计净残值}{预计使用寿命(年)}$$

$$月折旧额=年折旧额\div 12$$

在实际工作中,为了简便计算,可以合理确定预计净残值率,再计算年折旧率和月折旧率,每月用固定资产原价乘以月折旧率,即可求得月折旧额。预计净残值率是指预计净残值占固定资产原价的比率。

$$年折旧率=\frac{1-预计净残值率}{预计使用寿命(年)}\times 100\%$$

$$月折旧率=年折旧率\div 12$$

$$月折旧额=固定资产原价\times 月折旧率$$

【教学案例6—7】

信义股份有限公司一台大型设备原价100 000元，预计使用8年，预计净残值率为4%，则其个别折旧率和月折旧额计算如下：

$$年折旧率=\frac{1-4\%}{8}\times 100\%=12\%$$

$$月折旧率=12\%\div 12=1\%$$

$$月折旧额=100\ 000\times 1\%=10\ 000(元)$$

2. 工作量法

工作量法是指按照固定资产所能完成的工作总量计算每个工作量折旧额，然后按每期实际完成的工作量计提折旧的一种方法。计算公式如下：

$$单位工作量折旧额=\frac{固定资产原价\times(1-预计净残值率)}{预计总工作量}$$

$$某项固定资产月折旧额=该项固定资产当月实际工作量\times 单位工作量折旧额$$

不同的固定资产，其工作量有不同的表现形式。对于运输设备来说，其工作量表现为运输里程；对于机器设备来说，其工作量表现为机器工时或机器台班。

【教学案例6—8】

信义股份有限公司一辆载重汽车原价为400 000元，预计净残值率为4%，预计总行驶里程为600 000公里，本月实际行驶8 000公里。该汽车的单位工作量折旧额和该月折旧额计算如下：

$$每公里折旧额=\frac{400\ 000\times(1-4\%)}{600\ 000}=0.64(元)$$

$$本月折旧额=8\ 000\times 0.64=5\ 120(元)$$

采用工作量法计算折旧能较准确地反映固定资产的使用状况和实物磨损程度。一般用于价值较高的大型精密机床以及运输设备等固定资产的折旧计算。这些设备的价值较高，各月的工作量一般并不均衡，采用平均年限法计算折旧，会使各月成本费用的负担不够合理。

（二）加速折旧法

加速折旧法又称快速折旧法，是指能更快地摊销应折旧金额的一种折旧方法。加速折旧法的依据是效用递减，即固定资产的效用随着其使用寿命的缩短而逐渐降低，因此，当固定资产处于较新状态时，效用高，产出也高，维修费用较低，所取得的现金流量较大；当固定资产处于较旧状态时，效用低，产出也小，维修费用较高，所取得的现金流量较小。这样，既能反映收支配比要求，体现会计核算的谨慎性原则；又能尽快收回投资，实现固定资产快速更新。

较为常见的加速折旧法有两种：一是双倍余额递减法，二是年数总和法。

1. 双倍余额递减法

双倍余额递减法是以固定资产的年初账面余额为折旧基数，以双倍的直线法折旧率（不考虑净残值）来计算各期折旧额的一种方法。

由于采用双倍余额递减法计算折旧率时,并不考虑固定资产的预计净残值,这样会导致使用寿命结束时已折旧总额不等于应计折旧总额。为解决这一问题,采用双倍余额递减法计提折旧时,应当在固定资产使用到期的前两年内,将固定资产账面净值减去预计净残值后的金额平均摊销。计算公式如下:

$$年折旧率=\frac{2}{预计使用寿命(年)}\times 100\%$$

$$月折旧率=年折旧率\div 12$$

$$月折旧额=固定资产年初账面净额\times 月折旧率$$

或者在计算出年折旧率之后,先计算年折旧额,然后再计算月折旧额,则有:

$$某年折旧额=该年年初账面净值\times 年折旧率$$

$$月折旧额=年折旧额\div 12$$

【教学案例 6—9】

信义股份有限公司一台机器原价为100 000元,预计使用寿命为 5 年,预计净残值为4 000元,采用双倍余额递减法的各年折旧额如表 6—2 所示。

表 6—2　　固定资产折旧计算表(双倍余额递减法)　　单位:元

年　份	期初净值	年折旧率	年折旧额	累计折旧	期末净值
1	100 000	40%	40 000	40 000	60 000
2	60 000	40%	24 000	64 000	36 000
3	36 000	40%	14 400	78 400	21 600
4	21 600	—	8 800	87 200	12 800
5	12 800	—	8 800	96 000	4 000

2. 年数总和法

年数总和法是以固定资产的应计折旧总额(固定资产原价减去预计净残值)作为折旧基数,各年分别以一个逐年递减的分数作为折旧率来计提各期折旧额的一种方法。其中,逐年递减的分数中分母是使用寿命的逐年数字之总和,如使用寿命为 4 年,则分母的年数总和为 1+2+3+4=10,分子则为固定资产尚可使用的年数。计算公式如下:

$$年折旧率=\frac{尚可使用的年限}{预计使用寿命的年数总和}\times 100\%$$

$$年折旧额=(固定资产原价-预计净残值)\times 年折旧率$$

$$月折旧额=年折旧额\div 12$$

【教学案例 6—10】

仍以案例 6—9 的资料为例,采用年数总和法计算年折旧额,如表 6—3 所示。

表 6—3　　固定资产折旧计算表(年数总和法)　　单位:元

年　份	固定资产原价一预计净残值	年折旧率	年折旧额	资产折余价值
1	96 000	5/15	32 000	68 000
2	96 000	4/15	25 600	42 400
3	96 000	3/15	19 200	23 200
4	96 000	2/15	12 800	10 400
5	96 000	1/15	6 400	4 000

注:表中最后 4 000 元的资产折余价值为预计净残值,可通过资产的报废处置而收回。

需要指出的是,在科学技术日新月异的情况下,固定资产无形损耗是折旧必须考虑的重要因素,采用以上两种方法实行加速折旧是尽可能地避免固定资产因技术陈旧而遭淘汰的一项重要措施。

四、固定资产折旧的核算

企业按月计提的折旧,应当通过"累计折旧"账户核算。该账户核算企业固定资产的累计折旧额,计提的折旧额记入贷方,因固定资产减少而应转销的折旧额记入借方,期末余额在贷方,反映企业实有固定资产的累计折旧额。

同时,计提的折旧还应根据用途计入相关资产的成本或当期损益。企业自行建造固定资产过程使用的固定资产,其折旧记入"在建工程"账户;基本生产车间使用的固定资产,其折旧记入"制造费用"账户;行政管理部门使用的固定资产,其折旧记入"管理费用"账户;销售部门使用的固定资产,其折旧记入"销售费用"账户;经营租出的固定资产,其折旧记入"其他业务成本"账户。

【教学案例 6—11】

信义股份有限公司编制固定资产折旧计算表,计算出各部门所使用的固定资产折旧额如下:基本生产车间用固定资产折旧50 000元,行政管理部门用固定资产折旧30 000元,销售部门用固定资产折旧10 000元,经营租出固定资产折旧10 000元。应编制会计分录如下:

借:制造费用	50 000	
管理费用	30 000	
销售费用	10 000	
其他业务成本	10 000	
贷:累计折旧		100 000

任务四　固定资产的后续支出

固定资产的后续支出，是指固定资产在使用过程中发生的更新改造支出、修理费用等支出。

固定资产的不断使用,往往会使实物发生局部损坏,或者由于科学技术的进步而使使用中的固定资产逐渐处于落后状态。为了保持固定资产的正常运转和使用,充分发挥它们在使用寿命期内的产出效能,就必须对其进行必要的改造或修理。

根据《企业会计准则第 4 号——固定资产》第六条和《企业会计准则第 4 号——固定资产》应用指南的规定,固定资产的更新改造、装修修理等后续支出,如果与该固定资产有关的经济利益很可能流入企业或该固定资产的成本能可靠地计量,如延长了固定资产的使用寿命,或者使产品质量实质性提高、产品成本实质性降低，则满足固定资产确认条件的应予以资本化，应当计入固定资产成本，如有被替换的部分，应扣除其账面价值；不满足上述规定的后续支出，应在发生费用化时计入当期损益。

一、资本化的后续支出

企业对固定资产进行更新改造或改良，通常满足固定资产确认条件，因此，其支出应予以资本化。

在固定资产投入更新改造时，应先将该资产的原价、累计折旧和已计提的减值准备转销，将其账面净值转入在建工程，并停止折旧。固定资产发生的可资本化的后续支出，通过“在建工程”账户核算，待改造工程达到预定可使用状态时，在资本化的资产价值不超过预计可收回的金额内转入“固定资产”账户，并重新确定固定资产的使用寿命、预计净残值等进行折旧。

【教学案例6－12】

信义股份有限公司于2016年12月7日对一幢厂房进行改造，该厂房账面原价为1 500 000元，已计提折旧800 000元；改造中领用原材料200 000元，增值税率17%，直接用于工程改造；计提工程人员工资66 000元。2017年3月4日，该资产达到预定可使用状态并重新投入使用，该厂房可使用10年；预计净残值率为4%；预计使用期内和处置时可收回的金额为1 200 000元，符合固定资产确认条件。应编制会计分录如下：

转销固定资产的账面记录：

借：在建工程——厂房改造工程　　700 000
　　累计折旧　　800 000
　贷：固定资产——厂房　　1 500 000

购入工程材料并投入使用时：

借：在建工程——厂房改造工程　　200 000
　贷：原材料　　200 000

计提工程人员工资时：

借：在建工程——厂房改造工程　　66 000
　贷：应付职工薪酬　　66 000

工程达到预定可使用状态时：

借：固定资产——厂房　　966 000
　贷：在建工程——厂房改造工程　　966 000

从2017年4月起每月计提折旧：

$$年折旧额=\frac{966\ 000\times(1-4\%)}{10}=93\ 736(元)$$

月折旧额＝92 736÷12＝7 728(元)

借：制造费用　　7 728
　贷：累计折旧　　7 728

二、费用化的后续支出

企业日常对固定资产进行维护和局部修理，目的只是为了恢复其使用价值，确保固定资产保持正常的工作状态，一般不能满足固定资产确认条件。因此，其修理费用应予以费用化。费用化的后续支出，应当计入支出发生的当期损益，不得采用预提或待摊方式处理。

企业生产车间(部门)和行政管理部门等发生的固定资产修理费用等后续支出,计入管理费用;企业专设销售机构的,其发生的与专设销售机构相关的固定资产修理费用等后续支出,计入销售费用。

【教学案例6-13】

信义股份有限公司于2016年6月15日对中央空调进行维修,用银行存款外购修理材料15 500元,计提应付修理人员工资3 500元。应编制会计分录如下:

借:管理费用	19 000	
贷:银行存款		15 500
应付职工薪酬		3 500

任务五 固定资产的清查、期末计价与处置

一、固定资产的清查

为了确保固定资产核算的真实性,充分挖掘现有固定资产的潜力,发现固定资产管理中存在的问题,企业应当定期(通常在年末)对固定资产进行盘点清查。在固定资产清查中,如果发现盘盈、盘亏固定资产,应当填制"固定资产盘点盈亏报告表",及时查明盈亏原因,并按管理权限和报告程序报批处理。

(一)固定资产盘盈

按照现行会计准则规定,企业在清查中盘盈的固定资产,应作前期差错处理。在按管理权限和程序报批前,先通过"以前年度损益调整"账户核算,同时,按同类或类似固定资产的市场价格减去估计损耗价后的余额作为入账价值,或者按该项固定资产预计未来现金流量的现值作为入账价值。待批准后,按规定计算应交所得税、计提盈余公积,余下部分作为未分配利润转入以后年度分配。

【教学案例6-14】

信义股份有限公司年末在固定资产清查中,发现一台账外设备,该类设备尚存在活动市场,按类似设备的市场价格减去按新旧程度估计的价值损耗后的余额为40 000元,当即填写了"固定资产盘点盈亏报告表",并上报有关机构审批。该公司适用的所得税税率为25%,法定盈余公积提取比例为10%。公司管理机构批复按会计准则的有关规定处理。应编制会计分录如下:

报批前将盘盈固定资产登记入账:

借:固定资产	40 000	
贷:以前年度损益调整		40 000

批准后计算应缴纳的所得税:

应交所得税=40 000×25%=10 000(元)

借:以前年度损益调整	10 000	
贷:应交税费——应交所得税		10 000

结转留存收益:

借:以前年度损益调整	30 000	
贷:盈余公积——法定盈余公积		3 000
利润分配——未分配利润		27 000

(二)固定资产盘亏

企业在固定资产清查中盘亏的固定资产，应在报批前按账面净值，借记“待处理财产损溢”账户；按已提折旧额，借记“累计折旧”账户；如该项固定资产已计提减值准备，还要借记“固定资产减值准备”账户，同时按账面原价贷记“固定资产”账户。待按管理权限和程序报经批准后，应由责任人赔偿的部分借记“其他应收款” 账户，其余部分借记“营业外支出”账户，同时贷记“待处理财产损溢”账户。

【教学案例6－15】

信义股份有限公司在年末对固定资产的清查中，发现短缺一台小型仓库运输设备，该设备的账面原价为7 000元，已计提折旧3 000元，当即填写了“固定资产盘点盈亏报告表”，并上报有关机构审批。经查明，该设备的丢失，仓库管理员李斌负有责任。公司管理机构批复由仓库管理员赔偿损失价值的10%，其余部分作营业外支出处理。应编制会计分录如下：

报批前转销盘亏固定资产账面价值：

借：待处理财产损溢	40 000	
累计折旧	30 000	
贷：固定资产		70 000

按批复转销时：

借：其他应收款——李斌	4 000	
营业外支出	36 000	
贷：待处理财产损溢		40 000

二、固定资产期末计价及其减值准备的核算

为了真实、准确地反映固定资产的实际价值，企业应当在资产负债表日对企业全部固定资产价值进行重新计量，合理确定其期末价值。

(一)固定资产减值迹象的判断

由于固定资产使用期限较长，其价值除在使用中因实物的局部损坏而造成损失外，还会因为技术的进步而发生贬值。因此，企业必须于资产负债表日对固定资产的单项或资产组逐一评估，判断是否存在减值迹象。如果固定资产存在减值迹象，应当进行减值测试，估计可收回的金额。

固定资产发生减值的迹象，可以从外部和内部两方面的信息来判断。

1. 从外部信息看，存在以下情况，则表明固定资产可能发生减值：

(1)如果固定资产的市价在当期大幅度下降，其跌幅明显高于因时间推移或正常使用而预计的下跌；

(2)如果企业经营所处的经济、技术或者法律等环境及固定资产所处的市场在当期或者将在近期发生重大变化，从而对企业产生不利影响；

(3)如果市场利率或者其他市场投资报酬率在当期已经提高，从而影响企业计算固定资产预计未来现金流量现值的折现率，导致固定资产可收回金额大幅度降低等。

2. 从内部信息看，存在以下情况，则同样表明固定资产可能发生减值：

(1)如果企业有证据表明固定资产已经陈旧过时或者其实体已经损坏；

(2)如果固定资产已经或者将被闲置、终止使用或者计划提前处置；

(3)如果有证据表明固定资产的经济绩效已经低于或者将低于预期。

出现上述迹象，尽管并不必然表明固定资产发生减值，但存在减值的可能性，企业应当综合其他因素，作出职业判断。

(二)固定资产减值准备的计提和核算

当企业判定固定资产存在减值迹象的,应当进行减值测试,估计可收回金额,并与账面价值比较,若估计可收回金额低于账面价值的,应计提固定资产减值准备。

某项(组)固定资产可收回金额,应当按该项(组)固定资产的公允价值减去处置费用后的净额与预计未来现金流量的现值两者之中的较高者来确定。

固定资产的公允价值是指市场参与者在计量日发生的有序交易中,出售固定资产所能收到或转移一项负债所需支付的价格,如固定资产交易中的销售协议价格;处置费用是指可以直接归属于固定资产处置的增量成本,包括与固定资产处置有关但不含财务费用和所得税费用的其他所有相关税费,如运输费、销售费、法律费用等。固定资产的公允价值减去处置费用后的净额,通常就是固定资产被出售或处置时可以收回的净现金收入。

按照现行会计准则要求,企业应当按照所确认的可收回金额低于其账面价值的金额,借记“资产减值损失”账户,贷记“固定资产减值准备”账户。编制会计分录如下:

借:资产减值损失——固定资产减值损失

　　贷:固定资产减值准备

需要指出的是,固定资产减值损失一经确认后,在以后会计期间不得转回。但是,遇到固定资产处置,如出售、报废、毁损、对外投资、以非货币性资产交换方式换出、在债务重组中抵偿债务等情况,同时符合固定资产终止确认条件的,应当将其减值准备予以转销。

【知识链接】

减值准备能否转回?

《企业会计准则第8号——资产减值》规定:资产减值这一章提到的资产,计提减值准备后,即使以后期间可收回金额回升了,也不允许对已经计提的减值准备进行转回。关于这个规定,我们可以从两个角度作简单解释:

(1)主要是为了监管上市公司利用减值准备的转回来调节利润的现象。

(2)从国际上来看,这个规定是不讲道理的。通过准则硬性规定,在资产价值回升时不允许已计提的资产减值准备转回,这是一个非市场理念。

这个问题既体现了与国际会计准则的趋同,又体现了中国特色。

这些资产减值准备只有在资产处置、出售、报废时一并转销。

具体来看,允许转回的减值准备仅限于以下几项:坏账准备、存货跌价准备、持有至到期投资减值准备、贷款损失准备等。

而下列资产的减值准备禁止转回:长期股权投资减值准备、固定资产减值准备、在建工程减值准备、工程物资减值准备、生产性生物资产减值准备、无形资产减值准备。

三、固定资产的处置

固定资产的处置,主要包括固定资产的出售、报废、毁损、对外投资、非货币性资产交换、债务重组等。凡是处于处置状态和预期通过使用或处置不能产生经济利益的固定资产,应作终止确认,予以处置。

企业处置固定资产应通过“固定资产清理”账户核算。该账户核算因出售、报废、毁损、对外投资、非货币性资产交换、债务重组等原因转出的固定资产价值以及在清理过程中发生的税费等。借方记转入清理的固定资产账面净值和清理费用、税金,贷方记清理中的收益。清理结束后,如为借方余额,则借记“营业外支出”账户,贷记本账户;如为贷方余额,则借记本账户,贷记“营业外收入”账户。

【教学案例6-16】

信义股份有限公司出售一座仓库,原价为100 000元,已计提折旧40 000元,计提减值准备10 000元;经双方协商售价为60 000元,款已划入公司存款账户;移交前公司对仓库进行了全面清理,发生清理费用1 000元,用银行存款支付。应编制会计分录如下:

将出售仓库转入清理时:

借:固定资产清理　　50 000
　　累计折旧　　40 000
　　固定资产减值准备　　10 000
　贷:固定资产　　100 000

收到出售仓库的价款时:

借:银行存款　　60 000
　贷:固定资产清理　　54 054.05
　　　应交税费——应交增值税[60 000×11%÷(1+11%)]　　5 945.95

支付清理费用时:

借:固定资产清理　　1 000
　贷:银行存款　　1 000

结转出售仓库的利得时:

借:固定资产清理　　3 054.05
　贷:营业外收入——非流动资产处置利得　　3 054.05

阅读材料

(1)中华人民共和国财政部:《企业会计制度》(2001),经济科学出版社2001年版。
(2)中华人民共和国财政部:《企业会计准则》(2017),立信会计出版社 2017 年版。
(3)中华人民共和国财政部:《企业会计准则——应用指南》(2017),立信会计出版社 2017 年版。
(4)财政部会计司编写组:《企业会计准则讲解》(2016),地震出版社 2016 年版。
(5)财政部 国家税务总局《关于全面推开营业税改征增值税试点的通知》财税[2016]36 号。

项目自测

一、判断题

(1)所建造的固定资产已达到预定可使用状态,但尚未办理竣工决算的,先按估计价值转入固定资产,但不计提折旧,待办理竣工决算手续后,再作相应的调整。　(　)

(2)固定资产出售、报废、毁损以及盘亏,均应通过“固定资产清理”账户进行核算。　(　)

(3)对于固定资产借款发生的利息支出,在竣工决算前发生的,应予资本化,将其计入固定资产的建造成本;在竣工决算后发生的,则应作为当期的费用处理。　(　)

(4)按照《企业会计准则》的规定,企业接受其他单位的固定资产投资时,“固定资产”账户入账金额应考虑投资方原账面价值,但“实收资本”账户金额应按双方合同约定的价值入账。　(　)

(5)按照《企业会计准则》的规定,企业在计提固定资产折旧时,当月增加的固定资产,当月不提折旧;当月减少的固定资产,当月要提折旧。　(　)

(6)融资租入的固定资产均应按租赁期与固定资产尚可使用年限两者中较短的一个计提折旧。 ( )

(7)双倍余额递减法永远不需要考虑固定资产的预计净残值。 ( )

(8)对固定资产由于磨损和损耗而转移到产品中去的那一部分价值的补偿,应该记入“管理费用”账户。 ( )

(9)以融资租赁方式租入的固定资产,应由出租方计提该项固定资产折旧。 ( )

(10)盘亏和盘盈的固定资产都应该通过“待处理财产损溢”账户核算。 ( )

二、单项选择题

(1)某工业企业采用经营租赁方式租出设备一台,该设备计提的折旧费应计入( )。

A. 生产成本 B. 制造费用 C. 管理费用 D. 其他业务成本

(2)在建工程项目达到预定可使用状态前,试生产产品对外出售取得的收入应( )。

A. 冲减工程成本 B. 计入营业外收入

C. 冲减营业外支出 D. 计入其他营业外收入

(3)某项固定资产的原值为 200 000 元,预计净残值为 2 000 元,预计使用年限为 4 年。则在双倍余额递减法下,第二年的折旧额为( )元。

A. 39 600 B. 49 500 C. 50 000 D. 59 400

(4)根据《企业会计准则》的规定,企业大修理期间内的固定资产也应计提折旧,计提的折旧计入当期( )。

A. 管理费用 B. 生产费用 C. 制造费用 D. 财务费用

(5)甲公司 2015 年 12 月初增加设备一项,该项设备原值为 50 000 元,净残值为零,折旧年限为 4 年,采用年数总和法计提折旧。2017 年应计提的折旧额为( )元。

A. 10 000 B. 1 500 C. 13 000 D. 13 500

(6)某企业购入一台机器设备,取得的增值税专用发票上注明的设备买价为 50 000 元,增值税额为 8 500 元,支付的运费为 1 500 元,设备安装时领用的工程用材料价值 1 000 元(不含税),购进该批工程用材料的增值税为 170 元。设备安装时支付有关人员工资 2 000 元。该固定资产的成本为( )元。

A. 63 170 B. 50 000 C. 53 000 D. 54 500

(7)固定资产改良中取得的变价收入,应记入( )账户。

A.“在建工程” B.“营业外收入”

C.“管理费用” D.“固定资产清理”

(8)企业的下列固定资产,不计提折旧的是( )。

A. 闲置的房屋 B. 融资租入的设备

C. 临时出租的设备 D. 已全额计提减值准备的固定资产

(9)企业购入多项没有标价的固定资产,各项固定资产的原价应按( )。

A. 各项固定资产的重置完全价值确定

B. 各项固定资产市场价格的比例进行分配后确定

C. 各项同类固定资产的历史成本确定

D. 各项同类固定资产的净值确定

(10)某企业出售一台设备(不考虑相关税费),原价 150 000 元,已提折旧 50 000 元,出售设备时发生各种清理费用 1 000 元,出售设备所得价款 100 000 元。该设备出售净收益为( )元。

A. −2 000 B. 2 000 C. −5 000 D. −1 000

(11)某企业 2015 年 11 月 1 日购入一项固定资产。该固定资产原价为 500 万元,预计使用年限为 5 年,预计净残值为 5 万元,按双倍余额递减法计提折旧。该固定资产 2016 年应计提的折旧额是( )万元。

A. 200 B. 120 C. 183.33 D. 193.33

(12)下列各项中,需要计提折旧的是( )。

A. 经营租入的设备 B. 已交付但尚未使用的设备

C. 提前报废的固定资产　　D. 按规定单独估价作为固定资产入账的土地

(13)一台设备原值120万元,预计使用年限5年,预计净残值率为5%,采用双倍余额递减法计提折旧,则5年内计提折旧总额为(　　)万元。

A. 100　　B. 114　　C. 120　　D. 90

(14)2016年12月31日,AS公司进行盘点,发现有一台使用中的机器设备未入账,该型号机器设备存在活跃市场,市场价格为750万元,该机器八成新。其正确的会计处理方法是(　　)。

A. 贷记"待处理财产损溢"账户750万元　　B. 贷记"待处理财产损溢"账户1 350万元

C. 贷记"待处理财产损溢"账户600万元　　D. 贷记"以前年度损益调整"账户600万元

(15)固定资产的应计折旧额是指(　　)。

A. 固定资产的原价

B. 固定资产原价扣除其预计净残值后的余额,如已计提减值准备,还应扣除已计提的固定资产减值准备累计金额

C. 固定资产原价扣除其预计净残值后的余额,但不得扣除已计提的固定资产减值准备金额

D. 固定资产原价扣除已计提的减值准备后的金额

(16)与平均年限法相比,采用年数总和法对固定资产计提折旧将使(　　)。

A. 计提折旧的初期,企业利润减少,固定资产净值减少

B. 计提折旧的初期,企业利润减少,固定资产原值减少

C. 计提折旧的后期,企业利润减少,固定资产净值减少

D. 计提折旧的后期,企业利润减少,固定资产原值减少

(17)按照《企业会计准则第4号——固定资产》规定,下列会计处理方法正确的有(　　)。

A. 企业生产车间和行政管理部门等发生的固定资产修理费用等后续支出计入管理费用

B. 自营方式建造的固定资产,建设期间发生的工程物资盘亏、报废及毁损,减去残料价值以及保险公司、过失人等赔款后的净损失,计入营业外支出

C. 对于融资租赁的固定资产,应当在租赁期与租赁资产尚可使用年限两者中较短的期间内计提折旧

D. 固定资产的大修理费用和日常修理费用,通常不符合固定资产确认条件,金额较小时应当在发生时计入其管理费用,金额较大时采用预提或待摊方式处理

(18)某项固定资产的账面原价为80 000元,预计使用年限为5年,预计净残值为5 000元,按年数总和法计提折旧。若该项固定资产在使用的第三年末,因技术陈旧等原因首次计提减值准备,金额为其账面价值的10%,则该项固定资产在第三年末的账面价值为(　　)元。

A. 14 400　　B. 15 000　　C. 16 000　　D. 18 000

三、多项选择题

(1)下列各项中,应计入固定资产成本的是(　　)。

A. 固定资产进行日常修理所发生的人工费用

B. 固定资产在安装过程中领用的原材料成本

C. 固定资产达到预定可使用状态后发生的专门借款利息

D. 固定资产达到预定可使用状态前发生的工程物资盘亏净损失

(2)"固定资产清理"账户借方核算的内容有(　　)。

A. 转入清理的固定资产的净值　　B. 发生的清理费用

C. 结转的固定资产清理净损失　　D. 结转的固定资产清理净收益

(3)影响固定资产折旧金额的因素有(　　)。

A. 固定资产的原值　　B. 预计使用寿命

C. 预计净残值　　D. 折旧的方法

(4)企业结转固定资产清理净损益时,可能涉及的会计账户有(　　)。

A."管理费用"账户　　B."营业外收入"账户

C.“营业外支出”账户　　D.“长期待摊费用”账户

(5)确定固定资产处置损益时，应考虑的因素有(　　)。

A. 累计折旧　　B. 营业税　　C. 增值税　　D. 固定资产减值准备

(6)按照《企业会计准则》的规定，(　　)应提取固定资产折旧。

A. 经营租赁方式租出的固定资产　　B. 季节性停用的固定资产

C. 正在改、扩建的固定资产　　D. 大修理停用的固定资产

(7)下列业务中，不通过“在建工程”账户核算的有(　　)。

A. 购入需要安装的设备

B. 购入不需要安装的设备

C. 固定资产达到预定可使用状态前的专门借款利息(未发生中断并符合资本化条件)

D. 固定资产达到预定可使用状态后的利息支出

(8)下列各项中，属于直线折旧的方法有(　　)。

A. 双倍余额递减法　B. 工作量法　　C. 平均年限法　　D. 年数总和法

(9)下列各项中，需要对固定资产账面价值进行调整的有(　　)。

A. 对固定资产进行大修理　　B. 对固定资产进行改、扩建

C. 对经营租赁租入的固定资产进行改良　　D. 计提固定资产减值准备

(10)下列有关固定资产的初始计量表述中，正确的有(　　)。

A. 投资者投入固定资产的成本，应当按照投资合同或协议约定的价值确定，但合同或协议约定价值不公允的除外

B. 盘盈的固定资产，应先通过“待处理财产损溢”账户核算

C. 核电站核设施企业固定资产预计的弃置费用应计入固定资产的成本

D. 以一笔款项购入多项没有单独标价的固定资产，应当按照各项固定资产公允价值比例对总成本进行分配，分别确定各项固定资产的成本

实务训练

训练一

资料：信义股份有限公司发生如下经济业务：

(1)购买设备一台，价款100万元，增值税税率为17%，以银行存款支付，需进行安装。

(2)购买材料20万元(不含增值税)，以银行存款支付，全部用于安装工程。

(3)应付安装工程人员工资40万元。

(4)安装完毕，交付生产车间使用。

(5)该设备预计使用10年，净残值5%，采用直线法计提折旧。

(6)该设备用于交付使用后，第四年末报废，在清理中，支付清理费用2 000元，收到过失人赔款和残料变价收入款共计13 000元。

要求：编制上述有关业务的会计分录。

训练二

资料：信义股份有限公司2015年4月开始自行建造生产设备，购入为工程准备的各种物资100 000元，支付的增值税额为17 000元，实际领用工程物资93 600元，剩余物资转作企业生产用原材料；另外还领用了企业生产用的原材料一批，实际成本为20 000元；分配工程人员工资30 000元，企业辅助生产车间为工程提供有关劳务支出6 000元，工程于2016年3月15日完工并同时交付生产车间使用。该生产线采用双倍余额递减法计提折旧，预计使用年限为5年，预计净残值为2 000元。

要求:

(1)计算工程完工交付使用时固定资产的入账价值。

(2)计算该生产线在2016年应该计提的折旧额。

(3)编制有关会计分录("应交税费"账户要求写出明细账户)。

训练三

资料:信义股份有限公司2017年有关固定资产折旧的资料如下:

(1)该企业1月份各部门的折旧额为:生产经营部门8 321元,运输车队2 900元,管理部门4 150元。

(2)1月6日,生产经营部门购进计算机一台,已投入使用,原值12 000元,预计净残值率为3%,预计使用5年,采用双倍余额递减法计提折旧。

(3)1月10日,运输车队购入大货车一辆,主要用于生产车间的原料运输工作,原值84 000元,预计净残值率为5%,预计总行驶里程为200 000公里,2月份行驶800公里。大货车采用工作量法计提折旧。

(4)1月17日,生产经营部门报废机器设备一台,原值为42 000元,预计净残值率为4%,使用期限为10年。该设备采用直线法提取折旧。

(5)1月25日,管理部门购进设备一台,已经投入使用,原值19 200元,预计净残值率为4%,预计使用4年。该设备采用年数总和法提取折旧。

要求:

(1)计算该企业生产经营部门、运输车队、管理部门2月份应计提的折旧额。

(2)编制该企业2月份提取折旧的会计分录。

项目七　无形资产与其他长期资产

项目分解

项目七　无形资产与其他长期资产
- 任务一　无形资产
- 任务二　投资性房地产
- 任务三　长期待摊费用

技能目标

完成学习任务后，应该掌握如下技能：

1. 了解无形资产的性质、分类；掌握无形资产购入、自行研发，无形资产摊销、出租以及处置的核算；理解接受投资、接受捐赠的无形资产核算和无形资产减值的核算。

2. 了解投资性房地产的概念及范围；理解投资性房地产的确认及计量条件；掌握投资性房地产在成本模式和公允价值模式下计量的账务处理、投资性房地产转换及处置的账务处理。

3. 理解长期待摊费用的核算。

导学案例

品牌的价值

著名咨询商 Interbrand 近日发布了 2011 年品牌价值 100 强榜单，可口可乐、IBM 和微软蝉联三甲。其中，苹果公司从去年的第 17 位升至第 8 位，品牌价值猛增 58%；惠普依然占据第 10 位；诺基亚从去年的第 8 位滑至第 14 位，品牌缩水 15%。百强中，中国仅有台湾地区的 HTC 入选，HTC 为今年新入榜，排名第 98 位。

据美国消息，最新一期商业周刊于 8 月 5 日公布本年度全球前 100 名品牌价值最高的企业，美商可口可乐品牌价值估计为 718 亿美元，较去年升值 2%，轻松蝉联全球价值第一高的企业品牌。IBM、微软、Google 及通用分列第 2 位至第 5 位。具体如表 7—1 所示。

表 7—1　　2011 年品牌价值 100 强前 5 位

排　名	2010 年排名	品　牌	国家地区	行　业	品牌价值(百万美元)	品牌价值变动幅度(%)
1	1	可口可乐	美国	饮料	71 861	2
2	2	IBM	美国	商业服务	69 905	8
3	3	微软	美国	计算机软件	59 087	—3
4	4	Google	美国	网络服务	55 317	27
5	5	通用	美国	多种经营	42 808	0

那么,品牌到底是什么?它是不是企业的一种重要资产?

品牌价值能否记入资产负债表中?为什么?

任务一　无形资产

一、无形资产的特征和内容

(一)无形资产的特征

无形资产是指企业拥有或者控制、没有实物形态、可辨认的非货币性资产。无形资产是与有形资产相区别的一个资产类别,通常代表企业拥有的一些法定权利,企业可以凭借这些权利获得更多的经济利益,如我们平时在经济生活中接触到的商标权(如可口可乐)、专利权、版权、特许经营权等,都属于无形资产的范畴。一般来讲,作为企业的一项无形资产,与其他资产相比,它往往具有如下显著特征:

1. 不具有实物形态

不具有实物形态是无形资产区别于固定资产和其他有形资产的主要标志。但是,有形和无形并不能作为判断一项资产是否为无形资产的必要条件,也不能成为决定一项资产是否为无形资产的实质性标准,如应收款项、银行存款等也没有实物形态,因此,仅以有无实物形态与其他资产加以区分是不够的。

2. 具有可辨认性

无形资产能够从企业中分离出来,单独或者与资产、负债和相关合同一起用于出售、租赁或交换;同时,无形资产所表现的权利源自于合同或法定权利,都是可辨认的。

3. 属于非货币性长期资产

属于非货币性资产且非流动资产,是无形资产的又一特征。货币性资产是指持有的现金及将以固定或可确定金额的货币收取的资产,如应收款项、银行存款等。按照这个定义,无形资产明显属于非货币性资产的范畴。无形资产成为一项非货币性资产的根本原因往往是因为不存在活跃的交易市场,难以便捷地取得公允价值,这样,即使无形资产可以交易,其交易金额也往往是事先难以用货币进行可靠计量的。

无形资产属于长期资产,主要是因为它们能在超过一个营业周期的长时间内为企业创造经济利益。

4. 为企业使用而非出售

企业持有无形资产的目的不是为了出售,而是为了生产经营,即利用无形资产来生产商品、提供劳务、出租给他人或为企业经营管理服务。

5. 在创造经济利益方面存在较大的不确定性

作为资产，必须能给企业带来经济利益，无形资产也不例外。但在某种程度上，无形资产创造的经济利益具有不确定性，原因主要有以下几点：

(1)它必须与其他资产结合，而且其成果还要接受市场的考验，如企业利用某种专利权生产的产品市场接受程度高，企业利益就大，反之则小；

(2)它的优越性和排他性可能被更先进的技术所取代；

(3)它的使用寿命并不确定；

无形资产的这一特征，要求企业对无形资产的取得和管理持更为谨慎的态度。

6. 可以给企业带来超额的经济利益

无形资产以非实物形态存在，为企业创造经济利益，或使企业获得超额收益。其原因主要是由于它们具有一定的优越性，如某种先进成果或有利的形势。例如，可口可乐等商标权往往是优质产品的代名词。可见，技术水平、产品质量和综合信誉等方面超过同行业或其他企业是无形资产形成超额盈利能力的源泉。但是，这种相对的优势必须具有强烈的独占性和排他性，否则就毫无优势可言，无形资产也就没有存在的必要了。同时，无形资产的存在并产生效益必须有赖于实物载体，如企业的专利权只有借助于劳动资料和劳动对象等实物资产，才能为企业带来经济效益。但是，这并不会改变无形资产本身不具有实物形态的特征。

拓展阅读

可口可乐的品牌价值几何

可口可乐作为一个饮料商标，其商业价值为何常年居高不下，且位于微软、IBM、诺基亚等电子巨头之上？谜底耐人寻味。

首先，在世界各地大行其道的可口可乐在其百年发展中，广告对其品牌影响的深入发挥了至关重要的作用。紧贴市场的广告策略为其建立有价值品牌的作用功不可没。而作为广告核心内容的广告语则是其品牌定位的一种明确表达方式，通过各种媒介将其品牌内涵与经营理念到达消费人群，使品牌与销售遥相呼应，相得益彰。

其次，可口可乐公司认为自己首先是一个品牌公司，其次才是一个传统行业的生产经营企业，所以它坚决地实施统一的品牌战略，对品牌进行统一的管理。品牌的价值很大程度上取决于统一的形象识别系统在消费者心目中所形成的共识。消费者对品牌的认知度越集中统一，品牌在消费者心目中的价值就越高。当可口可乐品牌经典的红色标志扫荡中国九州大地的那一刻，也是“可口可乐”品牌价值高度体现之时！

再者，可口可乐公司出售产品浓缩液给各地装瓶厂，浓缩液销售所得有利于品牌的再投入。例如，可口可乐公司在中国出售产品浓缩液所获得的收入基本上未当作利润上交，而是用于可口可乐系列品牌在中国的发展及装瓶厂系统在中国的壮大。近期成都市场的“红色风暴”品牌运动以及吉林可乐装瓶厂和长沙可乐装瓶厂的建厂投产目的只有一个：在这几个市场，可口可乐品牌要取得市场的领导地位！在可口可乐系统，评估工作业绩，主要的指标不是销量，而是体现品牌价值的市场占有率！

因此，作为一个美国大型跨国公司，可口可乐在全球许多国家以合资或租赁方式，利用现成的饮料生产线建立了很多瓶装厂，美方负责提供浓缩液，冲兑以后装瓶，统一使用“可口可乐”商标，统一广告，利用可口可乐的品牌和商标及公司的商誉优势，进行全球营销。表面上看，公司输出的是浓缩液等技术秘方,但真正使可口可乐获得全球市场通行证的是"可口可乐"的品牌、商标以及可口可乐公司的商誉。因此,其商标的巨大成功与其产品无形资产——品牌和商誉的成功运营,有着本质而核心的关系。

正如可口可乐全球体育营销总监彼得的发言表示:"公司主要是发展品牌,人们爱这样的品牌,才会支持我们做的业务。"这种以提升品牌价值为企业之根本的企业文化与思维模式,值得国内企业的深思与借鉴。

(二)无形资产的内容

无形资产包括专利权、非专利技术、商标权、著作权、土地使用权、特许权等。

1. 专利权

专利权是指国家专利主管机关依法授予发明创造专利申请人对其发明创造在法定期限所享有的特有权利,包括发明专利权、实用新型专利权和外观设计专利权三种。

2. 非专利技术

非专利技术也称专有技术,是指不为外人所知、在生产经营活动中已经采用、不享有法律保护的各种技术和经验。非专利技术一般包括工业专有技术、商业贸易专有技术、管理专有技术等。非专有技术可以用蓝图、配方、技术记录、操作方法的说明等具体资料表现出来,也可以通过买方派出技术人员进行指导,或接受买方人员进行技术实习等手段来实现。非专有技术具有经济性、机密性和动态性的特点。例如,著名的可口可乐配方就没有申请专利,而是一项技术秘诀。

拓展阅读

可口可乐配方86年首次搬家　为庆祝问世125周年(节选)

据说,假如有一天一场大火把可口可乐公司烧掉了,只要配方还在,那么第二天就会又有一个可口可乐公司,因为可口可乐配方价值40亿美元。

据说,当今世界上只有两个神秘人各知道配方一半的内容,为确保秘方安全,他们俩从不同乘一趟飞机,以防发生空难。

近日,可口可乐公司将拥有125年悠久历史的神秘配方移至位于美国亚特兰大总部的新家"新可口可乐世界"博物馆。这是86年来,这一神秘配方的首次"搬家"。

据悉,该配方自1925年以来,一直被存放在亚特兰大市中心的太阳信托银行保管库内,可口可乐公司副总裁兼首席文化典藏官菲尔·莫尼(Phil Mooney)对媒体说道:"对可口可乐的神秘配方的探索一直为人们所津津乐道,而现在它被存放于'新可口可乐世界'博物馆,不仅安全,还可以让每一位游客都可以接近这一守护着'秘方宝盒'的保险库,分享可口可乐的传奇。"

博物馆首日开放就吸引了不少参观者,包括太阳信托银行高级管理人员。

银行发言人迈克·麦科伊(Michael McCoy)说,太阳信托银行为安全保管可口可乐配方长达86年之久而感到光荣,与可口可乐的合作使太阳信托的历史显现活力。

在英国,有这样一句谚语:"你永远不知道的三个问题,就是可口可乐的配方、女王的财和好男人究竟在哪里。"

100多年来,可口可乐的配方一直作为公司最高商业机密被保存起来。可口可乐公司的诸多竞争对手曾邀请高级化验师对其公开配方"7X"信息进行过破译,但从来没有成功。商界分析人士认为,复制配方其实价值不大,因为配方本身可能不是秘密,而是一个让可口可乐获得成功的营销手段。

有人甚至说，即使把配方给别的企业，可口可乐依然是可口可乐，依然不可动摇。即使有和可口可乐一样的配方，只要可口可乐说不是，那就不是。这就是品牌的传奇。

资料来源：《武汉晚报》，2011 年 12 月 18 日。

3. 商标权

商标是用来辨认特定商品和劳务的标记，是专门在某类指定的商品或产品上使用特定名称或图案的权利。商标权包括独占使用权和禁止权。

4. 著作权

著作权又称版权，是指作者对其创作的文学、科学和艺术作品依法享有的某些特殊权利。著作权包括两方面的权利，即精神权利（人身权利）和经济权利（财产权利）。前者指作品署名、发表作品、确认作者身份、保护作品完整性、修改已经发表的作品等权利，包括发表权、署名权、修改权和保护作品完整权；后者指以出版、表演、展览、录制唱片、摄影影片等方式使用作品及因授权他人使用作品而获得经济利益的权利。

5. 土地使用权

土地使用权，是指国家准许某企业在一定期间内对国有土地享有开发、利用、经营的权利。我国企业取得土地使用权的方式大致有行政划拨取得、外购取得、投资者投入取得等。

6. 特许权

特许权又称经营特许权、专营权，是指企业在某一地区经营或销售某种特定商品的权利或是一家企业接受另一家企业使用其商标、商号、技术机密等的权利。

二、无形资产的确认、计量

（一）无形资产的确认

无形资产在符合其定义的基础上，还必须同时满足以下两个条件，才能予以确认：

1. 与该无形资产有关的经济利益很可能流入企业

作为企业无形资产予以确认的项目，必须具备产生的经济利益很可能流入企业这项基本条件。实务中，要确定无形资产创造的经济利益是否很可能流入企业，需要实施职业判断。在实施这种判断时，应当对无形资产在预计使用寿命内可能存在的各种经济因素作出合理估计，并有明确证据支持。如果有证据表明某一无形资产产生的经济利益很可能流入企业，就应将其确认为无形资产；反之，就不能确认为无形资产。

2. 该无形资产的成本能够可靠地计量

成本能够可靠地计量是资产确认的一项基本条件。对于无形资产来说，这个条件显得十分重要。例如，一些高新科技企业的科技人才，假定其与企业签订了服务合同，且合同规定其在一定期限内不能为其他企业提供服务。在这种情况下，虽然这些科技人才的知识在规定的期限内预期能够为企业创造经济利益，但由于这些技术人才的知识难以辨认，加之为形成这些知识所发生的支出难以计量，从而不能作为企业的无形资产加以计量。

（二）无形资产的计量

根据无形资产取得方式的不同，有不同的计量方法。

1. 外购的无形资产

企业外购的无形资产应当按成本进行初始计量。外购无形资产的成本包括购买价款、相关税费以及直接归属于该项资产达到预定用途所发生的其他支出。

购买无形资产的价款超过正常信用条件延期支付，实质上具有融资性质的，无形资产的初始成本以购买价款的现值为基础确定。实际支付的价款与购买价款的现值之间的差额，除按照“借款费用”的有关规定应予以资本化的以外，应当在信用期间内采用实际利率法进行摊销，计入当期损益。

2. 投资者投入的无形资产

投资者投入的无形资产，应当以投资各方确认的价值作为入账价值，但合同或协议约定价值不公允的除外。

3. 自行开发的无形资产

《企业会计准则》将内部研究开发分为研究阶段和开发阶段。所谓研究阶段，是指为获取新的技术和知识等进行的有计划的调查，其特点在于研究阶段是探索性的，为进一步的开发活动进行资料及相关方面的准备，从已经进行的研究活动看，将来是否会转入开发、开发后是否会形成无形资产等具有较大的不确定性。开发阶段相对研究阶段而言，应当是完成了研究阶段的工作，在很大程度上形成了一项新产品或新技术的基本条件已经具备。根据准则的规定，企业研究阶段的支出全部费用化，计入当期损益。开发阶段的支出符合资本化条件的，才能确认为无形资产；不符合资本化条件的，计入当期损益。无法区分研究阶段支出和开发阶段支出，应当将其所发生的研发支出全部费用化，计入当期损益。

企业内部发生的开发阶段支出，应同时满足下列条件，才能予以资本化，确认为无形资产，否则应计入当期损益：

(1)完成该项无形资产，以使其能够使用或出售在技术上具有可能性。判断无形资产的开发在技术上是否具有可行性，应当以目前阶段的成果为基础，并提供相关证据和材料，证明企业进行开发所需的技术条件等已经具备，不存在技术上的障碍或其他不确定性。例如，企业已经完成了全部计划、设计和测试活动，这些活动是使资产能够达到设计规划书中的功能、特征和技术所必须的活动或经过专家鉴定等。

(2)具有完成该无形资产并使用或出售的意图。企业能够说明其持有开发无形资产的目的。

(3)无形资产能够为企业带来未来经济利益。

(4)有足够的技术、财务资源和其他资源支持，以完成该无形资产的开发，并有能力使用或出售该无形资产。

(5)归属于该无形资产开发阶段的支出能够可靠地计量。企业对于研究开发的支出应当能够单独核算。例如，直接发生的研发人员工资、材料费以及相关设备折旧费等能够对象化；同时从事多项研究开发活动的，所发生的支出能够按照合理的标准在各项研究开发活动之间进行分配。研发支出无法明确分配的，应当计入当期损益，不计入开发活动的成本。

(三)无形资产的摊销

无形资产属于企业的长期资产，能在较长的时间给企业带来经济效益。但无形资产也有一定的有效期限，其价值将随着时间的推移而消失。因此，无形资产的成本应在其有效的经济寿命内加以摊销。《企业会计准则》对使用寿命有限的无形资产和使用寿命不确定的无形资产的摊销规定了不同的方法。对于使用寿命有限的无形资产，其应摊销金额应当在使用寿命内系统、合理摊销；使用寿命不确定的无形资产不应摊销。

无形资产的应摊销金额为其成本扣除预计残值后的金额。已计提减值准备的无形资产，还应扣除已计提的无形资产减值准备累计金额。使用寿命有限的无形资产，其残值应当视为零，但下列情况除外：(1)有第三方承诺在无形资产使用寿命结束时购买该无形资产；(2)可以根据活跃市场得到预计残值信息，并且该市场在无形资产使用寿命结束时很可能存在。

在估计无形资产使用寿命时应当注意到：法律或合同的规定称为法定寿命。例如，法律规定专利权的有效期限为20年，商标权的有效期限为10年等。确定无形资产使用寿命的原则为“合同年限与法律规定孰低”，具体可按以下原则确定：

(1)若合同规定有明确的年限，而法律没有规定有效年限，则按照合同规定的年限确定使用寿命；

(2)若合同没有规定明确的年限，而法律规定了有效年限，则按照法律规定的年限确定使用寿命；

(3)若合同规定有明确的年限，而法律也规定了有效年限，则按照“合同年限与法律规定孰低”的原则确定使用寿命。

《企业会计准则》规定，企业摊销无形资产，应当自无形资产可供使用时起，至不再作为无形资产确认时止。在确定摊销期限后，还应选择合理的摊销方法，企业选择的方法应当反映与该项无形资产有关的经济利益的预期实现方式。无法可靠确定预期实现方式的，应当采用直线法摊销。

无形资产的摊销金额一般应计入当期损益。但如果某项无形资产包含的经济利益是通过所生产的产品或其他资产实现的，其摊销金额应当计入相关资产的成本。

企业至少应当于每年年度终了，对使用寿命有限的无形资产的使用寿命及摊销方法进行复核。无形资产的使用寿命及摊销方法与以前估计不同的，应当改变摊销期限和摊销方法。

企业应当在每个会计期间对使用寿命不确定的无形资产的使用寿命进行复核。如果有证据表明无形资产的使用寿命是有限的，那么企业应当将其视为会计估计变更，并按照使用寿命有限的无形资产进行会计处理，估计其使用寿命。

(四)无形资产的期末计价

期末对无形资产进行摊销后，还应对其进行减值测试。如果无形资产已经发生减值，应对其提取减值准备。应注意的是，根据可获得的相关信息判断，有确凿证据表明无法合理估计其使用寿命的无形资产，应作为使用寿命不确定的无形资产。对于使用寿命不确定的无形资产，在持有期间内不需要进行摊销，但至少应当在每年年度终了时按照《企业会计准则第 8 号——资产减值》的有关规定进行减值测试。如经减值测试表明已发生减值，则需要计提相应的减值准备。衡量无形资产是否发生减值的标准是其可回收金额。

根据《企业会计准则》的规定，企业应定期或者至少在每年年度终了时，检查各项无形资产预计给企业带来未来经济利益的能力，对预计可收回金额低于其账面价值的差额，应当计提无形资产减值准备。无形资产的可收回金额指以下两项金额中的较大者：

(1)无形资产的销售净价(即该无形资产的销售价格减去因出售该无形资产所发生的律师费和其他相关税费后的余额)；

(2)预期从无形资产的持续使用和使用年限结束时的处置中产生的预计未来现金流量的现值。

如果无形资产的账面价值超过其可收回金额，则应按超过部分计提无形资产减值准备。无形资产的减值损失确认后，减值无形资产的摊销费用应当在未来期间作相应的调整，以使该无形资产在剩余使用寿命内，系统地分摊调整后的无形资产账面价值。

无形资产减值损失一旦确认，在以后期间不得转回。

三、无形资产的核算

为了核算无形资产的取得、摊销和转让，应设置“无形资产”账户。该账户的借方登记企业购入或自行创造并按法律程序申请取得以及投资者投入的各种无形资产的价值，贷方登记企业向外单位投资转出、转让出售的无形资产价值及分期摊销的无形资产的价值，期末借方余额反映企业已入账尚未摊销的无形资产价值。“无形资产”账户应按其类别设置明细分类账。

(一)无形资产取得的核算

无形资产取得的方式主要有购入、自创、投资者投入等方式。由于取得的方式不同,会计处理方式也不同。

1. 购入的无形资产

企业购入的无形资产应按实际支付的价款,借记“无形资产”账户,贷记“银行存款”等账户。若企业购入专利权、商标权等无形资产,购进的不是所有权而是使用权时,也应把使用权作为无形资产入账。

企业购买正在进行中的研发项目,发生的购买价款等支出应当予以资本化。

借:研发支出——资本化支出

　　贷:银行存款等

企业购买以后发生的研发支出,比照企业自行开发无形资产发生的研发支出处理。

借:研发支出——资本化支出(满足资本化条件)

　　　　　　——费用化支出(未满足资本化条件)

　　贷:银行存款/原材料/应付职工薪酬等

【教学案例7-1】

信义股份有限公司购入一项非专利技术,一次性支付价款50 000元,支付咨询费、手续费等1 500元,以上款项均以银行存款支付。应编制会计分录如下:

借:无形资产——非专利技术	46 545.05	
应交税费——应交增值税(进项税额)$\left(\frac{50\ 000}{1+11\%}\times 11\%\right)$	4 954.95	
贷:银行存款		51 500

2. 企业自创的无形资产

企业自行开发的无形资产,应设置“研发支出”账户核算研究开发过程中的相关支出。该账户应当按照研究开发项目,分别设置“费用化支出”与“资本化支出”进行明细核算。其研发支出,不满足资本化条件的,借记“研发支出——费用化支出”账户;满足资本化条件的,借记“研发支出——资本化支出”账户,贷记“原材料”“银行存款”“应付职工薪酬”等账户。企业以其他方式取得的正在进行中的研究开发项目,应按确定的金额,借记“研发支出——资本化支出”账户,贷记“银行存款”等账户。研究开发项目达到预定用途、形成无形资产的,应按研发支出——资本化支出的余额,借记“无形资产”账户,贷记“研发支出——资本化支出”账户。期末,企业应将研发支出——费用化支出金额转入“管理费用”账户,借记“管理费用”账户,贷记“研发支出——费用化支出”账户。本账户期末借方余额,反映企业正在进行中的研究开发项目中满足资本化条件的支出。

【教学案例7-2】

信义股份有限公司董事会批准自行研发某项新型技术,在开发过程中发生材料费用700 000元,人工费用300 000元,其他费用100 000元,总计1 100 000元。其中,符合资本化条件的支出为800 000元。2016年10月,该项新型技术已达到预定用途。应编制会计分录如下:

开发投入时:

借:研发支出——费用化支出	300 000	
——资本化支出	800 000	

贷:原材料　　700 000

　应付职工薪酬　　300 000

　银行存款　　100 000

2016 年 10 月,开发项目达到预定用途时:

借:管理费用　　300 000

　无形资产　　800 000

　贷:研发支出——费用化支出　　300 000

　　　　　——资本化支出　　800 000

3. 投资者投入的无形资产

投资者投入的无形资产,应以投资各方确认的公允价值作为入账价值,借记“无形资产”账户,贷记“实收资本”账户。

【教学案例 7—3】

信义股份有限公司接受一研究所投资的一项生产新型产品的专利权,双方确认的价值为180 000元。应编制会计分录如下:

借:无形资产——专利权　　180 000

　贷:实收资本　　180 000

(二)无形资产摊销的核算

无形资产的价值应自受益之日起,在有效期内按月平均摊入期间费用。摊销时,并不直接冲减无形资产,而是在增加期间费用的同时增加累计摊销,即借记“管理费用”账户,贷记“累计摊销”账户。

【教学案例 7—4】

信义股份有限公司于 2016 年 12 月购得一项专利权,该专利权的成本为900 000元,有效期为3 年,本月应该摊销无形资产25 000元(90 000÷3÷12)。应编制会计分录如下:

借:管理费用——无形资产摊销　　25 000

　贷:累计摊销　　25 000

(三)无形资产转让的核算

无形资产转让的方式有两种:一种是转让所有权,另一种是转让使用权。

1. 转让无形资产所有权

无形资产所有权转让即为出售无形资产,企业应按实际取得的转让收入,借记“银行存款”等账户;按该资产已计摊销额,借记“累计摊销”账户;按无形资产的账面价值,贷记“无形资产”账户;按支付相关税费,贷记“银行存款”“应交税费”等账户;按其差额,贷记“营业外收入——出售无形资产收益”账户或借记“营业外支出——出售无形资产损失”账户。

【教学案例 7—5】

信义股份有限公司于 2016 年 12 月 20 日将拥有的一项专利权出售,价款为 200 000 元,款项存入银行,该专利权原价250 000元,累计摊销100 000元,按规定应缴纳 6%的增值税。应编制会计分录如下:

借:银行存款　　200 000
　累计摊销　　100 000
　　贷:无形资产　　250 000
　　　应交税费——应交增值税(销项税额)　　12 000
　　　营业外收入——处置非流动资产利得　　38 000

2. 转让无形资产使用权

企业转让无形资产使用权就是将无形资产出租,将使用权让渡给他人并收取租金,属于企业让渡资产的使用权。转让取得的收入,计入其他业务收入;按6%增值税税率计入应交税费——应交增值税;摊销无形资产成本并发生与转让有关的各种费用支出,计入其他业务成本。

企业出租无形资产所得的租金收入,借记“银行存款”等账户,贷记“其他业务收入”账户;摊销无形资产成本并发生与转让有关的各种费用支出,借记“其他业务成本”账户,贷记“累计摊销”“银行存款”等账户。

【教学案例7-6】

信义股份有限公司将其商标使用权出租给乙公司,合同规定出租期限为3年,每月租金收入200 000元,每月月末收取当月租金。2016年7月31日,收到当月的租金及增值税税额合计212 000元,已办理入账手续。该商标权每月的摊销额为100 000元。信义公司应做会计处理如下:

当月收到租金及增值税税额时:

借:银行存款　　212 000
　　贷:其他业务收入　　200 000
　　　应交税额——应交增值税(销项税额)　　12 000

当月摊销无形资产价值时:

借:其他业务成本　　100 000
　　贷:累计摊销　　100 000

(四)无形资产转销的核算

如果无形资产预期不能为企业带来经济利益,从而不再符合无形资产的定义,则应将其转销。企业在判断无形资产是否预期不能为企业带来经济利益时,应根据以下迹象加以判断:(1)该无形资产是否已被其他新技术替代,且已不能为企业带来经济利益;(2)该无形资产是否不再受法律保护,且不能给企业带来经济利益。例如,某企业的一项无形资产的法定有效年限已过,且生产的产品没有市场,出现这种情况时,企业应转销这项无形资产。

转销时,应按已计提的累计摊销,借记“累计摊销”账户;按其账面余额,贷记“无形资产”账户;按其差额,借记“营业外支出”账户。已计提减值准备的,还应同时结转减值准备。

【教学案例7-7】

信义股份有限公司拥有的某项专利权已被其他新技术替代,预期不能为企业带来经济效益,决定予以转销。该专利权的账面余额为60 000元,摊销期限为5年。采用直线法进行摊销,已摊销3年。已计提减值准备16 000元。应编制会计分录如下:

借:累计摊销　　36 000
　无形资产减值准备　　16 000
　营业外支出——处置非流动资产损失　　8 000

贷:无形资产——专利权　　60 000

(五)无形资产减值的核算

资产减值,是指资产的可回收金额低于其账面价值。如果无形资产经过减值测试发生减值,则需要计提相应的减值准备。具体账务处理为:

借:资产减值损失

　贷:无形资产减值准备

【教学案例7-8】

信义股份有限公司2012年初开始自行研究开发一项无形资产,在研究开发过程中,发生人员工资90万元,其他费用70万元,共计160万元。其中,符合资本化条件的支出为120万元;2012年10月无形资产研发获得成功,达到预定可使用状态。

公司根据可获得的相关信息判断,无法可靠预计这一无形资产为企业带来未来经济利益的期限。2012年12月31日,经减值测试,预计该项无形资产的可收回金额为100万元。2013年末,经减值测试,预计该项无形资产的可收回金额为80万元。同时,有证据表明其使用寿命是有限的,预计尚可使用5年。2014年末,由于新技术发展迅速,该无形资产出现减值迹象,经减值测试,预计其可收回金额为54万元,预计使用寿命和摊销方法不变。2016年末,该项无形资产的相关产品已没有市场,该无形资产预期不能再为企业带来经济利益。

信义公司应编制会计分录如下:

2012年度:

借:研发支出——费用化支出　　400 000

　　　　——资本化支出　　1 200 000

　贷:应付职工薪酬　　900 000

　　银行存款　　700 000

借:管理费用　　400 000

　贷:研发支出——费用化支出　　400 000

借:无形资产　　1 200 000

　贷:研发支出——资本化支出　　1 200 000

2012年末资产的账面价值为120万元,可收回金额为100万元,账面价值高于可收回金额,所以应该计提减值准备20万元(120－100)

借:资产减值损失　　200 000

　贷:无形资产减值准备　　200 000

2013年12月31日应计提的减值准备＝100－80＝20(万元)

借:资产减值损失　　200 000

　贷:无形资产减值准备　　200 000

2014年度摊销额＝80÷5＝16(万元)

2014年12月31日应计提无形资产减值准备＝(80－16)－54＝10(万元)

借:管理费用　　160 000

　贷:累计摊销　　160 000

借:资产减值损失　　100 000

　贷:无形资产减值准备　　100 000

2016年度:

借:管理费用　　135 000

贷:累计摊销　　135 000

借:累计摊销(160 000+135 000×2)　　430 000

无形资产减值准备(400 000+100 000)　　500 000

营业外支出　　270 000

贷:无形资产　　1 200 000

任务二　投资性房地产

一、投资性房地产概述

(一)投资性房地产的概念

投资性房地产是指为赚取租金或资本增值,或两者兼有而持有的房地产。投资性房地产应当能够单独计量和出售。

房地产是土地和房屋及其权属的总称。在我国,土地归国家或集体所有,企业只能取得土地使用权。因此,房地产中的土地是指土地使用权。房屋是指土地上的房屋等建筑物及构筑物。随着我国社会主义市场经济的发展和完善,房地产日益活跃,企业持有的房地产除了用作自身管理、生产经营活动场所和对外销售外,还用于赚取租金或增值收益。就某些企业而言,投资性房地产属于日常经营活动,形成的租金收入或转让增值收益确认为企业的主营业务收入。但对大部分企业而言,是与经营活动相关的其他经营活动,形成的租金收入或转让增值收益构成企业的其他业务收入。

(二)投资性房地产的特征

1. 投资性房地产是一种经营活动

投资性房地产的主要形式是出租建筑物、出租土地使用权,这实质上属于一种让渡资产使用权的行为。房地产的租金就是让渡资产使用权取得的使用费收入,是企业为完成其经营目标所从事的经营活动以及与之相关的其他活动形成的经济利益总流入。投资性房地产的另一种形式是持有并准备增值后转让的土地使用权,尽管其增值收益通常与市场供求、经济发展等因素相关,但目的是为了增值后转让以赚取增值收益,也是企业为完成其经营目标所从事的经营活动以及与之相关的其他活动形成的经济利益总流入。

2. 投资性房地产在用途、状态、目的等方面区别于作为生产经营场所的房地产和用于销售的房地产

企业持有的房地产除了用作自身的管理、生产经营活动场所和对外销售之外,还用于赚取租金或增值收益,甚至是个别企业的主营业务。这就需要将投资性房地产单独作为一项资产核算和反映,与自用的厂房、办公楼等房地产和作为存货(已建完工商品房)的房地产加以区分,从而更加清晰地反映企业所持有房地产的构成情况和盈利能力。

(三)投资性房地产的范围

根据《企业会计准则第3号——投资性房地产》的规定,投资性房地产的范围限定为:已出租的土地使用权,持有并准备增值后转让的土地使用权,以及已出租的建筑物。

1. 已出租的土地使用权

已出租的土地使用权,是指企业通过出让或转让方式取得、以经营租赁方式出租的土地使用权。企业取得的土地使用权通常包括在一级市场上以缴纳土地出让金的方式取得的土地使用权,也包括在二级市场上接受其他单位转让的土地使用权。例如,A公司与B公司签署了土地使用权租赁协议,A公司以每年租金720万元租赁使用B公司拥有的40万平方米土地使用权。那么,自

租赁协议约定的租赁期开始日，这项土地使用权就属于B公司的投资性房地产。企业计划用于出租但尚未出租的土地使用权，不属于此类。

对于以经营租赁方式租入土地使用权，再转租给其他单位的，不能确认为投资性房地产。

2. 持有并准备增值后转让的土地使用权

持有并准备增值后转让的土地使用权，是指企业取得、准备增值后转让的土地使用权。这类土地使用权很可能给企业带来增值收益，符合投资性房地产的定义。例如，企业发生转产或厂址搬迁，部分土地使用权停止自用，管理层决定继续持有这部分土地使用权，待其增值后转让，以赚取增值收益。

按照国家有关规定认定的闲置土地，不属于持有并准备增值后转让的土地使用权，也就不属于投资性房地产。

3. 已出租的建筑物

已出租的建筑物是指企业拥有产权、以经营租赁方式出租的建筑物，包括自行建造或开发活动完成后用于出租的建筑物。例如，A公司将其拥有的某栋厂房整体出租给B公司，租赁期2年。对于A公司而言，自租赁期开始日起，该栋厂房就属于投资性房地产。企业在判断和确认已出租的建筑物时，应当把握以下要点：

(1)用于出租的建筑物是指企业拥有产权的建筑物。企业以经营租赁方式租入再转租的建筑物，不属于投资性房地产。例如，A企业与B企业签订了一项经营租赁合同，B企业将其持有产权的一栋办公楼出租给A企业，为期5年。A企业一开始将该办公楼改装后用于自行经营餐馆。2年后，由于连续亏损，A企业将餐馆转租给C公司，以赚取租金差价。这种情况下，对于A企业而言，该栋楼不属于其投资性房地产；对于B企业而言，则属于其投资性房地产。

(2)已出租的建筑物是企业已经与其他方签订了租赁协议，约定以经营租赁方式出租的建筑物。自租赁协议规定的租赁开始日起，经营租出的建筑物才属于已出租的建筑物。企业计划用于出租但尚未出租的建筑物，不属于已出租的建筑物。

通常情况下，对企业持有以备经营出租的空置建筑物，如董事会或类似机构作出书面决议，明确表明将其用于经营出租且持有意图短期内不再发生变化的，即使尚未签订租赁协议，也应视为投资性房地产。

空置建筑物是指企业新购入、自行建造或开发完成但尚未使用的建筑物，以及不再用于日常生产经营活动且经整理后达到可经营出租状态的建筑物。

(3)企业将建筑物出租，按租赁协议向承租人提供的相关辅助服务在整个协议中不重大的，应当将该建筑物确认为投资性房地产。例如，企业将其办公楼出租，同时向承租人提供维护、保安等日常辅助服务，企业应当将其确认为投资性房地产。

但需要注意的是，以下项目不属于投资性房地产：

(1)自用房地产，即为生产商品、提供劳务或者经营管理而持有的房地产，包括自用建筑物(固定资产)和自用土地使用权(无形资产)。例如，企业拥有并自行经营的旅馆饭店，持有目的主要是通过提供客房服务赚取服务收入，该旅馆饭店不确认为投资性房地产。

(2)作为存货的房地产，通常是指房地产开发企业在正常经营过程中销售或为销售而正在开发的商品房和土地。

某项房地产，部分自用(即用于生产商品、提供劳务或经营管理)，部分用于赚取租金或资本增值，用于赚取租金或资本增值部分能够单独计量和出售的，应将此部分确认为投资性房地产；用于赚取租金或资本增值的部分不能够单独计量和出售的，此部分不能确认为投资性房地产。该项房地产自用的部分，以及用于赚取租金或资本增值不能够单独计量和出售的部分，应当确认为固定资产或无形资产。

(四)投资性房地产的确认与初始计量

1. 投资性房地产的确认

投资性房地产只有在符合定义的前提下,同时满足下列条件的,才能予以确认:

(1)与该投资性房地产有关的经济利益很可能流入企业;

(2)该投资性房地产的成本能够可靠计量。

对于已出租的土地使用权、已出租的建筑物,其作为投资性房地产的时点为租赁开始日,即土地使用权、建筑物进入出租状态、开始赚取租金的日期。对持有并准备增值后转让的土地使用权,其作为投资性房地产的确认时点为企业将自用房地产停止自用,准备增值后转让的日期。

2. 投资性房地产的初始计量

投资性房地产分为初始计量和后续计量。投资性房地产的初始计量应该按照成本进行。这里仅就外购、自行建造的投资性房地产的初始计量予以说明。

对于企业外购的房地产,只有在购入房地产的同时开始对外出租(自租赁期开始日起,下同)或用于资本增值,才能称为外购的投资性房地产。外购投资性房地产的成本,包括购买价款、相关税费和可直接归属于该资产的其他支出。企业购入房地产,自用一段时间之后再改为出租或用于资本增值的,应当先将外购的房地产确认为固定资产或无形资产,自租赁期开始日或用于资本增值之日起,再从固定资产或无形资产转换为投资性房地产。

企业自行建造(或开发,下同)的房地产,只有在自行建造或开发活动完成(即达到预定可使用状态)的同时开始对外出租或用于资本增值,才能将自行建造的房地产确认为投资性房地产。自行建造投资性房地产的成本,由建造该项房地产达到预定可使用状态前发生的必要支出构成。企业自行建造房地产达到预定可使用状态后一段时间才对外出租或用于资本增值的,应当先将自行建造的房地产确认为固定资产、无形资产或存货,自租赁期开始或用于资本增值之日起,从固定资产、无形资产或存货转换为投资性房地产。

3. 投资性房地产的后续计量

投资性房地产有两种后续计量模式:成本模式和公允价值模式。

企业通常应当采用成本模式对投资性房地产进行后续计量,只有在满足特定的条件下,即有确凿证据表明其所有投资性房地产的公允价值能够持续、可靠取得的,才可以采用公允价值模式进行计量。但是,同一企业只能采用一种模式对所有的投资性房地产进行后续计量,不得同时采用两种计量模式。

二、投资性房地产取得的账务处理

企业应当设置"投资性房地产"账户。本账户属资产类账户,核算投资性房地产的价值,包括采用成本模式计量的投资性房地产和采用公允价值模式计量的投资性房地产。借方登记企业外购、自行建造等取得的房地产,将作为存货的房地产转换为投资性房地产,将自用的建筑物等转换为投资性房地产;贷方登记企业将投资性房地产转为自用、处置投资性房地产;期末余额在借方,反映企业的投资性房地产成本。如果企业采用公允价值模式计量投资性房地产,则反映投资性房地产的公允价值。本账户可按投资性房地产类别和项目进行明细核算;采用公允价值模式计量的投资性房地产,还应当分别"成本"和"公允价值变动"进行明细核算。

(一)外购投资性房地产

企业外购投资性房地产,按照取得时的实际成本,借记"投资性房地产"账户,贷记"银行存款"等账户。

【教学案例 7-9】

信义股份有限公司 2017 年计划购入一栋写字楼用于对外出租。3 月 15 日,与 A 企业签订了经营租赁合同，约定自写字楼购买日起将这栋写字楼出租给A企业，为期5年。4月5日，信义公司实际购入写字楼，支付价款共计1 500万元。假设不考虑其他因素，信义公司应根据有关原始凭证，编制会计分录如下：

借：投资性房地产——写字楼　　13 513 500
　　应交税费——应交增值税（进项税额）　　1 486 500
　贷：银行存款　　15 000 000

（二）自行建造投资性房地产

自行建造投资性房地产，其成本由建造该项资产达到预定可使用状态前发生的必要支出构成，包括土地开发费、建筑成本、安装成本，以及应予资本化的借款费用、支付的其他费用和分摊的间接费用等。建造过程中的非正常性损失，直接计入当期损益，不计入建造成本。按照确定的成本，借记“投资性房地产”账户，贷记“在建工程”账户。

【教学案例7—10】

信义股份有限公司于2016年1月从其他单位购入一块土地的使用权，并在这块土地上自行建造三栋厂房。2016年10月，预计厂房即将完工，与B公司签订了经营租赁合同，将其中的一栋厂房租赁给B公司使用。租赁合同约定，该厂房于完工（达到预定使用状态）时开始使用。2016年11月1日，三栋厂房同时完工（达到预定使用状态）。该块土地使用权的成本为900万元；三栋厂房的实际造价均为1 000万元，能够单独出售。

信义公司应根据有关原始凭证，编制会计分录如下：

土地使用权中的对应部分同时转换为投资性房地产＝[900×(1 000÷3 000)]
　　＝300（万元）

借：投资性房地产——厂房　　10 000 000
　　固定资产——厂房　　20 000 000
　贷：在建工程　　30 000 000
借：投资性房地产——已出租土地使用权　　3 000 000
　贷：无形资产——土地使用权　　3 000 000

三、投资性房地产的后续计量

投资性房地产的后续计量有成本和公允价值两种模式，通常应当采用成本模式，满足特定条件时也可以采用公允价值模式计量。但是，企业只能采用一种模式对所有投资性房地产进行后续计量，不得同时采用两种计量模式。

（一）采用成本模式计量的投资性房地产

采用成本模式进行后续计量的投资性房地产，应当按照《企业会计准则——固定资产》或《企业会计准则——无形资产》的有关规定，按期（月）计提折旧或摊销。企业按期（月）对投资性房地产计提折旧或进行摊销时，借记“其他业务成本”账户，贷记“投资性房地产累计折旧（摊销）”账户。

取得的租金收入，借记“银行存款”等账户，贷记“其他业务收入”等账户。

投资性房地产存在减值迹象的，还应当按照《企业会计准则——资产减值》的有关规定。经减值测试后确定发生减值的，应当计提减值准备。计提减值准备时，借记“资产减值损失”账户，贷记“投资性房地产减值准备”账户。已经计提减值准备的投资性房地产，其减值损失在以后的会计期间不得转回。

(二)采用公允价值模式计量的投资性房地产

企业存在确凿证据表明投资性房地产的公允价值能够持续可靠取得的,可以采用公允价值计量模式。企业选择公允价值模式,就应当对其所有投资性房地产采用公允价值模式进行后续计量,不得对一部分投资性房地产采用成本模式进行后续计量,而对另一部分投资性房地产采用公允价值模式进行后续计量。

投资性房地产采用公允价值模式进行后续计量的,不计提折旧或摊销,应当以资产负债表日的公允价值计量。资产负债表日,投资性房地产的公允价值高于其账面余额的差额,借记"投资性房地产——公允价值变动"账户,贷记"公允价值变动损益"账户;公允价值低于其账面价值余额的差额,做相反的账务处理。

取得的租金收入,借记"银行存款"等账户,贷记"其他业务收入"等账户。

【教学案例 7-11】

信义股份有限公司于 2016 年 8 月与长江公司签订租赁协议,约定将开发的一栋精装修写字楼于开发完成的同时开始租赁给长江公司使用,租赁期 10 年。当年 10 月 1 日,该写字楼开发完成并开始起租,写字楼的造价为9 000万元。2016 年 12 月 31 日,该写字楼的公允价值为9 200万元。账务处理如下:

2016 年 10 月 1 日,开发完成写字楼并开始出租时:

借:投资性房地产——成本　　90 000 000

　　贷:在建工程/开发成本　　90 000 000

2016 年 12 月 31 日,按照公允价值为基础调整其账面价值,公允价值与原账面价值之间的差额计入当期损益:

借:投资性房地产——公允价值变动　　2 000 000

　　贷:公允价值变动损益　　2 000 000

(三)投资性房地产后续计量模式的变更

为保证会计信息的可比性,企业对投资性房地产的计量模式一经确定,不得随意变更。只有在房地产市场比较成熟、能够满足采用公允价值模式条件的情况下,才允许企业对投资性房地产从成本模式计量变更为公允价值模式计量。

成本模式转为公允价值模式的,应当作为会计政策变更处理,将计量模式变更时公允价值与账面价值的差额,调整期初留存收益。已经采用公允价值模式计量的投资性房地产,不得从公允价值模式转为成本模式。

企业变更投资性房地产计量模式,符合《企业会计准则第 3 号——投资性房地产》规定的,应当按照计量模式变更日投资性房地产的公允价值,借记"投资性房地产——成本"账户;按照已计提的折旧或摊销,借记"投资性房地产累计折旧(摊销)"账户;原已计提减值准备的,借记"投资性房地产减值准备"账户;按照原账面余额,贷记"投资性房地产"账户;按照公允价值与其账面价值之间的差额,贷记或借记"利润分配——未分配利润""盈余公积"等账户。

【教学案例 7-12】

信义股份有限公司于 2016 年 8 月将一栋写字楼对外出租,采用成本模式进行后续计量。2017 年 2 月 1 日,假设信义公司持有的投资性房地产满足采用公允价值模式计量的条件,公司决定采用公允价值模式对该写字楼进行后续计量。2017 年 2 月 1 日,该写字楼的原价为9 000万元,已计提折旧2 700万元,账面价值6 300万元,公允价值为6 500万元。公司按净利润的 10%计提盈余公积。账务处理如下：

借：投资性房地产——成本(写字楼)　　65 000 000
　投资性房地产累计折旧(或摊销)　　27 000 000
　　贷：投资性房地产 ——写字楼　　90 000 000
　　　利润分配——未分配利润　　1 800 000
　　　盈余公积　　200 000

四、投资性房地产的后续支出

投资性房地产的后续支出，是指对投资性房地产的改扩建、装修以及进行日常维护所发生的支出。满足投资性房地产确认条件的，其后续支出应予以资本化；不满足确认条件的，应当在发生时计入当期损益。

企业对某项投资性房地产进行改、扩建等再开发且将来仍作为投资性房地产的，在再开发期间应当继续将其作为投资性房地产(通过"投资性房地产——在建"账户核算)，但是在再开发期间不计提折旧或摊销。

(一)资本化的后续支出

与投资性房地产有关的后续支出，满足投资性房地产确认条件的，应当计入投资性房地产成本。例如，企业为了提高投资性房地产的使用效能，往往需要对投资性房地产进行改建、扩建而使其更加坚固耐用，或者通过装修而改善其室内装潢，改、扩建或装修支出满足确认条件的，应当将其资本化。

1. 采用成本模式进行后续计量

当投资性房地产转入改、扩建工程时：

借：投资性房地产——在建
　投资性房地产累计折旧
　　贷：投资性房地产

当发生改、扩建或装修支出时：

借：投资性房地产——在建
　　贷：银行存款等

当改、扩建工程或装修完工时：

借：投资性房地产
　　贷：投资性房地产　　在建

2. 采用公允价值模式进行后续计量

当投资性房地产转入改、扩建工程时：

借：投资性房地产——在建
　　贷：投资性房地产——成本
　　　　　　　　——公允价值变动

当发生改、扩建或装修支出时：

借：投资性房地产——在建
　　贷：银行存款等

当改、扩建工程或装修完工时：

借：投资性房地产——成本
　　贷：投资性房地产——在建

【教学案例 7－13】

信义股份有限公司 2016 年 3 月与长城公司的厂房经营租赁合同即将到期。该厂房原价为 2 000万元,已计提折旧 600 万元。为了提高厂房的租金收入,企业决定在租赁期满后对厂房进行改造,并与黄河公司签订了经营租赁合同,约定自改、扩建完工时将厂房出租给黄河公司。3 月 15 日,与长城公司的租赁合同到期,厂房随即进入改、扩建工程。12 月 10 日,厂房改、扩建工程完工,共发生支出 150 万元,即日按照租赁合同出租给黄河公司。

本例中,改、扩建支出满足资本化确认条件,应当计入投资性房地产的成本。

根据有关原始凭证,应编制会计分录如下:

2016 年 3 月 15 日,投资性房地产转入改、扩建工程时:

借:投资性房地产——在建	14 000 000	
投资性房地产累计折旧(摊销)	6 000 000	
贷:投资性房地产——厂房		20 000 000

2016 年 3 月 15 日～12 月 10 日,发生改、扩建支出时:

借:投资性房地产——在建	1 500 000	
贷:银行存款		1 500 000

2016 年 12 月 10 日,改、扩建工程完工时:

借:投资性房地产——厂房	15 500 000	
贷:投资性房地产——在建		15 500 000

如果公司采用公允价值模式进行计量。3 月 15 日,厂房的账面余额为1 400万元,其中成本 1 000万元,累计公允价值变动 400 万元。则账务处理如下:

2016 年 3 月 15 日,投资性房地产转入改、扩建工程时:

借:投资性房地产——在建	14 000 000	
贷:投资性房地产——成本		10 000 000
——公允价值变动		4 000 000

2016 年 3 月 15 日～12 月 10 日,发生改、扩建支出时:

借:投资性房地产——在建	1 500 000	
贷:银行存款		1 500 000

2016 年 12 月 10 日,改、扩建工程完工时:

借:投资性房地产——成本	15 500 000	
贷:投资性房地产——在建		15 500 000

(二)费用化的后续支出

与投资性房地产有关的后续支出,不满足投资性房地产确认条件的,应当在发生时计入当期损益。例如,企业对投资性房地产进行日常维护所发生的支出。企业在发生投资性房地产费用化的后续支出时,借记“其他业务成本”等账户,贷记“银行存款”等账户。采用成本模式和公允模式下的会计核算方法相同。

五、投资性房地产的转换和处置

(一)投资性房地产的转换

1. 房地产转换形式

房地产转换,实质上是因房地产用途发生改变而对房地产进行的重新分类。这里所说的房地产转换是针对房地产用途发生改变而言，而不是后续计量模式的改变。企业必须有确凿证据表明房地产用途发生改变，才能将投资性房地产转换为非投资性房地产或者将非投资性房地产转换为投资性房地产，如自用的办公楼改为出租等。

这里的确凿证据包括两个方面：一是企业管理当局应当就改变房地产用途形成正式的书面决议；二是房地产因用途改变而发生实际状态上的改变，如从自用状态转为出租状态。

房地产转换的形式主要包括以下四种情况：

(1)投资性房地产开始自用，相应地由投资性房地产转换为固定资产或无形资产。投资性房地产开始自用是指企业将原来用于赚取租金或资本增值的房地产改为用于生产商品、提供劳务或经营管理。例如，企业将出租的厂房收回，并用于生产本企业的产品；又如，从事房地产开发的企业将出租的开发产品收回，作为本企业的固定资产。

(2)作为存货的房地产改为出租，通常是指房地产开发企业将其持有的开发产品以经营租赁的方式出租，相应地由存货转换为投资性房地产。

(3)自用土地使用权停止自用，用于赚取租金或资本增值，相应地由无形资产转换为投资性房地产。

(4)自用建筑物停止自用，改为出租，相应地由固定资产转换为投资性房地产。

2. 投资性房地产转换日的确定

转换日的确定关系到资产的确认时点和入账价值，因此非常重要。转换日是指房地产的用途发生改变、状态相应发生改变的日期。转换日的确定标准主要包括：

(1)投资性房地产开始自用，其转换日为房地产达到自用状态，企业开始将房地产用于生产商品、提供劳务或者经营管理的日期。

(2)作为存货的房地产改为出租，或者自用建筑物或土地使用权停止自用，改为出租，其转换日为租赁开始日。租赁开始日是指承租人有权行使其使用租赁资产权利的日期。

3. 投资性房地产转换的会计处理(如表7－2所示)

表7－2　投资性房地产转换的会计处理

成本模式下计量的投资性房地产	公允价值模式下计量的投资性房地产
自用房地产转为投资性房地产	自用房地产转为投资性房地产
账面价值转换： 借：投资性房地产 　　累计折旧或累计摊销 　　固定资产或无形资产减值准备 　贷：固定资产或无形资产 　　　投资性房地产累计(摊销) 　　　投资性房地产减值准备	借：投资性房地产——成本(按公允价值入账) 　　累计折旧或累计摊销 　　固定资产或无形资产减值准备 　　公允价值变动损益(借方差额) 　贷：固定资产或无形资产 　　　其他综合收益(贷方差额) 　　　其他综合收益待投资性房地产处置时， 　　　转入其他业务成本
投资性房地产转为自用房地产	投资性房地产转为自用房地产
账面价值转换： 借：固定资产或无形资产 　　投资性房地产累计折旧(摊销) 　　投资性房地产减值准备 　贷：投资性房地产 　　　累计折旧或累计摊销 　　　固定资产或无形资产减值准备	借：固定资产或无形资产(按公允价值入账) 　　公允价值变动损益(借方差额) 　贷：投资性房地产——成本 　　　　　　　　　——公允价值变动 　　　公允价值变动损益(贷方差额)

续表

成本模式下计量的投资性房地产	公允价值模式下计量的投资性房地产
存货转为投资性房地产	存货转为投资性房地产
按存货转换日下的账面价值转换： 借:投资性房地产 存货跌价准备 贷:开发产品	借:投资性房地产——成本(按公允价值入账) 存货跌价准备 公允价值变动损益(借方差额) 贷:开发产品 其他综合收益(贷方差额) 其他综合收益待投资性房地产处置时,转入其他业务成本
投资性房地产转为存货	投资性房地产转为存货
借:开发产品 投资性房地产累计折旧(摊销) 投资性房地产减值准备 贷:投资性房地产	借:开发产品(按公允价值入账) 公允价值变动损益(借方差额) 贷:投资性房地产——成本 ——公允价值变动 公允价值变动损益(贷方差额)

注:表中的“存货”指房地产开发企业的存货,使用的账户为“开发产品”。

(二)投资性房地产的处置

投资性房地产被处置或者永久退出使用而且预计不能从其处置中取得经济利益时,应当终止确认该项投资性房地产。

企业可以通过对外出售或转让的方式处置投资性房地产取得投资收益。对于那些由于使用而不断磨损至最终报废,或者由于遭受自然灾害等非正常损失发生毁损的投资性房地产,应当及时进行清理。此外,企业因其他原因(如非货币性交易等)而减少投资性房地产,也属于投资性房地产的处置。企业出售、转让、报废投资性房地产或者发生投资性房地产毁损,应当将处置收入扣除其账面价值和相关税费后的金额计入当期损益。

1. 采用成本模式计量的投资性房地产的处置

出售、转让按照成本模式进行后续计量的投资性房地产时,应当按实际收到的金额,借记“银行存款”等账户,贷记“其他业务收入” 账户;按照该项投资性房地产的账面价值,借记“其他业务成本” 账户;按其账面余额,贷记“投资性房地产” 账户;按照已计提的折旧或摊销,借记“投资性房地产累计折旧(摊销)” 账户;原已计提减值准备的,借记“投资性房地产减值准备” 账户。

【教学案例7-14】

信义股份有限公司为了满足市场需求、扩大再生产,将生产车间从市中心搬到郊区。2015年12月,管理层决定,将原厂区陈旧厂房拆除平整后,持有以备增值后转让。土地使用权的账面余额为1 000万元,已计提摊销60万元,剩余使用年限40年,按照直线法摊销,不考虑残值。2016年12月,信义公司将原厂区出售,取得转让收入1 500万元。假设不考虑相关税费。账务处理如下:

转换日:

借:投资性房地产——土地使用权	10 000 000	
累计摊销	600 000	
贷:无形资产——土地使用权		10 000 000
投资性房地产累计折旧(摊销)		600 000

计提摊销(假设按年)时:

借：其他业务成本　235 000
　　贷：投资性房地产累计折旧（摊销）　235 000

出售时：

借：银行存款　15 000 000
　　贷：其他业务收入　15 000 000
借：其他业务成本　9 165 000
　　投资性房地产累计折旧（摊销）　835 000
　　贷：投资性房地产——土地使用权　10 000 000

2. 采用公允价值模式计量的投资性房地产的处置

处置采用公允价值模式计量的投资性房地产时，应当按实际收到的金额，借记“银行存款”等账户，贷记“其他业务收入”账户；按该项投资性房地产的账面余额，借记“其他业务成本”账户；按其成本，贷记“投资性房地产——成本”账户；按其累计公允价值变动，贷记或借记“投资性房地产——公允价值变动”账户。同时，将投资性房地产累计公允价值变动转入其他业务成本，借记或贷记“公允价值变动损益”账户，贷记或借记“其他业务成本”账户。若存在原转换日计入其他综合收益的金额，也一并转入其他业务成本，借记“其他综合收益”账户，贷记“其他业务成本”账户。

【教学案例 7－15】

信义股份有限公司于 2014 年 1 月 10 日与长江公司签订了租赁协议，将其开发的一栋写字楼出租给长江企业使用，租赁期开始日为2014年 6 月 15 日。2014 年 6 月 15 日，该写字楼的账面余额为1 500万元，公允价值为1 700万元。2014 年 12 月 31 日，该项投资性房地产的公允价值为1 800万元。2016 年 6 月租赁期届满，信义公司收回该项投资性房地产，并以2 200万元出售，出售款项已收到。假设不考虑相关税费。账务处理如下：

2014 年 6 月 15 日，存货转换为投资性房地产时：

借：投资性房地产——成本　17 000 000
　　贷：开发产品　15 000 000
　　　　其他综合收益　2 000 000

2014 年 12 月 31 日，公允价值变动时：

借：投资性房地产——公允价值变动　1 000 000
　　贷：公允价值变动损益　1 000 000

2016 年 6 月，收回并出售投资性房地产时：

借：银行存款　220 000 000
　　贷：其他业务收入　22 000 000
借：其他业务成本　18 000 000
　　贷：投资性房地产——成本　17 000 000
　　　　　　　　　　——公允价值变动　1 000 000

同时，将投资性房地产累计公允价值变动转入其他业务成本：

借：公允价值变动损益　1 000 000
　　贷：其他业务成本　1 000 000

同时，将转换日原计入其他综合收益的部分转入其他业务成本：

借：其他综合收益　2 000 000
　　贷：其他业务成本　2 000 000

拓展阅读

陆家嘴尝试公允价值计量投资性物业

日前陆家嘴(600663.SH)聘请第三方采用公允价值对14项投资性房产计价,2011年8月11日,公司内部人士告诉记者,公允价值计量投资性房地产在港股和国际上普遍采用,这涉及公司重大会计变更,目前暂时以公告方式告知投资者。

这是继金融街(000402.SZ)、世茂股份(600823.SH)之后试水的又一家公司。

陆家嘴7月29日公告,委托上海财瑞资产评估有限公司对部分已竣工且投入使用1年以上的投资性房产(包括软件园1、4、5、7、8、10号楼、金桥创科园、陆家嘴1885文化中心、九六广场、中国钻石大厦、渣打银行大厦、陆家嘴商务广场、东怡大酒店、明城大酒店14项资产)进行房地产公允价值评估。经评估,14项投资性房产在2010年12月31日的评估价值为129.86亿元,是其账面净值的4.07倍。

"公司2010年营业收入27.5亿元,归属于上市公司股东的净利润11.9亿元,如果14项投资性房产采用公允价值,减去账面净值,则股东权益增长89.91亿元。"一位不愿具名的分析师告诉记者。

此前浦东金桥(600639.SH)一记者误传其将采用公允价值计价投资性房地产,5月24日当天浦东金桥涨停。

上海交大安泰经济与管理学院会计财务系博导胡奕明教授告诉记者,2006年国家已出台《企业会计准则第3号——投资性房地产》,指出企业可选用公允价值计量方法。本准则第二条指出,投资性房地产,是指为赚取租金或资本增值,或两者兼有而持有的房地产。

浦东金桥的证券事务代表吴海燕在电话中告诉记者:"我们的土地大部分为划拨取得,且多为租赁,不在市场交易,所以我们以成本价计价。"

2011年4月8日,金融街出台了《金融街控股自持物业市场价值估测之调研报告》,采用可比项目成交价格类比法对金融街控股公司五项自持型商业物业(即估价标的项目)进行价值估测。它们分别是金融街购物中心、金树街、C3四合院、A5写字楼和德胜国际中心写字楼。据年报,金融街持有物业总市值62.9亿元。

胡奕明告诉记者:"公允价值的变动容易导致权益、利润波动。"前述报告披露,金融街采用公允价值计量的投资性房地产公允价值变动损益35 310.54万元,占2010年净利润增加值的85%。另外,金融街未采用第三方机构进行估值,而是由公司市场部每季度出具调研报告,财务部据此进行会计处理。

国信证券一位分析师告诉记者,采用公允价值而不是历史成本计价,会导致净资产值变大,纳税基数扩大,占用现金。但"国际上多采用公允价值计价,因为国际市场较为成熟,估值客观。反映物业的现时价值,也是较为成熟的会计准则的要求。"

资料来源:财经网,2011年8月11日。

任务三　长期待摊费用

一、长期待摊费用的性质和内容

长期待摊费用,是指企业已经支出但摊销期限在1年以上(不含1年)的各项费用,包括固定资产的大修理支出、租入固定资产改良支出、开办费等。

企业在筹建期间内属于本期发生不需由以后各期摊销的开办费，包括人员工资、办公费、培训费、差旅费、印刷费、注册登记费以及不计入固定资产成本的借款费用等开办费的核算，应先在“长期待摊费用”中归集，待企业开始经营当月起一次计入当月的损益。

租入固定资产的改良支出，是指以经营租赁方式租入的固定资产不适应企业生产技术要求而在租入固定资产上进行改良工程所发生的工程支出。租入固定资产改良支出应在租赁期限与预计可使用年限两者中较短的期限内平均摊销。

二、长期待摊费用的核算

为了核算和监督长期待摊费用的发生、摊销、结存情况，企业应该设置“长期待摊费用”账户。该账户的借方登记发生的各种长期待摊费用，贷方登记长期待摊费用的摊销数，期末借方余额反映尚未摊销的长期待摊费用。

(一)开办费

企业发生各项开办费时，应借记“长期待摊费用”，贷记有关账户；摊销时，应借记“管理费用”账户，贷记“长期待摊费用”账户。

【教学案例7－16】

信义股份有限公司下属某子公司在筹建期间，用现金支付差旅费、办公费共计8 000元，用银行存款支付的工人培训费10 000元。编制会计分录如下：

借：长期待摊费用——开办费	18 000	
贷：库存现金		8 000
银行存款		10 000

目前该子公司已经正式投产，将开办费一次计入本期损益。编制会计分录如下：

借：管理费用	18 000	
贷：长期待摊费用——开办费		18 000

(二)租入固定资产的改良支出

租入固定资产的改良支出要在使用寿命和租期两者中选择较短的期限摊销，摊销时，借记“制造费用”“管理费用”等账户，贷记“长期待摊费用——租入固定资产改良支出”账户。

阅读材料

(1)中华人民共和国财政部：《企业会计制度》(2001)，经济科学出版社2001年版。
(2)中华人民共和国财政部：《企业会计准则》(2017)，立信会计出版社 2017 年版。
(3)中华人民共和国财政部：《企业会计准则——应用指南》(2017)，立信会计出版社 2017 年版。
(4)财政部会计司编写组：《企业会计准则讲解》(2016)，地震出版社 2016 年版。

项目自测

一、判断题

(1)无形资产是指企业为生产商品、提供劳务、出租给他人，或为管理目的而持有的、没有实物形态的非

货币性长期资产。 ( )

(2)某企业以50万元外购一项专利权,同时还发生相关费用6万元,包括购买价款、进口关税和其他税费以及直接归属于使该项资产达到预定用途所发生的其他支出。那么,该外购专利权的入账价值为56万元。 ( )

(3)企业为首次发行股票和非首次发行股票而接受投资者投入的无形资产,均应按投资合同或协议约定的价值作为实际成本,但合同或协议约定价值不公允的除外。 ( )

(4)无法区分研究阶段支出和开发阶段支出的,应当将其所发生的研发支出全部资本化,计入无形资产成本。 ( )

(5)已计入各期费用的研发费用,在该项无形资产获得成功并依法申请专利时,再将原已计入费用的研究费用予以资本化。 ( )

(6)企业对于无法合理确定使用寿命的无形资产,应将其成本在不超过10年的期限内摊销。 ( )

(7)使用寿命不确定的无形资产不用进行摊销,也不用进行减值测试计提减值准备。 ( )

(8)使用寿命确定的无形资产的摊销,应计入管理费用。 ( )

(9)无形资产摊销时,应该冲减无形资产的成本。 ( )

(10)已采用公允价值模式计量的投资性房地产,可以从公允价值模式转为成本模式。 ( )

(11)企业不论在成本模式下,还是在公允价值模式下,投资性房地产取得的租金收入,均确认为其他业务收入。 ( )

(12)采用公允价值计量模式进行后续计量的房地产在资产负债表日,应计提减值准备的,借记"资产减值损失"账户,贷记"投资性房地产减值准备"账户。 ( )

(13)企业可以同时分别采用成本模式和公允价值模式对投资性房地产进行后续计量。 ( )

(14)不再为企业带来经济利益的无形资产,其摊余价值应当全部转入当期损益。 ( )

(15)由于出售无形资产属于企业的日常活动,因此出售无形资产所取得的收入应通过"其他业务收入"账户核算。 ( )

二、单项选择题

(1)按照现行规定,下列各项中,股份有限公司应作为无形资产入账的是( )。

A. 开办费　　B. 商誉

C. 为获得土地使用权支付的土地出让金　　D. 开发新技术过程中发生的研究开发费

(2)购买无形资产的价款超过正常信用条件延期支付,实质上具有融资性质的,无形资产的成本以( )为基础确定。

A. 全部购买价款　　B. 全部购买价款的现值

C. 对方提供的凭据上标明的金额　　D. 市价

(3)A公司为甲、乙两个股东共同投资设立的股份有限公司。经营一年后,甲、乙股东之外的另一个投资者丙要求加入A公司。经协商,甲、乙同意丙以一项非专利技术投入,三方确认该非专利技术的价值是100万元。该项非专利技术在丙公司的账面余额为120万元,市价为100万元,那么该项非专利技术在A公司的入账价值为( )万元。

A. 100　　B. 120　　C. 0　　D. 150

(4)A公司自2016年3月1日开始自行开发成本管理软件,在研究阶段发生材料费用10万元,开发阶段发生开发人员工资100万元,福利费20万元,支付租金30万元。开发阶段的支出满足资本化条件。2016年3月16日,A公司自行开发成功该成本管理软件,并依法申请了专利,支付注册费1万元、律师费2.5万元。A公司2016年3月20日为向社会展示其成本管理软件,特举办了大型宣传活动,支付费用50万元。则A公司无形资产的入账价值应为( )万元。

A. 213.5　　B. 3.5　　C. 153.5　　D. 163.5

(5)企业在研发阶段发生的无形资产支出应先记入( )账户。

A."无形资产"　　B."管理费用"　　C."研发支出"　　D."累计摊销"

(6)企业购入或支付土地出让金取得的土地使用权,在已经开发或建造自用项目的,通常在(　　)账户核算。

A."固定资产"　　B."在建工程"　　C."无形资产"　　D."长期待摊费用"

(7)无形资产预期不能给企业带来经济利益时,应将其账面价值列入(　　)账户。

A."营业外支出"　　B."其他业务成本"　　C."管理费用"　　D."投资收益"

(8)无形资产的期末借方余额,反映企业无形资产的(　　)。

A. 成本　　B. 摊余价值　　C. 账面价值　　D. 可收回金额

(9)企业出售无形资产所取得的净收益,应记入(　　)账户。

A."其他业务收入"　　B."营业外收入"　　C."投资收益"　　D."主营业务收入"

(10)企业摊销自用的、使用寿命确定的无形资产时,借记"管理费用"账户,贷记(　　)账户。

A."无形资产"　　B."累计摊销"　　C."累计折旧"　　D."无形资产减值准备"

(11)在会计期末,股份有限公司所持有的无形资产的账面价值高于其可收回金额的差额,应当记入(　　)账户。

A."管理费用"　　B."资产减值损失"　　C."其他业务成本"　　D."营业外支出"

(12)企业出租无形资产所取得的收入,记入(　　)账户。

A."营业外收入"　　B."投资收益"　　C."其他业务收入"　　D."主营业务收入"

(13)2017年1月1日,乙公司将某专利权的使用权转让给丙公司,每年收取租金10万元,适用的增值税税率为6%。转让期间乙公司不使用该项专利。该专利权系乙公司2015年1月1日购入,初始入账价值为10万元,预计使用年限为5年。该无形资产按直线法摊销。假定不考虑其他因素,乙公司2017年度因该专利权形成的其他业务利润为(　　)万元。

A. −2　　B. 7.5　　C. 8　　D. 9

(14)甲公司出售其所拥有的无形资产一项,取得收入300万元,增值税税率为6%。该无形资产取得时实际成本为400万元,已摊销120万元,已计提减值准备50万元。甲公司出售该项无形资产应计入当期损益的金额为(　　)万元。

A. −100　　B. −20　　C. 300　　D. 88

(15)下列各项中,属于投资性房地产的是(　　)。

A. 房地产企业开发的准备出售的房屋　　B. 房地产企业开发的已出租的房屋

C. 企业持有的准备建造房屋的土地使用权　　D. 企业以经营租赁方式租入的建筑物

(16)下列不属于企业投资性房地产的是(　　)。

A. 房地产开发企业将作为存货的商品房以经营租赁方式出租

B. 企业开发完成后用于经营出租的房地产

C. 企业持有并准备增值后转让的土地使用权

D. 企业持有并准备增值后转让的厂房

(17)2017年1月1日,甲公司购入一幢建筑物用于出租,取得发票上注明的价款为102万元,款项以银行存款支付。购入该建筑物发生的契税为5万元,也以银行存款支付。该投资性房地产的入账价值为(　　)万元。

A. 107　　B. 102　　C. 97　　D. 5

(18)企业对成本模式进行后续计量的投资性房地产摊销时,应该借记(　　)账户。

A."投资收益"　　B."营业外收入"　　C."管理费用"　　D."其他业务成本"

(19)企业出售、转让、报废投资性房地产时,应当将处置收入计入(　　)。

A. 公允价值变动损益　B. 营业外收入　　C. 资本公积　　D. 其他业务收入

(20)企业将采用公允价值模式计量的投资性房地产转换为自用房地产时,公允价值与原账面价值的差额应计入(　　)。

A. 投资收益　　B. 公允价值变动损益　C. 营业外收入　　D. 其他业务收入

三、多项选择题

(1)下列可以确认为无形资产的有(　　)。

A. 计算机公司购入的为客户开发的软件　B. 高级专业技术人才
C. 购买的商标权　D. 有偿取得一项为期15年的高速公路收费权

(2)外购无形资产的成本,包括(　　)。
A. 购买价款
B. 进口关税
C. 其他相关税费
D. 直接归属于使该项资产达到预定用途所发生的其他支出

(3)投资者投入无形资产的成本,应当按照(　　)确定,但该金额不公允的除外。
A. 投资合同约定的价值　B. 公允价值
C. 投资方无形资产的账面价值　D. 协议约定的价值

(4)下列各项中,会引起无形资产账面价值发生增减变动的有(　　)。
A. 对无形资产计提减值准备　B. 发生无形资产后续支出
C. 摊销无形资产成本　D. 转让无形资产所有权

(5)下列有关无形资产会计处理的表述中,正确的有(　　)。
A. 无形资产后续支出应该在发生时计入当期损益
B. 企业自用的、使用寿命确定的无形资产的摊销金额,应该全部计入当期的管理费用
C. 不能为企业带来经济利益的无形资产的摊余价值,应该全部转入当期的管理费用
D. 使用寿命有限的无形资产,应当从取得当月起开始摊销

(6)下列有关无形资产的后续计量中,说法不正确的是(　　)。
A. 使用寿命不确定的无形资产,其应摊销的金额应该按照10年进行摊销
B. 无形资产的摊销方法必须采用直线法进行摊销
C. 使用寿命不确定的无形资产,应该按照系统、合理的方法摊销
D. 企业无形资产的摊销方法应当反映与该项无形资产有关的经济利益的预期实现方式

(7)企业对使用寿命有限的无形资产进行摊销时,其摊销额应根据不同情况分别计入(　　)。
A. 管理费用　B. 制造费用　C. 财务费用　D. 其他业务成本

(8)下列情况下,企业可将其他资产转换为投资性房地产的有(　　)。
A. 房地产企业将开发的准备出售的商品房改为出租
B. 自用办公楼停止出租改为自用
C. 原自用土地使用权停止自用改为出租
D. 出租的厂房收回改为自用

(9)下列有关投资性房地产的说法中,正确的有(　　)。
A. 企业对投资性房地产采用公允价值模式计量的,不对投资性房地产计提折旧或进行摊销
B. 企业将自用建筑物或土地使用权停止自用改为出租时,其转换日为租赁期开始日
C. 企业将自用建筑物或土地使用权停止自用改为出租,在成本模式下,应当将房地产转换前的账面余额作为转换后投资性房地产账户的入账价值
D. 企业将自用房地产转换为采用公允价值模式计量的投资性房地产,转换当日的公允价值小于原账面价值的,其差额计入所有者权益

(10)关于投资性房地产的后续支出,下列各项中不正确的有(　　)。
A. 采用成本模式计量,当月增加的房屋,当月不计提折旧
B. 采用成本模式计量,当月增加的土地使用权,当月进行摊销
C. 采用公允模式计量,当月增加的房屋,下月开始计提折旧
D. 采用成本模式计量,当月增加的土地使用权,当月不进行摊销

实务训练

训练一

资料:信义股份有限公司正在研究和开发一项新工艺,2015 年 1～10 月发生各项研究、调查、试验等费用 100 万元,2015 年 10～12 月发生材料人工等各项支出 60 万元。2015 年 9 月末,该公司已经可以证实该项新工艺必然开发成功,并满足无形资产确认标准。2016 年 1～6 月,又发生材料费用、直接参与开发人员的工资、场地设备等租金和注册费等支出 240 万元。2016 年 6 月末,该项新工艺完成,达到了预定可使用状态。

要求:做出相关的会计处理(金额单位以万元表示)。

训练二

资料:信义股份有限公司2012年 1 月 1 日以银行存款 300 万元购入一项专利权。该项无形资产的预计使用年限为 10 年,2015 年末预计该项无形资产的可收回金额为 100 万元,尚可使用年限为 5 年。另外,该公司 2013 年 1 月内部研发成功并可供使用非专利技术的无形资产账面价值 150 万元,无法预见这一非专利技术为企业带来未来经济利益期限,2015 年末预计其可收回金额为 130 万元,预计该非专利技术可以继续使用 4 年。该企业按直线法摊销无形资产。

要求:计算 2015 年计提无形资产减值准备和 2016 年的摊销金额,并编制会计分录(金额单位以万元表示)。

训练三

资料:信义股份有限公司自行研发一项专利技术,与该项专利技术有关的资料如下:

(1)2016 年 1 月,该项研发活动进入开发阶段,以银行存款支付开发费用 280 万元,其中满足资本化条件的为 150 万元。2016 年 7 月 1 日,开发活动结束,并按法律程序申请取得专利权,供企业行政管理部门使用。

(2)该项专利权法律规定有效年限为 5 年,采用直线法摊销。

(3)2016 年 12 月 1 日,将该项专利权转让,不含税价款 160 万元,应交增值税 9.6 万元,款项已存入银行。

要求:

(1)编制信义公司发生开发支出的会计分录。

(2)编制信义公司转销费用化开发支出的会计分录。

(3)编制信义公司形成专利权的会计分录。

(4)计算信义公司 2016 年 7 月专利权摊销金额,并编制会计分录。

(5)编制信义公司转让专利权的会计分录。

(会计分录涉及的账户要求写明明细账户,金额单位以万元表示)

训练四

资料:信义股份有限公司为一家上市公司,信义公司 2014～2016 年与投资性房地产有关的业务资料如下:

(1)2014 年 3 月,信义公司购入一幢写字楼,价款为 750 万元,款项以银行存款转账支付。不考虑其他相关税费。

(2)信义公司购入的上述用于出租的写字楼预计使用寿命为 20 年,预计净残值为 50 万元,采用年限平均法按年计提折旧。

(3)信义公司将取得的该写字楼自当月起用于对外经营租赁,信义公司对该房地产采用成本模式进行后续计量。

(4)信义公司该房地产 2014 年的租金收入为 65 万元,款项已收取。假定不考虑其他相关税费。

(5)2016 年 12 月,信义公司将原用于出租的写字楼收回,作为公司管理用固定资产处理。

要求:

(1)编制信义公司 2014 年 3 月取得该写字楼的会计分录。

(2)计算2014年度信义公司对该投资性房地产计提的折旧额,并编制相应的会计分录。

(3)编制信义公司2014年取得该写字楼租金收入的会计分录。

(4)编制2015年信义公司计提折旧的分录。

(5)编制2016年信义公司收回该写字楼的会计分录。

(金额单位以万元表示)

项目八　流动负债

项目分解

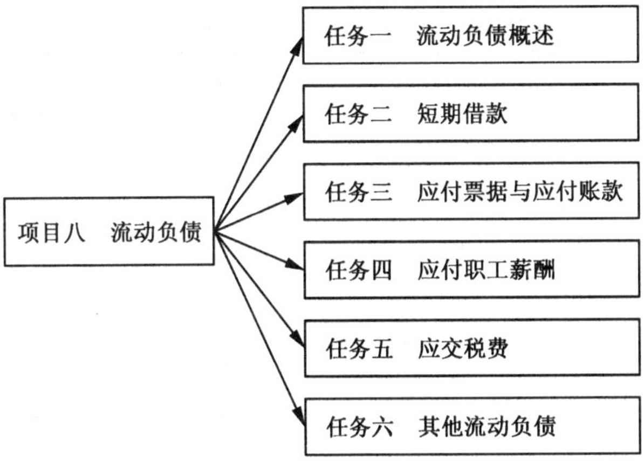

技能目标

完成学习任务后，应该掌握如下技能：

1. 了解流动负债的定义、分类与特征。
2. 掌握短期借款的核算。
3. 掌握应付票据的核算和应付账款的核算。
4. 掌握应付职工薪酬的核算。
5. 掌握应交增值税、应交消费税的核算，理解应交城市建设维护税、教育费附加等税费的核算。
6. 理解预收账款和其他应付款等的核算。

导学案例

高铁“大跃进”带来包袱　康尼机电负债率居高不下

2016 年 7 月 13 日，铁道部公布了“2016 年上半年全国铁路主要指标完成情况”。资料显示，上半年铁路固定资产投资同比回落近四成,而单月投资数据则显示,自2016年2月以来投资金额逐月回升。专家担忧,再度提速的铁路建设如果解决不好债务风险和投资导向型风险,未来可能会埋下隐患。

有资料显示,由于高铁建设"大跃进",铁道部背上了日益沉重的债务包袱,负债率一度接近60%。受资金紧张的影响,从2015年开始,我国一些铁路建设重点项目进展缓慢的情况仍在延续,多个铁路建设重点项目的通车时间一拖再拖。

数据显示,康尼机电2013年、2014年、2015年和2016年1~3月的负债率分别高达73.01%、71.67%、75.30%、74.65%,而最近三个会计年度中公司的流动负债占比均超过了80%,2013年流动负债更是高达85.67%。其中,应付账款一直居高不下,2013年、2014年、2015年和2016年1~3月分别为42.58%、39.05%、31.06%、30.55%。

康尼机电招股书列举的同行业上市公司的数据则显示,四家已上市公司2013~2016年的负债率均不超过40%,最低的世纪瑞尔2014年资产负债率仅为7.07%(见表8-1)。相比之下,康尼机电的高负债率像是一把悬在头顶的达摩克利斯之剑,将对公司未来的生产经营产生不利影响。

表8-1　　2013~2016年康尼机电及其同行业上市公司资产负债比较

公司名称	资产负债率(%)		
	2015年	2014年	2013年
晋西车轴	38.23	32.95	32.93
世纪瑞尔	7.07	7.18	34.09
辉煌科技	26.63	16.08	17.72
鼎汉技术	7.94	16.28	12.50
康尼机电	75.30	71.67	73.01

资料来源:田心:《康尼机电IPO:高铁大跃进带来包袱　高负债或成拦路虎》,中国网,2016年7月17日。

任务一　流动负债概述

一、负债和流动负债的概念

《企业会计准则——基本准则》指出:"负债是指企业过去的交易或事项形成的、预期会导致经济利益流出的现时义务。"从定义可以看出,负债具有以下几个重要的特点:

(1)负债是由过去的交易或事项形成的企业承担的现时义务;

(2)负债的清偿预期会导致经济利益流出企业;

(3)负债代表的债务责任必须能够以货币进行可靠的计量或合理的估计。

如同资产一样,负债的主流分类方法也可以采用流动性或者金额是否固定的方式进行划分。以流动性为标准的划分方法,也就是根据负债偿还期限的长短进行的划分。偿还期限在1年或超过1年的一个营业周期内,需要以流动资产或增加其他负债来抵偿的债务,就是流动负债。流动负债主要包括短期借款、应付票据、应付账款、预收账款、应付职工薪酬、应付股利、应交税费、其他应付款和预计负债等。

确认流动负债的目的,主要是将其与流动资产进行比较,反映企业的短期偿债能力。短期偿债能力是债权人非常关心的财务指标，在资产负债表中必须将流动负债与非流动负债分别列示。

二、流动负债的分类

流动负债按照不同的标准分为不同的类别，以满足不同的需要。

(一)按照偿付手段分类

流动负债按照偿付手段分类，可以分为货币性流动负债和非货币性流动负债。

1. 货币性流动负债

货币性流动负债是指需要以货币资金来偿还的流动负债，主要包括短期借款、应付票据、应付账款、应付职工薪酬、应付股利、应交税费、预计负债和其他应付款。

2. 非货币性流动负债

非货币性流动负债是指不需要用货币资金来偿还的流动负债，主要包括预收账款。预收账款一般需要以商品或劳务来偿还。

(二)按照偿付金额是否确定分类

按照偿付金额是否确定分类，可以分为金额可以确定的流动负债和金额需要估计的流动负债。

1. 金额可以确定的流动负债

金额可以确定的流动负债是指有确切的债权人和偿付日期并有确切的偿付金额的流动负债，主要包括短期借款、应付票据、已经取得结算凭证的应付账款、预收账款、应付职工薪酬、应付股利、应交税费和其他应付款等。

2. 金额需要估计的流动负债

金额需要估计的流动负债是指没有确切的债权人和偿付日期，或虽有确切的债权人和偿付日期，但其偿付金额需要估计的流动负债，主要包括没有取得结算凭证的应付账款等。结算凭证尚未到达但已入库的存货，其应付账款应于月末估计确定。

(三)按照形成方式分类

按照形成方式分类，可以分为融资活动形成的流动负债和营业活动形成的流动负债。

1. 融资活动形成的流动负债

融资活动形成的流动负债是指企业从银行和其他金融机构筹集资金形成的流动负债，主要包括短期借款和预提的借款利息。

2. 营业活动形成的流动负债

营业活动形成的流动负债是指企业在正常的生产经营活动中形成的流动负债，可以分为外部业务结算形成的流动负债和内部往来形成的流动负债。外部结算业务形成的流动负债主要包括应付票据、应付账款、预收账款、应交税费、其他应付款中应付外单位的款项等，内部往来形成的流动负债主要包括应付职工薪酬和其他应付款中应付企业内部单位或职工的款项。

三、流动负债的计价

负债是企业应在未来偿付的债务，从理论上讲，应按未来应付金额的现值计价。流动负债也是负债，从理论上讲也不应例外。但是，流动负债的偿付时间一般不超过1年，未来应付的金额与贴现值相差不多，按照重要性原则，其差额往往忽略不计，因此，流动负债一般按照业务发生时的金额计价。这种做法虽然高估了负债，但是核算简单，既体现了成本效益原则，又符合了重要性原则。

任务二 短期借款

一、短期借款的概念

短期借款是指企业从银行或其他金融机构借入的偿还期在 1 年以内(特殊情况下在超过 1 年的一个营业周期以内)的款项。这类借款往往需要按照月份或者季度支付一定的利息,即使是利息在借款到期时一次性偿还,企业也应该按月预提利息。因此,短期借款的核算一般会涉及银行存款、短期借款、财务费用等账户。

二、短期借款的核算

(一)短期借款的取得

企业从银行或其他金融机构借入款项时,应签订借款合同,注明借款金额、借款利率和还款时间等。取得短期借款时,应借记"银行存款"账户,贷记"短期借款"账户。"短期借款"账户应按债权人以及借款种类、还款时间设置明细账。

(二)短期借款的利息费用

企业取得短期借款而发生的利息费用,一般应作为财务费用处理,计入当期损益。银行或其他金融机构一般按季度在季末月份结算借款利息,每季度的前两个月不支付利息。因此,企业应按照权责发生制原则,当月应负担的利息费用,即使在当月没有支付,也应作为当月的利息费用处理,在月末估计当月的利息费用数额,进行预提,借记"财务费用"账户,贷记"应付利息"账户。在实际支付利息的月份,应根据已经预提的数额,借记"应付利息"账户;实际支付的利息大于预提数的差额,为当月应负担的利息费用,借记"财务费用"账户;根据实际支付的利息,贷记"银行存款"账户。

(三)短期借款的偿还

企业在短期借款到期偿还借款本金时,应借记"短期借款"账户,贷记"银行存款"账户。

【教学案例 8-1】

信义股份有限公司从 2016 年 4 月 1 日起,自银行取得偿还期为 6 个月的借款 40 000 元,年利率为 6%,每季度结息一次。该企业按月预提利息费用,到期后企业如数归还借款。

根据以上资料,编制会计分录如下:

借:银行存款	40 000	
贷:短期借款		40 000

4 月、5 月各预提利息费用 200 元,共预提 400 元:

借:财务费用	200	
贷:应付利息		200

6 月实际支付借款利息 600 元:

借:应付利息	400	
财务费用	200	
贷:银行存款		600

或者于 6 月末在实际支付借款利息时:

借:财务费用	200	
贷:应付利息		200

借:应付利息　　600

　　贷:银行存款　　600

后三个月同上。

借:短期借款　　40 000

　　贷:银行存款　　40 000

任务三 应付票据与应付账款

应付票据和应付账款都是企业在赊购过程中因为商业信用的存在而形成的流动负债,但两者又有一定的区别。

一、应付票据

应付票据是指企业在购买材料、商品和接受劳务供应等而开出的承兑的商业汇票,是一种延期付款的结算方式。在我国,商业汇票的付款期限最长为 6 个月,因而应付票据即短期应付票据。

(一)商业汇票的签付

企业采用商业汇票结算方式购入货物,应向供货单位签付已承兑的商业汇票。企业也可以签发商业汇票,用以抵偿应付账款。

商业汇票按承兑人不同分类,可以分为商业承兑汇票和银行承兑汇票两种;按是否带息分类,可以分为不带息商业汇票和带息商业汇票。

1. 不带息商业汇票

企业签付不带息的商业汇票,不论是商业承兑汇票还是银行承兑汇票,其到期价值即为票面价值。按照重要性原则,应付票据应按业务发生时的金额即票面价值(也即到期价值)入账。企业取得结算凭证并签付商业汇票后,应按票面价值借记"原材料""应交税费"等账户,贷记"应付票据"账户。企业向银行申请承兑支付的手续费,应计入财务费用。

2. 带息商业汇票

企业签付带息的商业汇票,不论是商业承兑汇票还是银行承兑汇票,其到期价值应为票面价值与应计利息的和。在这种情况下,其票面价值为应付票据的现值,应付票据仍应按业务发生时的金额即票面价值(也即现值)入账。企业取得结算凭证并签付商业汇票后,应按结算凭证上注明的价款,借记"原材料""应交税费"等账户;按商业汇票的票面价值,贷记"应付票据"账户。企业向银行申请承兑支付的手续费,应计入财务费用。

(二)带息商业汇票的利息费用

带息商业汇票利息费用的核算,一般有以下几种方法:

1. 按月计提

这种方法适用于票面价值较大、利息费用较多的商业汇票利息费用的核算。采用这种方法,应于每月月末计算当月应付的商业汇票利息费用,计入财务费用,借记"财务费用"账户,贷记"应付票据"账户。

2. 到期计提

这种方法适用于票面价值较小、利息费用较少且签发日与到期日在同一个会计年度的商业汇票利息费用的核算。采用这种方法,每月月末不需要计提利息费用,而是在到期日一次计算确认全部利息费用,计入财务费用。到期时,应按商业汇票的票面价值,借记"应付票据"账户;按全部应计利息,借记"财务费用"账户;按商业汇票的票面价值与应计利息之和,贷记"银行存款"账户。

3. 年末及到期计提

这种方法适用于票面价值较小、利息费用较少但签发日与到期日不在同一个会计年度的商业汇票利息费用的核算。采用这种方法，每月月末不需要计提利息费用，但由于签发日与到期日不在同一个会计年度，按照权责发生制原则，应在年末计提当年的利息费用，在到期日再计算确认其余利息费用。年末计提利息费用的核算方法与按月计提利息费用的核算方法相同，到期日确认其余利息费用的核算方法与到期确认利息费用的核算方法相同。企业如果在6月30日需要提供对外会计报告，则利息费用在6月30日的核算方法与年末相同。

(三)商业汇票的到期

企业签付的商业汇票到期时，应无条件支付票据款。由于企业筹集付款资金的方法和能力有所不同，到期时可能会出现有能力支付和无力支付两种情况。

1. 有能力支付票据款

在商业汇票到期时，如果企业有能力支付票据款，则企业的开户银行在收到商业汇票付款通知时，无条件支付票据款。企业在收到开户银行的付款通知时，核销应付票据。

支付不带息的票据款时，应借记“应付票据”账户，贷记“银行存款”账户。

支付带息的票据款时，应按商业汇票账面价值和已计提的利息，借记“应付票据”账户；按尚未计提的应计利息，借记“财务费用”账户；按实际支付的票据款，贷记“银行存款”账户。

2. 无力支付票据款

在商业汇票到期时，如果企业无力支付票据款，则应根据不同承兑人承兑的商业汇票做不同的处理。

采用商业承兑汇票进行结算，承兑人即为付款人。如果付款人无力支付票据款，银行将把商业承兑汇票退还给收款人，由收付款双方协商解决。由于商业汇票已经失效，付款人应将应付票据款转为应付账款，应付利息也应计入应付账款，企业应借记“应付票据”“财务费用”账户，贷记“应付账款”账户。如果是不带息的商业汇票，企业应按票面价值借记“应付票据”账户，贷记“应付账款”账户。

采用银行承兑汇票进行结算，承兑人为承兑银行。如果付款人无力支付票据款，承兑银行将代为支付票据款，并将其转为对付款人的逾期贷款。由于商业汇票已经失效，付款人应将应付票据款转为短期借款，应付利息也应计入短期借款，企业应借记“应付票据”“财务费用”账户，贷记“短期借款”账户。如果是不带息的商业汇票，企业应按票面价值借记“应付票据”账户，贷记“短期借款”账户。企业支付的罚息，应计入营业外支出。

【教学案例8-2】

信义股份有限公司2016年2月1日购入原材料一批，买价为20 000元，增值税为3 400元，共计23 400元，原材料已验收入库，采用商业汇票结算方式进行结算。该企业签付一张无息商业承兑汇票，付款期限为4个月。6月1日，信义公司用银行存款支付票据款23 400元。根据以上资料，应编制会计分录如下：

2月1日，签付商业承兑汇票23 400元时：

借：原材料	20 000	
应交税费——应交增值税	3 400	
贷：应付票据		23 400

6月1日，支付票据款23 400元时：

借：应付票据	23 400	
贷：银行存款		23 400

二、应付账款

应付账款是指企业在正常的生产经营过程中因购进货物或接受劳务，应在1年以内偿付的债务，属于流动负债。应付账款同样也是商业赊购形成的商业信用，但是，其法律约束力明显弱于应付票据，因此流动性顺序也低于应付票据。

（一）应付账款的入账时间

从理论上讲，应付账款的入账时间应为结算凭证取得的时间。在赊购情况下，企业取得结算凭证的同时可以取得货物，也意味着取得了该项货物的产权，应在确认资产的同时确认负债。在实际工作中，一般在货物验收入库、发票到达之后登记入账。但是，如果购进的货物已验收入库，而结算凭证在月末仍未到达，企业应对其进行估价，同时确认资产和负债。但为了规范实际支付货款时的核算方法，应在下月1日编制红字会计凭证予以冲销。

（二）应付账款的入账价格

一般来说，按照重要性原则，应付账款一般按照业务发生时的金额即未来应付的金额入账。企业确认应付账款时，应借记有关账户，贷记"应付账款"账户；偿付应付账款时，应借记"应付账款"账户，贷记"银行存款"等账户。

如果应付账款中含有现金折扣，其入账价格的确定方法有总价法和净价法两种。

1. 总价法

总价法的特点是购进的货物和应付账款均按结算凭证中的价格入账，假定企业不会享受现金折扣，按照全部交易金额计入应付账款，待实际享受现金折扣时，再冲减企业财务费用。借记"原材料""应交税费"等账户，贷记"应付账款"账户。如果企业在折扣期内支付了货款，取得了现金折扣，则将其视为提前付款取得的利息收入，冲减财务费用，按应付账款的总价，借记"应付账款"账户；按实际支付的价款，贷记"银行存款"账户；按取得的现金折扣，贷记"财务费用"账户。如果未取得现金折扣，按总价支付货款时，应借记"应付账款"账户，贷记"银行存款"账户。

2. 净价法

净价法的特点是假定企业会享受现金折扣，因此购进的货物和应付账款均按结算凭证中的价格扣除最大现金折扣后的金额入账。企业购进货物以后，应按购进货物发票上的买价扣除最大现金折扣后的金额，借记"原材料"等账户；按发票中注明的增值税进项税额，借记"应交税费"账户；按发票的全部价款扣除最大现金折扣后的金额，贷记"应付账款"账户。企业支付货款时，如果取得了最大的现金折扣，应按实际支付的价款，借记"应付账款"账户，贷记"银行存款"账户。如果未能取得最大的现金折扣，比应付账款账面价值多付的金额，一般视为迟付货款多付的利息，计入财务费用，应按应付账款账面价值，借记"应付账款"账户；按多付的价款，借记"财务费用"账户；按实际支付的价款，贷记"银行存款"账户。

需要指出的是，采用净价法时，为了正确反映应付账款的数额，对于期末已经丧失的现金折扣应予以调整，丧失的现金折扣一般也视为迟付货款多付的利息，计入财务费用。调整丧失的现金折扣时，应借记"财务费用"账户，贷记"应付账款"账户。

【教学案例8－3】

信义股份有限公司2016年5月3日赊购原材料一批，发票中注明的买价为10 000元，增值税为1 700元，共计11 700元，原材料已经入库。付款条件为2/10，1/20，*n*/30。公司采用总价法进行核算。5月13日信义公司实际支付价款11 466元[11 700×(1－2%)]，取得现金折扣234元。

(1)如果信义公司采用总价法进行核算：

5月3日，购入原材料时：

借:原材料　　10 000
　应交税费——应交增值税(进项税额)　　1 700
　　贷:应付账款　　11 700

5月13日,支付价款11 466元时:

借:应付账款　　11 700
　　贷:银行存款　　11 466
　　　财务费用　　234

(2)如果信义公司采用净价法进行核算:

5月3日,购入原材料,按净价入账:

最大现金折扣=11 700×2%=234(元)

应付账款净价=11 700-234=11 466(元)

原材料入账价值=10 000-234=9 766(元)

借:原材料　　9 766
　应交税费——应交增值税(进项税额)　　1 700
　贷:应付账款　　11 466

5月13日,支付价款11 466元时:

借:应付账款　　11 466
　　贷:银行存款　　11 466

如果信义公司5月13日未支付货款,而在5月23日支付货款,则只能取得1%的现金折扣117元,实际支付价款11 583元(11 700-117)。

借:应付账款　　11 466
　财务费用　　117
　　贷:银行存款　　11 583

如果信义公司5月30日仍未支付货款,则现金折扣234元全部丧失,应予以调整。

借:财务费用　　234
　　贷:应付账款　　234

上述总价法和净价法都是应付账款核算较为常用的方法,各有利弊。

从经营管理者的角度以及购进货物计价的客观性来说,净价法具有较大的优越性。在规范的市场经济条件下,现金折扣是促使购买者尽快付款的有效手段,因为在较短的时间内取得较大的现金折扣,对购买者具有较大的吸引力。但是,从价值控制的角度来说,采用总价法购进货物的入账价值与发票所列价格相同,便于进行控制;而采用净价法购进货物的入账价值与发票上所列的价格不符,不便于进行控制。我国现行会计制度规定,要求企业按总价法进行核算。

任务四　应付职工薪酬

一、职工薪酬概述

职工薪酬,是指职工在职期间和离职后提供给职工的全部货币性薪酬和非货币性薪酬,既包括提供给职工本人的薪酬,也包括提供给职工配偶、子女或其他被赡养人的福利等。

(一)职工的范围

(1)与企业订立正式劳动合同的所有人员(含全职、兼职和临时职工)。

（2）未与企业订立劳动合同，但由企业正式任命的人员（如董事会、监事会和内部审计委员会成员等）。

（3）虽未订立正式劳动合同或企业未正式任命，但在企业的计划、领导和控制下提供类似服务的人员。例如，由中介劳服公司提供的人员，企业不直接招用职工。

（二）职工薪酬的具体组成

（1）职工工资、奖金、津贴和补贴；

（2）职工福利费；

（3）医疗保险费、养老保险费、失业保险费、工伤保险费和生育保险费等社会保险费；

（4）住房公积金；

（5）工会经费和职工教育经费；

（6）非货币性福利；

（7）因解除与职工的劳动关系给予的补偿；

（8）其他与获得职工提供的服务相关的支出。

为了反映职工薪酬的发放和提取情况，应设置“应付职工薪酬”账户进行核算。该账户应按照职工薪酬的类别设置明细账户。

（三）职工薪酬的确认

确认的原则：在职工为其提供服务的会计期间，除解除劳动关系补偿（也称辞退福利）全部计入当期费用以外，其他职工薪酬均应根据职工提供服务的受益对象，将应确认的职工薪酬（包括货币性薪酬和非货币性福利）计入相关资产成本或当期费用，同时确认为应付职工薪酬负债。具体如图 8－1 所示。

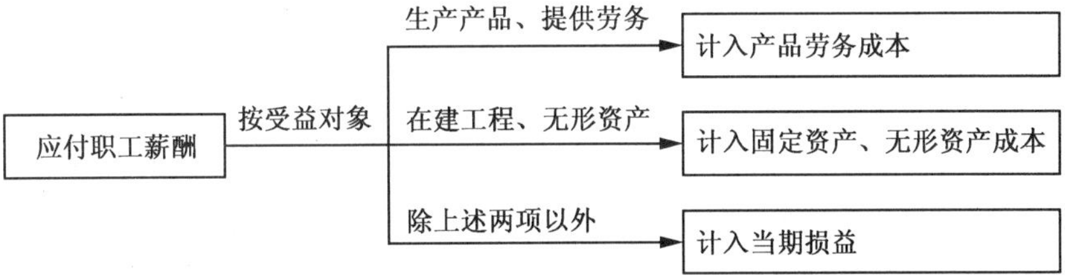

图 8－1 职工薪酬的确认原则

二、应付职工薪酬的账户设置

企业应当设置“应付职工薪酬”账户，核算应付职工薪酬的计提、结算、使用情况。

该账户的贷方登记已分配计入有关成本费用项目的职工薪酬数额，借方登记实际发放职工薪酬的数额，包括扣还的款项等。该账户期末贷方余额反映企业应付未付的职工薪酬。

“应付职工薪酬”账户应当按照“工资”“职工福利”“社会保险费”“住房公积金”“工会经费”“职工教育经费”“非货币性福利”“辞退福利”等设置明细账户，进行明细核算。

三、职工薪酬的核算

（一）货币性职工薪酬的核算

1. 工资的核算

（1）工资的组成。

工资是指企业在一定时期内实际支付给职工的劳动报酬总数。企业的工资一般由计时工资、计件工资、奖金、津贴和补贴、加班加点工资和特殊情况下支付的工资六个部分组成。

①计时工资。计时工资是按照职工的计时工资标准和工作时间支付给职工的劳动报酬。实行结构工资制企业的计时工资包括基础工作和职务(或岗位)工资。

②计件工资。计件工资是按照计件工资标准和职工完成工作的数量支付给职工的劳动报酬。计件工资分为个人计件工资和集体计件工资。

③奖金。奖金是按照职工的超额劳动工作量和增收节支业绩支付给职工的劳动报酬,如综合奖、节约奖等。

④津贴和补贴。津贴是为了补偿职工特殊或额外的劳动消耗和其他特殊原因支付给职工的劳动报酬,如保健津贴等;补贴是为了保证职工的工资水平不受物价变动的影响支付给职工的劳动报酬,如物价补贴等。

⑤加班加点工资。加班加点工资是按照规定的标准和职工加班加点的时间支付给职工的劳动报酬,如节日加班工资等。

⑥特殊情况下支付的工资。特殊情况下支付的工资是按照国家法律、法规和政策规定支付给职工的非工作时间的劳动报酬,如病假、产假、探亲假工资等。

(2)工资结算

工资的核算分为工资结算的核算和工资分配的核算。工资结算包括工资的计算和工资发放。一般来说,企业发放工资的时间在月度的上、中旬,无法统计职工当月的出勤时间或产量,往往按照上月的出勤和产量记录计算发放当月的工资。企业有时还为某些部门代扣一些款项,如代扣社会保险费等,应付职工的工资总额减去代扣款,即为应付给职工的现金。为了反映企业工资总额的构成,便于进行工资结算的核算,企业应编制工资结算汇总表。工资结算汇总表应按照职工类别和工资总额构成项目分别反映。

【教学案例8—4】

信义股份有限公司2016年10月的工资结算汇总表如表8—2所示。

表8—2　　工资结算汇总表　　单位:元

项目	应付工资							代扣款项	代扣个人所得税	应发现金
	计时工资	计件工资	奖金	津贴和补贴	加班加点工资	其他工资	合计			
生产工人	50 000	10 000	8 000	4 000	6 000	2 000	80 000	5 000	3 000	72 000
车间管理人员	3 000		1 000	500			4 500	500	100	3 900
企业管理人员	11 000		2 500	1 200			14 700	1 600	530	12 570
销售人员	2 000		1 000	300			3 300	200	70	3 030
在建工程人员	4 000		1 500	1 000			6 500	200	200	6 100
合计	70 000	10 000	14 000	7 000	6 000	2 000	109 000	7 500	3 900	97 600

根据有关的工资结算业务,编制会计分录如下:

通过银行转账方式,实际发放工资97 600元时:

借:应付职工薪酬——工资　　97 600

　　贷:银行存款　　97 600

结转代扣款7 500元时:

借:应付职工薪酬——工资　　7 500

　　贷:其他应付款　　7 500

结转代扣个人所得税3 900元时:

借：应付职工薪酬——工资　　3 900
　贷：应交税费　　3 900

为了反映企业与职工的工资结算情况，应在“应付职工薪酬”账户下设置“工资”明细账户。

企业在发放工资之前，应按照应发现金合计数提取现金，借记“库存现金”账户，贷记“银行存款”账户；实际发放工资时，按照实发工资数额，借记“应付职工薪酬——工资”账户，贷记“库存现金”账户；如果企业将应发给职工的工资通过银行转账方式直接转入职工的银行存款账户，则不必提取现金，应按照实发工资数额，借记“应付职工薪酬——工资”账户，贷记“银行存款”账户；结转代扣款时，借记“应付职工薪酬——工资”账户，贷记“其他应付款”等账户；结转代扣个人所得税时，借记“应付职工薪酬——工资”账户，贷记“应交税费——应交个人所得税”账户。

(3)工资分配

工资分配是指将企业发放的工资，于月末按照用途进行分配。按照权责发生制原则，企业当月分配的工资额，应为按照职工当月的出勤或产量记录计算的工资额，但是采用这种方法，月末计算职工工资的工作量很大，影响财务报表的及时报送。在企业各月工资总额相差不多的情况下，为了简化核算工作，也可以按照当月实际支付的工资额进行分配，也就是说，当月分配的工资额，为按照职工上月出勤或产量记录计算的工资额，采用这种方法，“应付职工薪酬——工资”账户月末没有余额。

企业进行工资分配时，应按照工资的用途分别记入有关账户。一般来说，应根据生产车间职工工资计入产品成本，其中，生产工人的工资借记“生产成本”账户，车间管理人员的工资借记“制造费用”账户；应根据销售人员的工资，借记“销售费用”账户；应根据在建工程人员的工资，借记“在建工程”账户；应根据自行开发无形资产人员的工资，借记“研发支出”账户；应根据其他人员的工资，借记“管理费用”账户；应根据职工工资额，贷记“应付职工薪酬——工资”账户。

为了便于进行工资分配的核算，企业应编制工资分配汇总表。

【教学案例 8－5】

信义股份有限公司 2017 年 10 月的工资分配汇总表如表 8－3 所示。

表 8－3　　工资分配汇总表　　单位：元

应借账户	生产工人	车间管理人员	企业管理人员	销售人员	在建工程人员	合计
生产成本	80 000					80 000
制造费用		4 500				4 500
管理费用			14 700			14 700
销售费用				3 300		3 300
在建工程					6 500	6 500
合 计	80 000	4 500	14 700	3 300	6 500	109 000

根据工资分配汇总表，编制会计分录如下：

借：生产成本　　80 000
　　制造费用　　4 500
　　管理费用　　14 700
　　销售费用　　3 300
　　在建工程　　6 500
　贷：应付职工薪酬——工资　　109 000

2. 职工福利费的核算

在我国,企业职工从事生产经营活动除了领取劳动报酬以外,还享受一定的福利补助,如医疗费、独生子女保健费等。为了反映职工福利的支付与分配情况,应在“应付职工薪酬”账户下设置“职工福利”明细账户。

(1)职工福利费的支出

企业发生福利费支出时,应借记“应付职工薪酬——职工福利”账户,贷记“库存现金”等账户。

(2)职工福利费的分配

月末,企业应按照用途对发生的职工福利费进行分配。在各月实际发生的职工福利费相差不多的情况下,可以根据实际发生的金额进行分配;如果各月发生的职工福利费相差较大,则应根据估计的金额进行分配。

企业分配职工福利费时,应借记“生产成本”“制造费用”“管理费用”“销售费用”“在建工程”和“研发支出”等账户,贷记“应付职工薪酬——职工福利”账户。

3. 国家规定计提标准的职工薪酬的核算

在我国,国家对医疗保险费、养老保险费、失业保险费、工伤保险费、生育保险费(统称为社会保险费)和住房公积金、工会经费及职工教育经费规定了计提的标准。为了反映社会保险费、住房公积金、工会经费及职工教育经费的支付与计提情况,应在“应付职工薪酬”账户下设置“社会保险费”“住房公积金”“工会经费”“职工教育经费”明细账户。

(1)国家规定计提标准的职工薪酬的支出

企业发生福利费支出时,应借记“应付职工薪酬——社会保险费、住房公积金、工会经费、职工教育经费”账户,贷记“库存现金”等账户。

(2)国家规定计提标准的职工薪酬的计提

月末,企业应按照用途对发生的社会保险费、住房公积金、工会经费及职工教育经费进行分配。在各月实际发生的职工福利费相差不多的情况下,可以根据实际发生的金额进行分配;如果各月发生社会保险费、住房公积金、工会经费及职工教育经费的职工福利费相差较大,则应根据估计的金额进行分配。

企业分配社会保险费、住房公积金、工会经费及职工教育经费时,应借记“生产成本”“制造费用”“管理费用”“销售费用”“在建工程”和“研发支出”等账户,贷记“应付职工薪酬——社会保险费、住房公积金、工会经费、职工教育经费”账户。

【教学案例8-6】

信义股份有限公司2016年10月应发工资3 000万元,其中:生产部门直接生产人员工资1 500万元,生产部门管理人员工资500万元,公司管理部门人员工资600万元,公司专设产品销售机构人员工资400万元。

根据所在地政府规定,公司分别按照职工工资总额的10%、12%、2%和10.5%计提医疗保险费、养老保险费、失业保险费和住房公积金,缴纳给当地社会保险经办机构和住房公积金管理机构。根据2015年实际发生的职工福利费情况,公司预计2016年应承担的职工福利费金额为职工工资总额的2%,职工福利的受益对象为上述所有人员。公司分别按照职工工资总额的2%和1.5%计提工会经费和职工教育经费。

相关账务处理如下:

借:生产成本	21 000 000
制造费用	7 000 000
管理费用	8 400 000
销售费用	5 600 000

贷:应付职工薪酬——工资　　30 000 000
——职工福利　　600 000
——社会保险费　　7 200 000
——住房公积金　　3 150 000
——工会经费　　600 000
——职工教育经费　　450 000

拓展阅读

按工资总额14%计提福利费成为历史

以前,按照《企业会计制度》规定,企业应当根据国家规定,计算提取应付福利费,计入成本、费用。具体而言,从费用中提取的职工福利费,提取比例为职工工资总额(扣除按规定标准发放的住房补贴)的14%,职工福利费主要用于职工医药费、职工生活困难补助等方面。

随着工资的逐步市场化和社会保障的发展,企业应付福利费开支日渐减少,应付福利费的计提慢慢演化成为一种"预先准备",其作用限于减少所得税之用(按规定提取的福利费可在税前扣除)。实际上,因为工资与福利费的界限正逐渐变得模糊,所以也出现了个别上市公司将应付福利费作为调节利润手段的情况。其中,主要有两种情况:一种是留待未来释放以提升业绩,另一种是利用应付福利费借方余额虚增利润。

新修订后的《企业财务通则》已于2007年1月1日起施行,其中第四十三条规定,企业应当依法为职工支付基本医疗、基本养老、失业、工伤等社会保险费,所需费用直接作为成本(费用)列支;第四十四条规定,职工教育经费按照国家规定的比例提取,专项用于企业职工后续职业教育和职业培训,工会经费按照国家规定比例提取并拨缴工会。新《企业财务通则》的内容中已经没有了应付福利费及其计提的踪迹。

至此,在新会计准则体系之下,曾经为广大财会专业人士熟知的"按工资总额的14%计提福利费"已成为历史,在福利费增量直接作为成本(费用)列支的同时,应付福利费的存量,即2006年末应付福利费余额何去何从,将成为人们注目的焦点。更令人关注的是,对非上市公司而言,福利费的据实列支将直接影响企业的成本核算体系。

据不完全统计,截至2006年末,国内A股上市公司应付福利费余额合计为212亿元,比2005年末的203亿元增加9亿元。其中,存在贷方余额的公司为1 317家,余额合计212亿元;应付福利费为借方余额(红字余额,表示实际支出多于提取的福利费)的仅有7家公司,合计758万元;另有49家公司余额为零。由此可见,上市公司施行新会计准则体系后,2006年初212亿元的应付福利费余额将于未来调整入管理费用或者用于相关福利支出,从而使2007年度及以后年度业绩转好。

(二)非货币性职工薪酬的核算

为了规范企业获取职工提供服务而给予各种形式的报酬以及其他相关支出的会计处理和信息披露,财政部出台了《企业会计准则第9号——职工薪酬》及相关解释。新准则明确了职工薪酬的概念和内涵,拓展了其核算范围,并在职工薪酬中首次明确提出了"非货币性福利"的概念。

1. 以自产产品或外购商品作为福利发放给职工

企业以其生产的产品作为非货币性福利提供给职工的,应按该产品的公允价值和相关税费计入相关资产成本或当期损益,并确认应付职工薪酬;同时确认主营业务收入,其销售成本的结转和相关税费的处理与正常商品销售相同。以外购商品作为非货币性福利提供给职工的,应按该商品的公允价值和相关税费计入相关资产成本或当期损益;同时确认应付职工薪酬,实际购买时冲销应付职工薪酬。需要注意的是,企业在进行账务处理时,应先通过"应付职工薪酬"账户归集当期应计入成本费用的非货币性福利,以准确确定企业人工成本。

【教学案例8-7】

信义股份有限公司共有职工238人,其中直接参加生产的职工200人,总部管理人员38人。2016年9月,公司以其生产成本为60元的电子产品和外购的每盒不含税价格为80元的食品礼盒作为中秋节福利发放给全体职工。电子产品的售价为100元,公司适用的增值税税率为17%;公司购买的食品礼盒开具了增值税专用发票,适用的税率为17%。

(1)发放电子产品的账务处理。

电子产品售价总额=100×200+100×38=23 800(元)

电子产品的增值税销项税额=100×200×17%+100×38×17%
=4 046(元)

应付职工薪酬总额=23 800+4 046=27 846(元)

电子产品的成本总额=60×238=14 280(元)

公司决定发放非货币性福利时:

借:生产成本	23 400	
管理费用	4 446	
贷:应付职工薪酬——非货币性福利		27 846

实际发放非货币性福利时:

借:应付职工薪酬——非货币性福利	27 846	
贷:主营业务收入		23 800
应交税费——应交增值税(销项税额)		4 046
借:主营业务成本	14 280	
贷:库存商品		14 280

(2)发放食品礼盒的账务处理。

食品礼盒售价总额=80×200+80×38=19 040(元)

食品礼盒的增值税进项税额=80×200×17%+80×38×17%=3 236.8(元)

应付职工薪酬总额=19 040+3 236.8=22 276.8(元)

公司决定发放非货币性福利时:

借:生产成本	18 720.0	
管理费用	3 556.8	
贷:应付职工薪酬——非货币性福利		22 276.8

购买食品礼盒时:

借:应付职工薪酬——非货币性福利	22 276.8	
贷:银行存款		22 276.8

2. 将自有或租赁的住房等资产无偿提供给职工使用

公司将自有房屋等资产无偿提供给职工使用的,应根据受益对象,将住房每期应计提的折旧计入相关资产成本或当期损益,同时确认应付职工薪酬。租赁住房等资产供职工无偿使用的,应根据受益对象,将每期应付租金计入相关资产成本或当期损益,并确认应付职工薪酬。难以认定受益对象的，直接计入当期损益，并确认职工薪酬。同时，在计提折旧或缴纳租金时，冲销应付职工薪酬。

【教学案例8－8】

信义股份有限公司为部门经理级别以上的12名职工免费提供自有汽车使用，假定每辆汽车每月计提折旧800元。同时，对200名普通车间工人提供集体宿舍居住，该住房由公司租赁而来，每月租金共计24 000元，假定租金每月支付一次。

公司每月应进行如下财务处理：

借：生产成本	24 000	
管理费用	9 600	
贷：应付职工薪酬——非货币性福利		33 600

在计提折旧、缴纳租金时：

借：应付职工薪酬——非货币性福利	33 600	
贷：累计折旧		9 600
银行存款		24 000

四、解除劳动关系补偿（辞退福利）

（一）辞退福利的含义

企业因解除与职工的劳动关系给予的补偿，称为辞退福利。包括：职工劳动合同尚未到期前，不论职工本人是否愿意，企业决定解除与职工的劳动关系而给予的补偿；职工劳动合同尚未到期前，为鼓励职工自愿接受裁减而给予的补偿，职工有权利选择继续在职或接受补偿离职两种情况。

针对这两种情况，会计处理上也有所不同：一个是确定的，一个是预计的。

补偿的方式有：(1)一次补偿；(2)提高退休养老金或其他福利标准；(3)职工工资支付到辞退后某一期末。

（二）辞退福利的确认

辞退计划同时满足下列条件的，应当确认辞退福利的产生，并同时计入当期损益——管理费用：

(1)企业已经推出辞退建议，并即将实施。

(2)企业不能单方面撤回解除劳动关系计划或裁减建议。

（三）辞退福利的计量

(1)对于职工没有选择权的辞退计划，应当根据计划条款规定计提应付职工薪酬（预计负债）。

(2)对于自愿接受裁减的建议，企业根据预计的职工数量和每一职位的辞退补偿等计提应付职工薪酬（预计负债）。

(3)实质性辞退工作在1年内实施完毕但补偿款项超过1年支付的辞退计划，以折现后的金额计量，计入当期管理费用的辞退福利金额；其差额作为未确认融资费用，在以后各期实际支付辞退福利款项时，计入财务费用。

任务五 应交税费

企业根据税法规定应缴纳的各种税费包括增值税、消费税、城市维护建设税、资源税、企业所得税、土地增值税、房产税、车船税、土地使用税、教育费附加、矿产资源补偿费、印花税、耕地占用税等。

企业应通过“应交税费”账户,总括反映各种税费的应交、应纳等情况。

企业代扣代缴的个人所得税等,也通过“应交税费”账户核算;而企业缴纳的印花税、耕地占用税等不需要预交税金,不通过“应交税费”账户核算。

一、应交增值税

(一)增值税概述

增值税是以商品(含应税劳务、应税服务、无形资产、不动产)在流转过程中产生的增值额作为计税依据而征收的一种流转税。

我国增值税相关法规规定,在我国境内销售货物、无形资产、不动产或提供应税劳务和应税服务,以及进口货物的企业单位和个人,为增值税的纳税人。其中,“应税服务”包括交通运输服务、邮政服务、电信服务、金融服务、现代服务、生活服务等。

根据经营规模大小及会计核算健全程度,增值税纳税人分为一般纳税人和小规模纳税人。

一般纳税人采用购进扣税法计算当期增值税应纳税额,即先按当期销售额和适用税率计算出销项税额,然后对当期购进项目向对方支付的税款进行抵扣,从而间接计算出当期的应纳税额。其计算公式如下:

当期应纳税额=当期销项税额-当期进项税额

公式中的“当期销项税额”是指纳税人当期销售货物、无形资产、不动产或提供应税劳务和应税服务,按照销售额和增值税税率计算的增值税额。“当期进项税额”是指纳税人当期购进货物、无形资产、不动产或接受应税劳务和应税服务支付或负担的增值税额。当期销项税额小于当期进项税额而不足抵扣时,其不足部分可以结转下期继续抵扣。

拓展阅读

2017 年 4 月 19 日国务院常务会议决定,自 2017 年 7 月 1 日起将增值税税率由四档减至 17%、11%和 6%三档,取消 13%这一档税率;将农产品、天然气等增值税税率从 13%降至 11%。

一般纳税人采用的税率分为基本税率、低税率和零税率三种。

一般纳税人销售货物、无形资产、不动产或提供应税劳务和应税服务及进口货物,除低税率适用范围外,税率一律为 17%,即基本税率。

纳税人销售或者进口下列货物,税率为 11%:农产品(含粮食)、自来水、暖气、石油液化气、天然气、食用植物油、冷气、热水、煤气、居民用煤炭制品、食用盐、农机、饲料、农药、农膜、化肥、沼气、二甲醚、图书、报纸、杂志、音像制品、电子出版物。

另外,提供交通运输服务、邮政服务、基础电信服务、建筑服务、销售不动产、转让土地使用权、不动产经营租赁服务,适用 11%的低税率。

提供增值电信服务、现代服务业服务,适用 6%的低税率(有形动产经营租赁服务适用 17%的税率)。

一般纳税人出口货物和财政部、国家税务总局规定的应税服务,各率为零。如表 8—4 所示。

表 8—4　增值税税率表

税率名称	税　　目	具体税率
基本税率	提供应税劳务(包括加工、修理、修配劳务)	17%
	有形动产经营租赁服务	
低税率	纳税人销售或者进口下列货物:农产品(含粮食)、自来水、暖气、石油液化气、天然气、食用植物油、冷气、热水、煤气、居民用煤炭制品、食用盐、农机、饲料、农药、农膜、化肥、沼气、二甲醚、图书、报纸、杂志、音像制品、电子出版物、提供交通运输服务、邮政服务、基础电信服务、建筑服务、销售不动产、转让土地使用权、不动产经营租赁服务	11%
	增值电信服务、金融服务、现代服务业服务、生活服务、销售除转让土地使用权以外的无形资产	6%
零税率	出口服务和财政部、国家税务总局规定的应税服务	0

小规模纳税人销售货物、无形资产、不动产、提供应税劳务和应税服务,实行按照销售额和征收率计算应纳税额的简易办法,但不得抵扣进项税额。小规模纳税人的征收率为3%。应纳税额的计算公式如下:

应纳税额＝销售额×征收率

(二)"应交税费——应交增值税"账户和"应交税费——未交增值税"账户的设置

1."应交税费——应交增值税"账户的设置

应交增值税对于一般纳税人来说,在一般情况下属于一种价外税,即销售货物和提供应税劳务收取的增值税不计入销售收入,购进货物和接受应税劳务支付的增值税一般也不计入货物和劳务的成本,而在价外单独核算。为此,应在"应交税费"账户下设置"应交增值税"二级账户进行核算。"应交增值税"二级账户还应按照应交增值税的构成内容设置专栏,进行明细核算。

"应交增值税"二级账户的借方一般设置进项税额、已交税金、出口抵减内销产品应纳税额和转出未交增值税四栏,贷方一般设置销项税额、进项税额转出、出口退税和转出多交增值税四栏。贷方专栏中,进项税额转出和出口退税两项为借方专栏中进项税额的抵减项目。

本期销项税额大于抵减后的进项税额与出口抵减内销产品应纳税额之和的,其差额为本期应交增值税额。本期应交增值税额大于借方专栏"已交税金"的差额,为本期未交增值税,应从"应交增值税"二级账户借方("转出未交增值税"专栏)转出,转入"未交增值税"二级账户贷方;本期应交增值税额小于借方专栏"已交税金"的差额,为本期多交增值税,应从"应交增值税"二级账户贷方("转出多交增值税"专栏)转出,转入"未交增值税"二级账户借方。经过上述结转后,"应交增值税"二级账户应无余额。

如果本期销项税额小于抵减后的进项税额与出口抵减内销产品应纳税额之和,其差额为尚未抵扣的进项税额,保留在"应交增值税"二级账户内,可以在以后期间继续抵扣。"应交增值税"二级账户月末如有余额,应为借方余额,即尚未抵扣的进项税额。

2."应交税费——未交增值税"账户的设置

"应交税费——未交增值税"账户反映企业月末累计未交增值税或多交增值税。该账户借方登记转入的当期应交未交增值税和实际缴纳的增值税,贷方登记转入的当期多交增值税。该账户借方余额为累计多交增值税,贷方余额为累计未交增值税。

需要注意的是,企业在缴纳增值税时,如果补交以前月份未交增值税,应记入"应交税费——未交增值税"账户的借方;如果缴纳的是当月的增值税,则记入"应交税费——应交增值税(已交税金)"账户的借方。

(三)增值税进项税额

增值税进项税额是指一般纳税人购进货物或接受应税劳务支付价款中所含的增值税额。企业支付的增值税进项税额能否在销项税额中抵扣,应视具体情况而定。

1. 不得抵扣的进项税额

根据《营业税改征增值税试点实施办法》第二十七条规定,下列项目的进项税额不得从销项税额中抵扣:

(1)用于简易计税方法计税项目、免征增值税项目、集体福利或者个人消费的购进货物、加工修理修配劳务、服务、无形资产和不动产。其中涉及的固定资产、无形资产、不动产,仅指专用于上述项目的固定资产、无形资产(不包括其他权益性无形资产)、不动产。

纳税人的交际应酬消费属于个人消费。

(2)非正常损失的购进货物,以及相关的加工修理修配劳务和交通运输服务。

(3)非正常损失的在产品、产成品所耗用的购进货物(不包括固定资产)、加工修理修配劳务和交通运输服务。

(4)非正常损失的不动产,以及该不动产所耗用的购进货物、设计服务和建筑服务。

(5)非正常损失的不动产在建工程所耗用的购进货物、设计服务和建筑服务。

纳税人新建、改建、扩建、修缮、装饰不动产,均属于不动产在建工程。

(6)购进的旅客运输服务、贷款服务、餐饮服务、居民日常服务和娱乐服务。

(7)财政部和国家税务总局规定的其他情形。

本条第(4)项、第(5)项所称"货物",是指构成不动产实体的材料和设备,包括建筑装饰材料和给排水、采暖、卫生、通风、照明、通信、煤气、消防、中央空调、电梯、电气、智能化楼宇设备及配套设施。

2. 可以抵扣的进项税额

一般来说,凡是未明确不得抵扣的进项税额,都可以抵扣。可以抵扣的进项税额,又分为两种情况:取得增值税扣税凭证和未取得增值税扣税凭证。

(1)取得增值税扣税凭证。企业购进的一般货物及接受的应税劳务和应税服务,必须取得增值税扣税凭证,才能从销项税额中抵扣,这部分进项税额不计入购进货物或应税劳务的成本。企业购进货物或接受应税劳务时,应根据增值税专用发票中货物或应税劳务的价款,借记"原材料""库存商品"等账户;根据增值税专用发票中的进项税额,借记"应交税费——应交增值税(进项税额)"账户;根据全部价款,贷记"银行存款"等账户。

(2)未取得增值税扣税凭证。企业购进的货物如为免税的农产品或废旧物资,由于销售方不收增值税,因而企业无法取得增值税专用发票。但是按照《税法》规定,企业可以按照免税农产品买价的13%作为进项税额抵扣。企业购进农产品时,应按买价的87%借记"原材料"等账户,按买价的13%借记"应交税费——应交增值税(进项税额)"账户,按买价贷记"银行存款"等账户。

企业购进货物时,支付的价款中如果含有销货单位代垫的运费,同时取得运输部门开具的增值税专用发票,按照现行制度规定,可以按照这部分运费的11%作为进项税额抵扣。

【教学案例8-9】

信义股份有限公司为增值税一般纳税人,2016年10月根据发生的有关增值税进项税额的业务,编制会计分录如下:

(1)购入原材料一批,买价100 000元,增值税17 000元,运费1 000元,共计118 000元。结算凭证已到,原材料入库,货款用银行存款支付。

原材料成本=100 000+1 000×89%=100 890(元)

进项税额=17 000+1 000×11%=17 110(元)

借:原材料　　100 890

　应交税费——应交增值税(进项税额)　　17 110

　　贷:银行存款　　118 000

(2)收购免税农产品一批,作为原材料入库,收购价 50 000 元,用银行存款支付。

借:原材料　　43 500

　应交税费——应交增值税(进项税额)　　6 500

　　贷:银行存款　　50 000

(3)购入不需要安装的机器设备一台,买价 50 000 元,增值税 8 500 元,运费 500 元,共计 59 000元,用银行存款支付。

固定资产的入账价值=50 000+500×89%=50 445(元)

进项税额=8 500+500×11%=8 555(元)

借:固定资产　　50 445

　应交税费——应交增值税(进项税额)　　8 555

　　贷:银行存款　　59 000

(四)增值税进项税额转出

一般纳税人在购进货物时,如果不能直接认定其进项税额能否抵扣,支付的进项税额可以先予以抵扣,待以后用于不得抵扣进项税额的项目时,再将其进项税额转出,抵减当期进项税额。进项税额转出时,应借记有关账户,贷记"应交税费——应交增值税(进项税额转出)"账户。

【教学案例 8－10】

信义股份有限公司为增值税一般纳税人,2016 年 10 月根据发生的有关进项税额转出业务,编制会计分录如下:

(1)领用原材料一批,用于集体福利,实际成本 50 000 元,购进该批原材料时支付的进项税额 8 500元已经抵扣。

借:应付职工薪酬　　58 500

　　贷:原材料　　50 000

　　　应交税费——应交增值税(进项税额转出)　　8 500

(2)由于管理不善,毁损产成品一批,实际成本 40 000 元,所耗购进货物的进项税额为3 400元。

借:待处理财产损溢　　43 400

　　贷:库存商品　　40 000

　　　应交税费——应交增值税(进项税额转出)　　3 400

(五)增值税销项税额

增值税销项税额是指一般纳税人销售货物或提供应税劳务收取价款中所含的增值税额。

1. 计征增值税的销售额

计征增值税的销售额是指企业销售货物或提供应税劳务向购买方收取的除销项税额、代扣代缴的消费税以及代垫运杂费以外的全部价款和价外费用。价外费用主要包括手续费、包装费、违约金(延期付款利息)以及自营运杂费等。

2. 销项税额的计算

企业如果采用不含税定价的方法,销项税额可以直接根据不含税的销售额乘以增值税率计算;如果采用合并定价的方法,销项税额应根据下列公式计算:

$$\text{销售额}=\frac{\text{含税销售额}}{1+\text{增值税税率}}$$

销项税额＝销售额×增值税税率

企业销售货物或提供应税劳务以后，应根据全部价款，借记“银行存款”等账户；根据销项税额，贷记“应交税费——应交增值税(销项税额)”账户；根据其他价款和价外费用，贷记“主营业务收入”等账户。

3. 视同销售行为

视同销售行为是指企业在会计核算中未作销售处理而税法中要求按照销售行为缴纳增值税的行为。主要包括：将自产或委托加工的货物用于非增值税应税项目，将自产、委托加工或购买的货物分配给股东或投资者，将自产、委托加工或购买的货物用于投资、提供给其他单位或个体经营者，将自产或委托加工的货物用于集体福利或个人消费，将自产、委托加工或购买的货物无偿赠送给他人。

在会计核算中，一般用于非增值税应税项目的货物按成本转账，不计入销售收入，其他则应在确认收入的同时，结转成本。在计算缴纳增值税时，销售额应按下列顺序确定：

(1)按当月同类货物的平均销售价格确定；

(2)按最近时期同类货物的平均销售价格确定；

(3)按组成计税价格确定，其计算公式为：

组成计税价格＝成本×(1＋成本利润率)

属于应征消费税的货物，其组成计税价格中应加计消费税额。

4. 混合销售行为

混合销售行为是指在一项销售业务中既涉及货物又涉及应税服务的行为。对于从事货物生产、批发或零售的企业，混合销售行为视同销售货物，收取的应税服务价款，也应一并计征增值税。其他单位和个体的混合销售行为，按销售服务计征增值税。

5. 兼营销售行为

兼营销售行为是指纳税人兼营销售货物、无形资产、不动产或提供应税劳务和服务的行为。纳税人兼营销售中适用不同税率或征收率的，应当分别核算适用不同税率或征收率的销售额；未分别核算的，从高适用税率。

【教学案例8－11】

信义股份有限公司为增值税一般纳税人，2016年10月根据发生的有关销项税额业务，编制会计分录如下：

(1)销售甲产品100件，不含税价款200 000元，增值税税率17%，增值税销项税额34 000元，共计234 000元。款项收到，存入银行。

借：银行存款	234 000	
贷：主营业务收入		200 000
应交税费——应交增值税(销项税额)		34 000

(2)甲产品10件用于在建工程(房屋)，成本共计35 000元，增值税按当月甲产品的销售价格50 000元和增值税税率17%计算。

借：在建工程	43 500	
贷：库存商品		35 000
应交税费——应交增值税(销项税额)		8 500

(3)用原材料一批对外投资。原材料的账面价值为500 000元，投资双方的不含税协商价值为500 000元，增值税按协商价值的17%计算。

借：长期股权投资	585 000	

贷：原材料 500 000

应交税费——应交增值税(销项税额) 85 000

(4)某广播影视公司为增值税一般纳税人，2016 年 12 月提供广告设计服务取得不含税销售额 80 000 元，提供广告发布服务取得不含税销售额 250 000 元。增值税税率为 6%。款项收到，存入银行。

借：银行存款 349 800

贷：主营业务收入 330 000

应交税费——应交增值税(销项税额) 19 800

(六)当月应交增值税与实交增值税

企业根据当月“应交税费——应交增值税”账户的借、贷方发生额，可以计算出当月应交增值税额，其计算公式为：

应交增值税＝销项税额－(进项税额－进项税额转出－出口退税)－出口抵减内销产品应纳税额

企业应交的增值税额，应根据具体情况按日缴纳或按月预缴。预缴当月增值税时，应借记“应交税费——应交增值税(已交税金)”账户，贷记“银行存款”等账户。

【教学案例 8－12】

信义股份有限公司为增值税一般纳税人，2016 年 10 月按照规定可以按月缴纳增值税。根据前述案例 8—9、案例 8—10、案例 8—11 的有关资料，编制会计分录如下：

10 月应交增值税计算如下：

进项税额＝17 110＋6 500＋8 555＝32 165(元)

进项税额转出＝8 500＋3 400＝11 900(元)

销项税额＝34 000＋8 500＋85 000＋19 800＝147 300(元)

应交增值税＝147 300－(32 165－11 900)＝127 035(元)

10 月补交 9 月末未交增值税 8 000 元，并预交 10 月增值税 100 000 元，合计 110 000 元。

借：应交税费——未交增值税 8 000

——应交增值税(已交税金) 100 000

贷：银行存款 108 000

(七)转出未交增值税与多交增值税

月末，企业应将当月未交增值税或多交增值税从“应交税费——应交增值税”账户转出，转入“应交税费——未交增值税”账户。转出未交增值税时，应借记“应交税费——应交增值税(转出未交增值税)”账户，贷记“应交税费——未交增值税”账户；转出多交增值税时，应借记“应交税费——未交增值税”账户，贷记“应交税费——应交增值税(转出多交增值税)”账户。

【教学案例 8－13】

根据案例 8—12 的计算结果，转出未交增值税。

转出未交增值税＝127 035－100 000＝27 035(元)

借：应交税费——应交增值税(转出未交增值税) 27 035

贷：应交税费——未交增值税 27 035

(八)小规模纳税人

税法中对小规模纳税人的规定标准为:

(1)从事货物生产或提供应税劳务的纳税人,以及以从事货物生产或提供应税劳务为主,并兼营货物批发或零售的纳税人,年应征增值税销售额在50万元以下。

(2)从事货物批发或零售的纳税人,年应征增值税销售额在80万元以下。

(3)从事销售无形资产、不动产和提供应税服务的纳税人,年应税服务销售额在500万元以下。

同时,《税法》中也规定,如果小规模纳税人的会计核算健全,能按会计制度和税务部门的要求准确核算进项税额、销项税额和应纳税额,可以认定为一般纳税人。

小规模纳税人应交增值税的核算采用简化的方法,即购进货物或接受应税劳务支付的增值税进项税额,一律不予抵扣,均计入购进货物和接受应税劳务的成本;销售货物或提供应税劳务时,按应征增值税销售额的3%计算,但不得开具增值税专用发票。

小规模纳税人的应征增值税销售额计算方法与一般纳税人相同。一般来说,小规模纳税人采用销售额和应纳税额合并定价的方法,销售货物或提供应税劳务后,应进行价税分离。其计算公式为:

$$\text{不含税销售额}=\frac{\text{含税销售额}}{1+\text{征收率}}$$

$$\text{应纳税额}=\text{不含税销售额}\times\text{征收率}$$

小规模纳税人的应征税额也不计入销售收入。在销售货物或提供应税劳务时,应按全部价款借记"银行存款"等账户,按不含税的销售额贷记"主营业务收入"等账户,按应征税额贷记"应交税费——应交增值税"账户。

【教学案例8-14】

信义股份有限公司下属一子公司为小规模纳税人,某月根据发生的购销业务,编制会计分录如下:

(1)购进原材料一批,价款50 000元,增值税8 500元,共计58 500元,款项用银行存款支付。

借:原材料	58 500	
贷:银行存款		58 500

(2)销售产品一批,全部价款为30 900元,款项收到,存入银行。

$$\text{不含税销售额}=\frac{30\ 900}{1+3\%}=30\ 000(\text{元})$$

$$\text{应征税额}=30\ 000\times3\%=900(\text{元})$$

借:银行存款	30 900	
贷:主营业务收入		30 000
应交税费——应交增值税		900

拓展阅读

生产型增值税到消费型增值税的改革

从理论上讲,增值税是一个中性的税种。首先,增值税仅对增值部分征税,对转移价值部分不再征税。其次,增值税不分产品、行业和纳税人的所有制性质,采取统一的、无差别的税率征税。

各国增值税税制受各国经济发展状况和财政经济政策的影响有所不同。以税基为标准划分，可分为两种类型：(1)生产型增值税，指对购进固定资产的价款，不作任何扣除，其折旧作为增值额的一部分据以课税，其税基相当于生产总值。(2)消费型增值税，指对当期购进用于生产应税产品的固定资产价款，允许从当期一次全部扣除，税基是消费品的价值。

1994 年，我国选择采用生产型增值税，一方面是出于财政收入的考虑，另一方面则是为了抑制投资膨胀。目前，世界上 140 多个实行增值税的国家中，绝大多数国家实行的是消费型增值税。与生产型增值税不允许扣除外购固定资产所含的已征增值税不同，消费型增值税允许一次性扣除外购固定资产所含的增值税，税基最小，消除重复征税最彻底。

2003 年，党的十六届三中全会明确提出要适时实施增值税转型改革；国家"十一五"规划也明确提出，2006～2010 年期间，将"在全国范围内实现增值税由生产型转为消费型"。

2008 年 11 月 5 日，国务院常务会议决定，自 2009 年 1 月 1 日起，在全国所有地区、所有行业推行增值税转型改革，由生产型增值税转为国际上通用的消费型增值税。

财政部和国家税务总局负责人接受记者采访时指出，这一改革的核心内容是允许企业抵扣其购进设备所含的增值税，此举将消除我国当前生产型增值税制产生的重复征税因素，降低企业设备投资的税收负担，在维持现行税率不变的前提下，是一项重大的减税政策。

据财政部测算，此项改革财政预计将减收超过 1 200 亿元，是我国历史上单项税制改革减税力度最大的一次。2007 年仅国内增值税收入就超过 1.5 万亿元，约占全年税收收入的 31％。

二、应交消费税

(一)纳税义务人

在我国境内生产、委托加工和进口应征消费税的消费品的单位和个人，为消费税的纳税义务人。

(二)销售产品应交消费税

消费税与增值税不同，一般来说，它属于价内税，即产品销售收入中包含消费税，也就是说，消费税应由产品销售收入来补偿。消费税实行从价定率、从量定额或者从价定率和从量定额复合计税的方法计算应纳税额，计算公式如下：

实行从价定率方法计算的应纳税额＝销售额×税率

实行从量定额方法计算的应纳税额＝销售数量×单位税额

实行复合计税方法计算的应纳税额＝销售额×税率＋销售数量×单位税额

上述公式中的销售额，与计征增值税的销售额口径相同，是指销售应税消费品向购买方收取的不含增值税的全部价款和价外费用。

由于企业销售应税消费品的销售收入中含有应交消费税，在核算消费税时，应设置"税金及附加"账户。该账户属于费用类账户。企业结转应交消费税时，应根据应纳税额，借记"税金及附加"账户，贷记"应交税费——应交消费税"账户；实际缴纳消费税时，应借记"应交税费——应交消费税"账户，贷记"银行存款"账户。

【教学案例 8－15】

信义股份有限公司 2016 年 10 月根据发生的有关消费税业务，编制会计分录如下：

(1)销售应税消费品一批，不含增值税的价款为 50 000 元，增值税销项税额为 8 500 元，共计 58 500 元。款项收到，存入银行。

借：银行存款	58 500	
贷：主营业务收入		50 000
应交税费——应交增值税		8 500

(2)销售该产品的消费税税率为10%,结转应交消费税5 000元。

借:税金及附加　　5 000

　　贷:应交税费——应交消费税　　5 000

(三)视同销售应交消费税

企业将自产的应税消费品用于本企业生产非应税消费品、在建工程、集体福利、个人消费,或用于对外投资、分配给股东或投资者或无偿捐赠给他人,均应视同销售,计算缴纳消费税,其销售额应按生产同类消费品的销售价格计算;没有同类消费品销售价格的,应按照组成计税价格计算,其计算公式为:

$$组成计税价格=\frac{成本+利润}{1-消费税税率}$$

【教学案例8-16】

信义股份有限公司2016年10月根据发生的有关视同销售业务,编制会计分录如下:

(1)管理部门领用自产的应税消费品甲产品1件,实际成本为50 000元,同类产品的销售价格为100 000元,消费税税率为20%。

应交消费税=100 000×20%=20 000(元)

借:管理费用　　70 000

　　贷:库存商品　　50 000

　　　　应交税费——应交消费税　　20 000

(2)将自产的应税消费品乙产品一批作为福利发放给职工,实际成本为200 000元,没有同类产品的销售价格,正常的成本利润率为60%,增值税税率为17%,消费税税率为20%。

$$组成计税价格=\frac{200\ 000+200\ 000\times60\%}{1-20\%}=400\ 000(元)$$

增值税销项税额=400 000×17%=68 000(元)

消费税额=400 000×20%=80 000(元)

借:应付职工薪酬　　548 000

　　贷:主营业务收入　　400 000

　　　　应交税费——应交增值税(销项税额)　　68 000

　　　　　　　　——应交消费税　　80 000

借:主营业务成本　　200 000

　　贷:库存商品　　200 000

(四)委托加工应交消费税

企业委托外单位加工应税消费品,按税法规定,应由受托方在向委托方交货时代扣代缴消费税,其销售额应按受托方同类消费品的销售价格计算;没有同类消费品销售价格的,应按组成计税价格计算,其计算公式为:

$$组成计税价格=\frac{材料成本+加工费}{1-消费税税率}$$

企业收回委托加工的应税消费品,如果用于连续生产应税消费品,按税法规定,缴纳的消费税可以抵扣,应借记"应交税费——应交消费税"账户,贷记"银行存款"等账户;在企业最终销售应税消费品时,再根据其销售额计算应交的全部消费税,借记"主营业务税金及附加"账户,贷记"应交税费——应交消费税"账户;应交的全部消费税扣除收回委托加工应税消费品时缴纳的消费税,为应补交的消费税,缴纳消费税时,借记"应交税费——应交消费税"账户,贷记"银行存款”账户。

企业收回委托加工的应税消费品，如果不再加工，而是直接出售，则缴纳的消费税应计入收回的应税消费品的成本，借记“委托加工物资”等账户，贷记“银行存款”等账户；在应税消费品出售时，不必再计算缴纳消费税。

【教学案例8－17】

信义股份有限公司2016年10月根据发生的有关委托加工应税消费品业务，编制会计分录如下：

(1)发出原材料一批，实际成本为100 000元，加工应税消费品。

借：委托加工材料	100 000	
贷：原材料		100 000

(2)收回加工完成的应税消费品，作为原材料入库，用银行存款实际支付不含税的加工费20 000元，增值税3 400元；消费税税率为20%，支付消费税30 000元[(100 000＋20 000)/(1－20%)×20%]。共计53 400元。

①如果收回的应税消费品继续加工：

借：委托加工物资	20 000	
应交税费——应交增值税(进项税额)	3 400	
——应交消费税	30 000	
贷：银行存款		53 400
借：原材料	120 000	
贷：委托加工物资		120 000

②如果收回的应税消费品直接出售：

借：委托加工物资	50 000	
应交税费——应交增值税(进项税额)	3 400	
贷：银行存款		53 400
借：原材料	150 000	
贷：委托加工物资		150 000

(五)缴纳消费税

企业实际缴纳消费税时，应借记“应交税费——应交消费税”账户，贷记“银行存款”账户。

三、其他应交税费

其他应交税费是指除上述税费以外的其他各种应上交国家的税费，包括应交资源税、应交城市维护建设税、应交教育费附加、应交土地增值税、应交房地产税、应交城镇土地使用税、应交车船税、应交矿产资源补偿费、应交个人所得税等。企业应当在“应交税费”账户下设置相应的明细账户进行核算。

1. 应交资源税

资源税是对我国境内开采矿产品或者生产盐的单位和个人征收的税。其相关账务处理为：对外销售应税产品时，借记“税金及附加”账户，贷记“应交税费——应交资源税”账户；自产自用应税产品时，借记“生产成本/制造费用”等账户，贷记“应交税费——应交资源税”账户。

2. 应交城市维护建设税

城市维护建设税是以增值税、消费税为计税依据征收的一种税。税率因纳税人所在地的不同从1%～7%不等。其应纳税额的公式为：

应纳税额=(应交增值税+应交消费税)×适用税率

企业按规定计算出应缴纳的城市维护建设税,借记“税金及附加”等账户,贷记“应交税费——应交城市维护建设税”账户。缴纳城市维护建设税时,借记“应交税费——应交城市维护建设税”账户,贷记“银行存款”账户。

拓展阅读

城市维护建设税是我国为了加强城市的维护建设,扩大和稳定城市维护建设资金的来源,对有经营收入的单位和个人征收的一个税种。它是1984年工商税制全面改革中设置的一个新税种。

3. 应交教育费附加

教育费附加是为了发展教育事业而向企业征收的附加费用,企业按应交流转税的一定比例计算缴纳。

企业按规定计算出应缴纳的教育费附加,借记“税金及附加”等账户,贷记“应交税费——应交教育费附加“账户。

4. 应交土地增值税

土地增值税是对转让国有土地使用权、地上的建筑物及其附着物(以下简称转让房地产)并取得增值性收入的单位和个人所征收的一种税。

土地增值税按照转让房地产所取得的增值额和规定的税率计算征收。转让房地产的增值额是转让收入减去税法规定项目金额后的余额。土地增值税采用四级超率累进税率,其中最低税率为30%,最高税率为60%。

企业对房地产核算方法不同,企业应交土地增值税的账务处理也有所区别:

(1)企业转让的土地使用权连同地上建筑物及其附着物——并在“固定资产”账户核算的,转让时应交的土地增值税,借记“固定资产清理”账户,贷记“应交税费——应交土地增值税”账户。

(2)土地使用权在“无形资产”账户核算的,按实际收到的金额,借记“银行存款”“累积摊销”“无形资产减值准备”等账户;按应交的土地增值税,贷记“应交税费——应交土地增值税”账户;同时冲销土地使用权的账面价值,贷记“无形资产”账户;按其差额,借记“营业外支出”账户或贷记“营业外收入”账户。

(3)房地产开发经营企业销售房地产应缴纳的土地增值税,借记“税金及附加”账户,贷记“应交税费——应交土地增值税”账户。

(4)缴纳土地增值税时,借记“应交税费——应交土地增值税”账户,贷记“银行存款”账户。

5. 应交房产税、应交城镇土地使用税、应交车船税和应交矿产资源补偿费

企业应交的房产税、城镇土地使用税、车船税、矿产资源补偿费,借记“管理费用”账户,贷记“应交税费——应交房产税(或应交城镇土地使用税、应交车船税、应交矿产资源补偿费)”账户。特别应注意,企业应交的印花税,借记“管理费用”账户,贷记“银行存款”账户。

6. 应交个人所得税

企业职工按规定应缴纳的个人所得税通常由单位代扣代缴,其相关账务处理为:企业按规定计算代扣代缴的职工个人所得税时,借记“应付职工薪酬”账户,贷记“应交税费——应交个人所得税”账户;企业缴纳个人所得税时,借记“应交税费——应交个人所得税”账户,贷记“银行存款”账户。

任务六　其他流动负债

一、预收账款

预收账款与应付账款相反，是指企业在销货之前预先向购买方收取的款项，应在1年以内用产品或劳务来偿付，一般不以货币进行偿付。

企业发生的预收账款业务，一般可以通过“预收账款”账户核算。收到预收账款时，应借记“银行存款”账户，贷记“预收账款”账户；销售货物或提供劳务时，应借记“预收账款”账户，贷记“主营业务收入”“应交税费——应交增值税（销项税额）”等账户；退还多收的货款时，应借记“预收账款”账户，贷记“银行存款”账户；收到购买方补付的货款时，应借记“银行存款”账户，贷记“预收账款”账户。

采用这种方式，在销货的全部价款大于预收账款而尚未收到购买方补付的账款时，“预收账款”账户所属的明细账户会有借方余额。月末，“预收账款”所属明细账户的借方余额，在资产负债表上，应列入“应收账款”项目。

在企业预收账款业务不多的情况下，为了简化核算工作，也可以不设“预收账款”账户，将预收的账款记入“应收账款”账户的贷方。采用这种方式，“应收账款”账户所属的明细账户可能会有贷方余额。月末，“应收账款”账户所属明细账户的贷方余额，在资产负债表上，应列入“预收账款”项目。

【教学案例8－18】

信义股份有限公司2016年根据发生的有关预收账款业务，编制会计分录如下：

(1)6月31日，预收南华公司货款20 000元，存入银行。

借：银行存款	20 000	
贷：预收账款——南华公司		20 000

(2)7月30日，向南华公司发货一批，不含税的价款为50 000元，增值税8 500元，用银行存款代垫运杂费100元，共计58 600元；南华公司尚未补付货款。

借：预收账款	58 600	
贷：主营业务收入		50 000
应交税费——应交增值税（销项税额）		8 500
银行存款		100

7月30日，“预收账款——南华公司”明细账户借方余额38 600元，列入资产负债表的“应收账款”项目。

(3)8月6日，收到南华公司补付的货款38 600元，存入银行。

借：银行存款	38 600	
贷：预收账款　　南华公司		38 600

二、应付利息

“应付利息”账户核算企业按照合同约定应支付的利息，包括吸收存款、分期付息到期还本的长期借款、企业债券等应支付的利息。“应付利息”账户可按存款人或债权人进行明细核算。

企业采用合同利率计算确定利息费用时，借记“财务费用”等账户，贷记“应付利息”账户；实际支付时，借记“应付利息”账户，贷记“银行存款”等账户。

"应付利息"账户的期末贷方余额,反映企业应付未付的利息。

三、应付股利

应付股利是指企业经董事会或股东大会或类似机构决议确定分配的现金股利或利润。获得投资收益是出资者对企业进行投资的初衷。企业在宣告给投资者分配股利或利润时,一方面冲减企业的所有者权益,另一方面形成"应付股利";随着企业向投资者实际支付利润,该项负债即行消失。

企业应设置"应付股利"账户,核算企业分配的现金股利或利润。企业分配的股票股利,不通过本账户核算。本账户应当按照投资者进行明细核算。本账户的期末贷方余额,反映企业尚未支付的现金股利或利润。

当企业宣告分配现金股利或利润时,借记"利润分配"账户,贷记本账户;待实际支付现金股利或利润时,借记本账户,贷记"银行存款""库存现金"等账户。

企业董事会或类似机构通过的利润分配方案中拟分配的现金股利或利润,不做账务处理,但应在附注中披露。

四、其他应付款

其他应付款是指除了短期借款、应付票据、应付账款、应付职工薪酬、应交税费、应付股利以及预收账款以外的各种应付、暂收款项,如出租、出借包装物收取的押金等。

其他应付款的数额一般能够直接确定。发生其他应付款时,借记"银行存款"、"管理费用"等账户,贷记"其他应付款"账户;偿付其他应付款时,借记"其他应付款"账户,贷记"银行存款"等账户。

拓展阅读

什么是应付股利

公司组织的企业,根据公司章程,经董事会和股东大会决议确定分配的已宣告尚未支付给股东的股利。股利是股东对公司经营净利的分离。股利的支付有两种基本形式:现金股利和股票股利。一旦董事会宣布了现金股利,应付股利就成为公司对股东的一种流动负债。因为公司在董事会作出发放的决定,即产生一种短期(现金从宣布日至支付日时间较短,一般不可能超过1年)支付义务,结算此项义务将使企业的现金外流。当然,只有宣布的,才构成企业的负债。累积优先股如有积欠款分配的股利,只需在资产负债表上以附注披露,不应列为负债。此外,如果董事会决定发放的是股票股利(即我国通常所说的"送股"),那么,股票并不构成企业的负债,因为它只是企业股东权益的一个项目转为另一个项目,即从利润转增股本,不会引起任何含有经济利益的资源外流。

阅读材料

(1)中华人民共和国财政部:《企业会计制度》(2001),经济科学出版社2001年版。
(2)中华人民共和国财政部:《企业会计准则》(2017),立信会计出版社2017年版。
(3)中华人民共和国财政部:《企业会计准则——应用指南》(2017),立信会计出版社2017年版。
(4)财政部会计司编写组:《企业会计准则讲解》(2016),地震出版社2016年版。

项目自测

一、判断题

(1)短期借款利息在预提或实际支付时,均应通过“短期借款”账户核算。 ( )

(2)银行承兑汇票到期企业无法支付时,应按票面本金数额转作短期借款。 ( )

(3)企业提供给职工配偶和子女的福利不属于职工薪酬。 ( )

(4)企业宣告发放的现金股利和股票股利,均应通过“应付股利”账户核算。 ( )

(5)企业将自产货物作为集体福利消费,应视同销售货物计算应交增值税。 ( )

(6)企业购入货物验收入库后,若发票账单尚未收到,应在月末按照估计的金额确认一笔负债。 ( )

(7)企业只有在对外销售应税消费品时,才应交消费税。 ( )

(8)应付经营租入固定资产租金应在“其他应付款”账户中核算。 ( )

(9)印花税不通过“应交税费”账户核算,而是通过“管理费用”账户核算。 ( )

(10)企业委托加工应税消费品在收回后,应将由受托方代扣代缴的消费税计入相关成本。 ( )

二、单项选择题

(1)企业在转销已经确认的无法支付的应付账款时,应贷记的会计账户是( )。

A.“其他业务收入” B.“营业外收入” C.“盈余公积” D.“资本公积”

(2)短期借款利息核算不会涉及的账户是( )。

A.“预提费用” B.“应付利息” C.“财务费用” D.“银行存款”

(3)如果企业预收账款业务不多,可以将预收款项记入( )账户。

A.“应付账款” B.“应收账款” C.“其他应付款” D.“待摊费用”

(4)某企业以一张期限为6个月的商业承兑汇票支付货款,票面价值为100万元,票面年利率为4%。该票据到期时,企业应支付的金额为( )万元。

A. 100 B. 102 C. 104 D. 140

(5)企业将自产货物作为集体福利消费,应视同销售货物计算应交增值税,实际发放时,应借记( )账户,贷记“主营业务收入”、“应交税费——应交增值税(销项税额)”等账户。

A.“营业外支出” B.“应付职工薪酬” C.“盈余公积” D.“在建工程”

(6)甲公司结算本月应付职工工资共300 000元,代扣职工个人所得税5 000元,实发工资295 000元,该企业会计处理中不正确的是( )。

A. 借:管理费用 300 000
　　贷:应付职工薪酬——工资 300 000

B. 借:应付职工薪酬——工资 5 000
　　贷:应交税费——应交个人所得税 5 000

C. 借:其他应收款 5 000
　　贷:应交税费——应交个人所得税 5 000

D. 借:应付职工薪酬——工资 295 000
　　贷:银行存款 295 000

(7)企业缴纳当月的增值税,应通过的账户是( )。

A.“应交税费——应交增值税(转出多交增值税)” B.“应交税费——应交增值税(进项税额转出)”

C.“应交税费——未交增值税” D.“应交税费——应交增值税(已交税金)”

(8)企业福利部门自用应税产品计算出的应交消费税和增值税,应借记( )账户。

A.“制造费用” B.“生产成本” C.“应付职工薪酬” D.“税金及附加”

(9)企业发生的下列各项税金中,不能记入“税金及附加”账户的是( )。

A. 土地增值税　　B. 资源税　　C. 城市维护建设税　　D. 增值税

(10)委托加工的应税消费品收回后准备直接出售的,由受托方代扣代缴的消费税,委托方应借记的会计账户是(　　)。

A."在途物资"　　B."委托加工物资"

C."应交税费——应交消费税"　　D."税金及附加"

(11)甲公司为增值税一般纳税人,适用的增值税税率为17%。2017年1月,甲公司董事会决定将本公司生产的500件产品作为福利发放给公司管理人员,该批产品单件成本为1.2万元,市场销售价格为每件2万元(不含增值税)。不考虑其他相关税费。甲公司在2017年因该项业务应计入管理费用的金额为(　　)万元。

A. 600　　B. 770　　C. 1 000　　D. 1 170

(12)甲公司收购免税农产品作为原材料,实际支付款项1 500 000元,产品已验收入库,款项已经支付。假定甲公司采用实际成本进行材料日常核算,该产品准予抵扣的进项税额按买价的13%计算确定。甲公司免税农产品的入账价值为(　　)万元。

A. 150　　B. 169.5　　C. 130.5　　D. 175.5

(13)某小规模纳税企业销售产品一批,所开出的普通发票中注明的货款(含税)为36 050元,增值税征收率为3%,款项已存入银行。该企业应缴纳的增值税为(　　)元。

A. 1 081.5　　B. 1 050　　C. 114.95　　D. 5 391

(14)企业因解除与职工的劳动关系给予职工补偿而发生的职工薪酬,应借记的会计账户是(　　)。

A."管理费用"　　B."财务费用"　　C."营业外支出"　　D."销售费用"

(15)下列项目中,通过"应付股利"账户核算的是(　　)。

A. 董事会决议分派的股票股利　　B. 董事会决议分派的现金股利

C. 股东大会宣告分派的股票股利　　D. 股东大会宣告分派的现金股利

(16)企业在无形资产研究阶段发生的职工薪酬,应当计入(　　)。

A. 当期损益　　B. 在建工程成本

C. 无形资产成本　　D. 固定资产成本

(17)一般纳税企业在月度终了,对本月发生尚未抵扣的增值税进项税额的会计处理方法是(　　)。

A. 保留在"应交增值税"明细账户的借方　　B. 保留在"应交增值税"明细账户的贷方

C. 将其转入"未交增值税"明细账户的贷方　　D. 将其转入"未交增值税"明细账户的借方

(18)下列有关负债的表述,正确的是(　　)。

A. 职工薪酬,包括提供给职工配偶、子女或其他被赡养人的福利等

B. 如果带有现金折扣的应付账款,其入账金额应按发票记载应付金额的总金额扣除现金折扣后的净额记账

C. 企业如有将应付账款划转出去或者确实无法支付的应付账款,将其账面余额转入"资本公积——其他资本公积"账户

D. 企业按规定计算应交的教育费附加、矿产资源补偿费,借记"税金及附加""其他业务支出""管理费用"等账户,贷记"其他应交款(应交教育费附加、应交矿产资源补偿费)"账户

(19)下列各项中,不应根据职工提供服务的受益对象分配计入相关资产成本或费用的是(　　)。

A. 职工福利费　　B. 工会经费　　C. 养老保险费　　D. 辞退福利

(20)北京市某一般纳税企业月初欠增值税20万元,无尚未抵扣增值税。本月发生进项税额40万元,销项税额70万元,进项税额转出5万元,缴纳本月增值税15万元。月末结转时,"应交税费——应交增值税"账户的余额为(　　)万元。

A. 30　　B. 23　　C. 18　　D. 20

三、多项选择题

(1)下列各项中,应纳入职工薪酬核算的有(　　)。

A. 工会经费　　B. 职工养老保险费
C. 职工住房公积金　　D. 辞退职工经济补偿

(2)在进行会计核算时，若贷记“应付职工薪酬——福利费”账户，则对应借记的账户有(　　)。
A.“制造费用”　　B.“销售费用”　　C.“生产成本”　　D.“管理费用”

(3)下列各项工资中，不应由“管理费用”列支的有(　　)。
A. 生产人员工资　　B. 行政人员工资
C. 车间管理人员工资　　D. 专设销售机构人员工资

(4)下列税金中，应计入存货成本的有(　　)。
A. 由受托方代收代缴的委托加工直接用于对外销售的商品负担的消费税
B. 由受托方代收代缴的委托加工继续用于生产应纳消费税的商品负担的消费税
C. 小规模纳税企业购入材料支付的增值税
D. 一般纳税企业购入原材料支付的增值税

(5)企业下列各项行为中，应视同销售必须计算缴纳增值税销项税额并计算损益的有(　　)。
A. 将自产货物对外捐赠　　B. 将自产货物用于集体福利
C. 将自产货物用于非应税项目　　D. 委托他人保管货物

(6)“预收账款”账户的贷方登记(　　)。
A. 预收货款金额　　B. 企业向购货方发货后冲销的预收货款的数额
C. 退回对方多付的货款　　D. 购货方补付的货款

(7)甲公司本期实际上交增值税450 000元，消费税240 000元，该企业适用的城市维护建设税税率为7%。下列处理正确的是(　　)。
A. 甲公司应交的城市维护建设税为45 300元
B. 甲公司计算城市维护建设税时，借记“税金及附加”账户
C. 甲公司应以实际缴纳的增值税、消费税为计税依据
D. 甲公司计算城市维护建设税时，贷记“应交税费——应交城市维护建设税”账户

(8)下列各项中，增值税一般纳税企业不应视同销售计算应交增值税的有(　　)。
A. 产成品用于职工福利　　B. 产成品用于对外投资
C. 生产用原材料发生非正常损失　　D. 生产用原材料改用于集体福利

(9)下列项目中，应通过“其他应付款”账户核算的有(　　)。
A. 应付包装物的租金　　B. 应付职工工资
C. 采用售后回购方式融入资金　　D. 应付经营租入固定资产租金

(10)下列事项发生后，应记入“应交税费——应交增值税(进项税额转出)”账户的有(　　)。
A. 将原材料用于对外投资　　B. 将产成品用于在建工程
C. 已完工产成品发生非正常损失　　D. 非常原因导致原材料发生盘亏

实务训练

训练一

资料：某企业于2016年1月1日向银行借入短期借款600 000元，期限为6个月，年利率为5%。该借款本金到期后一次归还，利息分月预提，按季支付。

要求：作出有关会计处理。

训练二

资料：某企业2016年职工薪酬的有关资料如下：

(1)3月，应付工资总额5 000万元，工资费用分配汇总表中列示的产品生产人员工资为3 000万元，车间

管理人员工资为600万元,企业行政管理人员工资为1 000万元,销售人员工资为400万元。

(2)3月,公司根据历史经验数据和实际情况,按工资总额的2%提取职工福利费。

(3)3月,根据国家规定的计提标准计算,公司分别按照工资总额的12%、10%、2%计提应向社会保险经办机构缴纳的职工基本养老保险费、医疗保险费、失业保险费。

(4)4月3日,根据"工资结算汇总表"结算上月应付职工工资总额5 000万元,代扣职工水电费100万元,代扣职工个人所得税共计300万元,实发工资为4 600万元。

(5)4月5日,以银行存款缴纳职工基本养老保险费、医疗保险费、失业保险费。

(6)4月30日,公司决定以其生产的电动车作为福利发放给职工。该项电动车单位成本为4 000元,单位计税价格(公允价值)为6 000元,适用的增值税税率为17%。公司共有职工400名,其中一线生产工人为340名,总部管理人员为60名。

要求:根据上述经济业务,编制有关会计分录。

训练三

资料:A公司为增值税一般纳税人企业,增值税税率为17%,存货按实际成本计价核算。本月发生有关增值税业务如下:

(1)购进生产用材料一批,取得的增值税专用发票上注明其买价为500 000元,增值税为85 000元,同时支付供应单位代垫运杂费25 000元(其中运输费20 000元)。材料已验收入库,价税款以银行存款支付。

(2)收购免税农产品一批,用于产品生产,收购价为120 000元。产品已验收入库,收购款以银行汇票支付。

(3)在建工程领用商品产品一批,成本为25 000元,计税价格为30 000元。

(4)销售产成品一批,计销售收入1 200 000元,增值税204 000元,价税款收存银行。

(5)医务福利部门领用库存原材料一批90 000元,应负担进项增值税额15 300元。

(6)以银行存款上缴增值税100 000元。

要求:计算月末未交或多交增值税,并进行结转。

训练四

资料:某运输公司为一般纳税人,当月的运费收入为500万元(不含税),当月用于购买汽车、修理零部件的费用为200万元(不含税),均取得增值税专用发票。次月10日缴纳本月的增值税。

要求:计算应缴纳的增值税,并进行会计处理。

训练五

资料:甲企业委托乙企业代为加工一批材料。甲企业的材料成本为550 000元,加工费为150 000元,消费税税率为30%,增值税税率为17%。材料已经加工完成,并由甲企业收回验收入库,加工费尚未支付。

要求:分别作出甲企业收回的委托加工物资用于继续生产应税消费品和直接用于对外销售的会计处理。

项目九　非流动负债

项目分解

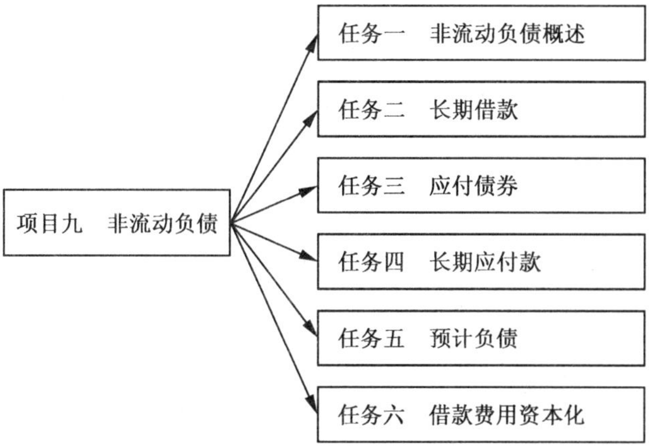

技能目标

完成学习任务后，应该掌握如下技能：

1. 了解非流动负债的定义、性质、形式与计量。
2. 掌握长期借款的核算。
3. 理解债券的性质、种类、发行的相关概念，掌握应付债券的核算。
4. 理解长期应付款的概念及核算。
5. 理解或有事项的概念与特征，掌握预计负债的确认、计量与核算。
6. 理解借款费用资本化的范围、时间、计算等相关概念。

导学案例

负债激增不解释　上海机电引质疑

“三季报显示公司其他非流动负债增加近10倍，为啥没有解释?”11月5日，有投资者对上海机电(600835.SH)其他非流动负债大幅增长表示不解。公司证券部人士表示，这是因为公司并表范围发生变化,被并入报表的企业"导致公司其他非流动负债迅速增加"。

上海机电日前发布的2015年三季报显示,其期初其他非流动负债约为4 327万元,三季度末公司其他非流动负债约为4.99亿元,比期初增加了10倍。

上海机电证券部的一位人士对本刊记者表示,公司三季度合并报表的范围有所变化,"其他非流动负债的迅速增加,主要是因为收购的一家公司并入公司报表"。

该人士透露,今年2、3月份公司实际控制人上海电气(集团)总公司签署了一份股权转让协议,公司在7月底完成了一系列的转让手续,从而将其财务状况并入了上海机电财务报表。公司以5.71亿元现金方式受让了美国高斯国际有限公司(简称高斯国际)100%股权。据《经济观察报》2013年6月份报道,上海电气集团股份有限公司当时耗资15亿美元(据当时汇率约合100亿元人民币),收购了高斯国际100%股权。

高斯国际高管在今年2月份接受国内媒体采访时称,2013年,高斯国际轮转印包设备销售总额已经成为全球第一,市场份额28%,2014年进一步攀升至30%。资料显示,高斯国际拥有170年历史,是全球三大印刷设备制造企业之一。

虽然公司其他非流动负债涨幅近10倍,但是其并未在三季报中给出解释。而公司的应收票据、应收利息、预付账款、长期股权投资等增长幅度超过50%,但涨幅不及其他非流动负债的账户均有披露具体的变化原因。

截至2015年9月30日,上海电气(集团)总公司占有上海电气(601727.SH)57.79%的股份,上海电气占有上海机电47.28%股份,上海电气(集团)总公司间接持有上海机电27.32%股权。

对此,一位审计师告诉本刊记者,当前并无强制性的相关规定要求上市公司解释,"不过一般公司都会说明"。

那么非流动负债都包括哪些内容呢?又会是什么样的原因导致负债的增加?

资料来源:张剑锋:《负债激增不解释　上海机电引置疑》,财经网,2015年11月5日。

任务一　非流动负债概述

一、非流动负债的性质

非流动负债是相对于流动负债而言的,会计准则规定,流动负债以外的负债归类为非流动负债。非流动负债是指偿还期在1年或者超过1年的一个营业周期以上的负债。非流动负债除了具有负债的共同特点外,还具有债务金额较大、偿还期限较长、可以采用分期偿还方式等特点。

企业对外筹措用于生产经营的资金,有两种形态:长期资金和短期资金。企业为了扩大经营规模,增加各种长期耐用的固定资产,如增添设备、扩建厂房等,这些所需的资金,不能仅仅依靠企业的正常经营资金,也不能以举借短期债务来满足,而要通过筹措长期资金来补足。

企业长期资金的来源主要有两个:一是增发股票或由股东追加投资;二是举借长期债务,即举债经营。站在投资者的立场上来看,举债经营有以下几个优点:

(1)举债经营不影响企业原有的股权结构,有利于股东保持对企业的控制权,避免股权分散。倘若采用增发股票的方式筹集长期资金,可能会影响原有股东的投资比例,从而削弱股东对企业的控制权。

(2)举债经营的成本通常较低。由于举借长期债务,债权人除了具有按期取得本金和利息的权利外,不享有其他任何权利。不论企业经营状况如何,债务的本金和利息是固定的,对债权人而言,风险相对较低。因此,举债的成本通常会低于发行股票的成本。

(3)举债经营有节税功效。在缴纳所得税时,非流动负债上的利息支出可以作为正常的经营费用从税前利润中扣除，从而减少所得税负担。但增发股票而增发的股利或分配的利润只能从税后利润中支付，不能起到节税功能。

(4)在通货膨胀条件下，若实际通货膨胀率高于借款的名义利率，则意味着举债人能用较便宜的货币偿还借款，举债较为有利。

(5)举债经营能使企业获得财务杠杆收益。由于提供长期资金的债权人只能按固定利率获得利息，若企业运用资金产生的投资报酬率高于长期债务的利率，则举债经营所获收益在支付利息后，剩余的净收益全部归股东所有，从而提高股东的投资报酬率，使企业获得财务杠杆收益。

但也不能忽视举债经营的不足之处，主要表现在：

(1)长期债务的利息是企业必须定期支付的固定费用，数额较大的利息支出将成为企业沉重的财务负担。长期债务到期时，企业必须如数偿还本金。因此，举债经营通常会给企业带来较大的财务风险。

(2)举债经营会制约企业筹资与经营的灵活性。长期债务借用过程中，需签订条件较为苛刻的各种保护债权人的条款，这使企业未来在筹资方式、资金调度等方面都受到一定的约束，降低了企业经营的灵活性。

企业选择举债经营还是增加资本来筹集所需的长期资金，取决于不同的因素，应视企业的具体情况而论。企业应根据资金市场的供求关系，结合本身条件，权衡利弊得失，从而决定是否举债经营，如何筹集、运用和偿还长期债务等问题。

二、非流动负债的形式与计量

非流动负债的形式很多，主要有：

(1)从金融机构和向其他单位的长期借款。

(2)公司或企业发行的公司或企业债券。(应付债券)

(3)融资租赁方式下的租入固定资产的长期应付款。

(4)采用补偿贸易方式引进设备的长期应付款。

(5)企业取得的国家指定为资本性投入的具有专项或特定用途的款项专项应付款。

(6)因或有事项而产生的预计负债。

根据我国目前实际情况，上述各项非流动负债的形式分别归纳为五个方面进行会计核算：长期借款、应付债券、长期应付款、专项应付款、预计负债。

非流动负债的计量，从理论上讲，应当考虑货币时间价值。但是目前在我国的会计实务中，通常不考虑时间价值，而按非流动负债的未来到期需偿还金额入账，不必将其在发生时按未来偿还金额进行贴现。这与流动负债的计量方法是相同的。

三、与非流动负债有关的借款费用

企业对外借款，承担债务，要发生一定的借款费用。借款费用是指企业因借款而发生的利息、折价或溢价的摊销和辅助费用，以及因外币借款而发生的汇兑差额。

我国《企业会计准则第17号 借款费用》规定：企业发生的借款费用，可直接归属于符合资本化条件的资产购建或者生产的，应当予以资本化，计入相关资产成本；其他借款费用应当在发生时根据其发生额确认为费用，计入当期损益。

(一)借款费用的费用化

如果企业举借债务发生的借款费用属于筹资过程中发生的筹资费用，与借入资金的运用无关，应将其计入当期损益，不应计入购置资产的成本。

但是，如果将借款费用资本化，则会使同类资产的取得成本仅仅由于筹资方式不同而产生差异;用借入资金购置资产的成本要高于用自有资金购置资产的成本。

(二)借款费用的资本化

如果非流动负债是为了取得某项长期资产而借入,并且其借款费用与所取得的资产有紧密的联系,与构成资产成本的其他要素并无本质区别,就应将借款费用计入所取得资产的成本。

但是,如果将借款费用费用化,则会导致还款前的各个会计期间,由于巨额的借款费用而导致盈利偏少乃至亏损,而借款所购置的资产往往在还款之后的相当长时期内仍发挥作用。因此,费用化不利于正确反映各期损益。

任务二 长期借款

一、长期借款的概念

长期借款是企业从银行或其他金融机构借入的期限在1年以上的款项。

为了总括反映长期借款的增减变动等情况,企业应设置“长期借款”账户。该账户的贷方登记取得的长期借款本金和定期计提的长期借款利息,借方登记归还的本金和利息,期末余额在贷方,反映尚未归还的本金和利息。该账户应按借款的种类或用途设置明细账户。

按照权责发生制,企业应分期确认长期借款的利息。企业取得的长期借款,如果是到期一次支付利息的,则应付未付的长期借款利息与本金一样,属于长期负债,应贷记“长期借款”账户。确认的利息费用则根据长期借款的用途等情况,确定应予费用化还是资本化,分别借记“财务费用”或“在建工程”等账户。

二、长期借款的账务处理

企业从银行借入长期借款,应与银行签订借款合同,约定借款本金和利息的偿还方式,并在使用过程中正确核算借款的取得、使用和归还情况。由于还本付息方式的不同,在账务处理上也有所区别。一般来讲,长期借款的还本付息方式有到期一次还本付息和分期付息、到期还本两种。

(1)企业借入长期借款,应按实际收到的现金净额,借记“银行存款”账户,贷记“长期借款(本金)”账户;按其差额,借记“长期借款(利息调整)”账户。

(2)资产负债表日,应按摊余成本和实际利率计算确定的长期借款的利息费用,借记“在建工程”“制造费用”“财务费用”“研发支出”等账户;按合同约定的名义利率计算确定的应付利息金额,贷记“长期借款(应计利息)”账户或“应付利息”账户;按其差额,贷记“长期借款(利息调整)”账户。

实际利率与合同约定的名义利率差异很小的,也可以采用合同约定的名义利率计算确定利息费用。

(3)归还长期借款本金时,借记“长期借款(本金)”账户,贷记“银行存款”账户;同时,按应转销的利息调整、应计利息金额,借记或贷记“在建工程”“制造费用”“财务费用”“研发支出”等账户,贷记或借记“长期借款(利息调整、应计利息)”账户。

拓展阅读

单利与复利

利息计算中有两种基本方法:单利(simple interest)和复利(compound interest)。

单利的计算公式为：

利息总额(I)＝(现值)本金(PV)×利率(i)×期数(n)

(终值)本利和(FV)＝本金(PV)×[1＋利率(i)×期数(n)]

单利的特点，是对已过计息日而不提取的利息不计利息。

复利的计算公式为：

终值(FV)＝本金(PV)×[1＋利率(i)]^n

利息额(I)＝本利和(FV)－本金(PV)

复利是将上期利息和本金一并计算利息的一种方法。如按年计息，第一年按本金计息；第二年计息时，先将第一年所得的利息并入本金，再按第一年末的本利和计息；第二年末的利息并入本金，第三年则按第二年末的本利和计息；以此类推，直至信用契约期满。我们常将这种复利计息方法通俗地称为“息上加息”或“利滚利”。

【教学案例 9－1】

信义股份有限公司从银行取得长期借款 300 000 元，用于公司的经营周转，期限为 3 年，年利率为 10%，按复利计息，每年计息一次，到期一次归还本息。借入款项已存入开户银行。

由于该项长期借款用于公司的经营周转，因而按期确认的长期借款利息应当费用化，计入财务费用。

(1)取得长期借款时：

借：银行存款	300 000	
贷：长期借款——本金		300 000

(2)第一年末计息时：

第一年的利息＝300 000×10%＝30 000(元)

借：财务费用	30 000	
贷：长期借款——应计利息		30 000

(3)第二年末计息时：

第二年的利息＝(300 000＋30 000)×10%＝33 000(元)

借：财务费用	33 000	
贷：长期借款——应计利息		33 000

(4)第三年末计息时：

第三年的利息＝(330 000＋33 000)×10%＝36 300(元)

借：财务费用	36 300	
贷：应付利息		36 300

(5)到期偿还本息时：

3 年累计利息＝30 000＋3 000＋36 300＝99 300(元)

应归还本利和＝300 000＋99 300＝399 300(元)

借：长期借款——本金	300 000	
——应计利息	63 000	
应付利息	36 300	
贷：银行存款		399 300

任务三 应付债券

一、债券的性质

债券是企业为筹集长期资金而发行的约定于一定日期支付一定的本金,以及定期支付一定的利息给持有者的一种书面凭证。发行债券是企业筹集长期资金的重要方式之一,通过发行债券,企业将巨额借款分为若干等份,以公开募集的方式向社会举债,能吸收大量长期资金。公司组织发行的债券,称为公司债券。

债券持有人通过持有债券,有权向债券发行人定期索取本息,这就构成了发行债券企业的一项债务。企业发行的超过1年的债券,属于企业的一项非流动负债,应作为“应付债券”核算。

债券的发行有着严格的规定,包括债券票面上应载明的内容,称为债券要素,如企业名称、票面金额、票面利率、偿还期限、利息支付的方式等。

(一)债券面值

债券面值也称债券的到期值,即债券到期应偿还的本金。债券的面值大小不等,企业可以根据需要设定。它包括票面的币种和票面金额两个方面。票面的币种是指以何种货币作为债券价值的计量标准,取决于发行对象和需要。票面金额是指票面所标明的金额。

(二)债券利率

债券利率也称名义利率或票面利率,是相对于债券发行时的市场利率而言的。债券利率一般用年利率表示,它可以高于、等于或低于市场利率,其高低主要受银行利率、发行者的资信、偿还期限、利息计算方式以及资本市场上资金供求关系的影响。

(三)利息支付方式

债券利息通常每半年或每年支付一次,支付的利息额为债券面值与票面利率的乘积。债券的发行者应在票面上注明债券的付息日期。若在两个付息日之间编制财务报表,应计提上一付息日至编表日的利息费用和相应的应计利息。

(四)到期日

到期日是指偿还债券本金的日期,取决于债券的偿还期限。发行人在确定债券的偿还期限时,要考虑债券筹集资金的周转期、未来市场利率的发展趋势以及投资者的投资意向等。

企业发行债券通常需经董事会及股东正式核准。若向社会公众公开发行,则需经有关证券管理机构核准。

为便于债券的发行,债券发行公司可以聘请信托人充当债券持有者的权益代表。信托人一般是银行或大信托公司。债券的发行均附有契约,以说明债券的发行条款及企业用作担保的抵押限制。债券发行公司如果违反契约规定的条款,信托人可以处置发行公司用作担保的资产,或采取其他法律手段,以维护债券投资者的利益。

二、债券的种类

(一)按发行有无担保分类

(1)担保债券又称抵押债券,是指以特定的财产作为担保品,以保证其还本付息的债券。可以作为担保品的财产可以是企业拥有的不动产,如土地、房屋等;也可以是企业的动产,如设备等。一旦债券发行人违约,债券持有人有权将担保品变卖,以补偿损失。

(2)信用债券又称无担保债券,是指没有任何特定的财产作为担保品的债券。这种债券全凭发行企业的信用,一旦企业破产清算,债券持有人便成为企业的一般债权人。因此,投资者的投资风险越高，要求的报酬率也越高。

（二）按是否记名分类

（1）记名债券，是指企业在发行债券时，债券票面上记有债券持有人的姓名，并在每次发放利息时，由发行企业支付给债券持有人的债券。

（2）无记名债券，是指债券票面上不记载持有人姓名的债券。但这种债券通常附有息票，在债券的存续期限内，持有人可以凭息票领取到期债券的利息和取回到期债券的本金。

（三）按还本方式分类

（1）一次还本债券，是指规定在未来某一时日到期一次全部偿还本金的债券。

（2）分期还本债券，是指在未来日期内分期偿还本金的债券。

（四）按特殊偿还方式分类

（1）不可转换债券，是指不能转换为发行企业普通股股票的债券。

（2）可转换债券，是指债券发行一定期限后，持有人可以按一定价格转换成企业其他证券（如普通股）的债券。

三、债券的发行

（一）债券发行价格、市场利率与实际利率

债券的发行，首先涉及发行价格与市场利率、实际利率的关系问题。

就债券发行企业而言，债券的发行价格与市场利率、实际利率是影响会计处理的重要因素。债券的发行价格，是债券发行企业在发行债券时，向债券投资者收取的全部现金或现金等价物。

债券的发行价格受很多因素的影响。就公司内部而言，除了债券的面值、期限、票面利率、利息支付方式之外，发行企业自身的信用状况、资本结构等也会影响债券的发行价格。就企业外部来说，资本市场上的利率水平、供求关系等，也是影响债券发行价格的重要因素。

债券一旦印制完毕，就已确定了债券发行之后债券发行企业应承担的未来付款义务——按面值偿还债券的本金以及支付按面值与票面利率计算的债券利息。这种未来付款义务在债券发行之后正式生效。企业发行债券后，一方面按发行价格向债券投资者收取一定数额的现金或现金等价物，另一方面承担起未来支付一定金额的义务。

就某种债券来说，债券发行时发行企业与债券投资者双方均能接受的利率，称为该种债券的市场利率。它与债券的发行价格是紧密相连的。如果债券发行时的市场利率已知，则该种债券的发行价格，等于到期偿还的债券面值按债券发行时的市场利率计算的现值加上债券票面利息按债券发行时的市场利率折算的现值之和。反过来，如果债券的发行价格已定，则该债券的市场利率是使发行企业的未来应偿付金额（面值与票面利息）的现值之和等于债券发行价格的折现率。

债券发行价格与市场利率的关系可表示如下：

债券的发行价格＝到期偿还面值按市场利率折算的现值＋票面利息按市场利率折算的现值

另一个相关的重要概念是实际利率。债券的实际利率是指将债券在预期存续期间内的未来现金流量折算为该债券当前账面价值所使用的利率（折现率）。债券发行时的实际利率与市场利率之间的关系取决于与债券发行直接相关的交易费用的会计处理方法。

交易费用的会计处理方法有两种：

（1）交易费用计入债券的初始确认金额，即减少债券的入账金额（账面价值）。在这种情况下，债券发行时的实际利率不等于市场利率，确切地说，债券的实际利率大于市场利率。债券的入账金额、发行价格与实际利率之间的关系可表示如下：

债券的入账金额＝债券的发行价格－交易费用

＝到期偿还面值按实际利率折算的现值＋票面利息按实际利率折算的现值

我国现行会计准则要求对应付债券(不属于以公允价值计量且公允价值变动损益计入当期损益的债券)的交易费用采用这种会计处理方法。

(2)交易费用不计入债券的初始确认金额,而是一次性全部计入当期损益或相关资产的购建成本。在这种情况下,债券发行时的实际利率等于市场利率。

本项目的举例都假定没有发生交易费用,因而债券发行时的实际利率等于市场利率。

(二)债券的发行方式

债券的发行方式有三种,即平价发行、折价发行、溢价发行。

平价发行:票面利率=市场利率

折价发行:票面利率<市场利率

溢价发行:票面利率>市场利率

本项目就各种形式的债券三种发行方式讲解应付债券的核算方法。

(三)债券发行价格的确定

从理论上讲,债券的发行价格应等于债券的票面价值,但实际上债券的发行价格与其票面价值并不总是相同的。这是因为:

(1)资金时间价值的存在。债券是在若干年后按照债券面值偿还本金,由于资金具有不同的时间价值,同样数量的资金在不同时间具有不同的价值。

(2)债券的票面利率和发行债券时的市场利率不一致。由于债券的发行需要经过很长一段时间的准备过程,即使预先确定的发行利率与市场利率相同,但随着时间的推移,市场利率随时会发生变化,因此,就会出现两者不一致的情况。

债券的发行价格是由债券发行企业未来应偿还的面值和支付的利息两大部分按发行债券时通用的市场利率折算成现值来决定的,即考虑了资金的时间价值。

债券发行价格的计算公式是:

$$\text{债券发行价格}=\text{债券面值的现值}+\text{应计利息的现值}$$

$$=\frac{\text{票面价值}}{(1+\text{市场利率})^n}+\sum_{t=1}^{n}\frac{\text{票面价值}\times\text{票面利率}}{(1+\text{市场利率})^t}$$

式中,n 为债券期限,t 为付息期数。

【教学案例9-2】

信义股份有限公司2016年1月1日发行面值为100元的债券1 000份,金额100 000元。票面利率8%,5年期。利息每半年支付一次,债券发行时的市场利率为6%。

要求:计算单份债券的发行价格。

分两个部分计算。计算时注意,该债券是每半年支付一次利息,因此,不论是票面利率还是市场利率,均需按一半计算:

(1)到期应偿还的债券面值按市场利率折现的现值=100×0.744 0=74.40(元)

(2)按债券票面利率支付各期利息按市场利率折现的现值=4×8.530 2=34.12(元)

两者相加,债券的发行价格为108.52元。

【知识拓展】

复利终值、现值和年金终值、现值

复利终值公式为:

$$F=P\times(1+i)^n$$

复利现值公式为：

$$P=F\times(1+i)^{-n}$$

年金 A(annuity)——年金是在一定时期内每隔相同时间发生相同数额的收付款。

年金一般应同时满足以下三个条件：连续(时间)、等额性、同方向(收或者付)。

$$\text{年金终值 } FA=A\times[(1+i)^{n}-1]/I$$

$$\text{年金现值 } PA=A\times[1-(1+i)^{-n}]/i$$

式中，P 为现值，F 为终值，A 为年金，i 为利率，n 为期数。

从以上计算债券的发行价格的例子中可以看出：

(1)债券在按低于票面利率的市场利率发行时，发行价格高于债券的面值，称为溢价发行。

(2)若按高于债券票面利率的市场利率发行时，发行价格就会低于债券面值，称为折价发行。

(3)若两个利率相等，则债券的发行价格就等于债券面值，称为平价发行。

显而易见，债券的发行价格随市场利率的变动而呈反方向变动。当市场利率上升时，债券的价格下跌；当市场利率下降时，债券的价格上升。

四、应付债券的核算

(一)应付债券的账户设置

发行债券的企业，应设置"应付债券"账户，用来核算债券的发行、计息、偿还等情况。该账户下设三个明细账户：

(1)"应付债券——面值"明细账户。该账户专门核算债券票面价值的增减变动情况。

(2)"应付债券——利息调整"明细账户。该账户专门核算债券溢价或折价的形成和摊销情况。

(3)"应付债券——应计利息"明细账户。该账户专门核算债券利息计提和支付情况。

在三个账户中，债券的发行价格以及持续期间的实际价值或账面价值是通过"应付债券——债券面值"和"应付债券——利息调整"账户体现的。

一般来说，"应付债券——债券面值"的余额加上"应付债券——利息调整"的余额，即为债券的实际价值或账面价值。

(二)账务处理的原则

我国会计准则规定，企业发行的一般公司债券，无论是按面值发行，还是溢价发行或折价发行，均按债券面值记入"应付债券"账户的"面值"明细账户；实际收到的款项与面值的差额，记入"利息调整"明细账户。企业发行债券时，按实际收到的款项，借记"银行存款""库存现金"等账户；按债券票面价值，贷记"应付债券——面值"账户；按实际收到的款项与票面价值之间的差额，贷记或借记"应付债券——利息调整"账户。对于债券的发行费用，一般于发行时根据债券的发行目的，记入"财务费用""在建工程"或"长期待摊费用"账户，或直接记入"应付债券——利息调整"账户。

利息调整应在债券存续期间内采用实际利率法进行摊销。实际利率法，是指按照应付债券的实际利率计算其摊余成本及各期利息费用的方法。实际利率，是指将应付债券在债券存续期间的未来现金流量，折现为该债券当前账面价值所使用的利率。

资产负债表日(一般为年末或半年末)，对于分期付息、一次还本的债券，企业应按应付债券的摊余成本和实际利率计算确定的债券利息费用，借记"在建工程""制造费用""财务费用"等账户；按票面利率计算确定的应付未付利息，贷记"应付利息"账户；按其差额，借记或贷记"应付债券——利息调整"账户。对于一次还本付息的债券，应于资产负债表日按摊余成本和实际利率计算确定的债券利息费用，借记"在建工程""财务费用"等账户；按票面利率计算确定的应付未付利息,贷记"应付债券——应计利息"账户;按其差额,借记或贷记"应付债券——利息调整"账户。

(三)分期付息债券

1. 分期付息债券按面值发行

对于分期付息债券来说,如果债券的票面利率正好等于其市场利率,则该种债券必然按面值发行。反过来说,如果债券按面值发行,则该种债券的市场利率必然等于其票面利率。

当债券的市场利率等于票面利率时,债券的发行价格等于债券的面值,这种发行方式即面值发行。会计处理为:

借:银行存款	100 000	
贷:应付债券——面值		100 000

2. 分期付息债券溢价发行

一般来说,企业在确定其债券的票面利率时,会尽可能使其与市场利率相一致。但债券从印制到发行要经历一段时间,而市场利率经常变动。因此,债券发行时的市场利率常常高于或低于债券的票面利率,债券的发行价格就会相应低于或高于债券的面值。债券按低于面值的价格发行,称为折价发行;按高于面值的价格发行,称为溢价发行。

当债券的市场利率小于票面利率时,债券的发行价格大于债券的面值,两者的差额为债券溢价,这种发行方式即溢价发行。会计处理为:

借:银行存款	108 425	
贷:应付债券——面值		100 000
——利息调整		8 425

3. 分期付息债券折价发行

当债券的市场利率大于票面利率时,债券的发行价格小于债券的面值,两者的差额为债券折价,这种发行方式即折价发行。会计处理为:

借:银行存款	92 418	
应付债券——利息调整	7 582	
贷:应付债券——面值		100 000

4. 分期付息债券的利息

企业债券发行之后,应按期确认债券利息。分期付息债券在按面值发行的情况下,各期应确认的利息,等于债券的票面利息。即:

利息=面值×票面利率

有关利息的分录如下:

借:财务费用

　　贷:银行存款等

5. 分期付息债券折价与溢价的摊销

应付债券通常按照摊余成本进行后续计量,确认摊余成本的过程实际就是确认利息费用的过程,而摊余成本也就是应付债券的账面价值。

当企业债券按折价或溢价发行时,则不能简单地按各期票面利息来确认利息费用,而必须将应付债券折价或溢价在各期摊销,以调整各期应确认的利息费用。

在债券按折价发行的情况下,应付债券折价在本质上是长期借款成本的一部分。因为企业发行债券时所得现金低于债券的面值,而债券到期时必须按面值偿还,相当于增加了利息成本。因此,债券的利息总额实际上由两部分构成:一是债券按票面利率计算的利息,二是债券的折价。

债券折价代表的利息虽然在债券到期时才付给债券持有者,但它是与债券的全部存续期间相联系的,因而应将其在债券的存续期间内分摊,转为各期的利息费用。

如果债券按溢价发行，则意味着债券发行企业在发行债券时所得款项高于债券的面值，而在债券到期时只需按面值偿还本金（此外，要分期或到期一次支付债券的票面利息）。因此，企业实际支付的票面利息，要高于发行债券的长期借款成本。企业溢价发行债券的实际长期借款成本应为支付的票面利息减去溢价。为了合理确定各期的利息费用，需要将债券溢价在债券的存续期间内分摊。溢价摊销实际上是调整减少各期的利息费用。

企业债券折价与溢价的摊销方法有直线法与实际利率法两种。

采用直线法摊销债券折价或溢价，操作比较简单。但这种方法存在一个概念上的缺陷，即每期确认的利息费用完全相同。从债券的账面价值来看，折价摊销会使债券的账面价值递增，而溢价摊销会使债券的账面价值递减。也就是说，公司债券的各期账面价值余额是不相等的，所以，在利率相同的情况下，各期确认的利息费用应该不相同。

采用实际利率法摊销债券折价或溢价，可以克服直线法的上述不足。实际利率法的要点是：以期初债券的账面价值乘以债券发行时的实际利率，据以确定当期应确认的利息费用，再将其与当期的票面利息相比较，以两者的差额作为该期应摊销的债券折价或溢价。按这种方法摊销债券折价或溢价，会使各期的利息费用随着债券账面价值的变动而变动。我国现行会计准则要求采用实际利率法。

第一，按实际利率法摊销债券溢价。各期溢价摊销额等于应付利息减去利息费用。

【教学案例 9—3】

信义公司 2016 年 1 月 1 日发行面值为 100 元的债券 1 000 份，金额 108 425 元。票面利率为 8%，市场利率为 6%，5 年期。利息每年支付一次。根据有关资料，可编制债券溢价摊销表，详见表 9—1。

表 9—1 **债券溢价摊销表（实际利率法）** 单位：元

期次	应付利息	利息费用	溢价摊销	未摊销溢价	账面价值
	(1)＝面值×8%	(2)＝期初(5)×6%	(3)＝(1)－(2)	(4)＝期初(4)－(3)	(5)＝面值＋(4)
发行时				8 425	108 425
1	8 000	6 505.5	1 494.5	6 930.5	106 930.5
2	8 000	6 415.83	1 584.17	4 806.33	104 806.33
3	8 000	6 288.38	1 711.62	3 094.71	103 094.71
4	8 000	6 185.68	1 814.32	1 280.39	101 280.39
5	8 000	6 719.61	1 280.39	0	100 000

会计处理如下：

第一年：

借：财务费用　　6 505.5

　应付债券——利息调整　　1 494.5

　　贷：银行存款　　8 000

第二年：

借：财务费用　　6 415.83

　应付债券——利息调整　　1 584.17

　　贷：银行存款　　8 000

随着溢价的摊销,债券账面价值逐期减少,在最后一期溢价摊销之后等于债券面值。同时,各期确认的利息费用也逐渐减少。

第二,按实际利率法摊销债券折价。各期折价摊销额等于实付利息减去应付利息。

【教学案例9—4】

信义公司2016年1月1日发行面值为100元的债券1 000份,金额92 418元。票面利率为8%,市场利率为10%,5年期。利息每年支付一次。根据有关资料,可编制债券折价摊销表,详见表9—2。

表9—2 **债券折价摊销表(实际利率法)** 单位:元

期次	应付利息	利息费用	折价摊销	未摊销折价	账面价值
	(1)=面值×8%	(2)=期初(5)×10%	(3)=(2)-(1)	(4)=期初(4)-(3)	(5)=面值-(4)
发行时				7 582	92 418
1	8 000	9 241.8	1 241.8	6 340.2	93 659.8
2	8 000	9 365.9	1 365.1	4 975.1	95 024.9
3	8 000	9 502.5	1 502.5	3 472.6	96 527.4
4	8 000	9 652.7	1 652.7	1 819.9	98 180.1
5	8 000	9 819.9	1 819.9	0	100 000

会计处理如下:

第一年:

借:财务费用　　9 241.8

　　贷:银行存款　　8 000

　　　　应付债券——利息调整　　1 241.8

第二年:

借:财务费用　　9 365.9

　　贷:银行存款　　8 000

　　　　应付债券——利息调整　　1 365.9

债券账面价值随着折价的摊销而逐期递增,在最后一期折价摊销之后等于债券面值。同时,各期确认的利息费用也逐渐增加。

6. 分期付息债券的偿还

企业发行的一次还本、分期付息债券到期时,其折价或溢价已摊销完毕。在支付了最后一期的利息之后,企业偿还债券的数额就是到期债券的面值总额。

借:应付债券——面值

　　贷:银行存款

(四)到期一次付息债券

如果规定到期一次付息债券的利息按复利计算,则与分期付息债券一样,票面利率等于市场利率时,债券按面值发行;票面利率小于市场利率时,债券折价发行;票面利率大于市场利率时,债券溢价发行。

折价与溢价的摊销也基本相同。所不同的是，债券的应计利息需要作为一项长期负债，在“应付债券”科目下设置“应计利息”明细科目进行核算。

【教学案例 9—5】

信义公司于 2016 年 1 月 1 日，发行 5 年期到期一次还本付息的公司债券 800 000 元，每年计息一次，票面利率为年利率 5%。假定债券发行时的市场利率为 6%。

信义公司该批债券的实际发行价格为：

800 000×0.747 26(复利现值系数)+800 000×5%×5×0.747 26=747 260(元)

信义公司根据上述资料，采用实际利率法和摊余成本计算确定利息费用，账务处理如下：

2016 年 1 月 1 日，发行债券时：

借：银行存款　　747 260

　应付利息——利息调整　　52 740

　贷：应付债券——面值　　800 000

第一年计算利息费用时：

借：财务费用等(债券的摊余成本×实际利率×计息期限)　　44 835.60

　应付债券——利息调整(差额)　　4 835.60

　贷：应付债券——应计利息(债券面值×票面利率×计息期限)　　40 000

所谓“债券的摊余成本”，一般为债券的初始账面余额一已摊销溢价(十已摊销折价)。

以后各年确认利息费用的会计处理原理同第一年，只是分录金额有所不同。根据有关资料，可编制债券折价摊销表，详见表 9—3。

表 9—3　　**债券折价摊销表(实际利率法)**　　单位：元

期次	应付利息	利息费用	折价摊销	未摊销折价	账面价值
	(1)=面值×5%	(2)=期初(5)×6%	(3)=(1)-(2)	(4)=期初(4)-(3)	(5)=面值+(4)
发行时间				52 740	747 260
1	40 000	44 835.60	4 835.60	47 904.40	792 095.60
2	40 000	47 525.74	7 525.74	40 378.66	839 621.34
3	40 000	50 377.28	10 377.28	30 001.38	889 998.62
4	40 000	53 399.92	13 399.92	16 601.46	943 398.54
5	40 000	56 601.46*	16 601.46*	0	1 000 000

* 含尾差调整。

5 年后到期归还债券本金及利息费用：

借：应付债券——面值　　800 000

　　　　——应计利息　　200 000

　贷：银行存款　　1 000 000

此时，该“应付债券”账户应无余额。

任务四　长期应付款

长期应付款是指企业除长期借款和应付债券以外的各种长期应付款项，包括采用补偿贸易方式下引进国外设备价款应付的租赁费、融资租入固定资产的租赁费等。为了核算各种长期应付款,企业可以设置"长期应付款"账户,并按长期应付款的种类设置明细账户。

一、应付补偿贸易引进设备款

补偿贸易是从国外引进设备,再用该设备所生产的产品归还设备价款。应付补偿贸易引进设备款是企业依据与外商签订的补偿贸易合同而引进国外设备所发生的长期应付款项。它包括从国外引进的设备、随同设备一起进口的工具和零配件等的价款以及国外的运杂费等外币金额按规定折合率折合为人民币的金额,以及相应的利息支出和外币折算差额。企业在引进的设备安装完成投产后,按合同规定的还款方式,用出口产品所得收入归还。

二、应付融资租赁款

应付融资租赁款,是指企业采用融资租赁方式租入固定资产而形成的长期负债。

企业融资租入的固定资产,在租赁期间没有所有权,但由于其风险和报酬已经实质转移,企业具有实质的控制权,因而视同自有的固定资产进行核算。在租赁期内,企业一般分期等额支付租金,全部租金一般应能补偿出租方垫付的资本,并使其获得相应的报酬。

按照我国《企业会计准则第 21 号——租赁》的规定,融资租入的固定资产,按租赁开始日租赁资产的公允价值与最低租赁付款额的现值两者中较低者作为入账价值,按最低租赁付款额确认长期应付款,并将两者的差额作为未确认融资费用。在租赁谈判和签订租赁合同过程中,承租人发生的可直接归属于租赁项目的初始直接费用,如印花税、佣金、律师费、差旅费等,应当计入租入资产价值。

最低租赁付款额,是指在租赁期内,承租人应支付或可能被要求支付的各种款项(不包括或有租金和履约成本),加上由承租人或与其有关的第三方担保的资产余值。但是,如果承租人有购买租赁资产的选择权,并且所订立的购价预计将远低于行使选择权时租赁资产的公允价值,因而在租赁开始日就可以合理确定承租人将会行使这种选择权,则购买价格也应包括在内。资产余值是指租赁开始日估计的租赁期届满时租赁资产的公允价值。

承租人在计算最低租赁付款额现值时,如果能够取得出租人的租赁内含利率,应采用出租人的内含利率作为折现率;否则,应采用租赁合同规定的利率作为折现率。如果无法取得出租人的租赁内含利率且租赁合同没有规定利率的,应当采用同期银行贷款利率作为折现率。

从理论上讲,应付融资租赁款作为长期负债,应按现值入账。在实务中,按照我国现行准则的规定,所设置的"未确认融资费用"账户实质上是"长期应付款——应付融资租赁款"账户的备抵账户。因此,从整体上讲,负债的入账价值与融资租入固定资产的入账价值是一致的。

任务五　预计负债

企业在会计核算中经常面临某些不确定情形,需要会计人员作出分析和判断。其中,有些情形,其最终结果需以未来事件的发生或不发生来加以证实,这种不确定情形即为或有事项。如果对或有事项进行确认和计量,就会形成预计负债。

一、或有事项的概念与特征

或有事项是指过去的交易或事项形成的一种状况,其结果需通过未来不确定事项的发生或不发生予以证实。常见的或有事项有:商业票据背书转让或贴现、未决诉讼、未决仲裁、债务担保、产品质量保证(含产品安全保证)等。

根据定义，或有事项具有以下基本特征：

（一）或有事项是过去的交易或事项形成的一种状况

或有事项作为一种状况，是企业过去的交易或事项而引起的。例如，产品质量保证是企业对已售出商品或已提供劳务的质量提供的保证，不是为尚未出售商品或尚未提供劳务的质量提供的保证。又如，未决诉讼虽是正在进行当中的诉讼，但它是企业因过去的经济行为起诉其他单位或被其他单位起诉引起的，是现存的一种状况，不是将要存在的某种状况。由于或有事项是由过去的交易或事项而形成的，因此，未来可能发生的自然灾害、交通事故、经营亏损等事项不构成或有事项。

或有事项是现存的状况，说明或有事项是资产负债表日的一种客观存在。它的结果对企业产生有利影响还是不利影响、影响有多大，只能由未来发生的交易或事项来确定，现在尚不能完全确定。

（二）或有事项具有不确定性

或有事项内含不确定性，指的是或有事项的结果具有不确定性。

首先，或有事项的结果是否发生具有不确定性。例如，为单位提供债务担保，如果被担保方到期无力还款，那么担保方将负连带责任。对于担保方而言，担保事项构成其或有事项，但最后它是否应履行连带责任，在担保协议达成时是不能确定的。又如，有些未决诉讼，被起诉一方是否会败诉，有时是难以确定的。

其次，或有事项的结果即使预料会发生，但具体发生的时间或发生的金额具有不确定性。例如，某企业因生产排污治理不力并对周围环境造成污染而被起诉，如无特殊情况，该企业很可能败诉。但是，在诉讼成立时，该企业因败诉将支出多少金额，或支出发生在何时，是难以确定的。或有事项的这种不确定性，是区别其他不确定性会计事项的重要特征。

（三）或有事项的结果只能由未来发生的事项确定

或有事项的结果，在或有事项发生时，是难以证实的。这种不确定性的消失，需要由未来不确定事项的发生或不发生来证实。例如，未决诉讼，其最终结果只能随案件的发展，由判决结果来确定。又如，企业为其他单位提供债务担保，如果被担保单位不能在债务到期时偿还债务，则企业需要履行偿还债务的连带责任。但该担保事项是否真的会要求企业履行偿还债务连带责任，一般只能由被担保单位的未来经营情况和偿债能力决定。如果被担保单位经营情况和财务状况良好，且有较好的信用，那么企业将不需要履行该连带责任。

或有事项的结果只能由未来发生的事项确定，说明或有事项具有时效性，即随着影响或有事项结果的因素发生变化，或有事项最终会转化为确定事项。

（四）影响或有事项结果的不确定因素不能由企业控制

或有事项本身具有不确定性，从一个侧面说明了影响或有事项结果的不确定因素不能由企业控制。仍以债务担保为例。担保企业将来是否会因提供担保而履行连带责任，不是企业能控制的。未决诉讼的最终结果如何，也不是企业能控制的。如果企业能够加以控制，那么它也就不属于或有事项。

二、预计负债的确认

或有事项对企业来说，可能是有利的，也可能是不利的。也就是说，或有事项既可能给企业带来经济利益，也可能会导致经济利益流出企业。但需要注意的是，无论或有事项有多大把握给企业带来经济利益，均无需确认，因此，将其称为或有资产。

如果与或有事项相关的义务同时符合以下条件，企业应将其确认为预计负债：

(一)该义务是企业承担的现时义务

这一条件是指,与或有事项有关的义务是企业承担的现时义务而非潜在义务。例如,甲公司与乙公司发生经济纠纷,调解无效。甲公司遂于2016年12月18日向法院提起诉讼。至2016年12月31日,法院尚未判决,但法庭调查表明,乙公司的行为违反了国家的有关经济法规。这种情况表明,对乙公司而言,一项现时义务已经产生。

(二)该义务的履行很可能导致经济利益流出企业

这一条件是指,企业履行因或有事项而承担的现时义务导致经济利益流出企业的可能性超过50%。例如,2016年8月1日,丙企业与丁企业签订协议,承诺为丁企业的2年期银行借款提供全额担保。对于丙企业而言,由于担保事项而承担了一项现时义务。这项义务的履行是否很可能导致经济利益流出企业,需要依据丁企业的经营情况和财务状况等因素来定。假定2016年末,丁企业财务状况良好,此时,如果没有其他特殊情况,一般可以认定丁企业不会违约,则丙企业履行承担的现时义务不是很可能导致经济利益流出;假定2016年末,丁企业的财务状况恶化,且没有迹象表明可能发生好转,此种情况的出现,表明丁企业很可能违约,则丙企业履行承担的现时义务将很可能导致经济利益流出企业。

(三)该义务的金额能够可靠地计量

这一条件是指,因或有事项产生的现时义务的金额能够合理地估计。例如,甲企业涉及一桩诉讼案。根据以往的审判案例推断,甲企业很可能要败诉,相关的赔偿金额也可以估算出一个范围。在这种情况下,可以认为甲企业因未决诉讼承担的现时义务的金额能够可靠地估计,从而应对未决诉讼确认一项负债。

如果一项或有事项给企业带来的义务不同时满足上述三个条件,就可以称为或有负债。或有事项包括或有资产、或有负债和预计负债。只有或有事项在同时满足三个条件的情况下,可以确认为预计负债,而或有资产和或有负债均不存在确认问题。

三、预计负债的计量

因或有事项而确认的预计负债的金额,应是清偿该负债所需支出的最佳估计数。

(一)所需支出存在一个连续范围,且该范围内各种结果发生的可能性相同,则最佳估计数应按该范围的中间值确定

例如,2016年11月25日,甲企业因合同违约而涉及一桩诉讼案。根据企业法律顾问的判断,最终的判决很可能对甲企业不利。2016年12月31日,甲企业尚未接到法院的判决,因诉讼须承担的赔偿金额也无法准确确定。不过,据专业人士估计,赔偿金额可能在100万~120万元的某一金额。因此,甲企业应在2016年12月31日的资产负债表中确认一项金额为110万元[(100+120)÷2]的负债。

(二)如果所需支出不存在一个金额范围,最佳估计数应按如下方法确定

1. 或有事项涉及单个项目时,最佳估计数按最可能发生金额确定

例如,甲公司涉及一起诉讼。根据类似案件的经验以及公司所聘律师的意见判断,甲公司在该起诉讼中胜诉的可能性有40%,败诉的可能性有60%。如果败诉,将要赔偿100万元。在这种情况下,甲公司应确认的负债金额(最佳估计数)应为最可能发生金额100万元。

2. 或有事项涉及多个项目时,最佳估计数按各种可能发生额及其发生概率计算确定

例如,2016年,乙公司销售产品3万件,销售额为1.2亿元。乙企业的产品质量保证条款规定:产品售出后1年内,如发生正常质量问题,乙企业将免费负责修理。根据以往的经验,如果出现较小的质量问题,则需发生的修理费为销售额的1%;如果出现较大的质量问题,则需发生的修理费为销售额的2%。据预测,本年度已售产品中,有80%不会发生质量问题,有15%将发生较小

质量问题，有5%将发生较大质量问题。据此，2016年末乙企业应确认的负债金额(最佳估计数)为：

(1.2×1%)×15%+(1.2×2%)×5%=0.003(亿元)

(三)预期可获得的补偿

企业因或有事项确认了一项负债，但同时可能会从第三方或其他方获得补偿。当补偿金额在基本确定能收到时，将其作为资产单独确认，同时确认的补偿金额不应超过所确认负债的账面价值。补偿金额基本确定能收到，是指预期从保险公司、索赔人、被担保企业等获得补偿的可能性大于95%但小于100%的情形。

预期可能获得补偿的情况通常有：发生交通事故等情况时，企业通常可从保险公司获得合理的赔偿。例如，甲企业因或有事项确认了一项负债100万元；同时，因该或有事项，甲企业还可从乙企业获得60万元的赔偿，且这项金额基本确定能收到。在这种情况下，甲企业应分别确认一项负债100万元和一项资产60万元，而不能只确认一项金额为40万元的负债。如果甲企业可以获得的补偿金额超过100万元，也最多只能确认100万元，即所确认的补偿不能超过所确认负债的账面价值100万元。

四、预计负债的账务处理

为反映因或有事项确认的预计负债，企业会计准则规定单独设置"预计负债"账户进行核算。

企业按规定的预计项目和预计金额确认的预计负债，借记"管理费用"、"销售费用"等账户，贷记"预计负债"账户。

如果能从第三方或其他方获得补偿，则借记"其他应收款"账户，贷记有关账户。即：

借：管理费用(因未决诉讼等可能会承担的诉讼费用)
　　销售费用(因产品质量担保等可能承担的质保金)
　　营业外支出(企业可能承担的罚款、罚息、赔偿支出)
　　贷：预计负债(各种或有事项确认的预计负债)

任务六 借款费用资本化

一、借款费用的内容

借款费用是指企业因借款而发生的利息及其他相关成本。借款费用本质上是企业因借入资金所付出的代价，因此，利息和作为利息费用调整金额的借款折价或溢价的摊销等应是借款费用的主要组成部分。为安排借款所发生的辅助费用和外币借款汇兑差额，也是借款的代价，应包括在借款费用中。上述借款费用中的各个项目都是指在每一会计期间按照权责发生制应当予以确认的借款费用。"因借款而发生的利息"是指特定期间应计的利息费用，而不是指某项借款在其存续期间的全部利息费用，它不包括该会计期间之前和之后发生的利息费用。

二、借款费用资本化的资产范围

借款费用的处理有两种基本方法：费用化和资本化。前者是将借款费用作为流量处理，于发生的当期确认为费用，计入当期损益，纳入当年的利润表；后者是将借款费用作为存量处理，将其金额计入相关资产成本，纳入当年的资产负债表，并随该资产价值的流转而流转。

企业发生的借款费用，可直接归属于符合资本化条件的资产购建或者生产的，应当予以资本化，计入相关资产成本；其他借款费用，应当在发生时根据其发生额确认为费用，计入当期损益。

符合资本化条件的资产，是指需要经过相当长时间(指为资产购建或者生产所必需的时间，通常为1年以上)的购建或者生产活动才能达到预定可使用或者可销售状态的固定资产、投资性房地产、存货等资产，如船舶、大型成套设备。

三、可予资本化的借款范围

可予资本化的借款，是指能够将其所产生的利息费用及其他相关成本纳入某项资产成本的借款。可予资本化的借款既包括专门借款，也包括一般借款。

四、借款费用开始资本化的时间

在明确借款费用确认的基本原则和借款费用应予资本化的资产范围之后，就需要确定开始资本化的时间(即开始资本化的条件)。借款费用同时满足下列条件的，才能开始资本化：

(1)资产支出已经发生。资产支出包括为购建或者生产符合资本化条件的资产而以支付现金、转移非现金资产或者承担带息债务形式发生的支出。

(2)借款费用已经发生。

(3)为使资产达到预定可使用或者可销售状态所必要的购建或者生产活动已经开始。

上述条件中的"资产支出"，是指为购建固定资产或生产需要相当长时间才能达到预定可使用或者可销售状态的存货以及投资性房地产时，以支付现金、转移非现金资产或者承担带息债务形式发生的支出，它们都会导致公司资源的流出(占用了借款资金)，因此应承担相应的借款费用。

"为使资产达到预定可使用或者可销售状态所必要的购建或者生产活动"主要是指固定资产的实体建造活动或存货的生产活动。这些活动是使这些资产达到预定可使用状态所必需的，企业往往因此而发生与这些活动有关的、无法避免的借款费用。

五、长期借款费用资本化金额的计算

我国会计准则区分了专门借款和一般借款两种情况，不同情况下资本化金额的计算办法不同。

(一)为购建或者生产符合资本化条件的资产而借入的专门借款

为购建或者生产符合资本化条件的资产而借入专门借款的，应当以专门借款当期实际发生的利息费用(包括折价或溢价的摊销)，减去将尚未动用的长期借款资金存入银行取得的利息收入或进行暂时性投资取得的投资收益后的金额确定。公式如下：

每一会计期间专门借款利息的资本化金额＝专门借款当期实际发生的利息费用－尚未动用的借款资金的利息收入－尚未动用的借款资金暂时性投资取得的投资收益

会计准则的规定就是将专门借款当期实际发生的净利息费用全部进行资本化处理。在资本化期间内，全部计入符合资本化条件的资产成本，不计算借款资本化率。

(二)为购建或者生产符合资本化条件的资产而占用的一般借款

为购建或者生产符合资本化条件的资产而占用了一般借款的，企业应当根据累计资产支出超过专门借款部分的资产支出加权平均数乘以所占用一般借款的资本化率，计算确定一般借款应予资本化的利息金额。资本化率应当根据一般借款的加权平均利率计算确定。公式如下：

每一会计期间一般借款利息的资本化金额＝(至到期末止购建或者生产符合资本化条件的资产累计支出—专门借款累计金额)×一般借款的资本化率×(资产累计支出超出专门借款部分实际占用的天数÷会计期间涵盖的天数)

资本化率按下列原则确定：

(1)如果为购建或者生产符合资本化条件的资产只占用一笔一般借款,则资本化率为该项借款的利率。

(2)如果为购建或者生产符合资本化条件的资产占用一笔以上一般借款,则资本化率为这些借款的加权平均利率。其中,加权平均利率按如下公式计算:

$$加权平均利率=\frac{所占用一般长期借款当期实际发生的利息之和}{所占用一般长期借款本金加权平均数}\times 100\%$$

式中:

$$\begin{matrix}一般借款本金\\加权平均数\end{matrix}=\sum\left(每笔一般借款本金\times\frac{每笔一般借款在当期所占用的天数}{会计期间涵盖的天数}\right)$$

六、借款发生的辅助费用的处理

因借款而发生的辅助费用,是指企业在借款过程中发生的诸如手续费、佣金、印刷费、承诺费等费用。由于这些费用是因安排借款而发生的,也是借入资金的一部分代价,因而这些费用也构成了借款费用的组成部分。

会计准则区分了发生辅助费用的来源是专门借款还是一般借款两种情况。

(1)专门借款发生的辅助费用,在所购建或者生产的符合资本化条件的资产达到预定可使用或者可销售状态之前发生的,应当在发生时根据其发生额予以资本化,计入符合资本化条件资产的成本;在所购建或者生产的符合资本化条件的资产达到预定可使用或者可销售状态之后发生的,应当在发生时根据其发生额确认为费用,计入当期损益。

(2)一般借款发生的辅助费用,应当在发生时根据其发生额确认为费用,计入当期损益。

七、暂停资本化

符合资本化条件的资产在购建或者生产过程中发生非正常中断,且中断时间连续超过3个月的,应当暂停借款费用的资本化。在中断期间发生的借款费用应当确认为费用,计入当期损益,直至资产的购建或者生产活动重新开始。如果中断是所购建或者生产的符合资本化条件的资产达到预定可使用或者可销售状态必要的程序,则借款费用的资本化应当继续进行。

非正常中断通常是由于企业管理决策上的原因,或者其他不可预见方面的原因等所导致的,包括由于劳动纠纷、发生安全事故、改变设计图纸、资金周转困难等原因而导致的工程中断。而为使所购置或建造的固定资产达到预定可使用状态所必要的程序而发生的中断,或由于可预见的不可抗力因素导致的中断,则属于正常中断。例如,某企业在建造厂房期间,逢连绵雨季,妨碍了工程的进行,工程施工不得不中断,待雨季过后再继续施工。由于该地区该季节出现连绵雨季是正常情况,因此在这种由于雨季而耽搁施工的持续期间内,借款费用资本化应继续进行。

八、停止资本化的一般情况

购建或者生产符合资本化条件的资产达到预定可使用或者可销售状态时,借款费用应当停止资本化。确定停止资本化的时点非常重要,因为在符合资本化条件的资产达到预定可使用或者可销售状态之后所发生的借款费用,应当在发生时根据其发生额确认为费用,计入当期损益。时点的偏移将直接影响借款费用资本化或费用化的金额。

购建或者生产符合资本化条件的资产达到预定可使用或者可销售状态,可从下列几个方面进行判断:

(1)符合资本化条件的资产的实体建造(包括安装)或者生产工作已经全部完成或者实质上已经完成。

(2)所购建或者生产的符合资本化条件的资产与设计要求、合同规定或者生产要求相符或者基本相符,即使有极个别与设计、合同或者生产要求不相符的地方,也不影响其正常使用或者销售。

(3)继续发生在所购建或生产的符合资本化条件的资产上的支出金额很少或者几乎不再发生。

符合上述几个条件之一,即应认为购建或者生产符合资本化条件的资产达到了预定可使用或者可销售状态。

购建或者生产符合资本化条件的资产需要试生产或者试运行的,在试生产结果表明资产能够正常生产出合格产品,或者试运行结果表明资产能够正常运转或者营业时,应当认为该资产已经达到预定可使用或者可销售状态,并应停止借款费用的资本化。

九、资产分别购建或生产、分别完工情况下的停止资本化问题

日常生活中,资产分别购建或生产、分别完工的情况十分普遍。企业应区别不同情况,界定借款费用应停止资本化的时点。

(1)购建或者生产的符合资本化条件的资产的各部分分别完工,每部分在其他部分继续建造过程中可供使用或者可对外销售,且为使该部分资产达到预定可使用或销售状态所必要的购建或者生产活动实质上已经完成的,应当停止与该部分资产相关的借款费用的资本化。例如,由若干幢建筑物构成的工厂厂房,每幢厂房在其他厂房继续建造期间均可单独使用,那么,当其中的一幢厂房完工并达到预定可使用状态时,应停止该厂房借款费用的资本化。

(2)购建或者生产的资产的各部分分别完工,但必须等到整体完工后才可使用或者可对外销售的,应当在该资产整体完工时停止借款费用的资本化。也就是说,即使资产的各部分分别完工,也应在该资产整体完工时才停止借款费用的资本化,已经完工部分的借款费用仍应继续资本化。例如,涉及几项工程的钢铁厂,只有每项工程都建造完成后,整个钢铁厂才能正常运转,因此,每一个单项工程完工后不停止资本化,需等到整个钢铁厂完工,达到预定可使用状态时,才停止资本化。

【教学案例9-6】

信义股份有限公司为建造一条生产线,于2016年1月1日借入一笔长期借款,本金为3 000万元,年利率为8%,期限为5年,每年末支付利息,到期还本。工程采用出包方式,于2016年1月1日开工,工程期为2年。2016年相关资产支出如下:1月1日,支付工程预付款1 400万元;7月1日,支付工程进度款300万元;8月1日,因工程事故一直停工至12月1日,12月1日支付工程进度款100万元。闲置资金因购买国债可取得0.3%的月收益。计算2016年专门借款利息资本化金额。

2016年1～7月和12月为资本化期间。

2016年专门借款在工程期内产生的利息费用=3 000×8%×8/12=160(万元)

2016年专门借款在工程期内因投资国债而创造的收益=1 600×0.3%×6+1 300×0.3%×1+1 200×0.3%×1

=36.3(万元)

2016年专门借款利息费用资本化金额=160-36.3=123.7(万元)

一年的总利息费用是240万元(3 000×8%),其中可以资本化的部分是160万元,可以费用化的部分是80万元。在资本化与费用化期间又分别产生了闲置资金的收益,即分别冲减资本化的利息金额和费用化的利息金额。

对于资本化期间的处理:

借:在建工程　　1 600 000
　　贷:应付利息　　1 600 000

闲置资金收益:

借:应收利息　　363 000
　　贷:在建工程　　363 000

对于费用化期间的处理:

借:财务费用　　800 000
　　贷:应付利息　　800 000

闲置资金收益:

借:应收利息[(30 000 000－14 000 000－3 000 000)×40 000×0.3%] 156 000
　　贷:财务费用　　156 000

阅读材料

(1)中华人民共和国财政部:《企业会计制度》(2001),经济科学出版社 2001 年版。

(2)中华人民共和国财政部:《企业会计准则》(2017),立信会计出版社 2017 年版。

(3)中华人民共和国财政部:《企业会计准则——应用指南》(2017),立信会计出版社 2017 年版。

(4)财政部会计司编写组:《企业会计准则讲解》(2016),地震出版社 2016 年版。

项目自测

一、判断题

(1)企业长期借款所发生的利息支出,应计入在建工程成本或当期损益。 (　)

(2)“长期借款”与“短期借款”账户的核算方法相同,既要核算借款本金,又要核算借款利息。 (　)

(3)对于用于建造固定资产的长期借款发生的利息支出,在竣工决算前发生的,应将其计入固定资产成本;在竣工决算后发生的,应作为当期费用处理。 (　)

(4)“长期借款”账户的月末余额,反映企业尚未支付的各种长期借款的本金。 (　)

(5)企业发生的借款费用,可直接归属于符合资本化条件的资产的购建或者生产的,应当予以资本化。 (　)

(6)借款费用应予资本化的借款范围只包括专门借款。 (　)

(7)企业发生的借款费用,不符合资本化条件的,应当在发生时根据其发生额确认为费用,计入当期损益。 (　)

(8)购建或生产符合资本化条件的资产达到预定可使用或可销售状态时,借款费用应当停止资本化。 (　)

(9)借款费用只要满足资产支出已经发生、借款费用已经发生或者为使资产达到预定可使用状态或可销售状态所必要的购建或生产活动已经开始这其中的一个条件,就可以确定开始资本化。 (　)

(10)某企业在北方某地建造某工程项目,正遇冰冻季节,工程施工因此中断,且中断时间超过 3 个月,该企业因此应停止借款费用的资本化处理。 (　)

二、单项选择题

(1)甲公司于 2015 年 10 月 1 日发行 5 年期、面值总额为 100 万元的债券,债券票面年利率为 12%,到期一次还本付息,按面值发行(发行手续费略)。2016 年 6 月 30 日,该公司应付债券的账面价值为(　)元。

A. 1 000 000　　B. 1 120 000　　C. 1 090 000　　D. 1 080 000

(2)某股份有限公司于2014年1月1日发行3年期、每年1月1日付息、到期一次还本的公司债券,债券面值为100万元,票面年利率为5%,实际利率为4%,发行价格为105万元。按实际利率法确认利息费用。该债券2016年度确认的利息调整为(　　)万元。

A. 1.63　　B. 2　　C. 1.08　　D. 2.03

(3)借款费用准则中的专门借款是指(　　)。

A. 为购建或者生产符合资本化条件的资产而专门借入的款项

B. 发行债券收款

C. 长期借款

D. 技术改造借款

(4)下列不属于符合资本化条件的资产的是(　　)。

A. 固定资产　　B. 无形资产　　C. 存货　　D. 应收款项

(5)甲上市公司股东大会于2016年1月4日作出决议,决定建造厂房。为此,甲公司于3月5日向银行专门借款5 000万元,年利率为6%,款项于当日划入甲公司银行存款账户。3月15日,厂房正式动工兴建。3月16日,甲公司购入建造厂房用水泥和钢材一批,价款500万元,当日用银行存款支付。3月31日,计提当月专门借款利息。甲公司在3月没有发生其他与厂房购建有关的支出,则甲公司专门借款利息应开始资本化的时间为(　　)。

A. 3月5日　　B. 3月15日　　C. 3月16日　　D. 3月31日

(6)下列情况中,不应暂停借款费用资本化的是(　　)。

A. 由于劳务纠纷而造成连续整3个月的固定资产的建造中断

B. 由于资金周转困难而造成连续超过3个月的固定资产的建造中断

C. 由于发生安全事故而造成连续超过3个月的固定资产的建造中断

D. 由于可预测的气候影响而造成连续超过3个月的固定资产的建造中断

(7)A公司从银行专门借入一笔款项,于2016年2月1日采用出包方式开工兴建一幢办公楼,2016年10月18日工程按照合同要求全部完工,10月31日工程验收合格,11月10日办理工程竣工结算,11月20日完成全部资产移交手续,12月1日办公楼正式投入使用。则公司专门借款利息停止资本化的时点应当为2016年(　　)。

A. 10月18日　　B. 10月31日　　C. 11月10日　　D. 12月1日

(8)长期借款的利息应通过(　　)账户核算应付利息。

A. "待摊费用"　　B. "预提费用"　　C. "其他应付款"　　D. "长期借款"

(9)"应付债券"账户应设置的明细账户不包括(　　)。

A. 债券面值　　B. 利息调整　　C. 应计利息　　D. 债券损失

(10)非流动负债不包括(　　)。

A. 长期借款　　B. 应付债券　　C. 长期应付款　　D. 应付票据

三、多项选择题

(1)应付债券的利息有可能记入的账户有(　　)。

A. "预提费用"　　B. "财务费用"　　C. "销售费用"　　D. "在建工程"

(2)下列项目中,属于"长期应付款"账户核算内容的有(　　)。

A. 应付融资租入固定资产的租赁费

B. 以分期付款方式购入无形资产发生的应付款项

C. 采用补偿贸易方式引进设备发生的应付款项

D. 政府作为企业所有者投入的具有特定用途的款项

(3)对债券发行者来讲,采用实际利率法摊销债券溢、折价时(不考虑相关交易费用),以下说法正确的是(　　)。

A. 随着各期债券溢价的摊销,债券的摊余成本、利息费用应逐期地减少

B. 随着各期债券溢价的摊销，债券的摊余成本减少、利息费用应逐期地增加

C. 随着各期债券折价的摊销，债券的摊余成本、利息费用应逐期地增加

D. 随着各期债券溢价的摊销，债券的溢价摊销额应逐期地增加

(4)在我国会计实务中，生产经营期间为购建固定资产而发生的长期借款利息费用，可能涉及(　　)账户。

A.“在建工程”　　B.“财务费用”　　C.“长期借款”　　D.“长期待摊费用”

(5)对于分期付息、一次还本的债券，应于资产负债表日按摊余成本和实际利率计算确定的债券利息，可能借记的会计账户有(　　)。

A.“在建工程”　　B.“制造费用”　　C.“财务费用”　　D.“研发支出”

实务训练

训练一

资料：信义股份有限公司于2015年1月1日发行2年期、到期时一次还本付息、利率为6%、面值总额为2 000 000元的债券，所筹资金用于厂房扩建，其扩建工程延长了厂房的使用寿命。该债券已按面值发行成功，款项已收存银行。信义公司每半年计提一次利息。厂房扩建工程于2015年1月1日开工建设，2015年12月31日达到预定可使用状态。假定2015年6月30日计提利息时，按规定实际利息支出的60%应予资本化；2015年12月31日计提利息时，按规定实际利息支出的90%应予资本化。债券到期时，以银行存款偿还本息。

要求：编制信义公司按面值发行债券、各期计提债券利息和债券还本付息的会计分录。

训练二

资料：信义股份有限公司经批准于2014年1月1日发行债券10 000张，每张面值100元，票面利率10%，期限3年，每半年付息一次，发行债券时的市场利率为8%，债券发行价格为1 052 400元。债券溢、折价采用实际利率法摊销。

要求：编制该公司债券发行、按期计提并支付利息、到期还本的相关会计分录。

训练三

资料：信义股份有限公司为增值税一般纳税人，2016年1月1日为建造一项资产专门从银行借入了1 000万元的3年期借款，年利率为6%。资产于2016年4月1日开始建造，并于当日满足借款费用资本化条件。假定信义公司4月1日动用专门借款600万元，其他月份未动用专门借款，未动用的专门借款存入银行，每月利率为0.04%。工程施工正常，至年底尚未完工。

要求：计算信义公司2016年度专门借款利息资本化金额及专门借款利息计入当期损益的金额。

项目十　所有者权益

项目分解

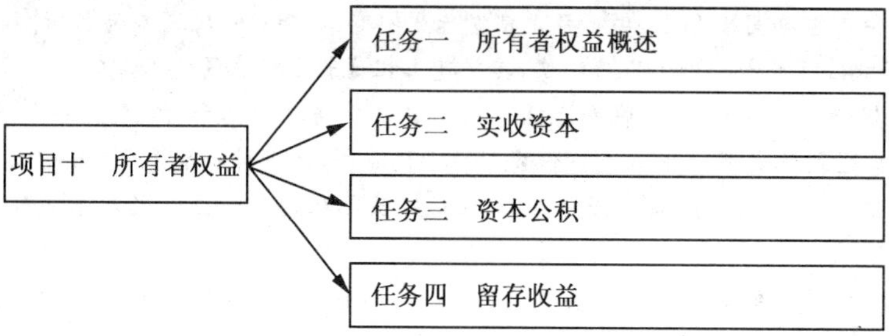

技能目标

完成学习任务后，应该掌握如下技能：

1. 了解所有者权益的定义、来源、特征与企业的组织形式。
2. 掌握一般企业和股份制企业实收资本、股本的变动核算。
3. 掌握资本公积的构成以及核算。
4. 掌握留存收益的构成、利润分配的处理及留存收益的核算。

导学案例

建摩B拟4∶1比例“缩股保壳”

重庆建设摩托车股份有限公司(以下简称建摩)因成交价持续低于面值而走到退市边缘。在闽灿坤B成功通过缩股实现“保壳”之后，停牌近半年的建摩B于2013年1月24日晚间推出了缩股保壳方案。

2012年7月7日，沪深交易所发布上市公司退市新规，B股上市公司连续20个交易日股票收盘价低于面值的，将终止其上市。而建摩B股票自2012年7月25日起连续5个交易日跌停，股价接近面值，存在退市风险。2012年8月1日，建摩B以筹划重大事项为由开始停牌。

建摩B的公告称，拟以现有总股本4.78亿股为基数，按4∶1的比例实施缩股方案，缩股完成后，建摩B总股本将减少至1.19亿股。每股面值仍为人民币1元。此外，本次建摩B拟减少股本达3.58亿股。其中,境内法人股减少2.68亿股,境内上市外资股(B股)减少9 000万股。

停牌前的2012年7月31日,建摩B收于1.28港元/股,若按本次4∶1的缩股方案计算,缩股后其股价对应为5.12港元/股(约合人民币4.11元/股)。

资料显示,建摩B控股股东为中国南方工业集团公司,实际控制人为国务院国资委,主营为生产销售摩托车,1995年7月25日登陆深交所B股。

建摩B在公告中表示,由于本次缩股方案尚需通过股东大会,并征得政府相关部门批准,因此,建摩B将继续向深交所申请股票停牌,待公司完成相关缩股程序后复牌,复牌时间另行通知。另据建摩同时发布的公告,建摩B将于2013年2月22日下午14时30分召开股东大会,审议上述缩股方案。

在建摩B之前,闽灿坤B就成功通过缩股实现"保壳"。2012年8月24日晚间,闽灿坤B发布公告称,拟按6∶1比例实施缩股方案维持上市地位。虽然遭到了不少闽灿坤B中小股民的反对,但闽灿坤B缩股方案还是获得股东大会通过。2012年12月31日,闽灿坤B股票宣布"保壳"成功并复牌,复牌当日股票即涨停,并于随后上演了连续7个交易日涨停,其股价一路从2.97港元/股飙升,至2013年1月15日,该股已创下6.3港元/股的近期高点。

在闽灿坤B的示范效应下,国内B股展开多种途径拓展生存空间。

深交所负责人曾表示:"对纯B股公司因股价持续跌破面值面临退市的,除缩股方式外,我们还鼓励公司通过大股东增持、公司回购等方式维持上市地位。另一方面,对选择主动退市的公司,会充分考虑历史因素并尊重公司的意愿,符合条件后安排其重新上市。"

那么,所有者权益由哪些构成?股票的增持和回购又是怎样处理的?

资料来源:张郁文:《建摩B拟4∶1比例"缩股保壳"》,《东方早报》,2013年1月25日。

任务一 所有者权益概述

一、所有者权益的来源及特征

所有者权益,是指企业资产扣除负债后,由所有者享有的剩余权益。这可以通过对会计恒等式的变形来表示,即:资产－负债＝所有者权益。公司的所有者权益又称为股东权益。所有者权益是所有者对企业资产的剩余索取权。所有者权益金额取决于资产和负债的计量。

(一)所有者权益的来源构成

所有者权益按其来源主要包括所有者投入的资本、直接计入所有者权益的利得和损失、留存收益等。

1. 投入资本

投入资本是指所有者在企业注册资本的范围内实际投入的资本。注册资本是指企业在设立时向工商行政管理部门登记的资本总额,即全部出资者设定的出资额之和。企业对资本的筹集,应该按照法律、法规、合同和章程的规定及时进行。如果是一次筹集的,投入资本应等于注册资本;如果是分期筹集的,在所有者最后一次缴入资本以后,投入资本应等于注册资本。注册资本是企业的法定资本,是企业承担民事责任的财力保证。不同类型的企业中,投入资本的表现形式有所不同。在股份有限公司,投入资本表现为实际发行股票的面值,也称股本;在其他企业,投入资本表现为所有者在注册资本范围内的实际出资额,也称实收资本。

投入资本按照所有者的性质不同,可以分为国家投入资本、法人投入资本、个人投入资本和外方投入资本。国家投入资本是指有权代表国家投资的政府部门或者机构以国有资产投入企业所形成的资本;法人投入资本是指我国具有法人资格的单位以其依法可以支配的资产投入企业所形成的资本;个人投入资本是指我国公民以其合法财产投入企业所形成的资本;外方投入资本是指外国投资者以及我国香港、澳门和台湾地区的投资者将资产投入企业所形成的资本。投入资本按照投入资产的形式不同,可以分为货币投资、实物投资和无形资产投资。

2. 直接计入所有者权益的利得和损失

直接计入所有者权益的利得和损失是指不应计入当期损益、会导致所有者权益发生增减变动、与所有者投入资本或者向所有者分配利润无关的利得或者损失。其中,利得是指由企业非日常活动所形成、会导致所有者权益增加、与所有者投入资本无关的经济利益的流入。损失是指由企业非日常活动所发生、会导致所有者权益减少、与向所有者分配利润无关的经济利益的流出。

3. 留存收益

留存收益,是指企业历年实现的净利润留存于企业的部分,主要包括计提的盈余公积和未分配利润。

(二)所有者权益的特征

与负债相比,所有者权益具有以下特征:

1. 除非发生减资或清算,企业不需要偿还所有者权益

所有者权益通常没有期限,但负债有期限。

2. 即使是在清算时,所有者权益是在清偿所有负债后才可以返还给所有者

所有者提供资金在先,享受权益在后;负债是债权人对企业资产的要求权,所有者权益是所有者对企业净资产的要求权,是剩余权益。

3. 所有者凭借所有者权益能够参与利润分配

所有者与债权人提供资金的目的不同,所有者投资是以参与企业的利润分配为目的的,因此,所有者权益金额不是固定不变的。企业盈利,所有者权益会增加;企业亏损,所有者权益会减少。

二、所有者权益的内容

所有者权益按其构成,主要分为实收资本、资本公积、盈余公积和未分配利润。

(一)实收资本

实收资本是指企业实际收到的、投资者作为资本投入到企业的各种资产的价值。我国目前实行的是注册资本制度,企业的注册资本应当与实收资本一致。实收资本比原注册资金数额增减超过 20%时,应该向原登记主管机关申请变更登记。

在股份有限公司,实收资本为股本。

(二)资本公积

资本公积是指投资者或他人(或单位)投入企业,所有权归属于投资者共同所有,但不构成实收资本(股本)的资本或资产。在我国,资本公积主要包括资本(或股本)溢价和其他资本公积。

(三)盈余公积

盈余公积是指企业从税后盈余中提取的法定盈余公积和任意盈余公积。

(四)未分配利润

未分配利润是指企业未确定用途、待以后年度分配的利润。

三、企业的组织形式

企业的组织形式不同,所有者权益的核算情况也有所不同。

企业的组织形式有个人独资企业、合伙企业和公司制企业。

我国《公司法》规定,目前我国公司制企业主要有国有独资公司(特殊的有限责任公司)、有限责任公司和股份有限公司。

(一)国有独资公司

国有独资公司是由国家授权投资的机构或国家授权部门投资设立的公司，属于投资主体单一的特殊的有限责任公司。

国有独资公司的特点是：

(1)投资主体单一，不存在资本或股本溢价。

(2)资本无论如何计价，都不会改变资本结构。

(3)在《公司法》中，属于有限责任公司。

拓展阅读

国有独资公司与有限责任公司的区别

根据《公司法》的规定，国有独资公司是我国有限责任公司的一种特殊形式。国有独资企业实行有限责任公司形式，既有利于明确国家与公司的产权关系和经营责任，有利于国有资产的保值、增值，也有利于企业的独立经营，自负盈亏。

由于国有独资公司与一般的有限责任公司不同，因此，法律对其设立、机构设置及其经营管理都有一些有别于一般有限责任公司的规定。这些规定概括起来主要有：(1)国有独资公司为独资设立，只有一个股东，这个股东只能是国家，国家可以授权有关部门和机构代行股东的职能。(2)公司章程应由国家授权投资的机构或者国家授权的部门依照《公司法》制定，或者由公司董事会制定后，报国家授权投资的机构或者国家授权部门批准。(3)由于公司只有国家一个股东，因而在机构设置上不设股东会。对于法律规定股东会的有关职权，一部分，包括公司合并、分立、解散、增减资本和发行公司债券等，应由国家授权投资机构或部门行使；另一部分，包括决定公司生产经营中的有关重大事项，如经营计划、产品和市场的开发、经营方向、机构设置、人员聘用和任免等则授权公司董事会行使。(4)国家授权投资的机构或部门依照法律、行政法规的规定，要对国有独资公司的国有资产实施监督管理。

此外，法律对于国有独资公司董事会的组成、职权、任期，正副董事长的设置和产生、法定代表人的担任、总经理的聘任与职权，以及国有独资公司的资产转让等，都做了有别于一般有限责任公司的详细规定。

(二)有限责任公司

有限责任公司是由每个股东以其认缴的出资额对公司承担有限责任，公司以其全部资产对其债务承担责任的企业法人。

有限责任公司的主要特点如下：

(1)公司的投资者在 50 人以下。

(2)有限责任公司法定资本的最低限额为人民币 3 万元(一人有限责任公司的注册资本最低限额为人民币 10 万元)。股东可以用货币出资，也可以用实物、知识产权、土地使用权等可以用货币估价并可以依法转让的非货币财产作价出资；但是，法律、行政法规规定不得作为出资的财产除外。对作为出资的非货币财产应当评估作价，核实财产，不得高估或者低估作价。法律、行政法规对评估作价有规定的，从其规定。全体股东的货币出资金额不得低于有限责任公司注册资本的 30%。

(3)有限责任公司属于资合公司，实行资本金制度，投资者按出资比例对公司负责。

(4)公司不能公开募股，不能发行股票，公司向投资者签发出资证明。

(5)投资者之间可以相互转让出资,但如向其他人转让出资,需经超过半数的投资者同意。

(6)公司增资扩股时,新加入投资者缴纳的出资额大于其在资本总额中所占份额的部分,应作为资本公积处理。

(7)公司的财务不必公开,但编制的会计报表须按期报送各投资者。

(三)股份有限公司

股份有限公司是指全部资本由等额股份构成,并通过发行股票筹集资金,股东以其所持股份对公司承担有限责任,公司以全部资产对公司债务承担责任的企业法人。

股份有限公司的主要特点如下:

(1)股份有限公司注册资本的最低限额为人民币500万元。

(2)资本划分为等额股份,每股金额与股份数的乘积即为股本总额。

(3)通过发行股票来筹集资本。

(4)股票可以按面值发行,也可以溢价发行,但不可以折价发行。

(5)应当有2人以上、200人以下的发起人,其中须有半数以上的发起人在中国境内有住所。

(6)股票可以交易或转让。

(7)财务须公开,以供股东查阅。

任务二　实收资本

企业收到投资者投入的资金,有货币资金、实物资产和无形资产等。对于不同的企业,实收资本的会计处理有所区别。

一、一般企业实收资本的会计处理

一般企业实收资本的会计核算,应通过设置“实收资本”账户进行,按照投资者设置明细账,分别反映各投资者投入资本的情况。

在企业新设立时,投资者按照有关合同、章程投入公司的资本,应全部记入“实收资本”账户,实收资本应等于公司的注册资本;在增资扩股时,如有新投资者加入,新投资者缴纳的出资额大于其按照约定比例计算的在企业注册资本中所占的份额部分,应作为资本溢价,记入“资本公积”账户。

(一)接受货币资金投资

收到投资者以货币资金出资时,应借记“银行存款”“库存现金”账户,贷记“实收资本——×投资者”账户;若投资金额超过其所占投资比例的数额,其超额部分属于资本溢价,应贷记“资本公积——资本溢价”账户。

【教学案例10-1】

信义股份有限公司以银行存款300万元对兴业有限责任公司出资,占其20%的份额,兴业公司的注册资本为1 500万元。兴业公司收到投资时,应编制会计分录如下:

借:银行存款	3 000 000	
贷:实收资本——信义公司		3 000 000

【教学案例10-2】

甲、乙、丙三人共同出资设立万发有限责任公司,其注册资本为180万元,所占份额比例分别为50%、30%、20%。三人以银行存款实际出资额分别为:甲90万元、乙54万元、丙36万元。具体投资明细表如表 10－1 所示。

表 10－1　　投入资本明细表　　单位：万元

投资者	投资比例	投资额(实收资本)
甲	50%	90
乙	30%	54
丙	20%	36
合　计	100%	180

其中：

实收资本＝注册资本×投资者所占比例

公司收到甲、乙、丙三人投资时，应编制会计分录如下：

借：银行存款　　1 800 000

　贷：实收资本——甲　　900 000

　　　　　　——乙　　540 000

　　　　　　——丙　　360 000

(二)接受实物资产投资

企业接受以原材料、固定资产等实物资产进行投资时，应该按照投资合同或协议约定的价值(不公允的除外)作为原材料、固定资产、无形资产的入账金额。投资者按投资合同或协议约定在企业注册资本或股本中所占份额的部分作为实收资本或股本的入账价值，投资合同或协议约定的价值(不公允的除外)超过投资者在企业注册资本或股本中所占份额的部分，计入资本公积。

1. 接受原材料投资

企业接受的原材料投资，其投资额包括不含税的双方确认的原材料价值(如发生运杂费，应计入原材料价值，但不计入投资额)和增值税两个部分。企业根据不含税双方确认的原材料价值，借记"原材料"等账户；根据增值税税额，借记"应交税费——应交增值税(进项税额)"账户；根据不含税的双方确认的原材料价值与增值税之和，贷记"实收资本"账户。

【教学案例 10－3】

信义股份有限公司收到投资者投入的原材料一批，双方确认的不含税原材料的价值为 100 万元，增值税为 17 万元。根据以上资料，应编制会计分录如下：

借：原材料　　1 000 000

　　应交税费——应交增值税(进项税额)　　170 000

　贷：实收资本　　1 170 000

2. 接受固定资产投资

有限责任公司接受的固定资产投资，其投资额为双方确认的固定资产的评估价值(如发生运杂费，应计入固定资产价值，但不计入投资额)，应按双方确认的价值，借记"固定资产"账户；根据增值税，借记"应交税费——应交增值税(进项税额)"账户，贷记"实收资本"账户。如果是需要安装的固定资产，则先通过"在建工程"账户核算，安装完毕交付使用时再转入"固定资产"账户。

【教学案例 10－4】

信义股份有限公司收到旧的需要安装的机器设备一台，双方确认的价值为 800 000 元，增值税额136 000元,公司用银行存款实际支付运杂费 2 000 元。该公司收到机器设备后出包安装,用银行存款支付安装费 8 000 元。根据以上资料,应编制会计分录如下:

收到机器设备时:

借:在建工程　　802 000

　应交税费——应交增值税(进项税额)　　136 000

　贷:实收资本　　936 000

　　银行存款　　2 000

支付安装费时:

借:在建工程　　8 000

　贷:银行存款　　8 000

安装工程完工时:

借:固定资产　　810 000

　贷:在建工程　　810 000

(三)接受无形资产投入

当企业收到投资者以无形资产进行投资时,应按投资各方确认的价值,借记“无形资产”账户,贷记“实收资本”账户。

【教学案例 10-5】

甲企业收到乙企业作为资本投入的专利权一项,该专利权按照投资合同或协议约定的价值为100 000元。假设合同约定的价值与公允价值相符,不考虑其他因素。甲企业应编制会计分录如下:

借:无形资产　　100 000

　贷:实收资本——乙企业　　100 000

二、股份有限公司股本的会计处理

股份有限公司发行股票,不论是普通股还是优先股,均应设置“股本”账户进行核算。

“股本”账户核算股东投入企业的股本,企业应将核定的股本总额、股份总数、每股面值,在“股本”账户中做备查记录。为提供企业股份构成情况,企业应在“股本”账户下,按普通股和优先股及股东单位和姓名设置明细账。企业的股本应该等于在核定的股本总额范围内发行股票的面值。

企业发行股票取得的收入与股本总额往往不一致。公司发行股票取得的收入大于股本总额的,称为溢价发行;小于股本总额的,称为折价发行;等于股本总额的,称为面值发行。我国不允许企业折价发行股票。在采用溢价发行股票的情况下,企业应将相当于股票面值的部分记入“股本”账户,其余部分在扣除发行手续费、佣金等发行费用后记入“资本公积——股本溢价”账户。

公司在股票发行过程中,如按面值发行,发生的各项费用支出减去发行股票冻结期间产生的利息收入后,应计入当期损益,作为“财务费用”核算。公司发起人认购股票,出资方式可以是货币资金,也可以是实物或无形资产;社会公众认购股票,出资方式一般为货币资金。公司发行股票收到股东的出资时,应借记“银行存款”等账户,贷记“股本”“资本公积”等账户;发生的各项发行费用支出,应借记“财务费用”账户,贷记“银行存款”账户。

【教学案例 10-6】

信义股份有限公司委托证券公司代理发行普通股股票 1 000 万股,每股面值 1 元,按面值发行。证券公司按发行收入的 1%收取手续费,从发行收入中扣除。根据以上资料,编制会计分录如下:

借:银行存款　　9 900 000
　财务费用　　100 000
　　贷:股本——普通股股本　　10 000 000

【教学案例 10－7】

信义股份有限公司委托长城证券公司代理发行普通股股票 1 000 万股,每股面值 1 元,按每股价格 1.5 元溢价发行。证券公司按发行收入的 1%收取手续费,从溢价收入中扣除。根据以上资料,编制会计分录如下:

公司实收价款＝1.5×10 000 000×(1－1%)＝14 850 000(元)

普通股股本＝1×10 000 000＝ 10 000 000(元)

超面值缴入股款＝14 850 000－10 000 000＝4 850 000(元)

借:银行存款　　14 850 000
　　贷:股本——普通股股本　　10 000 000
　　　资本公积——股本溢价　　4 850 000

三、企业资本或股本变动的会计处理

《企业法人登记管理条例》中规定,除国家另有规定外,企业的注册资本与实收资本相一致。该条例还规定,企业法人实收资本比原注册资本数额增加或减少超过 20%时,应持资金证明或验资证明,向原登记机关申请变更登记。这表明,一般情况下,企业的实收资本或股本保持不变,但在某些特定的情况下,也会发生增减变动情况。

(一)企业增资

1. 资本公积转增资本

经股东大会或类似机构决议,用资本公积转增资本,应借记“资本公积——资本溢价或股本溢价”账户,贷记“实收资本”或“股本”账户。

【教学案例 10－8】

信义股份有限公司董事会拟订方案将资本公积 2 000 000 元转为股本,股票面值2 000 000元,每股面值 1 元。该方案经股东大会通过。公司应编制会计分录如下:

借:资本公积——股本溢价　　2 000 000
　　贷:股本　　2 000 000

2. 盈余公积转增资本

企业盈余公积转为资本,应借记“盈余公积”账户,贷记“实收资本”或“股本”账户。需要注意的是,资本公积和盈余公积都属于所有者权益,转为实收资本时,应按照各投资者所持股份同比例增加每个投资者的投资额。

3. 采取发放股票股利的方式增资

如果企业采取发放股票股利的方式增资,这并不是对利润的分配,而是公司股东权益内部结构的调整。

在公司董事会议提请股东大会批准的年度利润分配方案中涉及分配股票股利的,对于其中的股票股利,在董事会确定利润分配方案时不需要进行账务处理,但应在其对外报出的财务会计报告中予以披露。公司应在股东大会批准年度利润分配方案并办理增资手续后,按照实际发放的股票股利的金额,借记“利润分配——转作股本的股利”账户,贷记“股本”账户。经股东大会决议,用

盈余公积派送新股，按派送新股计算的金额，借记“盈余公积”账户，贷记“股本”账户。

(二)企业减资

企业资本的减少可以按照法定程序或通过收购股票的形式进行。

按照法定程序减资时，借记“实收资本”或“股本”账户，贷记“银行存款”账户。

股份有限公司通过收购股票的方式减资的，应按照股票面值和注销股数计算的股票面值总额，借记“股本”账户，贷记“库存股”账户；同时按实际支付的金额，借记“库存股”账户，贷记“银行存款”等账户。由于股票的面值与股票的发行价格可能不同，收回股票的价格也可能与发行价格不同，而“股本”账户是按股票的面值反映的，收购本企业股票时，应按面值注销股本，超过面值付出的价值，可区别情况处理：收购的股票凡属溢价发行的，则首先冲销溢价收入，不足部分，凡提有盈余公积的，冲销盈余公积；如盈余公积仍不足以支付收购款的，冲销未分配利润。凡属面值发行股票的，直接冲销盈余公积、未分配利润。如果企业购回的股票支付的价款低于面值总额的，按股票面值，借记“股本”账户；按所注销库存股的账面余额，贷记“库存股”账户；按其差额，贷记“资本公积——股本溢价”账户。

【教学案例10－9】

信义股份有限公司因资本过剩需要减资，经办理有关手续后，收回本公司曾发行面值为1元的普通股100 000股，发行价为每股5元。现以每股6.4元的价格赎回，款项以银行存款支付。信义公司应编制会计分录如下：

借：股本	100 000	
资本公积——股本溢价	400 000	
盈余公积	140 000	
贷：库存股		640 000
借：库存股	640 000	
贷：银行存款		640 000

本例中，如果信义公司以每股5元的价格赎回，则应当编制会计分录如下：

借：股本	100 000	
资本公积——股本溢价	400 000	
贷：库存股		500 000
借：库存股	500 000	
贷：银行存款		500 000

拓展阅读

股票回购：高买低卖的怪圈

2006～2007年，木材产品巨头惠好公司(Weyerhaeuser)斥资8亿美元，开展了公司历史上最大规模的股票回购。当时，其股价飙升至每股80美元的历史最高值。而在2009年，其股价跌至每股30美元，当时公司只花了200万美元用于股票回购。同样，2007年，半导体设备生产商美商休斯电子材料公司(MEMC Electronic Materials)斥资1亿美元，在其股价达到每股90美元的最高价时，回购公司股票。目前，其股价为每股8美元，而该公司没有任何要回购股票的迹象。还有一个更极端的例子：在过去10年中，花旗集团(Citigroup)投入310亿美元用于股票回购，结果其股票价格下跌了97%。最后，花旗集团不得不求助政府提供450亿美元的注资。

我们不妨称其为另一个泡沫：2004～2008 年，许多公司资金充裕、信心高涨，总计投入了 1.8 万亿美元，以回购价格不断飙升的股票。而当市场崩溃时，这些公司又是怎么做的呢？它们没有充分利用股票价格优势，继续回购股票，而是停止了回购，这显然不是明智的投资者应有之举。

现在，回购再一次接近历史纪录水平，这一趋势具有一定的参考价值。知名投资机构毕润宜公司(Birinyi Associates)表示，到 6 月中旬，美国公司宣布用于回购股票的资金已经高达2 730亿美元，回购规模之大排在历史第三位。

按理说，公司回购股票时，投资者将从中获利。发行在外的股票越少，意味着每股应占的利润越多，股票价格也就越高。而且，公司比任何人都更清楚自身的发展前景，如果连公司都在买入，这应该是一个好迹象吧？可惜，这几年的事实并非如此。

事实上，投资者不应把股票回购本身当作买进的信号。公司回购股票的原因多种多样，如清理授予高管的额外股票，或管理层认为股票估值过低，总之，只有少数原因会产生积极的结果。

资料来源：财富中文网，2011 年 7 月 13 日。

任务三 资本公积

资本公积是投资者或他人(或单位)投入企业，所有权归属于投资者共同所有，但不构成实收资本(股本)的资本或资产。在我国，资本公积主要包括资本(或股本)溢价和其他资本公积。

为反映资本公积的形成及使用情况，企业应设置“资本公积”账户进行核算。但由于不同来源的资本公积，其会计处理也不同，因此，“资本公积”账户一般还应当设置以下明细账户进行明细核算：

“资本(或股本)溢价”，反映企业实际收到的资本价值超过其在注册资本或股本中所占份额的部分。

“其他资本公积”，反映企业除资本(或股本)溢价以外所形成的资本公积。

一、投资者投入溢价

(一)资本溢价

企业收到投资者投入的资金，应按实际收到的金额或确定的价值，借记“银行存款”“固定资产”等账户；按其在注册资本中所占的份额，贷记“实收资本(或股本)”账户；按其差额，贷记“资本公积——资本(或股本)溢价”账户。

【教学案例 10－10】

信义股份有限公司由甲、乙、丙三股东各自出资 1 000 000 元设立。设立时的实收资本为 3 000 000元。经过 3 年的经营，该企业留存收益为 1 500 000 元。这时又有投资者丁有意参加该企业，并表示愿意出资 1 800 000 元，仅占该企业股份的 25%。

进行会计核算时，应做如下会计处理：

假设丁应缴出资额为 X，则：

公司实收丁资金数额＝X÷(3 000 000＋X)＝25%，X＝1 000 000(元)

超额缴入资金(作为资本公积部分)＝1 800 000－1 000 000＝800 000(元)

借：银行存款	1 800 000	
贷：实收资本——丁		1 000 000
资本公积——资本溢价		800 000

(二)股本溢价

股份有限公司溢价发行股票，在收到现金等资产时，按实际收到的金额，借记“库存现金”“银行存款”等账户；按股票面值和核定的股份总额的乘积计算的金额，贷记“股本”账户；按溢价部分，贷记“资本公积——股本溢价”账户。

委托证券商代理发行股票而支付的手续费、佣金等，应从溢价发行收入中扣除，企业应按扣除手续费、佣金后的数额记入“资本公积”账户。

二、其他资本公积

其他资本公积是指股本溢价(或资本溢价)项目所形成以外的资本公积，主要包括直接计入所有者权益的利得和损失。它是由特定资产的计价变动而形成的，当特定资产处置时，其他资本公积也应一并处置。因此，其他资本公积不得用于直接转增资本(或股本)。

其他资本公积主要包括以下内容：

(1)以权益结算的股份支付涉及的资本公积。

(2)可转换债券的发行、转换涉及的资本公积。

(3)长期股权投资涉及的资本公积。在长期股权投资采用权益法核算的情况下，被投资单位发生的不属于其他综合收益的权益变动份额，计入其他资本公积。

(4)递延所得税涉及的资本公积。

三、资本公积转增资本

我国《公司法》等法律规定，资本公积的主要用途是转增资本，即增加实收资本(或股本)。虽然资本公积转增资本并不能导致所有者权益总额的增加，但它一方面可以改变企业投入资本结构，体现企业稳健、持续发展的潜力；另一方面，对股份有限公司而言，它会增加投资者持有的股份，从而增加公司股票的流通量，进而激活股价，提高股票的交易量和资本的流动性。此外，对于债权人来说，实收资本是所有者权益最本质的体现，是其考虑投资风险的重要影响因素。所以，将资本公积转增资本不仅可以更好地反映投资者的权益，而且可以影响债权人的信贷决策。

账务处理时，应借记“资本公积——资本溢价或股本溢价”账户，贷记“实收资本”或“股本”账户。

任务四　留存收益

留存收益是指企业从历年实现的利润中提取或留存于企业的内部积累，它来源于企业的生产经营活动所实现的净利润，包括企业的盈余公积和未分配利润两个部分。

一、利润分配

利润分配是指企业根据国家有关规定和投资者的决议，对企业当年可供分配的利润所进行的分配。

可供分配利润＝当年实现的利润(或净亏损)＋年初未分配利润(或－年初未弥补亏损)＋其他转入

可供分配的利润应按下列顺序分配：(1)提取法定盈余公积；(2)提取任意盈余公积金；(3)向投资者分配利润。必须指出的是，上述利润分配的顺序不能颠倒。也就是说，企业以前年度的亏损未得到完全弥补前，不得提取法定盈余公积；在提取法定盈余公积前，不得向投资者支付股利和利润；支付股利的顺序必须是先支付优先股股利，后支付普通股股利。

企业本年实现的净利润进行了上述分配后，仍有余额的，即为本年的未分配利润，本年未分配利润加上上期末分配利润的合计数，即为本期末未分配利润累积数。

在上述利润的分配过程中，盈余公积和未分配利润都被企业留存下来，形成了内部的积累，即留存收益。

企业应该设置“利润分配”账户，核算企业利润的分配（或亏损的弥补）和历年分配（或弥补）后的余额。本账户应当分别设置“提取法定盈余公积”“提取任意盈余公积”“应付现金股利”“盈余公积补亏”和“未分配利润”等明细账户进行核算。

利润分配的主要账务处理如下：

（1）企业按规定提取的盈余公积，借记本账户，贷记“盈余公积”账户。

（2）经股东大会或类似机构决议，分配给股东或投资者的现金股利或利润，借记本账户，贷记“应付股利”账户。

经股东大会或类似机构决议，分配给股东的股票股利，应在办理增资手续后，借记本账户（转作股本的股利），贷记“股本”账户。

（3）用盈余公积弥补亏损，借记“盈余公积”账户，贷记本账户。

（4）年度终了，企业应将全年实现的净利润，自“本年利润”账户转入“利润分配——未分配利润”账户，并将“利润分配”账户下的其他有关明细账户的余额，转入“未分配利润”明细账户。结转后，“未分配利润”明细账户的贷方余额，就是累积未分配的利润数额；如为借方余额，则表示累积未弥补的亏损数额。结转后，本账户除“未分配利润”明细账户外，其他明细账户应无余额。

（5）本账户年末余额，反映企业的未分配利润（或未弥补亏损）。

【教学案例 10－11】

信义股份有限公司年初未分配利润为 0，本年实现净利润 1 000 000 元，本年提取法定盈余公积 100 000 元，宣告发放现金股利 400 000 元。假定不考虑其他因素，会计处理如下：

（1）结转本年利润时：

借：本年利润	1 000 000	
贷：利润分配——未分配利润		1 000 000

（2）提取法定盈余公积、宣告发放现金股利时：

借：利润分配——提取法定盈余公积	100 000	
——应付现金股利	400 000	
贷：盈余公积		100 000
应付股利		400 000

同时：

借：利润分配——未分配利润	500 000	
贷：利润分配——提取法定盈余公积		100 000
——应付现金股利		400 000

二、盈余公积

盈余公积是指企业按照规定从净利润中提取的积累资金，包括法定盈余公积、任意盈余公积等。

（一）盈余公积的来源和用途

1. 盈余公积的来源

法定盈余公积按照净利润（减弥补以前年度亏损）的 10％提取（非公司制企业也可按照超过 10％的比例提取），法定盈余公积累计额已达注册资本的 50％时，可以不再提取。任意盈余公积主要是公司制企业按照股东会的决议提取,其他企业也可根据需要提取任意盈余公积。

2. 盈余公积的用途

盈余公积可用于弥补亏损、转增注册资本、发放现金股利或利润。

(1)弥补亏损

企业发生经营亏损的弥补方式有三种:一是用以后年度税前利润弥补,按规定企业亏损在规定期限(现行制度规定为5年)内可由税前利润弥补;二是用以后年度税后利润弥补,即指超过税前利润弥补期的剩余亏损额应由税后利润弥补;三是用盈余公积补亏。

(2)转增资本(股本)

经股东大会决议,可将盈余公积转增资本。盈余公积转增资本时,应先办理增资手续,并按所有者(股东)的原出资比例增加资本。按规定,用法定盈余公积转增资本时,转增后应以该项公积金不少于转增前公司注册资本的25%为限。

(3)分配现金股利或利润

股份有限公司分配股利应以实现一定的净利润为前提,在净利润没有实现时,原则上不分配股利。但是,有时股份有限公司为了维护公司股票信誉,经股东大会特别决议,也可用部分盈余公积分配少量股利。

(二)盈余公积的会计处理

为了总括反映企业各项盈余公积的提取和使用情况,企业应设置"盈余公积"账户。该账户的贷方反映从税后利润中提取的各项盈余公积,借方反映盈余公积的使用,贷方余额反映盈余公积的结余。为了具体反映各项盈余公积的提取和使用,该账户应下设有关明细账户。目前,"盈余公积"总账账户下设有"法定盈余公积" 和"任意盈余公积"两个明细账户。"法定盈余公积"明细账户的贷方反映按一定比例从税后利润中提取的法定盈余公积,"任意盈余公积"明细账户的贷方反映按一定比例从税后利润中提取的任意盈余公积,借方反映企业按规定转增资本、弥补亏损和分配股利等而减少的盈余公积,贷方余额反映期末结余额。

1. 盈余公积形成的账务处理

企业按规定从税后利润中提取盈余公积时,应借记"利润分配——提取法定(或任意)盈余公积"账户,贷记"盈余公积——法定(或任意)盈余公积"账户。

2. 盈余公积使用的账务处理

企业经股东大会或类似机构决议,用盈余公积弥补亏损或转增资本时,应借记"盈余公积"账户,贷记"利润分配——盈余公积补亏""实收资本"或"股本"账户。

企业经股东大会决议,用盈余公积派送新股时,应按派送新股计算的金额,借记"盈余公积"账户;按股票面值和派送新股总数计算的股票面值总额,贷记"股本"账户;按其差额,贷记"资本公积——股本溢价" 账户。

【教学案例10-12】

信义股份有限公司经股东大会决议,决定将法定盈余公积250 000元转增资本,按规定增资程序获得批准后,该公司应编制会计分录如下:

借:盈余公积——法定盈余公积　　250 000

　　贷:实收资本　　250 000

一般盈余公积用于弥补亏损时,应借记"盈余公积——法定(或任意)盈余公积"账户,贷记"利润分配——盈余公积补亏"账户。

【教学案例 10－13】

信义股份有限公司发生经营亏损 400 000 元，经股东大会决议，用法定盈余公积弥补。信义公司应编制会计分录如下：

借：盈余公积——法定盈余公积　　400 000
　　贷：利润分配——盈余公积补亏　　400 000

亏损企业用一般盈余公积弥补亏损后，如果仍有结余，也可用于分配股利，但分配后留存的法定盈余公积应不低于注册资本的 25%，分配的股利率也不宜过高，一般不超过股票面值的 6%。

三、未分配利润

企业经过弥补亏损、提取盈余公积金以及分配利润和股利后，留待以后年度进行分配的结存利润，就是未分配利润，同时它也是企业尚未向投资者分配的净利润，包括企业以前年度积存的留待以后年度分配的净利润和当年待分配的净利润。这部分净利润既没有分配给投资者，也没有指定用途，企业可随时分配使用。

企业一般通过“利润分配——未分配利润”账户对此进行核算。

首先，企业将本年度实现的收入和费用等损益账户，通过“本年利润”进行归集，计算出本年净利润。

然后，再将“本年利润”转入“利润分配——未分配利润”，这时“利润分配——未分配利润”代表的是企业可供分配的利润总额。

最后，再对可供分配利润进行提取盈余公积等分配，剩余金额便是年末未分配利润。

如果本年度发生亏损，企业也应将“本年利润”转入“利润分配——未分配利润”，但是由于亏损，就不必进行提取盈余公积金等分配行为了。

如果以前年度亏损，本年度盈利，而且本年度属于亏损发生 5 年内可以使用税前利润进行补亏的年份，则本年无需缴纳所得税，可直接将税前的“本年利润”转入“利润分配——未分配利润”。

如果以前年度亏损，本年度盈利，而本年度不属于亏损发生 5 年内可以使用税前利润进行补亏的年份，则本年仍需缴纳所得税，应将税后的“本年利润”转入“利润分配——未分配利润”。

最后，应将“利润分配”账户下的其他有关明细账户的余额，转入“未分配利润”明细账户。结转后，除“未分配利润”外，其他明细账户应无余额。“未分配利润”明细账户的贷方余额，就是累积未分配的利润数额；如为借方余额，则表示累积未弥补的亏损数额。

阅读材料

(1)中华人民共和国财政部：《企业会计制度》(2001)，经济科学出版社 2001 年版。
(2)中华人民共和国财政部：《企业会计准则》(2017)，立信会计出版社 2017 年版。
(3)中华人民共和国财政部：《企业会计准则——应用指南》(2017)，立信会计出版社 2017 年版。
(4)财政部会计司编写组：《企业会计准则讲解》(2016)，地震出版社 2016 年版。

项目自测

一、判断题

(1)资本公积经批准后可用于派发现金股利。　　(　　)

(2)平时,资产负债表中的未分配利润的金额是由“本年利润”及“利润分配”账户的余额合计填入;年末,由于“本年利润”已转入“利润分配”,资产负债表中未分配利润的金额只有“利润分配”账户的余额。 ( )

(3)企业增发新股,企业的股本或实收资本金额增加,但是所有者权益总额不变。 ( )

(4)企业以盈余公积向投资者分配现金股利,不会引起留存收益总额的变动。 ( )

(5)某企业年初有未弥补亏损20万元,当年实现净利润10万元。按有关规定,该年不得提取法定盈余公积。 ( )

(6)收入能够导致企业所有者权益增加,但导致所有者权益增加的不一定是收入。 ( )

(7)企业不能用盈余公积分配现金股利。 ( )

(8)支付已宣告的现金股利时,所有者权益减少。 ( )

(9)对于一个企业来说,投资者投入的资金,并不全部构成实收资本。 ( )

(10)股份有限公司“股本”账户的期末贷方余额,就是股票的发行价与发行股数的乘积。 ( )

(11)在我国,若资本市场不景气,企业为了筹措资金,也可以采用折价发行股票的方式。 ( )

二、单项选择题

(1)某企业年初未分配利润为贷方36万元,本年实现净利润160万元,本年提取法定盈余公积18万元,向投资者发放股票股利25万元。该企业年末未分配利润贷方余额为( )万元。

A. 126 B. 153 C. 102 D. 77

(2)关于企业所有者权益,下列说法中错误的是( )。

A. 未分配利润可以弥补亏损 B. 盈余公积可以按照规定转增资本金

C. 资本公积可以弥补企业亏损 D. 资本公积可以按照规定转增资本金

(3)某有限责任公司由A、B两个股东各出资50万元而设立,设立时实收资本为100万元。经过3年营运,该公司盈余公积和未分配利润合计为50万元,这时C投资者有意参加,经各方协商以100万元出资,占该公司所有者权益总额的1/3。该公司在接受C投资者投资时,应借记“银行存款”账户100万元,贷记( )。

A. “实收资本”账户60万元,“资本公积”账户40万元

B. “实收资本”账户75万元,“资本公积”账户25万元

C. “实收资本”账户100万元

D. “实收资本”账户50万元,“资本公积”账户50万元

(4)某企业委托券商代理发行股票5 000万股,每股面值1元,每股发行价格6元。按发行价格的2%向券商支付发行费用,该企业在收到股款时,应记入“资本公积”账户的金额为( )万元。

A. 24 400 B. 24 750 C. 24 650 D. 25 000

(5)下列各项中,能影响所有者权益总额发生增减变动的是( )。

A. 支付已宣告的现金股利 B. 盈余公积补亏

C. 实际发放股票股利 D. 宣告派发现金股利

(6)某企业年初所有者权益总额160万元,当年以其中的资本公积转增资本50万元。当年实现净利润300万元,提取盈余公积30万元,向投资者分配利润50万元。该企业年末所有者权益总额为( )万元。

A. 360 B. 410 C. 440 D. 460

(7)股份有限公司采用溢价发行股票方式筹集资本,其股本账户所登记的金额是( )。

A. 股票面值总额

B. 实际收到的款项

C. 实际收到款项加上应付证券商的费用

D. 实际收到款项减去应付证券商的费用

(8)企业接受的现金捐赠,最终应计入( )。

A. 营业外收入 B. 盈余公积 C. 资本公积 D. 未分配利润

(9)2016年12月31日,某企业所有者权益情况如下:实收资本180万元,资本公积20万元,盈余公积88

万元，未分配利润 32 万元。则该企业 2017 年 1 月 1 日留存收益为(　　)万元。

A. 32　　B. 88　　C. 120　　D. 300

(10)甲股份有限公司以每股 4 元的价格回购股票 1 000 万股，股票每股面值 1 元，共支付回购款 4 050 万元。回购时，公司的股本为 11 000 万元，资本公积溢价为 3 000 万元(均为该股票产生)，盈余公积为 450 万元，未分配利润为 550 万元。回购股票并注销后甲公司的所有者权益总额为(　　)万元。

A. 15 000　　B. 14 000　　C. 11 950　　D. 10 950

(11)甲企业收到乙公司作价投入的原材料一批，双方确认的价值为 600 000 元，经税务部门认定应交的增值税为 102 000 元，乙公司已向甲企业开具增值税专用发票，甲企业未支付增值税款。甲企业应记入“实收资本”账户的金额为(　　)元。

A. 600 000　　B. 702 000　　C. 602 000　　D. 686 000

(12)有限责任公司在增资扩股时，如果新投资者介入，新介入的投资者缴纳的出资额大于其按约定比例计算的其在注册资本中所占的份额部分，作为(　　)处理。

A. 盈余公积　　B. 资本公积　　C. 未分配利润　　D. 实收资本

三、多项选择题

(1)甲股份有限公司以收购本企业股票方式减资，在进行会计处理时，可能涉及的会计账户有(　　)。

A.“股本”　　B.“资本公积”　　C.“财务费用”　　D.“盈余公积”

(2)企业实收资本或股本增加的途径有(　　)。

A. 发放股票股利　　B. 经批准用盈余公积转增

C. 接受投资者实物投资　　D. 经批准用资本公积转增

(3)企业发生亏损时，下列各项中，(　　)是弥补亏损的渠道。

A. 用以后 5 年税前利润弥补　　B. 用 5 年后的税后利润弥补

C. 以盈余公积弥补亏损　　D. 以资本公积弥补亏损

(4)甲公司在筹建期间委托银河证券公司代理发行普通股 5 000 万股，每股面值 1 元，按每股 1.02 元的价格发行。公司与银河证券公司约定，银河证券公司按发行收入的 4%收取手续费，从发行收入中扣除。在上述情况下，甲公司收到股款的会计分录涉及的账户有(　　)。

A.“银行存款”　　B.“资本公积”　　C.“股本”　　D.“盈余公积”

(5)企业吸收投资者出资时，下列会计账户的余额不会发生变化的有(　　)。

A.“实收资本”　　B.“利润分配”　　C.“盈余公积”　　D.“资本公积”

(6)下列各项中，影响年末未分配利润数额的因素有(　　)。

A. 年初未分配利润　　B. 提取盈余公积

C. 结转本期实现的净利润　　D. 盈余公积补亏

(7)公司发行股票支付的手续费、佣金等发行费用，有可能做出的会计处理有(　　)。

A. 冲减未分配利润　　B. 计入财务费用

C. 冲减盈余公积　　D. 从溢价中抵消

(8)下列各项中，不通过“资本公积”账户核算的有(　　)。

A. 接受现金捐赠　　B. 向灾区捐赠现金　　C. 资本溢价　　D. 股本溢价

实务训练

训练一

资料：A、B 两个投资者向信义股份有限公司投资，A 投资者投入货币资金人民币 400 000 元和美元 45 000元(实际收到外币时的市场汇率为 1 美元＝8.6 元人民币)。B 投资者投入原材料一批，双方确认价值为 900 000 元,税务部门认定增值税为 153 000 元,并开具了增值税专用发票,被投资方未支付增值税款。一年后,C 投资者向该企业投资,其缴付企业的出资额为人民币 880 000 元,只有 650 000 元作为企业注册资本。

要求:编制被投资企业有关会计分录。

训练二

资料:信义股份有限公司 2015 年"未分配利润"年初贷方余额 100 万元,按 10%提取法定盈余公积,所得税税率为 25%。2015～2017 年的有关资料如下:

(1)2015 年,实现净利 200 万元;提取法定盈余公积后,宣告派发现金股利 150 万元。

(2)2016 年,发生亏损 500 万元(假设无以前年度未弥补亏损)。

(3)2017 年,实现利润总额 600 万元。

要求:

(1)编制 2015 年有关利润分配的会计分录("盈余公积"及"利润分配"账户需写明明细账户)。

(2)编制 2016 年结转亏损的会计分录。

(3)计算 2017 年应交的所得税。假设税率为 25%。

(4)计算 2017 年的可供分配利润。

(金额单位以万元表示)

训练三

资料:信义股份有限公司 2016 年 12 月 31 日股东权益为股本 20 000 万元(面值为 1 元),资本公积(股本溢价)6 000 万元,盈余公积 1 500 万元,未分配利润 4 000 万元。经董事会批准,回购本公司股票并注销。2017 年发生业务如下:

(1)以每股 3 元的价格回购本公司股票 2 000 万股。

(2)以每股 2 元的价格回购本公司股票 4 000 万股。

(3)注销股票。

要求:编制库存股相应的会计分录(金额单位以万元表示)。

项目十一　收入、费用与利润

项目分解

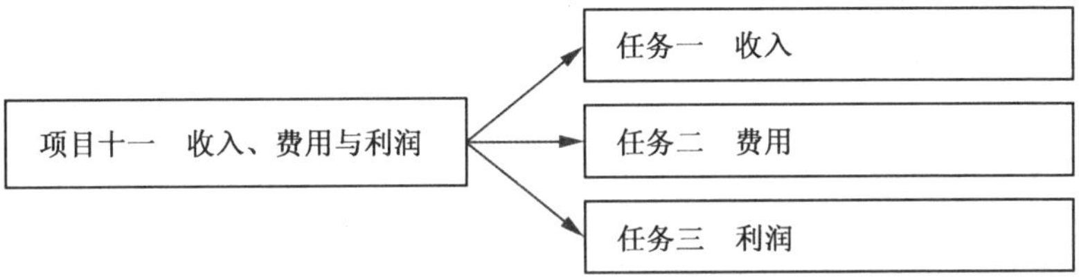

技能目标

完成学习任务后，应该掌握如下技能：

1. 了解收入的定义，理解收入的确认与计量原则，掌握主要收入项目的核算方法。
2. 了解费用的定义，掌握各费用项目的确认与计量，掌握主要费用项目的核算。
3. 了解利润的定义，掌握利润形成与分配的核算。

导学案例

茅台净利增速反常下降　逾10亿元预收款未确认

贵州茅台1月24日晚间发布的2012年度业绩预告显示，公司全年净利润增速只有50%左右，远低于市场预期。

根据三季报可知，茅台四季度净利润在27.25亿元左右，业绩增速24.43%。不论是净利总额还是净利增速都创下了年内新低，而这还是在茅台2012年9月提价基础上所获得的利润。茅台业绩一经公布，股价应声跳水，显然市场认为茅台业绩并没有达到预期水平。

从两个方面来看，茅台的业绩应该是留有余地的。首先，2012年10月份茅台提价30%，出厂价从619元调整到819元，且2012年整体供应并没有缩减。2011年推测总体供应1.26万吨，2012年总体供应1.44万吨，其中1 000吨属直营店系统；非直营系统的供应也有6.3%的增长。所以，四季度的净利润增速是反常的。

其次，2012年12月28日茅台经销商会议的信息显示，前11月茅台集团收入324.4亿元（含税），由此推算全年集团收入约360亿元（含税），则贵州茅台的收入应在262亿元左右。这表明应该有10多亿元的预收款未确认。也就是说,茅台将超过10亿元的收入推迟到了2013年,以平滑业绩。

预收款一向被视作白酒公司利润调节的“蓄水池”,对白酒公司业绩有相当重要的作用,合理释放这些手中的“余粮”将对白酒公司业绩起到很好的平滑作用,而茅台作为白酒龙头是使用预收款调解业绩的典型。资料显示,从2008年起,贵州茅台就通过有规律地释放预收款来平滑自己的业绩。

贵州茅台的这种做法是否正确?应该什么时候确认收入?

资料来源:杨现华:《茅台净利增速反常下降　逾10亿元预收款未确认》,财经网,2013年1月25日。

任务一　收　入

一、收入概述

(一)收入的概念和特征

收入是指企业在日常活动中形成、会导致所有者权益增加、与所有者投入资本无关的经济利益的总流入。

中外会计理论上,对于收入的定义,一直有广义和狭义两种观点。

狭义的收入通常是指企业因销售商品、提供劳务等日常经营活动而形成的经济利益总流入,包括营业收入和投资收益。其中,营业收入在我国是指企业因销售商品、提供劳务以及他人使用本企业资产等日常经营活动而形成的经济利益总流入;投资收益是指企业从事对外投资活动产生的收入。总之,狭义的收入强调收入必须产生于日常经营活动,而不是产生于偶然的交易或事项。我国企业会计准则和国际会计准则以及美国公认会计原则、日本公认会计原则使用的都是狭义的收入概念。

广义的收入是指企业因生产经营及其他活动而获得的全部经济利益总流入,其表现形式为资产增加或负债减少而引起的所有者权益增加,但不包括与所有者出资等有关资产增加或负债减少。具体来说,广义的收入包括营业收入、投资收益、公允价值变动损益以及营业外收入。其中,公允价值变动损益是指交易性金融资产等因公允价值变动而形成的损益;营业外收入是指与企业生产经营活动没有直接关系的各种收入,相对于营业收入,其获得具有一定的偶然性,通常也不需要付出代价。

收入具有以下特点:

1. 收入是企业在日常活动中形成的经济利益的总流入

日常活动是指企业为完成其经营目标而从事的经常性活动以及与之相关的活动。工业企业销售产品、商品流通企业销售商品、安装公司提供安装服务、商业银行对外贷款等活动,均属于企业为完成其经营目标所从事的经常性活动,由此形成的经济利益的总流入构成收入。工业企业对外出售不需用的原材料、对外转让无形资产使用权、对外进行权益性投资(取得现金股利)或债权性投资(取得利息)等活动,虽不属于企业的经常性活动,但属于企业为完成其经营目标所从事的与经常性活动相关的活动,由此形成的经济利益的总流入也构成收入。

收入形成于企业日常活动的特征使其与产生非日常活动的利得相区分。如工业企业处置固定资产或无形资产,因其他企业违约收取的罚款等,这些流入企业的经济利益属于利得而不是收入。例如,出售固定资产,因固定资产是为使用而不是为出售而购入的,将固定资产出售并不是企业的经营目标,也不属于企业的日常活动,出售固定资产取得的收益不作为收入核算。

2. 收入会导致企业所有者权益的增加

收入形成的经济利益的总流入，既可能表现为资产的增加，也可能表现为负债的减少，还可能表现为两者兼而有之。因此，根据“资产－负债＝所有者权益”的等式，企业所取得的收入一定能增加企业的所有者权益。这里所说的“收入能增加企业的所有者权益”，仅指收入本身的影响，而收入扣除与之相配比的费用后的净额，既可能增加所有者权益，也可能减少所有者权益。

企业为第三方或客户代收的款项，如企业代国家收取的增值税、代客户收取的受托代销商品款等，一方面增加企业的资产，另一方面增加企业的负债，因此不增加企业的所有者权益，也不属于本企业经济利益的总流入，不构成本企业的收入。

3. 收入与所有者投入资本无关

所有者投入资本主要是为谋求享有企业资产的剩余权益，由此形成的经济利益的总流入不构成收入，而应确认为企业的所有者权益。

（二）收入的分类

根据不同的标准，可以对收入进行不同的分类。

1. 按企业从事日常活动的性质分类

按企业从事日常活动的性质不同，收入可以分为销售商品收入、提供劳务收入和让渡资产使用权收入。

销售商品收入是指企业通过销售商品实现的收入。这里的商品包括企业为销售而生产的产品和为转售而购进的商品。企业销售的其他存货如原材料、包装物等也视同商品。

提供劳务收入是指企业通过提供劳务实现的收入。如企业通过提供旅游、运输、饮食、广告、咨询、代理、培训、产品安装等劳务所实现的收入。

让渡资产使用权收入是指企业通过让渡资产使用权实现的收入，包括利息收入和使用费收入。利息收入主要是指金融企业对外贷款形成以及同业之间发生往来形成的利息收入。使用费收入主要是指企业转让无形资产等资产的使用权形成的使用费收入。企业对外出租固定资产收取的租金、进行股权投资取得的现金股利、进行债权投资收取的利息等，也构成让渡资产使用权收入。

2. 按企业经营业务的主次分类

按企业经营业务的主次不同，收入可以分为主营业务收入和其他业务收入

主营业务收入是指企业为完成其经营目标而从事的经常性活动所实现的收入。主营业务收入一般占企业总收入的比重较大，对企业的经济效益产生较大的影响。不同行业企业的主营业务收入所包括的内容不同。例如，工业企业的主营业务收入主要包括销售商品、自制半成品、代制品、代修品，提供工业性劳务等实现的收入；商品流通企业的主营业务收入主要包括销售商品所取得的收入；安装公司的主营业务收入主要包括提供安装服务实现的收入。

主营业务收入通过“主营业务收入”账户核算，并通过“主营业务成本”账户核算其相关成本。

其他业务收入是指企业为完成其经营目标所从事的与经常性活动相关的活动实现的收入。其他业务收入属于企业日常活动中次要交易实现的收入，一般占企业总收入的比重较小。不同行业企业的其他业务收入所包括的内容不同。例如，工业企业的其他业务收入主要包括对外销售材料，对外出租包装物、商品或固定资产，对外转让无形资产使用权，对外进行权益性投资（取得现金股利）或债权性投资（取得利息），提供非工业性劳务等实现的收入。

企业实现的原材料销售收入、包装物租金收入、固定资产租金收入、无形资产使用费收入等，通过“其他业务收入”账户核算，并通过“其他业务成本”账户核算其相关成本。

二、销售商品收入

(一)销售商品收入的确认条件

销售商品收入,只有在同时符合下列条件时才能予以确认:

1. 企业已将商品所有权上的主要风险和报酬转移给购货方

与商品所有权有关的风险,是指商品可能发生的减值或毁损等形成的损失;与商品所有权有关的报酬,是指商品价值增值或通过使用商品所形成的经济利益。企业已将商品所有权上的主要风险和报酬转移给购货方,构成确认商品销售收入的重要条件。

判断企业是否已将商品所有权上的主要风险和报酬转移给购货方,应当关注交易的实质,并结合所有权凭证的转移进行。如果一项商品发生的任何损失均不需要销货方承担,带来的任何经济利益也不归销货方所有,就意味着该商品所有权上的主要风险和报酬转移给了购货方。通常情况下,所有权上的风险和报酬伴随着所有权凭证的转移或实物的交付而转移,如大多数零售交易、预收款销售商品等。对于商品零售交易,销货方在售出商品时将商品交付给购货方,同时收到购货方支付的货款,这一交付行为发生后,购货方一般不能退货,售出商品发生的任何损失均不再需要销货方承担,售出商品带来的经济利益也不再归销货方所有,因此就可以认为该售出商品所有权上的风险和报酬已转移给了购货方。

例如,甲公司在销售某商品时向客户承诺,如果售出的商品在3个月内因质量问题不符合要求,客户可以要求退货。根据以往的经验,甲公司估计退货的比例为销售额的1%。对于已售出的商品,甲公司承诺因质量问题可以退货,这说明甲公司仍保留一定的风险。估计退货的比例仅为销售额的1%,表明甲公司保留的风险是次要风险,因此可以认为商品所有权上的主要风险和报酬已经转移给客户。

又如,甲公司为推销一种新产品,承诺凡购买新产品的客户均有1个月的试用期,在试用期内如果对产品使用效果不满意,甲公司将无条件给予退货。甲公司虽然已将产品售出,并已收到货款,但是由于是新产品,甲公司无法估计退货的可能性,这表明产品所有权上的主要风险和报酬并未随实物的交付而发生转移。

2. 企业既没有保留通常与所有权相联系的继续管理权,也没有对已售出的商品实施有效控制

企业将商品所有权上的主要风险和报酬转移给购货方后,如仍然保留通常与所有权相联系的继续管理权,或仍然对售出的商品实施有效控制,则说明此项销售商品交易没有完成,销售不能成立,不能确认相应的收入。

例如,乙公司采用售后租回方式将一栋办公楼销售给丙公司,租回的办公楼仍作为本公司的办公用房。本例中,乙公司将办公楼销售给丙公司后,又将其租回仍作为办公用房,表明乙公司能继续对该办公楼实施有效控制,乙公司不能确认与销售该办公楼有关的收入。

3. 相关的经济利益很可能流入企业

在销售商品的交易中,与交易相关的经济利益主要表现为销售商品的价款。相关的经济利益很可能流入企业,是指销售商品价款收回的可能性大于不能收回的可能性,即销售商品价款收回的可能性超过50%。企业在销售商品时,如估计销售价款不是很可能收回,即使收入确认的其他条件均已满足,也不应当确认收入。

企业在确定销售商品价款收回的可能性时,应当结合以前和买方交往的直接经验、政府有关政策、其他方面取得信息等因素进行分析。企业销售的商品符合合同或协议要求,已将发票账单交付买方,买方承诺付款,即表明销售商品的价款能够收回,相关的经济利益很可能流入企业。如企业判断价款不能收回,应提供可靠的判断依据。

例如,丙公司金融危机后商品销售困难,此时恰有一个商家订购500万元货物,发货后,发现对方是一个骗子。那么,本例中收入确认的第1、2项条件满足,但第3项条件不满足,因此,不能确认收入。

4. 收入的金额能够可靠地计量

收入的金额能够可靠地计量,是指收入的金额能够合理地估计。收入能否合理地估计是确认收入的基本前提,如果收入的金额不能够合理地估计,就无法确认收入。企业在销售商品时,售价通常已经确定,但销售过程中由于某些不确定因素,也有可能出现售价变动的情况,在新的售价未确定前,也不应确认收入。

5. 相关的已发生或将发生的成本能够可靠地计量

根据收入和费用配比的原则,与同一项销售有关的收入和费用应在同一会计期间予以确认,即企业应在确认收入的同时或在同一会计期间结转相关的成本。因此,如果成本不能可靠地计量,相关的收入就不能确认。

相关的已发生或将发生的成本能够可靠地计量,是指与销售商品有关的已发生或将发生的成本能够合理地估计。通常情况下,销售商品相关的已发生或将发生的成本能够合理地估计,如库存商品的成本、商品运输费用等。

(二)销售商品收入的计量

企业销售商品收入满足收入确认条件时,应当按照已收或应收合同或协议价款的公允价值确定销售商品收入的金额,已收或应收的合同或协议价款显失公允的除外。购货方已收或应收的合同或协议价款,通常为公允价值。

应收的合同或协议价款与其公允价值相差较大的,应按照公允价值确定销售商品收入金额;应收的合同或协议价款与其公允价值之间的差额,应当在合同或协议期间内采用实际利率法进行摊销,计入当期损益。

某些情况下,合同或协议明确规定销售商品需要延期收取款项,如分期收款销售商品,实质上具有融资性质的,应当按照应收的合同或协议价款的现值确定其公允价值。应收的合同或协议价款与其公允价值之间的差额,应当在合同或协议期间内,按照应收款项的摊余成本和实际利率计算确定的摊销金额,冲减财务费用。

销售商品涉及商业折扣的,应当按照扣除商业折扣后的金额来确认销售商品收入金额。

销售商品涉及现金折扣的,应当按照扣除现金折扣前的金额来确认销售商品收入金额。现金折扣在实际发生时计入当期损益。

企业已经确认销售商品收入的售出商品发生销售折让的,应当在发生时冲减当期销售商品收入。销售折让属于资产负债表日后事项的,适用资产负债表日后事项会计准则。

企业已经确认销售商品收入的售出商品发生销售退回的,应当在发生时,冲减当期的销售商品收入。销售退回属于资产负债表日后事项的,适用资产负债表日后事项会计准则。

总之,企业在确定销售商品收入时,不考虑各种预计可能发生的现金折扣、销售折让和销售退回。现金折扣在实际发生时计入发生当期的财务费用,销售折让和销售退回在实际发生时作为当期销售收入的减项。

(三)销售商品收入的核算

销售商品业务主要是指企业以取得货币性资产方式的商品销售,它是制造企业和商品流通企业的主要经营业务。

企业应设置“主营业务收入”账户,核算企业销售商品主营业务的收入。本账户可按主营业务的种类进行明细核算。期末,应将“主营业务收入”账户的余额转入“本年利润”账户,结转后本账户无余额。

不仅如此,企业还应当设置"主营业务成本"账户,核算企业确认销售商品收入实现时应结转的成本。本账户可按主营业务的种类进行明细核算。期末,应将"主营业务成本"账户的余额转入"本年利润"账户,结转后本账户无余额。

1. 一般销售商品业务的核算

企业售出的商品符合销售收入确认的5项条件的,应当及时确认收入,并结转相关的销售成本。通常情况下,销售商品采用托收承付方式的,在办妥托收手续时确认收入。交款提货销售商品的,在开出发票账单收到货款时确认收入,并按确定的收入金额与应收取的增值税,借记"银行存款""应收账款""应收票据"等账户;按确认的收入金额,贷记"主营业务收入"账户;按应收取的增值税,贷记"应交税费——应交增值税(销项税额)"账户。企业销售商品,在销售商品收入实现时或月份终了,结算已销商品的实际成本,借记"主营业务成本"账户,贷记"库存商品"等账户。

【教学案例11-1】

信义股份有限公司于2017年3月5日采用托收承付方式销售给创意公司一批商品,增值税专用发票上注明售价600 000元,增值税102 000元,商品已经发出,款项已向银行办妥托收手续;该批商品的成本为420 000元。该批商品符合销售商品收入确认条件。信义公司应编制会计分录如下:

借:应收账款——创意公司	702 000	
贷:主营业务收入		600 000
应交税费——应交增值税(销项税额)		102 000

同时,结转成本:

借:主营业务成本	420 000	
贷:库存商品		420 000

2. 已经发出但不符合销售商品收入确认条件的销售的核算

如果企业售出的商品不符合销售收入确认的5项条件中的任何一项,均不应确认为收入。为了单独反映已经发出但尚未确认销售收入的商品成本,企业应增设"发出商品"等账户进行核算。"发出商品"账户核算已经发出但尚未确认销售收入的商品成本。

常见的不满足收入确认条件的几种情况有:

(1)售后回购。售后回购是指销售商品的同时,销售方同意日后再将同样或类似的商品购回的销售方式。在这种情况下,销售方应根据合同或协议的条款判断企业是否将商品所有权上的主要风险和报酬转移给购货方,据以决定是否确认商品销售收入实现。

在大多数情况下,售后回购交易属于融资交易,企业不应确认销售商品收入,收到的款项应确认为负债;回购价格高于原售价的差额,企业应在回购期间按期计提利息,计入财务费用。但如有确凿证据表明售后回购交易满足销售商品收入确认条件的,销售的商品按售价确认收入,回购的商品作为购进商品处理。

【教学案例11-2】

2017年6月1日,信义股份有限公司销售给华泰企业一批商品,商品的成本为60 000元,售价为100 000元。双方签订回购协议,协议中规定半年后信义公司以112 000元的价格回购该批商品。信义公司与华泰企业均为一般纳税企业,增值税税率为17%。信义公司收到款项存入银行。

(1)2017年6月1日,信义公司销售商品时:

借:银行存款 117 000
　　贷:其他应付款 100 000
　　　　应交税费——应交增值税(销项税额) 17 000
借:发出商品 60 000
　　贷:库存商品 60 000

(2)由于销售企业的回购价格大于原售价,应在销售与回购期内按期计提利息费用,计提的利息费用直接计入当期财务费用。

企业每月计提利息时:

借:财务费用 2 000
　　贷:其他应付款 2 000

(3)半年后信义公司从华泰企业购回商品时:

借:其他应付款 112 000
　　应交税费——应交增值税(进项税额) 19 040
　　贷:银行存款 131 040
借:库存商品 60 000
　　贷:发出商品 60 000

(2)售后租回。售后租回是指销售商品的同时,销售方同意在日后再将同样的商品租回的销售方式。在这种方式下,销售方应根据合同或协议条款判断企业是否已将商品所有权上的主要风险和报酬转移给购货方,以判断是否确认销售商品收入。在大多数情况下,售后租回属于融资交易,企业不应确认销售商品收入,收到的款项应确认为负债,售价与资产账面价值之间的差额应分别不同情况进行会计处理。

如果售后租回交易认定为融资租赁的,资产售价与其账面价值之间的差额应当予以递延,并按照该项租赁资产的折旧进度进行分摊,作为折旧费用的调整。

如果售后租回交易认定为经营租赁的,资产售价与其账面价值之间的差额应当予以递延,并在租赁期内按照与确认租金费用相一致的方法进行分摊,作为租金费用的调整。

但是,有确凿证据表明认定为经营租赁的售后租回交易是按照公允价值达成的,销售的商品按售价确认收入,并按账面价值结转成本。

(3)销售商品价款收回的可能性大于不能收回的可能性,即销售商品价款收回的可能性超过50%。企业在销售商品时,如估计销售价款不是很可能收回,即使收入确认的其他条件均已满足,也不应当确认收入。

【教学案例 11-3】

信义股份有限公司于2017年3月6日向中诚企业销售一批商品,成本为60 000元,增值税专用发票上注明售价100 000元,增值税17 000元。公司在销售时已知中诚企业资金周转发生暂时困难,但为了减少存货积压,同时也为了维持与中诚企业长期以来建立的商业关系,仍将商品销售给中诚企业。该批商品已发出,并已向银行办妥托收手续。假定公司销售该批商品的纳税义务已经发生。应编制会计分录如下:

借:发出商品——中诚企业 60 000
　　贷:库存商品 60 000

同时,因公司销售该批商品的纳税义务已经发生,应确认应交的增值销项税额。应编制会计分录如下:

借:应收账款——中诚企业(应收销项税额) 17 000
　　贷:应交税费——应交增值税(销项税额) 17 000

假定2017年10月5日公司得知中诚企业经营情况逐渐好转,且承诺近期付款,公司可以确认收入。应编制会计分录如下:

借:应收账款——中诚企业 100 000
　　贷:主营业务收入 100 000

同时,结转成本:

借:主营业务成本 60 000
　　贷:发出商品——中诚企业 60 000

假定公司于2017年11月5日收到中诚企业支付的货款。应编制会计分录如下:

借:银行存款 117 000
　　贷:应收账款——中诚企业 100 000
　　　　　　——中诚企业(应收销项税额) 17 000

3. 商业折扣、现金折扣和销售折让的核算

商业折扣是企业为促进商品销售而在商品标价上给予的价格扣除,不影响销售商品收入的计量。

现金折扣是在销售商品收入金额确定的情况下,债权人为鼓励债务人在规定的期限内付款而向债务人提供的债务扣除。也就是说,如果债务人愿意提前付款,则可以比合同约定的总价款"少"付一部分款项。对此,会计核算中有两种处理方法:一是按合同总价款扣除现金折扣后的净额计量收入,二是按合同总价款全额计量收入。我国企业会计准则采用的是第二种做法。这样,当现金折扣以后实际发生时,直接计入当期损益。

销售折让是指企业因售出商品的质量不合格等原因而在售价上给予的减让。企业将商品销售给买方之后,如果买方发现商品在质量、规格等方面不符合要求,可以要求卖方在价格上给予一定的减让。

销售折让如果发生在确认销售收入之前,则应在确认销售收入时直接按扣除销售折让后的金额确认;企业在销售收入确认之后发生的销售折让,且不属于资产负债表日后事项的,应在实际发生时冲减当期销售商品收入,如按规定允许扣减当期销项税额的,还应冲减已确认的应交增值税销项税额。

【教学案例11-4】

信义股份有限公司于2017年5月1日向创意公司销售一批商品,增值税专用发票上注明售价10 000元,增值税额1 700元。为及早收回货款,信义公司给予创意公司的现金折扣条件为:2/10,1/20,n/30。假定计算现金折扣时不考虑增值税税额及其他因素。应编制会计分录如下:

5月1日销售实现时,按销售总价确认收入:

借:应收账款 11 700
　　贷:主营业务收入 10 000
　　　　应交税费——应交增值税(销项税额) 1 700

如果创意公司在5月9日付清货款,则按销售总价的2%享受现金折扣200元(10 000×2%),实际付款11 500元(11 700−200)。

借:银行存款 11 500
　　财务费用 200
　　贷:应收账款 11 700

如果创意公司在 5 月 18 日付清货款，则按销售总价的 1% 享受现金折扣 100 元(10 000×1%)，实际付款 11 600 元(11 700－100)。

借：银行存款　　11 600
　　财务费用　　100
　　贷：应收账款　　11 700

如果创意公司在 5 月底才付清货款，则按全额付款：

借：银行存款　　11 700
　　贷：应收账款　　11 700

【教学案例 11－5】

信义股份有限公司销售一批商品给中诚企业，增值税专用发票上注明售价 200 000 元，增值税额34 000元。该批商品的成本为 140 000 元。货到后，中诚企业发现商品质量不合格，要求在价格上给予 5%的折让。经查明，中诚企业提出的销售折让要求符合原合同的约定，公司同意并办妥了相关手续，开具了增值税专用发票(红字)。假定此前公司已确认该批商品的销售收入，但货款尚未收到。应编制会计分录如下：

销售实现时：

借：应收账款——中诚企业　　234 000
　　贷：主营业务收入　　200 000
　　　　应交税费——应交增值税(销项税额)　　34 000

同时，结转成本：

借：主营业务成本　　140 000
　　贷：库存商品　　140 000

发生销售折让时：

借：主营业务收入　　10 000
　　应交税费——应交增值税(销项税额)　　1 700
　　贷：应收账款——中诚企业　　11 700

实际收到款项时：

借：银行存款　　222 300
　　贷：应收账款——中诚企业　　222 300

注：上述分录中因折让冲减的销项税额应用红字记录在“应交税费——应交增值税”明细账户的销项税额栏内，下同。

本例中，假定发生销售折让前，因该项销售在货款回收上存在不确定性，公司未确认该批商品的销售收入，纳税义务也未发生。发生销售折让后，中诚企业承诺近期付款。应编制会计分录如下：

发出商品时：

借：发出商品——中诚企业　　140 000
　　贷：库存商品　　140 000

确认销售收入时(直接按扣除销售折让后的金额确认收入)：

借：应收账款——中诚企业　　222 300
　　贷：主营业务收入　　190 000
　　　　应交税费——应交增值税(销项税额)　　32 300

同时，结转成本：

借:主营业务成本　　140 000
　　贷:发出商品——中诚企业　　140 000
实际收到款项时:
借:银行存款　　222 300
　　贷:应收账款——中诚企业　　222 300

4. 销售退回的核算

销售退回,是指企业售出的商品由于质量、品种不符合要求等原因而发生的退货。对于销售退回,企业应分别不同情况进行会计处理:

(1)未确认收入的售出商品发生销售退回的,企业应按已记入"发出商品"账户的商品成本金额,借记"库存商品"账户,贷记"发出商品"账户。

(2)已确认收入的售出商品发生销售退回的,企业一般应在发生时冲减当期销售商品收入,同时冲减当期销售商品成本。如该项销售退回已发生现金折扣,应同时调整相关财务费用的金额;如该项销售退回允许扣减增值税税额,应同时调整"应交税费——应交增值税(销项税额)"账户的相应金额。库存商品发出后衍生出了应收账款、主营业务收入、应交税费、主营业务成本、银行存款、财务费用,退回后衍生出的内容全部消失,只留下库存商品。

(3)已确认收入的售出商品发生的销售退回属于资产负债表日后事项的,应当按照有关资产负债表日后事项的相关规定进行会计处理。

【教学案例 11-6】

信义股份有限公司于2017年3月10日销售给中诚企业一批商品,成本为182 000元,增值税专用发票上注明售价350 000元,增值税59 500元。商品已发出,购货方于3月27日付款。5月20日,中诚企业发现该批商品质量出现严重问题,按合同约定将该批商品全部退回给本公司,公司验收入库后将所收货款退回,并按规定向对方开具了增值税专用发票(红字)。信义公司应编制会计分录如下:

3月10日,销售实现时:
借:应收账款——中诚企业　　409 500
　　贷:主营业务收入　　350 000
　　　　应交税费——应交增值税(销项税额)　　59 500
同时,结转成本:
借:主营业务成本　　182 000
　　贷:库存商品　　182 000
3月27日,收到货款时:
借:银行存款　　409 500
　　贷:应收账款——中诚企业　　409 500
5月20日,销售退回时:
借:主营业务收入　　350 000
　　应交税费——应交增值税(销项税额)　　59 500
　　贷:银行存款　　409 500
同时,转销成本:
借:库存商品　　182 000
　　贷:主营业务成本　　182 000

如果是附有销售退回条件的商品销售，则购买方可以依照合同或协议的条件退货。在这种销售方式下，企业根据以往的经验能够合理估计退货可能性并确认与退货相关负债的，通常应在发出商品时确认收入；企业不能合理估计退货可能性的，通常应在售出商品退货期满时确认收入。

5. 采用预收款方式销售商品的核算

预收款销售方式下，销售方直到收到最后一笔款项才将商品交付购货方，表明商品所有权上的主要风险和报酬只有在收到最后一笔款项时才转移给购货方，企业通常应在发出商品时确认收入，在此之前预收的货款应确认为预收账款。

【教学案例 11－7】

信义股份有限公司于 2017 年 3 月 20 日与创意公司签订协议，采用预收款方式向创意公司销售一批商品。该批商品的实际成本为 700 000 元。协议约定，该批商品的销售价格为1 000 000 元，增值税额为 170 000 元；创意公司应在协议签订时预付 60％的货款(按销售价格计算)，剩余货款于 2 个月后支付。应编制会计分录如下：

3 月 20 日，收到 60％货款时：

借：银行存款	600 000	
贷：预收账款——创意公司		600 000

2 个月后，收到剩余货款及增值税税额时：

借：预收账款——创意公司	600 000	
银行存款	570 000	
贷：主营业务收入		1 000 000
应交税费——应交增值税(销项税额)		170 000

同时，结转成本：

借：主营业务成本	700 000	
贷：库存商品		700 000

6. 代销商品业务的核算

代销是指委托方和受托方签订协议，委托方将商品交付给受托方，受托方代委托方销售商品，委托方按协议价收取代销商品款。代销商品通常有“视同买断”和“收取手续费”两种方式。

(1)视同买断方式

视同买断方式是指由委托方和受托方签订协议，委托方按协议价格收取委托代销商品的货款，实际售价可由受托方自定，实际售价与协议价之间的差额归受托方所有的销售方式。

如果委托方和受托方之间的协议明确表明，受托方在取得代销商品后，无论是否卖出、是否获利，均与委托方无关，此种代销商品交易，与委托方直接销售商品给受托方没有实质区别。在符合销售商品收入确认条件时，委托方应确认相关销售商品收入。

如果委托方和受托方之间的协议明确表明，将来受托方在没有将商品售出时可以将商品退回给委托方，或受托方因代销商品出现亏损时可以要求委托方补偿，那么委托方在交付商品时不确认收入，受托方也不作为购进商品处理；受托方将商品销售后，按实际售价确认销售收入，并向委托方开具代销清单；委托方收到代销清单时，再确认本企业的销售收入。

【教学案例 11－8】

信义股份有限公司于 2017 年 3 月 1 日与鼎盛企业签订代销协议，委托鼎盛企业销售乙商品 300 件，协议价为 200 元/件，该商品成本 140 元/件，增值税税率 17％。9 月 1 日，信义公司收到鼎盛企业开来的代销清单时，开具的增值税专用发票上注明：售价60 000元，增值税10 200元。鼎盛企业实际销售时，开具的增值税专用发票上注明：售价72 000元，增值税12 240元。9月6日，信义公司收到鼎盛企业按合同协议价支付的款项。

(1)信义公司应编制会计分录如下：

3月1日，将乙商品交付鼎盛企业时：

借：委托代销商品——鼎盛企业	42 000	
贷：库存商品		42 000

9月1日，收到代销清单时：

借：应收账款——鼎盛企业	70 200	
贷：主营业务收入		60 000
应交税费——应交增值税(销项税额)		10 200

同时，结转成本：

借：主营业务成本	42 000	
贷：委托代销商品——鼎盛企业		42 000

9月6日，收到货款时：

借：银行存款	70 200	
贷：应收账款——鼎盛企业		70 200

(2)鼎盛企业应编制会计分录如下：

3月1日，收到乙商品时：

借：受托代销商品	60 000	
贷：受托代销商品款		60 000

实际销售时：

借：银行存款	84 240	
贷：主营业务收入		72 000
应交税费——应交增值税(销项税额)		12 240

同时，结转成本：

借：主营业务成本	60 000	
贷：受托代销商品		60 000
借：受托代销商品款	60 000	
贷：应付账款——信义公司		60 000

9月6日，收到增值税发票，按合同协议价将款项付给信义公司时：

借：应付账款——信义公司	60 000	
应交税费——应交增值税(进项税额)	10 200	
贷：银行存款		70 200

(2)收取手续费方式

收取手续费方式，是受托方根据所代销的商品数量向委托方收取手续费的方式。对于受托方来说，收取的手续费实际上是一种劳务收入。

在这种代销方式下，委托方发出商品时，商品所有权上的主要风险和报酬未转移给受托方，因此，委托方在发出商品时通常不应确认销售商品收入，而应在收到委托方开出的代销清单时确认销售商品收入；受托方应在商品销售后，按合同或协议约定的方法计算确定的手续费确认收入。

【教学案例 11—9】

沿用案例 11—8 的资料，并假定信义公司与鼎盛企业签订的代销协议规定：鼎盛企业应按每件 200 元的价格售给顾客，信义公司按售价的 10% 向鼎盛企业支付手续费。鼎盛企业实际销售时，向买方开具的增值税专用发票上注明乙商品售价 60 000 元，增值税 10 200 元。9 月 1 日，信义公司收到鼎盛企业交来的代销清单，并向鼎盛企业开出一张金额相同的增值税专用发票。9 月 6 日，信义公司收到鼎盛企业支付的商品代销款(已扣手续费)。

(1)信义公司应编制会计分录如下：

3 月 1 日，将乙商品交付鼎盛企业时：

借：委托代销商品——鼎盛企业	42 000	
贷：库存商品		42 000

9 月 1 日，收到代销清单时：

借：应收账款——鼎盛企业	70 200	
贷：主营业务收入		60 000
应交税费——应交增值税(销项税额)		10 200
借：销售费用——代销手续费	6 000	
贷：应收账款——鼎盛企业		6 000

同时，结转成本：

借：主营业务成本	42 000	
贷：委托代销商品——鼎盛企业		42 000

9 月 6 日，收到鼎盛企业汇来的货款净额 64 200 元(70 200—6 000)时：

借：银行存款	64 200	
贷：应收账款——鼎盛企业		64 200

(2)鼎盛企业应编制会计分录如下：

3 月 1 日，收到乙商品时：

借：受托代销商品	60 000	
贷：受托代销商品款		60 000

实际销售乙商品时：

借：银行存款	70 200	
贷：应付账款——信义公司		60 000
应交税费——应交增值税(销项税额)		10 200

收到增值税专用发票时：

借：应交税费——应交增值税(进项税额)	10 200	
贷：应付账款——信义公司		10 200
借：受托代销商品款	60 000	
贷：受托代销商品		60 000

9 月 6 日，支付信义公司货款并计算代销手续费时：

借：应付账款——信义公司	70 200	
贷：银行存款		64 200
主营业务收入(或其他业务收入)		6 000

7. 具有融资性质的采用递延方式分期收款销售的核算

通常情况下，企业应按从购货方已收或应收的合同或协议价款确定销售商品收入的金额。但是，合同或协议价款的收取采用递延方式，实质上具有融资性质的，应当按照应收的合同或协议价款的公允价值(通常为合同或协议价款的现值)确定销售商品收入金额。应收的合同或协议价款与其公允价值之间的差额，应当在合同或协议期间内采用实际利率法或直线法进行摊销，计入当期损益(冲减财务费用)。

对于采用递延方式分期收款、具有融资性质的销售商品满足收入确认条件的，企业按应收合同或协议价款，借记"长期应收款"账户；按应收的合同或协议价款的公允价值(折现值)，贷记"主营业务收入"账户；按其差额，贷记"未实现融资收益"账户。

8. 销售材料等存货的核算

企业销售原材料、包装物等存货应视同商品销售，其收入确认和计量原则比照商品销售。企业销售原材料、包装物等存货实现的收入作为其他业务收入处理，结转的相关成本作为其他业务成本处理，分别通过"其他业务收入"和"其他业务成本"账户核算。

"其他业务收入"账户核算企业除主营业务以外的其他经营活动实现的收入，包括销售材料、出租包装物和商品、出租固定资产、出租无形资产等实现的收入。该账户的贷方登记企业实现的各项其他业务收入，借方登记期末结转入"本年利润"账户的其他业务收入，结转后该账户应无余额。

"其他业务成本"账户核算企业除主营业务以外的其他经营活动所发生的成本，包括销售材料的成本、出租包装物的成本或摊销额、出租固定资产的折旧额、出租无形资产的摊销额。该账户的借方登记企业结转或发生的其他业务成本，贷方登记期末结转入"本年利润"账户的其他业务成本，结转后该账户应无余额。

【教学案例 11－10】

信义股份有限公司销售一批原材料，增值税专用发票上注明的价款为 20 000 元，税款为 3 400 元，款项已收存银行。该批原材料的实际成本为 16 000 元。应编制会计分录如下：

取得原材料销售收入时：

借：银行存款	23 400	
贷：其他业务收入		20 000
应交税费——应交增值税(销项税额)		3 400

结转已销原材料的实际成本时：

借：其他业务成本	16 000	
贷：原材料		16 000

9. 商品需安装和检验的销售的核算

商品需安装和检验的销售，是指商品售出需要经过安装和检验等过程的销售方式。在这种销售方式下，购买方接收交货以及安装和检验完毕前，企业通常不应确认收入。如果安装程序比较简单或检验是为了最终确定合同或协议价格而必须进行的程序，企业可以在发出商品时确认收入。

10. 以旧换新销售的核算

以旧换新销售，是指销售方在销售商品的同时回收与所售商品相同的旧商品。在这种销售方式下，销售的商品应当按照销售商品收入确认条件确认收入，回收的旧商品作为购进商品处理。

三、提供劳务收入

企业提供劳务的种类很多，如旅游、运输、饮食、广告、咨询、代理、培训、产品安装等。有的劳务一次就能完成，且一般为现金交易，如饮食、理发、照相等；有的劳务需要花费一段较长的时间才能完成，如安装、旅游、培训、远洋运输等。

（一）同一期间内开始并完成的劳务

对于一次就能完成的劳务，或在同一会计期内开始并完成的劳务，应在提供劳务交易完成时确认收入，确认的金额通常为从接受劳务方已收或应收的合同或协议价款，确认原则可参照销售商品收入的确认原则。

企业对外提供劳务，如属于企业的主营业务，所实现的收入应作为主营业务收入处理，结转的相关成本应作为主营业务成本处理；如属于主营业务以外的其他经营活动，所实现的收入应作为其他业务收入处理，结转的相关成本应作为其他业务成本处理。企业对外提供劳务发生的支出一般先通过“劳务成本”账户予以归集，待确认为费用时，再由“劳务成本” 账户转入“主动营业务成本”或“其他业务成本”账户。

对于一次就能完成的劳务，企业应在提供劳务完成时确认收入及相关成本。对于持续一段时间但在同一会计期间内开始并完成的劳务，企业应在为提供劳务发生相关支出时确认劳务成本，劳务完成时再确认劳务收入，并结转相关劳务成本。

【教学案例 11－11】

信义股份有限公司于 2017 年 3 月 1 日接受一项设备安装任务，该安装任务可一次完成，合同总价款为 90 000 元，实际发生安装成本 50 000 元。假定安装业务属于信义公司的主营业务。信义公司应在安装完成时，编制会计分录如下：

借：应收账款（或银行存款）　　90 000
　　贷：主营业务收入　　90 000

同时，结转成本：

借：主营业务成本　　50 000
　　贷：银行存款等　　50 000

若上述安装任务需花费一段时间（不超过本会计期间）才能完成，则应在为提供劳务发生有关支出时，编制会计分录如下：

借：劳务成本　　50 000
　　贷：银行存款等　　50 000

待安装完成确认所提供劳务收入并结转该项劳务总成本时：

借：应收账款（或银行存款）　　90 000
　　贷：主营业务收入　　90 000

同时，结转成本：

借：主营业务成本　　50 000
　　贷：劳务成本　　50 000

（二）劳务的开始与完成分属不同的会计期间

对于劳务的开始和完成分属不同的会计期间的，企业提供劳务收入的确认和计量时，应该按照在资产负债表日提供劳务交易的结果能否可靠估计进行。

1. 提供劳务交易结果能够可靠估计

如果企业在资产负债表日提供劳务交易的结果能够可靠估计的，应采用完工百分比法确认劳务收入。完工百分比法是指按照提供劳务交易的完工进度确认收入与费用的方法。

同时满足下列条件的,提供劳务交易的结果能够可靠估计:

(1)收入的金额能够可靠地计量。收入的金额能够可靠地计量,是指提供劳务收入的总额能够合理地估计。通常情况下,企业应当按照从接受劳务方已收或应收的合同或协议价款确定提供劳务收入总额,已收或应收的合同或协议价款显示公允的除外。随着劳务的不断提供,可能会根据实际情况增加减少已收或应收的合同或协议价款,此时,企业应及时调整提供劳务收入总额。

(2)相关的经济利益很可能流入企业。相关的经济利益很可能流入企业,是指提供劳务收入总额收回的可能性大于不能收回的可能性。企业在确定提供劳务收入总额能否收回时,应当结合接受劳务方的信誉、以前的经验以及双方就结算方式和期限达成合同或协议条款等因素,综合进行判断。通常情况下,企业提供的劳务符合合同或协议要求,接受劳务方承诺付款,就表明提供劳务收入总额收回的可能性大于不能收回的可能性。

(3)交易的完工进度能够可靠地确定。企业可以根据提供劳务的特点,选用下列方法确定提供劳务交易的完工进度:

①已完工作的测量。这是一种比较专业的测量方法,由专业测量师对已经提供的劳务进行测量,并按一定方法计算确定提供劳务交易的完工程度。

②已经提供的劳务占应提供劳务总量的比例。这种方法主要以劳务量为标准确定提供劳务交易的完工程度。

③已经提供的劳务占估计总成本的比例。这种方法主要以成本为标准确定提供劳务交易的完工程度。只有反映已提供劳务的成本才能包括在已经发生的成本中,只有反映已提供或将提供劳务的成本才能包括在估计总成本中。

(4)交易中已发生和将发生的成本能够可靠地计量。交易中已发生和将发生的成本能够可靠地计量,是指交易中已经发生和将要发生的成本能够合理地估计。企业应当建立完善的内部成本核算制度和有效的内部财务预算及报告制度,准确地提供每期发生的成本,并对完成剩余劳务将要发生的成本作出科学、合理的估计。同时应随着劳务的不断提供或外部情况的不断变化,随时对将要发生的成本进行修订。

企业应当在资产负债表日按提供劳务收入总额乘以完工进度扣除以前会计期间累计已确认提供劳务收入后的金额,确认当期提供劳务收入;同时,按照提供劳务总成本乘以完工进度扣除以前会计期间累计已确认提供劳务成本后的金额,确认当期提供劳务成本。

用公式表示如下:

本期确认的提供劳务收入= 提供劳务收入总额×完工进度－以前会计期间累计已确认提供劳务收入

本期确认的提供劳务成本= 提供劳务预计成本总额×完工进度－以前会计期间累计已确认提供劳务成本

上述公式中的劳务总收入通常按照从接受劳务方已收或应收的合同或协议价款确定。在劳务总收入和总成本能够可靠计量的情况下,关键是确定劳务的完工进度,企业根据所提供劳务的特点,选择确定劳务完工进度的方法。

【教学案例 11－12】

信义股份有限公司于 2017 年 12 月 1 日接受创意公司一项设备安装任务。安装期为 3 个月,合同总收入 300 000 元,至年底已预收安装费 220 000 元,实际发生安装费用 140 000 元(假定均为安装人员薪酬),估计完成安装任务还需发生安装费用 60 000 元。假定信义公司按实际发生的成本占估计总成本的比例确定劳务的完工进度,则应确认的收入和费用计算如下:

实际发生的成本占估计总成本的比例＝140 000÷(140 000＋60 000)×100％＝70％

2017 年 12 月 31 日确认的劳务收入＝300 000×70％－0＝210 000(元)

2017 年 12 月 31 日确认的费用＝(140 000＋60 000)×70%－0＝140 000(元)

应编制会计分录如下：

实际发生劳务成本 140 000 元时：

借：劳务成本　　140 000

　　贷：应付职工薪酬　　140 000

预收劳务款 220 000 元时：

借：银行存款　　220 000

　　贷：预收账款　　220 000

2017 年 12 月 31 日，确认提供劳务收入并结转劳务成本时：

借：预收账款——创意公司　　210 000

　　贷：主营业务收入　　210 000

同时，结转成本：

借：主营业务成本　　140 000

　　贷：劳务成本　　140 000

【教学案例 11－13】

信义股份有限公司于 2017 年 10 月 1 日为鼎盛公司研制一项软件。合同规定的研制开发期为 5 个月，合同总收入 500 000 元，至 2017 年 12 月 31 日已发生成本 225 000 元，预收账款 300 000 元。预计开发完成该软件的总成本为 300 000 元，2017 年 12 月 31 日，经专业测量师测量，软件的开发程度为 70%。假定合同收入能够可靠收回，研制开发属于信义公司的主营业务。应编制会计分录如下：

发生成本时：

借：劳务成本　　225 000

　　贷：银行存款(应付职工薪酬等)　　225 000

预收款项时：

借：银行存款　　300 000

　　贷：预收账款——鼎盛公司　　300 000

2017 年 12 月 31 日确认该项劳务的本期收入和费用时：

若该企业按软件的开发程度(70%)确定该劳务的完工程度，则：

2017 年应确认的收入＝500 000×70%－0＝350 000(元)

2017 年应确认的费用＝300 000×70%－0＝210 000(元)

借：预收账款——鼎盛公司　　350 000

　　贷：主营业务收入　　350 000

同时，结转成本：

借：主营业务成本　　210 000

　　贷：劳务成本　　210 000

若该企业按已提供的劳务量占应提供劳务总量的百分比确定完工程度(假定研制开发期内劳务量均衡发生)，则至 2017 年 12 月 31 日的完工程度为 60%(该项软件研制开发已完成的工作时间为 3 个月，占完成此项劳务所需总工作时间 5 个月的 60%)。因此：

2017 年应确认的收入＝500 000×60%－0＝300 000(元)

2017 年应确认的费用＝300 000×60%－0＝180 000(元)

2. 提供劳务交易结果不能可靠估计

如劳务的开始和完成分属不同的会计期间,且企业在资产负债表日提供劳务交易的结果不能可靠估计,即不能同时满足前述4个条件的,不能采用完工百分比法确认提供劳务收入。此时,企业应当正确预计已经发生的劳务成本能否得到补偿,分别下列情况处理:

(1)已经发生的劳务成本预计全部能够得到补偿的,应按已收或预计能够收回的金额确认提供劳务收入,并结转已经发生的劳务成本。

(2)已经发生的劳务成本预计部分能够得到补偿,应按能够得到补偿的劳务成本金额确认提供劳务收入,并结转已经发生的劳务成本。

(3)已经发生的劳务成本预计全部不能得到补偿的,应将已经发生的劳务成本计入当期损益(主营业务成本或其他业务成本),不确认提供劳务收入。

【教学案例11－14】

信义股份有限公司于2016年12月1日接受华泰公司委托,为其培训一批学员,培训期为6个月,2017年1月1日开学。协议约定,华泰公司应向信义公司支付培训费总额60 000元,分3次等额支付,第一次在开学时预付 ,第二次在2017年3月1日支付,第三次在培训结束时支付。2017年1月1日,华泰公司预付第一次培训费,到2017年2月28日,信义公司发生培训费成本30 000元(假定均为培训人员薪酬),2017年3月1日,信义公司得知华泰公司经营发生困难,后两次培训费能否收回难以确定。应编制会计分录如下:

2017年1月1日,收到华泰公司预付的培训费时:

借:银行存款	20 000	
贷:预收账款——华泰公司		20 000

实际发生培训成本30 000元时:

借:劳务成本	30 000	
贷:应付职工薪酬		30 000

2017年2月28日,确认提供劳务收入,并结转劳务成本时:

借:预收账款——华泰公司	20 000	
贷:主营业务收入		20 000

同时,结转成本:

借:主营业务成本	30 000	
贷:劳务成本		30 000

本例中,信义公司已经发生的劳务成本30 000元预计只能部分得到补偿,即只能按预收款项得到补偿,应按预收账款20 000元确认劳务收入,并将已经发生的劳务成本30 000元结转入当期损益。

(三)销售商品业务和提供劳务混合业务

企业与其他企业签订的合同或协议包括销售商品和提供劳务时,销售商品部分和提供劳务部分能够区分且能够单独计量的,将提供劳务的部分作为提供劳务处理。

销售商品部分和提供劳务部分不能够区分的,或虽能区分但不能够单独计量的,应当将销售商品部分和提供劳务部分全部作为销售商品处理。如销售电梯的同时负责安装工作,销售软件后继续提供技术支持等。此时,如果销售商品部分和提供劳务部分能够区分且能够单独计量的,将提供劳务的部分作为提供劳务处理。

(四)特殊劳务的交易

下列提供劳务满足收入确认条件的,应按规定确认收入:

(1)安装费,在资产负债表日根据安装的完工进度确认收入。安装工作是商品销售附带条件的,安装费在确认商品销售实现时确认收入。

(2)宣传媒介的收费,在相关的广告或商业行为开始出现于公众面前时确认收入。广告的制作费,在资产负债表日根据制作广告的完工进度确认收入。

(3)为特定客户开发软件的收费,在资产负债表日根据开发的完工进度确认收入。

(4)包括在商品售价内可区分的服务费,在提供服务的期间内分期确认收入。

(5)艺术表演、招待宴会和其他特殊活动的收费,在相关活动发生时确认收入。收费涉及几项活动的,预收的款项应合理分配给每项活动,分别确认收入。

(6)申请入会费和会员费只允许取得会籍,所有其他服务和商品都要另行收费的,在款项收回不存在重大不确定性时确认收入。申请入会费和会员费能使会员在会员期内得到各种服务或商品,或者以低于非会员的价格销售商品或提供劳务的,在整个收益期内分期确认收入。

(7)属于提供设备和其他有形资产的特许权费,在交付资产或转移资产所有权时确认收入;属于提供初始及后续服务的特许权费,在提供服务时确认收入。

(8)长期为客户提供重复的劳务收取的劳务费,在相关劳务活动期间发生时确认收入。

四、让渡资产使用权收入

让渡资产使用权收入主要指让渡无形资产等资产使用权的使用费收入,出租固定资产取得的租金、进行债权投资收取的利息、进行股权投资取得的现金股利等,也构成让渡资产使用权收入。这里主要介绍让渡无形资产使用权的使用费收入的核算。

(一)让渡资产使用权的使用费收入的确认和计量原则

让渡资产使用权的使用费收入同时满足下列条件的,才能予以确认:

(1)相关的经济利益很可能流入企业。企业在确定让渡资产使用权的使用费收入金额是否很可能收回时,应当根据对方企业的信誉和生产经营情况、双方就结算方式和期限等达成的合同或协议条款等因素,综合进行判断。如果企业估计使用费收入金额收回的可能性不大,就不能确认收入。

(2)收入的金额能够可靠地计量。当让渡资产使用权的使用费收入金额能够可靠估计时,企业才能确认收入。

让渡资产使用权的使用费收入金额,应按照相关合同协议约定的收费时间和方法计算确定。不同的使用费收入,收费时间和方法各不相同。有一次性收取一笔固定金额的,如一次收取10年的场地使用费;有在合同或协议规定的有效期内分期等额收取的,如合同或协议规定在使用期内每期收取一笔固定的金额;也有分期不等额收取的,如合同或协议规定按资产使用方每期销售额的百分比收取使用费等。

如果合同或协议规定一次性收取使用费,且不提供后续服务的,应当视同销售该项资产一次性确认收入;提供后续服务的,应在合同或协议的有效期内分期确认收入。如果合同或协议规定分期收取使用费的,应按合同或协议规定的收款时间和金额或规定的收费方法计算确定的金额分期确认收入。

(二)让渡资产使用权的使用费收入的核算

企业让渡资产使用权的使用费收入,作为其他业务收入处理;让渡资产所计提的摊销额等,作为其他业务成本处理。

【教学案例11－15】

信义股份有限公司向鼎盛公司转让某软件的使用权,一次性收取使用费60 000元,不提供后

续服务,款项已经收回。应编制会计分录如下:

借:银行存款 60 000

贷:其他业务收入 60 000

【教学案例 11－16】

信义股份有限公司于 2017 年 1 月 1 日向盛文公司转让某专利权的使用权,协议约定转让期为 5 年,每年年末收取使用费 200 000 元。2017 年该专利权计提的摊销额为 120 000 元,每月计提金额为10 000元。假定不考虑其他因素。应编制会计分录如下:

2017 年年末确认使用费收入时:

借:应收账款(或银行存款) 200 000

贷:其他业务收入 200 000

2017 年每月计提专利权摊销额时:

借:其他业务成本 10 000

贷:累计摊销 10 000

五、建造合同收入

(一)建造合同的类型

建造合同,是指为建造一项或者数项与设计、技术、功能、最终用途等方面密切相关的资产而订立的合同。其中,所建造的资产主要包括房屋、道路、桥梁、水坝等建筑物,以及船舶、飞机、大型机械设备等。

建造合同不同于一般的材料采购合同和劳务合同,而是有其自身的特征,主要表现在:

(1)先有买主(即客户),后有标的(即资产),建造资产的造价在签订合同时已经确定;

(2)资产的建设期长,一般都要跨越一个会计年度,有的长达数年;

(3)所建造的资产体积大,造价高;

(4)建造合同一般为不可取消的合同。

建造合同分为以下两类:

一是固定造价合同。固定造价合同指按照固定的合同价或固定单价确定工程价款的建造合同。例如,某建造承包商与一客户签订一项建造合同,为客户建造一栋办公大楼,合同规定建造大楼的总造价为 2 000 万元。该合同即为固定造价合同。再如,某建造承包商与一客户签订一项建造合同,为客户建造一条 100 公里长的公路,合同规定每公里单价为 600 万元。该合同也是固定造价合同。

二是成本加成合同。成本加成合同是指以合同允许或其他方式议定的成本为基础,加上该成本的一定比例或定额费用确定工程价款的建造合同。例如,建造承包商与一客户签订一项建造合同,为客户建造一台大型机械设备,双方约定以建造该设备的实际成本为基础,合同价款以实际成本加成 2%计算确定。该合同就属于成本加成合同。

固定造价合同与成本加成合同的主要区别在于风险的承担者不同。前者的风险主要由建造承包方承担,后者的风险主要由发包方承担。

(二)建造合同收入和成本的内容

1. 建造合同收入

建造合同收入应当包括下列内容:

(1)合同规定的初始收入

合同规定的初始收入是建造承包商与客户在双方签订的合同中最初商定的合同总金额,它是建造合同收入的主要组成部分。

(2)因合同变更、索赔、奖励等形成的收入

因合同变更、索赔、奖励等形成的收入，并不构成合同双方在签订合同时已在合同中商定的合同总金额，而是在执行合同过程中由于合同的变更、索赔、奖励等原因而形成的追加收入。对这部分收入，建筑承包商不能随意确认，只有在符合规定条件时才构成合同总收入。

合同变更是指客户为改变合同规定的作业内容而提出的调整。合同变更款同时满足下列条件的，才能构成合同收入：一是客户能够认可因变更而增加的收入，二是收入能够可靠地计量。

索赔款是指因客户或第三方的原因造成、向客户或第三方收取、用以补偿不包括在合同造价中的成本的款项。索赔款同时满足下列条件的，才能构成合同收入：一是根据谈判情况，预计对方能够同意该项索赔；二是对方同意接受的金额能够可靠地计量。

奖励款是指工程达到或超过规定的标准时，客户同意支付的额外款项。奖励款同时满足下列条件的，才能构成合同收入：一是根据目前完成情况，足以判断工程进度和工程质量能够达到或超过规定的标准；二是奖金金额能够可靠地计量。

例如，某建造承包商与一客户签订了一份金额为 1 000 万元的建造合同，建造一座电站。合同规定的建设期为 2015 年 12 月 1 日～2017 年 12 月 1 日。同时，合同还规定，发电机由客户采购，于 2017 年 9 月 1 日前交付建造承包商安装。在合同执行过程中，客户并未在合同规定的时间将发电机交付承包商。根据双方谈判的情况，客户同意向建造承包商支付延误工期款 80 万元(索赔收入)。本例是索赔款形成收入的情形，根据索赔款形成收入的确认条件，建造承包商可以在 2017 年将因索赔而增加的收入 80 万元确认为合同收入的组成部分，即 2017 年该项建造合同的总收入应为 1 080 万元。但是，假如客户只同意支付延误工期款 40 万元，则只能将 40 万元计入该项合同总收入，即 2017 年该项建造合同总收入为 1 040 万元。假如客户不同意支付任何延误工期款，则不能将索赔款计入合同总收入。

再如，某建造承包商与一客户签订了一份金额为 9 000 万元的建造合同，建造一座跨海大桥。合同规定的建设期为 2015 年 12 月 20 日～2017 年 12 月 20 日。该大桥的主体工程于 2017 年 8 月基本完工，工程质量符合设计标准，并有望提前 3 个月完工。客户同意向建造承包商支付提前竣工奖 100 万元。本例是发生奖励款的情形，它是工程达到或超过规定的标准时，客户同意支付给建造承包商的额外款项。根据奖励款所形成收入的确认条件，该建筑承包商可以确认奖励款形成的收入 100 万元。

2. 建造合同成本

建造合同成本包括从合同签订开始至合同完成止所发生的、与执行合同有关的直接费用和间接费用。

直接费用是指为完成合同所发生的、可以直接计入合同成本核算对象的各项费用支出，包括耗用的人工费用、耗用的材料费用、耗用的机械使用费和其他直接费用(指可直接计入合同成本的费用)。

间接费用是指企业下属的施工单位或生产单位为组织生产和管理施工生产活动所发生的费用，包括临时设施摊销费用和施工、生产单位管理人员薪酬、固定资产折旧费及修理费、物料消耗、低值易耗品摊销、水电费、办公费、差旅费、财产保险费、工程保险费、排污费等。

直接费用在发生时直接计入合同成本，间接费用应在期末按系统、合理的方法分摊计入合同成本。常见的用于间接费用分摊的方法有人工费用比例法和直接费用比例法。

(三)建造合同收入和合同费用的确认和计量

建造合同收入及费用的确认和计量应遵循以下原则：

1. 如果建造合同的结果能够可靠地估计，企业应当根据完工百分比法在资产负债表日确认

合同收入和费用。

固定造价合同的结果能够可靠估计,是指同时满足下列条件:(1)合同总收入能够可靠计量;(2)与合同相关的经济利益很可能流入企业;(3)实际发生的合同成本能够清楚区分和可靠计量;(4)合同完工进度和为完成合同尚需发生的成本能够可靠确定。

成本加成合同的结果能够可靠估计,是指同时满足下列条件:(1)与合同相关的经济利益很可能流入企业;(2)实际发生的合同成本能够清楚区分和可靠计量。

所谓完工百分比法,是指根据合同完工进度确认收入与费用的方法。

不难理解,运用完工百分比法确认收入关键是要确定合同完工进度。合同完工进度可以按累计实际发生的合同成本占合同预计总成本的比例、已经完成的合同工作量占合同预计总工作量的比例、已完合同工作预测量等方法确定。

值得注意的是,企业采用累计实际发生的合同成本占合同预计总成本的比例确定合同完工进度的,累计实际发生的合同成本不包括:施工中尚未安装或使用的材料成本等与合同未来活动相关的合同成本;在分包工程的工作量完成之前预付给分包单位的款项。

采用完工百分比法确认当期收入和费用的计算如下:

当期确认的合同收入=(合同总收入×完工进度)-以前会计年度累计确认的收入

当期确认的合同毛利=(合同总收入-合同预计总成本)×完工进度-以前会计年度累计已确认的毛利

当期确认的合同费用=当期确认的合同收入-当期确认的合同毛利

2. 如果建造合同的结果不能可靠地估计,则应区别以下情况处理:一是合同成本能够收回的,合同收入根据能够收回的实际合同成本加以确认,合同成本在其发生的当期作为合同费用;二是合同成本不可能收回的,应当在发生时立即作为合同费用,不确认合同收入。

使建造合同的结果不能可靠估计的不确定因素不复存在的,应当在资产负债表日采用完工百分比法确认与建造合同有关的收入和费用。

合同预计总成本超过合同总收入的,应当将预计损失确认为当期费用。

(四)建造合同收入的会计处理

对建造合同收入和支出的核算,应设置"主营业务收入""主营业务成本""工程施工""工程结算"等账户。确认收入时,按当期确认的合同费用,借记"主营业务成本"账户;按当期确认的合同毛利,借记"工程施工——毛利"账户;按当期确认的合同收入,贷记"主营业务收入"账户。

任务二　费　用

一、费用概述

费用是指企业在日常活动中发生、会导致所有者权益减少、与向所有者分配利润无关的经济利益的总流出。费用具有以下特点:

(一)费用是企业在日常活动中发生的经济利益的总流出

如前所述,日常活动是指企业为完成其经营目标所从事的经常性活动以及与之相关的其他活动,如工业企业制造并销售产品、商业企业购买并销售商品等活动。这些活动中发生的经济利益的总流出,构成费用。工业企业对外出售不需用的原材料结转的材料成本等,也构成费用。

费用形成于企业日常活动的特征使其与产生于非日常活动的损失相区分。企业从事或发生的某些活动或事项也能导致经济利益流出企业,但不属于企业的日常活动。例如,企业处置固定资产、无形资产等非流动资产,因违约支付罚款,对外捐赠,因自然灾害等非常原因造成财产毁损等,这些活动或事项形成的经济利益的总流出,属于企业的损失而不是费用。

(二)费用会导致企业所有者权益的减少

费用既可能表现为资产的减少,如减少银行存款、库存商品等;也可能表现为负债的增加,如增加应付职工薪酬、应交税费(如应交营业税、消费税等)等。根据"资产－负债＝所有者权益"的会计等式,费用一定会导致企业所有者权益的减少。

企业经营管理中的某些支出并不减少企业的所有者权益,也就不构成费用。例如,企业以银行存款偿还一项负债,只是一项资产和一项负债的等额减少,对所有者权益没有影响,所以,不构成企业的费用。

向所有者分配利润或股利属于企业利润分配的内容,不构成企业的费用。

二、费用的核算

企业的费用主要包括主营业务成本、其他业务成本、税金及附加、销售费用、管理费用和财务费用等。

(一)主营业务成本

主营业务成本是指企业销售商品、提供劳务等经常性活动所发生的成本。企业一般在确认销售商品、提供劳务等主营业务收入时,或在月末,将已销售商品、已提供劳务的成本结转入主营业务成本。

(二)其他业务成本

其他业务成本是指企业除主营业务活动以外的其他经营活动所发生的成本,包括销售材料的成本、出租固定资产的折旧额、出租无形资产的摊销额、出租包装物的成本或摊销额等。

企业发生的其他业务成本,应借记"其他业务成本"账户,贷记"原材料""周转材料""累计折旧""累计摊销""应付职工新酬""银行存款"等账户。期末,应将"其他业务成本"账户余额转入"本年利润"账户,结转后该账户无余额。

(三)税金及附加

税金及附加是指企业经营活动应负担的相关税费,即消费税、城市维护建设税、资源税和教育费附加等。

企业按规定计算确定的与经营活动相关的税费,借记"税金及附加"账户,贷记"应交税费"账户。期末,应将"税金及附加"账户余额转入"本年利润"账户,结转后该账户无余额。

(四)销售费用

销售费用是指企业在销售商品和材料、提供劳务过程中发生的各项费用,包括企业在销售商品过程中发生的包装费、保险费、展览费和广告费、商品维修费、预计产品质量保证损失、运输费、装卸费等费用,以及企业发生的为销售本企业商品而专设的销售机构的职工薪酬、业务费、折旧费、固定资产修理费等费用。

企业应通过"销售费用"账户核算销售费用的发生和结转情况。该账户的借方登记企业所发生的各项销售费用,贷方登记期末转入"本年利润"账户的销售费用,结转后该账户应无余额。该账户应按销售费用的费用项目进行明细核算。

【教学案例 11－17】

信义股份有限公司 2017 年 8 月发生如下经济业务:

(1)为宣传新产品发生广告费 80 000 元,均用银行存款支付。应编制会计分录如下:

借:销售费用　　　　80 000

　　贷:银行存款　　　　80 000

(2)公司销售部 8 月共发生费用 220 000 元,其中销售人员薪酬 100 000 元,业务费用70 000

元,均用银行存款支付;销售部专用办公设备折旧费 50 000 元。应编制会计分录如下:

借:销售费用　　220 000
　　贷:应付职工薪酬　　100 000
　　　　累计折旧　　50 000
　　　　银行存款　　70 000

(3)公司销售一批产品,销售过程中共发生运输费 5 000 元、装卸费 2 000 元,均用银行存款支付。应编制会计分录如下:

借:销售费用　　7 000
　　贷:银行存款　　7 000

(五)管理费用

管理费用是指企业为组织和管理生产经营活动而发生的各种费用,包括企业在筹建期间发生的开办费、董事会和行政管理部门在企业的经营管理中发生的或应由企业统一负担的公司经费(包括行政管理部门职工薪酬、物料消耗、低值易耗品摊销、办公费和差旅费等)、工会经费、董事会费(包括董事会成员津贴、会议费和差旅费等)、聘请中介机构费、咨询费(含顾问费)、诉讼费、业务招待费、房产税、车船使用税、土地使用税、印花税、技术转让费、矿产资源补偿费、研究费用、排污费以及企业生产车间(部门)和行政管理部门发生的固定资产修理费等。

企业应通过"管理费用"账户核算管理费用的发生和结转情况。该账户的借方登记企业发生的各项管理费用,贷方登记期末转入"本年利润"账户的管理费用,结转后该账户应无余额。该账户应按管理费用的费用项目进行明细核算。

【教学案例 11－18】

信义股份有限公司 2017 年 8 月发生如下经济业务:

(1)筹建期间发生办公费、差旅费等开办费 50 000 元,均用银行存款支付。应编制会计分录如下:

借:管理费用　　50 000
　　贷:银行存款　　50 000

(2)公司为拓展产品销售市场发生业务招待费 100 000 元,均用银行存款支付。应编制会计分录如下:

借:管理费用　　100 000
　　贷:银行存款　　100 000

(3)公司就一项产品的设计方案向有关专家进行咨询,以现金支付咨询费 3 000 元。应编制会计分录如下:

借:管理费用　　3 000
　　贷:库存现金　　3 000

(4)公司行政部门 8 月共发生费用 300 000 元,其中行政人员薪酬 220 000 元,行政部门专用办公设备折旧费 50 000 元,报销行政人员差旅费 20 000 元(假定报销人均未预借差旅费),其他办公、水电费 10 000 元,用银行存款支付。应编制会计分录如下:

借:管理费用　　300 000
　　贷:应付职工薪酬　　220 000
　　　　累计折旧　　50 000
　　　　库存现金　　20 000
　　　　银行存款　　10 000

(5)公司当月规定计算确定的应交房产税为 5 000 元,应交车船使用税为 4 000 元,应交土地使用税为 3 000 元。应编制会计分录如下:

借:管理费用　　12 000
　　贷:应交税费——应交房产税　　5 000
　　　　　　　——应交车船使用税　　4 000
　　　　　　　——应交土地使用税　　3 000

(6)公司当月生产车间发生设备大修理费用 45 000 元,以银行存款支付;行政管理部门发生设备日常修理费用 5 000 元,以现金支付;均不满足固定资产确认条件。应编制会计分录如下:

借:管理费用　　50 000
　　贷:银行存款　　45 000
　　　　库存现金　　5 000

(六)财务费用

财务费用是指企业为筹集生产经营所需用资金等而发生的各项筹资费用,包括利息支出(减利息收入)、汇兑损益以及相关的手续费、企业发生的现金折扣或收到的现金折扣等。

企业应通过“财务费用”账户核算财务费用的发生和结转情况。该账户的借方登记企业发生的各项财务费用,贷方登记期末转入“本年利润”账户的财务费用,结转后该账户应无余额。该账户应按财务费用的费用项目进行明细核算。

【教学案例 11－19】

信义股份有限公司 2017 年发生如下经济业务:

(1)1 月 1 日,向银行借入生产经营用短期借款 360 000 元,期限 6 个月,年利率 5%,该借款本金到期后一次归还,利息分月预提,按季支付。假定所有利息均不符合利息资本化条件。应编制会计分录如下:

每月末应预提应计利息＝360 000×5%÷12＝1 500(元)

借:财务费用　　1 500
　　贷:应付利息　　1 500

(2)公司于 2 月 1 日向银行借入生产经营用短期借款 360 000 元,期限 6 个月,年利率 5%,该借款本金到期后一次归还,利息分月预提,按季支付。假定 2 月将其中的 120 000 元暂时作为闲置资金存入银行,并获得利息收入 400 元。假定所有利息均不符合利息资本化条件。应编制会计分录如下:

2 月末预提当月份应计利息＝360 000×5%÷12＝1 500(元)

借:财务费用　　1 500
　　贷:应付利息　　1 500

同时,当月取得的利息收入 400 元应作为冲减财务费用处理:

借:银行存款　　400
　　贷:财务费用　　400

(3)公司于 2017 年 3 月 1 日平价发行公司债券,面值 5 000 000 元,期限 2 年,年利率 6%,到期后本息一次归还。债券发行过程中,发生手续费 250 000 元。应编制会计分录如下:

借:财务费用　　250 000
　　贷:银行存款　　250 000

任务三 利 润

一、利润的概念

利润是指企业在一定会计期间的经营成果。利润包括收入减去费用后的净额、直接计入当期利润的利得和损失等。

直接计入当期的利得和损失,是指应当计入当期损益、会导致所有者权益发生增减变动、与所有者投入资本或者向所有者分配利润无关的利得或者损失。

二、利润的构成

利润由营业利润、利润总额、净利润等构成。

(一)营业利润

营业利润=营业收入-营业成本-税金及附加-销售费用-管理费用-财务费用
-资产减值损失+公允价值变动收益(-公允价值变动损失)+投资收益(-投资损失)

其中,营业收入是指企业经营业务所确认的收入总额,包括主营业务收入和其他业务收入。营业成本是指企业经营业务所发生的实际成本总额,包括主营业务成本和其他业务成本。资产减值损失是指企业计提各项资产减值准备所形成的损失。公允价值变动收益(或损失)是指企业交易性金融资产等公允价值变动形成的应计入当期损益的利得(或损失)。投资收益(或损失)是指企业以各种方式对外投资所取得的收益(或发生的损失)。

(二)利润总额

利润总额=营业利润+营业外收入-营业外支出

其中,营业外收入是指企业发生的与其日常活动无直接关系的各项利得。营业外支出是指企业发生的与其日常活动无直接关系的各项损失。

(三)净利润

净利润=利润总额-所得税费用

其中,所得税费用是指企业确认的应从当期利润总额中扣除的所得税费用。

三、营业外收入的核算

(一)营业外收入核算的内容

营业外收入是指企业发生的与其日常活动无直接关系的各项利得。营业外收入并不是企业经营资金耗费所产生的,不需要企业付出代价,实际上是经济利益的净流入,不可能也不需要与有关的费用进行配比。营业外收入主要包括非流动资产处置利得、盘盈利得、罚没利得、捐赠利得、确实无法支付而按规定程序经批准后转作营业外收入的应付款项等。

其中:

非流动资产处置利得包括固定资产处置利得和无形资产出售利得。固定资产处置利得,是指企业出售固定资产所取得价款或报废固定资产的材料价值和变价收入等,扣除处置固定资产的账面价值、清理费用、处置相关税费后的净收益;无形资产出售利得,是指企业出售无形资产所取得价款,扣除出售无形资产的账面价值、出售相关税费后的净收益。

盘盈利得,主要是指对于现金等清查盘点中盘盈的现金等,报经批准后计入营业外收入的金额。

罚没利得,是指企业取得的各项罚款,在弥补由于对违反合同或协议而造成的经济损失后的罚款净收益。

捐赠利得，是指企业接受捐赠所产生的利得。

（二）营业外收入的核算

企业应通过"营业外收入"账户核算营业外收入的取得及结转情况。该账户的贷方登记企业确认的各项营业外收入，借方登记期末转入"本年利润"账户的营业外收入，结转后该账户应无余额。该账户应按照营业外收入的项目进行明细核算。

企业确认营业外收入，借记"固定资产清理""银行存款""库存现金""应付账款"等账户，贷记"营业外收入"账户。期末，应将"营业外收入"账户余额转入"本年利润"账户，借记"营业外收入"账户，贷记"本年利润"账户。

【教学案例11－20】

信义股份有限公司将固定资产报废清理的净收益15 000元转作营业外收入。应编制会计分录如下：

借：固定资产清理　　15 000

　　贷：营业外收入　　15 000

公司本期营业外收入总额为200 000元，期末结转本年利润。应编制会计分录如下：

借：营业外收入　　200 000

　　贷：本年利润　　200 000

四、营业外支出的核算

（一）营业外支出核算的内容

营业外支出是指企业发生的与其日常活动无直接关系的各项损失，主要包括非流动资产处置损失、盘亏损失、罚款支出、公益性捐赠支出、非常损失等。

其中：

非流动资产损失包括固定资产处置损失和无形资产出售损失。固定资产处置损失，是指企业出售固定资产所取得价款或报废固定资产的材料价值和变价收入等，不足以抵补处置固定资产的账面价值、清理费用、处置相关税费所发生的净损失；无形资产出售损失，是指企业出售无形资产所取得价款，不足以抵补出售无形资产的账面价值、出售相关税费后所发生的净损失。

盘亏损失，主要是指对于固定资产清查盘点中盘亏的固定资产，在查明原因处理时按确定的损失计入营业外支出的金额。

罚款支出，是指企业由于违反税收法规、经济合同等而支付的各种滞纳金和罚款。

公益性捐赠支出，是指企业对外进行公益性捐赠发生的支出。

非常损失，是指企业对于因客观因素（如自然灾害等）造成的损失，在扣除保险公司赔偿后应计入营业外支出的净损失。

（二）营业外支出的核算

企业应通过"营业外支出"账户核算营业外支出的发生及结转情况。该账户的借方登记企业发生的各项营业外支出，贷方登记期末转入"本年利润"账户的营业外支出，结转后该账户应无余额。该账户应按营业外支出的项目进行明细核算。

企业发生营业外支出时，借记"营业外支出"账户，贷记"固定资产清理""待处理财产损溢""库存现金""银行存款"等账户。期末，应将"营业外支出"账户余额转入"本年利润"账户，借记"本年利润"账户，贷记"营业外支出"账户。

【教学案例 11－21】

信义股份有限公司 2017 年 10 月发生下列经济业务：

(1)将已经发生的原材料意外灾害损失 300 000 元转作营业外支出。应编制会计分录如下：

借：营业外支出　　300 000

　　贷：待处理财产损溢　　300 000

(2)公司用银行存款支付税款滞纳金 20 000 元。应编制会计分录如下：

借：营业外支出　　20 000

　　贷：银行存款　　20 000

(3)公司将拥有一项非专利技术出售，取得价款 400 000 元，应缴纳营业税 20 000 元。该非专利技术的账面余额为 500 000 元，累计摊销 100 000 元，未计提减准备。应编制会计分录如下：

借：银行存款　　400 000

　　累计摊销　　100 000

　　营业外支出　　20 000

　　贷：无形资产　　500 000

　　　　应交税费——应交营业税　　20 000

(4)公司本期营业外支出总额为 340 000 元，期末结转本年利润。应编制会计分录如下：

借：本年利润　　340 000

　　贷：营业外支出　　340 000

五、所得税

所得税是根据企业应纳税所得额的一定比例上缴的一种税金。所得税费用包括当期所得税和递延所得税两个部分。其中，当期所得税是指当期应交所得税。本部分仅介绍当期所得税的相关内容。

所得税费用(或收益)＝当期所得税＋递延所得税费用(－递延所得税收益)

(一)当期所得税的计算

应纳税所得额是在企业税前会计利润(即利润总额)的基础上调整确定的，计算公式为：

应纳税所得额＝税前会计利润＋纳税调整增加额－纳税调整减少额

纳税调整增加额主要包括税法规定允许扣除项目中，企业已计入当期费用但超过税法规定扣除标准的金额(如超过税法规定标准的工资支出、业务招待费支出)，以及企业已计入当期损失但税法规定不允许扣除项目的金额(如税收滞纳金、罚款、罚金)等。

纳税调整减少额主要包括按税法规定允许弥补的亏损和准予免税的项目，如前 5 年内的未弥补亏损和国债利息收入。

企业应交所得税的计算公式为：

应交所得税＝应纳税所得额×所得税税率

(二)所得税费用的会计处理

企业应当设置"所得税费用"账户，用来核算企业确认的应从当期利润总额中扣除的所得税费用。

资产负债表日，企业应按照税法规定计算确定的当期应交所得税，借记"所得税费用"账户，贷记"应交税费——应交所得税"账户。即：

借：所得税费用

　　贷：应交税费——应交所得税

然后再将所得税费用转入本年利润，形成税后净利润。即：

借：本年利润

　　贷：所得税费用

【教学案例 11－22】

信义股份有限公司 2017 年度按企业会计准则计算的税前会计利润为 1 970 万元，所得税税率为 25%。当年按税法核定的全年计税工资为 200 万元，公司全年实发工资为 220 万元；经查，公司当年营业外支出中有 10 万元为税款滞纳金。假定公司全年无其他纳税调整因素。

要求：

(1)计算信义公司 2017 年的所得税费用。

(2)编制计算所得税费用的会计分录。

解答：

(1)纳税所得额＝1 970＋(220－200)＋10＝2 000(万元)

应纳所得税额＝2 000×25%＝500(万元)，即当期所得税费用为 500 万元

(2)编制会计分录如下：

借：所得税费用　　5 000 000

　　贷：应交税费——应交所得税　　5 000 000

六、本年利润的形成与结转

(一)结转本年利润的方法

会计期末结转本年利润的方法有表结法和账结法两种。

1. 表结法

在表结法下，各损益类账户每月月末只需结计出本月发生额和月末累计余额，不结转到“本年利润”账户，只有在年末时才将全年累计余额结转入“本年利润”账户。但每月月末要将损益类账户的本月发生额合计数填入利润表的本月数栏，同时将本月末累计余额填入利润表的本年累计数栏，通过利润表计算反映各期的利润(或亏损)。在表结法下，年中损益类账户无需结转入“本年利润”账户，从而减少了转账环节和工作量，同时并不影响利润表的编制及有关损益指标的利用。

2. 账结法

在账结法下，每月月末均需编制转账凭证，将在账上结计出的各损益类账户的余额结转入“本年利润”账户。结转后“本年利润”账户的本月合计数反映当月实现的利润或发生的亏损，“本年利润”账户的本年累计数反映本年累计实现的利润或发生的亏损。账结法在各月均可通过“本年利润”账户提供当月及本年累计的利润(或亏损)额，但增加了转账环节和工作量。

(二)结转本年利润的核算

企业应设置“本年利润”账户，核算企业本年度实现的净利润(或发生的净亏损)。会计期末，企业应将各收益类账户的余额转入“本年利润”账户的贷方，借记有关收益类账户，贷记“本年利润”账户；将各成本费用或支出类账户的余额转入“本年利润”账户的借方，借记“本年利润”账户，贷记各有关成本费用或支出类账户。如果有关收益类账户为借方余额或有关成本费用类账户为贷方余额，则做相反的结转分录。结转后“本年利润”账户如为贷方余额，表示当年实现的净利润；如为借方余额，表示当年发生的净亏损。年度终了，企业还应将“本年利润”账户的本年累计余额转入“利润分配——未分配利润”账户。如为贷方余额，借记“本年利润”账户，贷记“利润分配——未分配利润”账户；如为借方余额，做相反的会计分录。结转后“本年利润”账户应无余额。

【教学案例 11－23】

信义股份有限公司 2017 年有关损益类账户的年末余额如下(该企业采用表结法年末一次结转损益类账户,所得税税率为 25%):

账户名称	结账前余额
主营业务收入	6 000 000 元(贷)
其他业务收入	700 000 元(贷)
公允价值变动损益	150 000 元(贷)
投资收益	600 000 元(贷)
营业外收入	50 000 元(贷)
主营业务成本	4 000 000 元(借)
其他业务成本	400 000 元(借)
税金及附加	80 000 元(借)
销售费用	500 000 元(借)
管理费用	770 000 元(借)
财务费用	200 000 元(借)
资产减值损失	100 000 元(借)
营业外支出	250 000 元(借)

应编制会计分录如下:

先将各项损益类账户年末余额结转入"本年利润"账户。

结转各项收入、利得类账户:

借:主营业务收入	6 000 000	
其他业务收入	700 000	
公允价值变动损益	150 000	
投资收益	600 000	
营业外收入	50 000	
贷:本年利润		7 500 000

结转各项费用、损失类账户:

借:本年利润	6 300 000	
贷:主营业务成本		4 000 000
其他业务成本		400 000
税金及附加		80 000
销售费用		500 000
管理费用		770 000
财务费用		200 000
资产减值损失		100 000
营业外支出		250 000

经过上述结转后,"本年利润"账户的贷方发生额合计 750 000 元减去借方发生额合计6 300 000 元,即为税前会计利润 1 200 000 元。假定将该税前会计利润进行纳税调整后,应纳税所得额为 1 000 000元,则应交所得税税额=1 000 000×25%=250 000(元)。假定将该应交所得税按照会计准则进行调整后计算确认的所得税费用为 380 000 元。应编制会计分录如下:

确认所得税费用时：

借：所得税费用　　380 000

　　贷：应交税费——应交所得税　　380 000

将所得税费用结转入“本年利润”账户时：

借：本年利润　　380 000

　　贷：所得税费用　　380 000

将“本年利润”账户年末余额820 000元(7 500 000－ 6 300 000－380 000)转入“利润分配——未分配利润”账户时：

借：本年利润　　820 000

　　贷：利润分配——未分配利润　　820 000

七、利润分配

(一)利润分配的程序

利润分配是指企业按照国家有关规定和企业章程、投资者协议等，对企业当年可供分配的利润进行的分配。

可供分配的利润＝当年实现的净利润＋年初未分配利润(或－年初未弥补亏损)＋其他转入

利润分配的顺序依次是：(1)提取法定盈余公积；(2)提取任意盈余公积；(3)向投资者分配利润。

(二)利润分配(或弥补亏损)的核算

企业应设置“利润分配”账户，进行利润分配的核算。该账户核算企业利润的分配(或亏损的弥补)和历年分配(或弥补)后的余额。该账户的贷方反映年末从“本年利润”账户转入的本年净利润以及用盈余公积补亏的数额；借方反映按规定提取的盈余公积、向投资者分配的利润数额以及年末从“本年利润”账户转入的本年亏损数额。该账户年末余额，反映企业历年积存的未分配利润(或未弥补的亏损)。

在“利润分配”账户下应设置以下明细账户：(1)提取法定盈余公积；(2)提取任意盈余公积；(3)应付现金股利或利润；(4)转作股本的股利；(5)盈余公积补亏；(6)未分配利润。

年度终了，除“未分配利润” 明细账户外，“利润分配”账户的其他明细账户应无余额。

具体核算见项目十所有者权益部分。

【知识拓展】

所得税会计

所得税会计是研究会计利润和按税法规定的应税所得额之间差异的会计方法。

所得税会计产生的原因是由于财务会计与税务会计目标不同，因此导致按会计方法计算的利润与按税法规定计算的应纳税所得额的结果是不同的。

1. 资产、负债的计税基础

(1)资产的计税基础

资产的计税基础，是指企业收回资产账面价值过程中，计算应纳税所得额时按照税法规定可以自应税经济利益中抵扣的金额。

通常情况下，资产在取得时其入账价值与计税基础是相同的，后续计量过程中因企业会计准则规定与税法规定不同，可能产生资产的账面价值与其计税基础的差异。

(2)负债的计税基础

负债的计税基础，是指负债的账面价值减去未来期间计算应纳税所得额时按照税法规定可予抵扣的金额。短期借款、应付票据、应付账款等负债的确认和偿还,通常不会对当期损益和应纳税所得额产生影响,其计税基础即为账面价值。但在某些情况下,负债的确认可能会影响损益,并影响不同期间的应纳税所得额,使其计税基础与账面价值之间产生差额。

2. 暂时性差异及其分类

(1)暂时性差异

暂时性差异,是指资产或负债的账面价值与其计税基础之间的差额。按对未来应税金额的影响,分为应纳税暂时性差异和可抵减暂时性差异。

①应纳税暂时性差异:在确定未来收回资产或清偿负债期间的应纳税所得额时,将导致产生应税金额的差异(资产账面价值>计税基础或负债的账面价值<计税基础)。

②可抵扣暂时性差异:在确定未来收回资产或清偿负债期间的应纳税所得额时,将导致产生可抵扣金额的差异(资产账面价值<计税基础或负债的账面价值>计税基础)。

(2)暂时性差异的处理

企业应在资产负债表日,分析比较资产、负债的账面价值与其计税基础,将其差额确认为递延所得税资产、递延所得税负债及相应的递延所得税损益。

递延所得税负债=应纳税暂时性差异×所得税率

递延所得税资产=可抵扣暂时性差异×所得税率

递延所得税收益=递延所得税资产-递延所得税负债(负数为费用)

注意:确认递延所得税资产,应以未来期间很可能取得的用以抵扣暂时性差异的应纳税所得额为限。(谨慎性)

3. 所得税费用的确认与计量

以当期应交所得税加上递延所得税费用或收益(即期初、期末递延所得税资产和负债余额的变化)确认为当期利润表中的所得税费用(收益)。

所得税费用=当期所得税+递延所得税费用(-递延所得税收益)

阅读材料

(1)中华人民共和国财政部:《企业会计制度》(2001),经济科学出版社2001年版。

(2)中华人民共和国财政部:《企业会计准则》(2017),立信会计出版社2017年版。

(3)中华人民共和国财政部:《企业会计准则——应用指南》(2017),立信会计出版社2017年版。

(4)财政部会计司编写组:《企业会计准则讲解》(2016),地震出版社2016年版。

项目自测

一、判断题

(1)利得通常不经过经营过程就能取得或属于企业不曾期望获得的收益。 ( )

(2)企业已完成销售手续但购买方在月末尚未提取的商品,应作为企业的库存商品核算。 ( )

(3)发出的商品不符合收入确认条件的,也不应确认应交的增值税销项税。 ( )

(4)在预收款销售方式下,企业通常在发出商品时确认收入,在此之前预收的货款确认为预收账款。 ( )

(5)对附有销售退回条件的商品销售,如果企业不能合理地确定退货的可能性,则应在退货期满时确认收入。 ( )

(6)企业劳务的开始和完成分属于不同的会计期间,且在资产负债表日提供劳务交易的结果能够可靠估

计的，应采用完工百分比法确认劳务收入。 ( )

(7)企业销售商品满足收入确认条件时，应当按照已收或应收的合同或协议价款确认销售商品收入金额。 ( )

(8)企业将生产的电梯销售给某一客户，并负责电梯的安装工作，但至会计期末安装工作尚未完成，则该企业在会计期末不应确认该电梯的销售收入。 ( )

(9)企业无论是作为销售方还是作为购货方，其所发生的现金折扣都通过“财务费用”账户核算。( )

(10)企业为组织生产经营活动而发生的一切管理活动的费用，包括车间管理费用和行政人员管理费用，都应作为期间费用处理。 ( )

(11)企业生产车间、行政管理部门、专设的销售机构发生的不符合资本化条件的固定资产修理费，应计入管理费用。 ( )

(12)企业支付的职工退职金，应记入“营业外支出”账户。 ( )

(13)企业出售原材料取得的款项扣除其成本及相关费用后的净额，应当计入营业外收入或营业外支出。 ( )

二、单项选择题

(1)( )的特征将收入与利得区别开来。

A. 收入会导致企业所有者权益的增加　　B. 收入与所有者投入资本无关

C. 收入会导致企业资产的增加或负债的减少　　D. 收入形成于企业日常活动

(2)下列各项中，企业尚未将商品所有权上的主要风险和报酬转移给购货方的是( )。

A. 大型卖场将商品交给购货方的同时向购货方收取所售商品的价款

B. 采用支付手续费方式委托代销商品的委托方将商品发出给受托方

C. 采用交款提货方式销售商品的企业已经向购货方收取货款但购货方尚未提货

D. 采用预收款销售方式销售商品房的房地产开发公司向购房者开具发票并交付钥匙

(3)甲、乙企业均为增值税一般纳税人，适用的增值税税率为17%。甲企业向乙企业销售一批商品，价款100万元，增值税专用发票上注明的增值税为17万元，根据合同的规定，乙企业在付款时享受了1%的现金折扣(现金折扣按包含增值税的总价款计算)。甲企业在办妥托收手续后确认了销售商品收入。但乙企业在验收时发现所购商品存在严重缺陷要求退货，甲企业同意乙企业退货，但按规定不允许扣除增值税。退回的商品已经收到，款项已经退还。在进行会计处理时，甲企业应( )。

A. 增加当期财务费用1.17万元　　B. 冲减当期财务费用1万元

C. 冲减当期财务费用1.17万元　　D. 增加当期财务费用1万元

(4)下列与销售商品相关的事项中，一定发生在确认收入之前的事项是( )。

A. 商业折扣　　B. 销售折让　　C. 销售退回　　D. 现金折扣

(5)在委托其他单位代销商品情况下，企业应在( )确认销售收入的实现。

A. 代销商品发出时　　B. 代销商品售出并收到代销清单时

C. 代销商品售出时　　D. 收到代销商品销售货款时

(6)2017年1月1日，甲公司采用分期收款方式向乙公司销售大型商品一套，合同规定不含增值税的销售价格为900万元，分2次于每年12月31日等额收取。假定在现销方式下，该商品不含增值税的销售价格为810万元，不考虑其他因素。甲公司2017年应确认的销售收入为( )万元。

A. 270　　B. 300　　C. 810　　D. 900

(7)某企业取得的下列各项收入中，不属于让渡资产使用权所取得的收入的是( )。

A. 债券利息收入　　B. 进行股权投资而取得的股利收入

C. 出租固定资产而取得的租金收入　　D. 出售无形资产而取得的价款

(8)企业对于已经发出但不符合收入确认条件的商品，其成本应借记( )账户。

A.“在途物资”　　B.“发出商品”　　C.“库存商品”　　D.“主营业务成本”

(9)下列各项中，不应计入管理费用的有( )。

A. 商品维修费

B. 企业生产车间发生的不符合资本化条件的固定资产修理费

C. 业务招待费

D. 企业在筹建期间发生的水电费

(10)企业按照出售包装物实现的收入计算的应交城市维护建设税,应借记(　　)账户。

A."其他业务成本"　　B."应交税费——应交城市维护建设税"

C."税金及附加"　　D."管理费用"

(11)下列交易或事项,不应确认为营业外支出的是(　　)。

A. 公益性捐赠支出　　B. 无形资产出售损失

C. 固定资产盘亏损失　　D. 固定资产减值损失

(12)某企业2017年度利润总额为315万元,其中国债利息收入为15万元。当年按税法核定的全年计税工资为250万元,实际分配并发放工资为230万元。假定该企业无其他纳税调整项目,适用的所得税税率为25%。该企业2017年所得税费用为(　　)万元。

A. 82.5　　B. 75　　C. 80　　D. 87.5

(13)某企业2017年2月主营业务收入为100万元,主营业务成本为80万元,管理费用为5万元,资产减值损失为2万元,投资收益为10万元。假定不考虑其他因素,该企业当月的营业利润为(　　)万元。

A. 13　　B. 15　　C. 18　　D. 23

(14)某企业各月月末将各项损益类账户的余额转入"本年利润"账户,则12月31日各损益类账户转账后,"本年利润"账户的借方余额表示(　　)。

A. 本年度12月实现的净亏损　　B. 本年度全年实现的净亏损

C. 本年度12月实现的利润总额　　D. 本年度全年实现的利润总额

(15)A公司于2017年9月接受一项产品安装任务,安装期6个月,合同总收入300万元,年度预收款项60万元,余款在安装完成时收回。当年实际发生成本120万元,预计还将发生成本80万元,则该公司2017年度确认收入(　　)万元。

A. 60　　B. 180　　C. 200　　D. 80

(16)A公司本年度委托B商店代销一批零配件,代销价款200万元。本年度收到B商店交来的代销清单,列明已销售代销零配件的60%,A公司收到代销清单时向B商店开具增值税发票。B商店按代销价款的5%收取手续费。该批零配件的实际成本为120万元。则A公司本年度应确认的销售收入为(　　)万元。

A. 120　　B. 114　　C. 200　　D. 68.4

(17)某公司2015年1月1日签订了一项总金额为2 000万元的咨询合同,合同期为3年,预计总成本为1 600万元。2015年发生成本500万元,2016年发生成本600万元,2017年预计发生成本500万元。假定该劳务的结果能够可靠地估计,则该公司2016年度应确认的咨询收入为(　　)万元。

A. 1 315　　B. 1 000　　C. 750　　D. 600

(18)甲公司2017年5月13日与客户签订了一项工程劳务合同,合同期9个月,合同总收入500万元,预计合同总成本350万元;至2017年12月31日,实际发生成本160万元。甲公司按实际发生成本占预计总成本的百分比确定劳务完工程度。在年末确认劳务收入时,甲公司发现,客户已发生严重的财务危机,估计只能从工程款中收回成本150万元。则甲公司2017年度应确认的劳务收入为(　　)万元。

A. 228.55　　B. 160　　C. 150　　D. 10

(19)甲公司为增值税一般纳税企业。2016年11月1日签订合同,采用预收款方式销售设备一台。合同约定设备售价100 000元,甲公司2016年11月10日收到购货方付款117 000元,2017年1月20日甲公司按照合同向购货方发货并开出增值税专用发票,2017年2月1日购货方收到该设备。甲公司正确的会计处理是(　　)。

A. 2016年11月1日,确认商品销售收入100 000元

B. 2016年11月10日,确认商品销售收入100 000元

C. 2017年1月20日,确认商品销售收入100 000元

D. 2017 年 2 月 1 日，确认商品销售收入 10 000 元

(20)甲企业 2017 年 1 月 1 日向乙企业转让某项专利权的使用权，为期 6 年，同时甲承诺提供后续服务。已知甲企业 2017 年一次性取得专利权使用费 120 万元和支付相关税费 3 万元，甲企业取得的 120 万元专利权使用费中包括第一年和第二年的服务费各 10 万元，后 4 年的服务费 40 万元在服务提供时由乙企业另外支付，则甲企业 2017 年该项业务应确认的收入为(　　)万元。

A. 117　　B. 20　　C. 110　　D. 30

三、多项选择题

(1)企业下列活动形成的经济利益的总流入中，属于收入而不属于利得的有(　　)。

A. 咨询公司提供咨询服务　　B. 商业银行提供咨询服务

C. 安装公司对外转让无形资产使用权　　D. 租赁公司处置固定资产

(2)下列经济业务或事项中，其确认销售商品收入正确的是(　　)。

A. 采用托收承付方式销售商品的，在办妥托收手续时确认收入

B. 采用预收款方式销售商品的，应在发出商品时确认收入，在此之前预收的货款应确认为负债

C. 附有销售退回条件的商品销售，如果不能合理估计退货可能性的，应在售出商品退货期满时确认收入

D. 附有销售退回条件的商品销售，根据以往经验能够合理估计退货可能性且确认与退货相关负债的，应在发出商品时确认收入

(3)工业企业的下列业务收入中，应记入"其他业务收入"账户的有(　　)。

A. 对外出租商品取得的租金　　B. 对外转让工业专有技术取得的收入

C. 销售产品取得的收入　　D. 购买公司债券取得的利息收入

(4)企业对外提供的下列各项劳务中，应当在本年度全部确认收入或按完工百分比法确认收入的有(　　)。

A. 本年度开始并完成的装修工程所取得的收入

B. 年末未完工但劳务的交易结果能可靠估计的装修工程，按完工百分比法计算的收入

C. 年末未完工但劳务的交易结果不能可靠估计的装修工程，按完工百分比法计算的收入

D. 对跨年度的劳务，年末已完工但已经发生的劳务成本全部不能得到补偿的装修工程，按合同规定计算收入

(5)在下列(　　)情况下，应分期确认让渡资产使用权的使用费收入。

A. 一次性收取 5 年的场地使用费，且不提供后续服务

B. 一次性收取 3 年的专利权使用费，并每年帮助使用方进行 2 次有关该专利权的人员培训

C. 按商标使用方每期销售额的 2%收取商标权使用费

D. 每季度等额收取商用房租金

(6)下列各项中，属于费用的有(　　)。

A. 当期已销商品的成本　　B. 车间生产工人的职工薪酬

C. 固定资产报废净损失　　D. 出租固定资产的累计折旧

(7)下列各项中，应借记"营业外支出"账户的有(　　)。

A. 出售无形资产净损失　　B. 矿产资源补偿费

C. 公益性捐赠支出　　D. 诉讼费

(8)下列各项中，影响营业利润的有(　　)。

A. 其他业务收入　　B. 公允价值变动收益

C. 投资损失　　D. 财务费用

(9)下列有关收入确认的表述中，符合《企业会计准则第 14 号——收入》规定的有(　　)。

A. 长期为客户提供重复的劳务收取的劳务费，在相关劳务活动发生时确认收入

B. 广告的制作费，应在相关的广告或商业行为开始出现于公众面前时确认收入

C. 属于与提供初始及后续服务相关的特许权收入应在提供服务时确认

D. 属于与提供设备相关的特许权收入应在设备所有权转移时确认

(10)下列会计账户中,年末应无余额的有(　　)。

A."主营业务收入"　　B."营业外收入"　　C."本年利润"　　D."利润分配"

实务训练

训练一

资料:信义股份有限公司于2017年2月1日销售商品,不含税价款500万元,增值税税率17%,商品成本400万元,合同规定现金折扣条件为2/10,1/20,n/30,购货企业于2017年2月9日付款。2017年6月,该批商品因质量问题被全部退回,但货款尚未退回。不考虑其他税费,不考虑增值税的现金折扣。

要求:编制信义公司的相关会计分录。

训练二

资料:信义股份有限公司下属一软件开发公司于2017年8月12日接受客户委托劳务,为客户研制一项管理软件,工期约7个月,合同规定总价款为5 000 000元,分两期收取,客户财务状况和信誉良好。2017年8月15日,通过银行收到客户首期付款3 125 000元,至2017年末,公司为研制该软件已发生劳务成本2 750 000元,经专业测量师测量,软件的研制开发程度为60%。预计到研制开发完成整个软件还将发生成本1 000 000元,并预计能按时完成软件的研制开发。

要求:编制该软件开发公司2017年的会计分录。

训练三

资料:信义股份有限公司为增值税一般纳税企业,其销售的产品为应纳增值税产品,适用的增值税税率为17%,产品销售价款中均不含增值税额。信义公司适用的所得税税率为25%。产品销售成本按经济业务逐项结转。2017年度,信义公司发生如下经济业务事项:

(1)销售A产品一批,产品销售价款为800 000元,产品销售成本为350 000元。产品已经发出,并开具了增值税专用发票,同时向银行办妥了托收手续。

(2)收到创意公司因产品质量问题退回的B产品一批,并验收入库。信义公司用银行存款支付了退货款,并按规定向创意公司开具了红字增值税专用发票。该退货系信义公司2016年12月20日以提供现金折扣方式(折扣条件为2/10,1/20,n/30,折扣仅限于销售价款部分)出售给创意公司的,产品销售价款为40 000元,产品销售成本为22 000元。销售款项于12月29日收到并存入银行(该项退货不属于资产负债表日后事项)。

(3)委托盛文公司代销C产品一批,并将该批产品交付盛文公司。代销合同规定信义公司按售价的10%向盛文公司支付手续费,该批产品的销售价款为120 000元,产品销售成本为66 000元。

(4)信义公司收到了盛文公司的代销清单。盛文公司已将代销的C产品全部售出,款项尚未支付给信义公司。信义公司在收到代销清单时向盛文公司开具了增值税专用发票,并按合同规定确认应向盛文公司支付的代销手续费。

(5)用银行存款支付发生的管理费用67 800元,计提坏账准备4 000元。

(6)销售产品应交的城市维护建设税为2 100元,应交的教育费附加为900元。

(7)计算应交所得税(假定信义公司不存在纳税调整因素)。

(8)结转本年利润(信义公司年末一次性结转损益类账户)。

(9)提取盈余公积40 000元。

(10)按净利润的40%向投资者分配利润。

(11)结转利润分配各明细账户。

要求:根据上述业务,编制信义公司2017年度经济业务事项的会计分录("应交税费"和"利润分配"账户要求写出明细账户)。

项目十二　财务报表

项目分解

项目十二　财务报表
- 任务一　财务报表概述
- 任务二　资产负债表
- 任务三　利润表
- 任务四　现金流量表
- 任务五　所有者权益变动表
- 任务六　财务报表附注

技能目标

完成学习任务后，应该掌握如下技能：

1. 了解财务报表的概念、作用、分配以及编制要求。
2. 掌握资产负债表的概念、作用、格式、编制方法。
3. 掌握利润表的概念、作用、格式、编制方法。
4. 了解现金流量表的概念、作用、格式、编制方法。
5. 了解所有者权益表的概念与编制。
6. 了解财务报表附注的内容。

导学案例

三大财务家审视资产负债表内在逻辑和九大方法（节选）

什么是资产负债表？就像我问你家产多少，不是你拿出一叠银行卡那么简单，你家的房屋桌椅、锅碗瓢盆，甚至是你的爱情和工作，都在其中，算起来够复杂，并非那么简单。

这一次,我们同样约请三位财务专家为我们做减法,力求去粗取精、去伪存真、化繁为简。他们是:上海国家会计学院副院长谢荣教授、中国国情研究所研究员清议老师,以及同样来自上海国家会计学院的著名“财务杀手”——申草团队核心成员夏草。

究竟什么叫资产负债表

理财周报:资产负债表的性质、本质和使命是什么?看资产负债表应该把握的核心问题或者思路是什么呢?

谢荣:对国内来说,资产负债表确实是三大报表中最核心的一张表,所以在年报出来时,它是最先出的。资产负债表是一个时点报表,反映的是某一个截止时刻的资产状况,而利润表是时期报表,如一年一季度。因为资产像股票一样天天变化,所以资产负债表是最具时效性的报表。

总体来说,资产负债表反映的是一家公司的资产规模和资产结构,考察的是变现能力、周转能力和资产安全系数等。说到资产结构,也就是资源配置合理不合理,钱从哪里来的问题。资产结构有三层关系:负债和股东权益的结构、资产本身的结构、负债结构。

清议:首先要认识到资产负债表的编制结构。按照从上到下,从左到右的顺序,资产负债表基本是按照流动性,或者说资产占用期限架构、循环周期来编排的。资本的本义是什么?就是流动性,进一步说就是变现能力,资产只有循环利用才可能增值,所以说流动资产对上市公司的重要性不言而喻。

夏草:资产负债表反映了企业某个时点的财务状况,是非常重要的一张报表,投资者都可以计算出每股净资产,计算市净率(P/B);债权人可以分析偿债能力。

此外,要特别提醒的是,资产负债表上的资产基本是会计的资产,但企业有很多资产不能在会计上得到确认,如人力资产。21世纪最重要的财富是什么?人才。但由于人才的流动性,会计上不能确认人力资产,这导致企业的股票价格可能远远高于企业的每股净资产,但是也要注意的是,如果P/B值太高,就如同市盈率太高(P/E),说明股票价格高。实际上,在一些行业的估值中,特别是高负债的行业,利用P/B估值比P/E更科学,如金融行业,还有房地产行业,利用资产重估过的P/B估值也比较科学,实际上房地产行业估值看P/E是没有意义的。

资料来源:江勋:《三大财务家审视资产负债表内在逻辑和九大方法》,《理财周报》,2008年3月31日。

财政部于2014年1月26日发布了修订后的《企业会计准则第30号——财务报表列报》,要求从2014年7月1日起实施。此次修订主要针对国际列报准则的一些新变化。2007年9月,国际会计准则理事会(IASB)发布了对国际列报准则的修订,引入了“综合收益”的概念,并于2011年6月正式发布了对《国际会计准则第1号——财务报表列报》的修改。为了保持与国际会计准则的持续趋同,我国也对相应准则进行了修订。修订后的准则吸纳了综合收益的相关内容,并对会计准则中的具体条款内容进行了更加详细的阐述和补充。

任务一 财务报表概述

《企业会计准则第30号——财务报表列报》第二条对必须披露的财务报表规定至少应当包括下列组成部分:资产负债表,利润表,现金流量表,所有者权益(或股东权益)变动表,附注。财务报表的这些组成部分具有同等的重要程度。

一、财务会计报表的概念与作用

《企业会计准则第30号——财务报表列报》第二条给出的解释是,财务报表是对企业财务状况、经营成果、现金流量的结构性表述。《企业会计准则讲解》(2006)给出了更详细的解释:"财务报表是对企业财务状况、经营成果、现金流量的结构性表述。列报,是指交易和事项在报表中的列式和在附注中的披露。在财务报表的列报中,"列示"通常反映资产负债表、利润表、现金流量表和所有者权益(或股东权益)变动表等报表中的信息,"披露"通常反映附注中的信息。

财务报表是提供会计信息的一种重要手段。企业编制财务报表,对于改善企业外部有关方面的经济决策环境和加强企业内部经营管理具有重要作用。具体来说,财务报表的作用主要表现在以下几个方面:

(1)企业的投资者(包括潜在的投资者)和债权人(包括潜在的债权人)为了进行正确的投资决策和信贷决策,需要利用财务报表了解有关企业经营成果、财务状况及现金流动情况的会计信息。

(2)企业管理者为了考核和分析财务成本计划或预算的完成情况,总结经济工作的成绩和存在的问题,评价经济效益,需要利用财务报表掌握本企业有关财务状况、经营成果和现金流动情况的会计信息。

(3)国家有关部门为了加强宏观经济管理,需要各单位提供财务报表资料,以便通过汇总分析,了解和掌握各部门、各地区经济计划(预算)完成情况、各种财经法律制度的执行情况,并针对存在的问题,及时运用经济杠杆和其他手段,调控经济活动,优化资源配置。

二、财务报表的分类

会计报表可以按照不同的标准进行分类。

(一)按反映内容分类

按照会计报表反映的内容不同,可以分为静态报表和动态报表。静态报表是指综合反映企业某一特定日期资产、负债和所有者权益情况的报表,如资产负债表;动态报表是指综合反映企业一定期间的经营状况或者现金流动情况的报表,如利润表和现金流量表。

(二)按编报的时间分类

按照会计报表的编制时间不同,可以分为年度、半年度、季度和月度财务报表。月度、季度财务报表是指月度和季度终了提供的财务报表;半年度财务报表是指在每个会计年度的前6个月结束后对外提供的财务报表;年度财务报表是指年度终了对外提供的财务报表。半年度、季度和月度财务报表统称为中期财务报表。

(三)按服务对象分类

按照会计报表服务的对象不同,可以分为内部报表和外部报表。内部报表是指为满足企业内部管理需要而编制的会计报表,一般没有固定编制格式和要求,也不用对外公布;外部报表是指企业向外提供的会计报表,主要提供给投资者、债权人、政府部门和社会公众等,有一定的格式与编制要求。本项目主要讲解对外报表。

(四)按编制单位分类

按照会计报表的编制单位不同,可以分为单位会计报表和汇总会计报表。前者是由独立核算的基层企业根据账簿记录和其他有关资料编制的会计报表,用来反映基层企业的经济活动情况;后者是由上级主管部门根据所属基层企业上报的会计报表综合汇总编制的报表,用来反映某个汇总部门综合性的经济情况。

(五)按包含的会计主体的范围进行分类

按照企业对外会计报表包含的会计主体范围的不同,可以分为个别会计报表与合并企业会计报表。个别会计报表是指只反映投资企业或被投资企业本身的经营成果、财务状况等方面情况的会计报表;合并会计报表是指在投资企业拥有被投资企业半数以上的表决权资本的控制权情况下,将被投资企业与本企业视为一个整体而编制会计报表,它反映投资企业与被投资企业作为一个整体的经营成果、财务状况等。本项目主要讲解个别会计报表中的资产负债表、利润表、现金流量表等。

三、财务报表列报的基本要求

(一)遵循各项会计准则进行确认和计量

企业应当根据实际发生的交易和事项,遵循《企业会计准则——基本准则》和其他各项会计准则的规定进行确认和计量,在此基础上编制财务报表。企业应在附注中对遵循企业会计准则编制的财务报表做出声明,只有遵循了企业会计准则的所有规定时,财务报表才应当被称为"遵循了企业会计准则"。

(二)列报基础

《企业会计准则第30号——财务报表列报》第四条规定,企业应以持续经营为基础编制财务报表。持续经营是会计的基本前提,是会计确认、计量以及编制财务报表的基础。企业会计准则规范的是持续经营条件下企业对所发生交易和事项的确认、计量及报表列报。

在编制财务报表的过程中,企业管理层应当对企业持续经营的能力进行评价,需要考虑的因素包括市场经营风险、企业目前或长期的盈利能力、偿债能力、财务弹性以及企业管理层改变经营政策的意向等。当企业经营出现了非持续经营,致使以持续经营为基础编制财务报表不再合理时,企业应当采用其他基础编制财务报表。

(三)以权责发生制为编制基础

注意区分编制基础和列报基础。企业的编制基础为权责发生制,列报基础为持续经营。

《企业会计准则第30号——财务报表列报》第七条规定,除了现金流量表按照收付实现制原则编制外,企业应当按照权责发生制原则编制财务报表。

(四)遵循重要性和项目列报

1. 重要性的标准

财务报表是通过大量的交易或其他事项进行处理而生成的,这些交易或其他事项按其性质或功能汇总归类而形成财务报表中的项目。关于项目在财务报表中是单独列报还是合并列报,应当依据重要性原则来判断。即重要性是判断项目是否单独列报的重要标准。

2. 重要性的判断

企业在进行重要性判断时,应当根据所处环境,从项目的性质和金额大小两个方面予以判断。

3. 关于重要性的具体列报要求

总的原则是,如果某项目单个看不重要,则可以与其他项目合并列报;如果具有重要性,应单独列报。具体而言,应遵循以下几点:

(1)性质或功能不同的项目,一般应当在财务报表中单独列报,但是不具有重要性的项目可以合并列报。比如,存货和固定资产在性质上和功能上都有本质差别,必须分别在资产负债表上单独列报。

(2)性质或功能类似的项目,一般可以合并列报,但是对其具有重要性的类别,应当按其类别在财务报表中单独列报。比如,库存现金、银行存款、其他货币资金合并作为货币资金列报;原材料、在产品、库存商品的性质类似,合并作为存货项目列报。

(3)项目单独列报的原则不仅适用于报表,还适用于附注。

(4)企业会计准则规定单独列报的项目,企业都应当予以单独列报。

(五)列报的一致性

可比性是会计信息质量的一项重要质量要求,目的是使同一企业不同期间和同一期间不同企业的财务报表相互对比。财务报表项目的列报应当在各个会计期间保持一致,不得随意变更,但下列情况除外：

（1）会计准则要求改变财务报表项目的列报。

（2）企业经营业务的性质发生重大变化后，变更财务报表项目的列报能够提供更可靠、更相关的会计信息。

（六）保持披露金额的准确

《企业会计准则第 30 号——财务报表列报》第十一条规定，财务报表中的资产项目和负债项目的金额、收入项目和费用项目的金额、直接计入当期损益的利得项目和损失项目的金额不得相互抵销，但其他会计准则另有规定的除外。财务报表项目以总额列报，从而保证了所提供信息的完整性、可比性，有利于报表使用者作出合理的判断。

下列三种情况不属于抵销，可以净额列示：

（1）资产项目按扣除减值准备后的净额列示，不属于抵销。

（2）非日常活动产生的损益，以同一交易形成的收入扣减费用后的净额列示，不属于抵销。比如固定资产清理净损益，不需要将清理收入、发生的清理费用等单独列报。

（3）一组类似交易形成的利得和损失应当以净额列示，但具有重要性的除外。

（七）遵循可比性原则

《企业会计准则第 30 号——财务报表列报》第十二条规定，企业在列报当期财务报表时，至少应当提供所有列报项目上一可比会计期间的比较数据，以及与理解当期财务报表相关的说明，但其他会计准则另有规定的除外。通常情况下，企业列报所有列报项目的上一个可比会计期间的比较数据，即至少提供两期的数据。比如，资产负债表有年初余额和期末余额，利润表、现金流量表、所有者权益变动表都有本年数和上年数，这就是比较报表。

我们把提供两期或两期以上的报表信息，称为比较报表。

（八）财务报表表首的列报要求

《企业会计准则第 30 号——财务报表列报》第十三条规定，企业编制的财务报表应当在表首部分概括说明下列基本信息：

（1）编报企业的名称；

（2）资产负债表日或财务报表涵盖的会计期间；

（3）人民币金额单位；

（4）财务报表是合并财务报表的，应当予以标明。

（九）报告期间

《企业会计准则第 30 号——财务报表列报》第十四条规定，企业至少应当按年编制财务报表。年度财务报表涵盖的期间短于一年的，应当披露年度财务报表的涵盖期间、短于一年的原因以及报表数据不具有可比性的事实。

任务二　资产负债表

一、资产负债表概述

（一）资产负债表的性质和作用

资产负债表是总括反映企业在一定日期的全部资产、负债和所有者权益的报表。由于该表反映了一个企业在特定日期的财务状况，因而又可称为财务状况表。

资产负债表是根据“资产＝负债＋所有者权益”这一会计基本等式而编制的。它所提供的是企业一定日期的财务状况，主要包括以下内容：

(1)企业所拥有的各种经济资源(资产)。

(2)企业所负担的债务(负债),以及企业的偿债能力(包括短期与长期的偿债能力)。

(3)企业所有者在企业里所持有的权益(所有者权益)。

(4)企业未来财务状况的变动趋势。

(二)资产负债表上项目的分类与排列

为了帮助报表使用者分析、解释和评价资产负债表所提供的信息,需要对资产负债表上的项目,按照它们的共同特征进行适当的分类与排列。一般来说,在资产负债表上,资产按其流动性程度的高低顺序排列,即先流动资产,后非流动资产,而非流动资产再划分为若干个大类;负债按其到期日由近至远的顺序排列,即先流动负债,后非流动负债;所有者权益则按其永久性递减的顺序排列,即先实收资本,后资本公积、盈余公积,最后是未分配利润。

(三)资产负债表的格式

资产负债表有两种基本格式,即账户式与报告式。

账户式资产负债表分左、右两方,左方列示资产项目,右方列示负债与所有者权益项目,左右两方的合计数保持平衡。这种格式的资产负债表在我国应用最广,详见表12—1。

表12—1　　资产负债表(账户式)

编制单位:　　2016年12月31日　　单位:元

资　产	年初数	年末数	负债和所有者权益(或股东权益)	年初数	年末数
流动资产			流动负债		
货币资金			短期借款		
以公允价值计量且其变动计入当期损益的金融资产			以公允价值计量且其变动计入当期损益的金融负债		
应收票据			应付票据		
应收账款			应付账款		
预付款项			预收款项		
应收利息			应付职工薪酬		
应收股利			应交税费		
其他应收款			应付利息		
存货			应付股利		
划分为持有待售的资产			其他应付款		
一年内到期的非流动资产			划分为持有待售的负债		
其他流动资产			一年内到期的非流动负债		
流动资产合计			其他流动负债		
非流动资产			流动负债合计		
可供出售金融资产			非流动负债		
持有至到期投资			长期借款		
长期应收款			应付债券		
长期股权投资			长期应付款		
投资性房地产			专项应付款		
固定资产			预计负债		
在建工程			递延收益		
工程物资			递延所得税负债		
固定资产清理			其他非流动负债		
生产性生物资产			非流动负债合计		

续表

资　产	年初数	年末数	负债和所有者权益（或股东权益）	年初数	年末数
油气资产			负债合计		
无形资产			所有者权益（或股东权益）		
开发支出			实收资本（或股本）		
商誉			资本公积		
长期待摊费用			减：库存股		
递延所得税资产			其他综合收益		
其他非流动资产			盈余公积		
非流动资产合计			未分配利润		
			所有者权益（或股东权益）合计		
资产总计			负债和所有者权益（或股东权益）总计		

一般企业资产负债表各项目的列报说明如下：

(1)资产项目的列报说明

“货币资金”项目，反映企业库存现金、银行结算户存款、外埠存款、银行汇票存款、银行本票存款、信用卡存款、信用证保证金存款等的合计数。本项目应根据“库存现金”“银行存款”“其他货币资金”账户期末余额的合计数填列。

“以公允价值计量且其变动计入当期损益的金融资产”项目，反映企业持有的以公允价值计量且其变动计入当期损益的为交易目的所持有的债券投资、股票投资、基金投资、权证投资等金融资产。本项目应根据“以公允价值计量且其变动计入当期损益的金融资产”账户的期末余额填列。

“应收票据”项目，反映企业因销售商品、提供劳务等而收到的商业汇票，包括银行承兑汇票和商业承兑汇票。本项目应根据“应收票据”账户的期末余额，减去“坏账准备”账户中有关应收票据计提的坏账准备期末余额后的金额填列。

“应收账款”项目，反映企业因销售商品、提供劳务等经营活动应收取的款项。本项目应根据“应收账款”和“预收账款”账户所属各明细账户的期末借方余额合计数，减去“坏账准备”账户中有关应收账款计提的坏账准备期末余额后的金额填列。如“应收账款”账户所属明细账户期末有贷方余额的，应在资产负债表“预收款项”项目内填列。

“预付款项”项目，反映企业按照购货合同规定预付给供应单位的款项等。本项目应根据“预付账款”和“应付账款”账户所属各明细科目的期末借方余额合计数，减去“坏账准备”账户中有关预付款项计提的坏账准备期末余额后的金额填列。如“预付账款”账户所属各明细账户期末有贷方余额的，应在资产负债表“应付账款”项目内填列。

“应收利息”项目，反映企业应收取的债券投资等的利息。本项目应根据“应收利息”账户的期末余额，减去“坏账准备”账户中有关应收利息计提的坏账准备期末余额后的金额填列。

“应收股利”项目，反映企业应收取的现金股利和应收取其他单位分配的利润。本项目应根据“应收股利”账户的期末余额，减去“坏账准备”账户中有关应收股利计提的坏账准备期末余额后的金额填列。

“其他应收款”项目，反映企业除应收票据、应收账款、预付账款、应收股利、应收利息等经营活动以外的其他各种应收、暂付的款项。本项目应根据“其他应收款”账户的期末余额，减去“坏账准备”账户中有关其他应收款计提的坏账准备期末余额后的金额填列。

“存货”项目，反映企业期末在库、在途和在加工中的各种存货的可变现净值。本项目应根据

“材料采购”“原材料”“低值易耗品”“库存商品”“周转材料”“委托加工物资”“委托代销商品”“生产成本”等账户的期末余额合计,减去“受托代销商品款”“存货跌价准备”账户期末余额后的金额填列。材料采用计划成本核算,以及库存商品采用计划成本核算或售价核算的企业,还应按加或减材料成本差异、商品进销差价后的金额填列。

“划分为持有待售的资产”项目,反映企业已经就处置作出决议、与受让方签订了不可撤销的转让协议、该项转让将在一年内完成的非流动资产。本项目应根据相关账户的期末余额分析填列。

“一年内到期的非流动资产”项目,反映企业将于一年内到期的非流动资产项目金额。本项目应根据有关账户的期末余额填列。

“其他流动资产”项目,反映企业除货币资金、交易性金融资产、应收票据、应收账款、存货等流动资产以外的其他流动资产。本项目应根据有关账户的期末余额填列。

“可供出售金融资产”项目,反映企业持有的以公允价值计量的可供出售的股票投资、债券投资等金融资产。本项目应根据“可供出售金融资产”账户的期末余额,减去“可供出售金融资产减值准备”账户期末余额后的金额填列。

“持有至到期投资”项目,反映企业持有的以摊余成本计量的持有至到期投资。本项目应根据“持有至到期投资”账户的期末余额,减去“持有至到期投资减值准备”账户期末余额后的金额填列。

“长期应收款”项目,反映企业融资租赁产生的应收款项、采用递延方式具有融资性质的销售商品和提供劳务等产生的长期应收款项等。本项目应根据“长期应收款”账户的期末余额,减去相应的“未实现融资收益”账户和“坏账准备”账户所属相关明细科目期末余额后的金额填列。

“长期股权投资”项目,反映企业持有的对子公司、联营企业和合营企业的长期股权投资。本项目应根据“长期股权投资”账户的期末余额,减去“长期股权投资减值准备”账户期末余额后的金额填列。

“投资性房地产”项目,反映企业持有的投资性房地产。企业采用成本模式计量投资性房地产的,本项目应根据“投资性房地产”账户的期末余额,减去“投资性房地产累计折旧(摊销)”和“投资性房地产减值准备”账户期末余额后的金额填列;企业采用公允价值模式计量投资性房地产的,本项目应根据“投资性房地产”账户的期末余额填列。

“固定资产”项目,反映企业各种固定资产原价减去累计折旧和累计减值准备后的净额。本项目应根据“固定资产”账户的期末余额,减去“累计折旧”和“固定资产减值准备”账户期末余额后的金额填列。

“在建工程”项目,反映企业期末各项未完工程的实际支出,包括交付安装的设备价值、未完建筑安装工程已经耗用的材料、工资和费用支出、预付出包工程的价款等的可收回金额。本项目应根据“在建工程”账户的期末余额,减去“在建工程减值准备”账户期末余额后的金额填列。

“工程物资”项目,反映企业尚未使用的各项工程物资的实际成本。本项目应根据“工程物资”账户的期末余额填列。

“固定资产清理”项目,反映企业因出售、毁损、报废等原因转入清理但尚未清理完毕的固定资产的净值,以及固定资产清理过程中发生的清理费用和变价收入等各项金额的差额。本项目应根据“固定资产清理”账户的期末借方余额填列;如“固定资产清理”账户期末为贷方余额,则以“-”号填列。

“生产性生物资产”项目,反映企业持有的生产性生物资产。本项目应根据“生产性生物资产”账户的期末余额,减去“生产性生物资产累计折旧”和“生产性生物资产减值准备”账户期末余额后的金额填列。

“油气资产”项目，反映企业持有的矿区权益和油气井及相关设施的原价减去累计折耗和累计减值准备后的净额。本项目应根据“油气资产”账户的期末余额，减去“累计折耗”账户期末余额和相应减值准备后的金额填列。

“无形资产”项目，反映企业持有的无形资产，包括专利权、非专利技术、商标权、著作权、土地使用权等。本项目应根据“无形资产”账户的期末余额，减去“累计摊销”和“无形资产减值准备”账户期末余额后的金额填列。

“开发支出”项目，反映企业开发无形资产过程中能够资本化形成无形资产成本的支出部分。本项目应根据“研发支出”账户中所属“资本化支出”明细账户的期末余额填列。

“商誉”项目，反映企业合并中形成的商誉的价值。本项目应根据“商誉”账户的期末余额，减去相应减值准备后的金额填列。

“长期待摊费用”项目，反映企业已经发生但应由本期和以后各期负担的分摊期限在一年以上的各项费用。长期待摊费用中在一年内（含一年）摊销的部分，在资产负债表“一年内到期的非流动资产”项目填列。本项目应根据“长期待摊费用”账户的期末余额减去将于一年内（含一年）摊销的数额后的金额填列。

“递延所得税资产”项目，反映企业确认的可抵扣暂时性差异产生的递延所得税资产。本项目应根据“递延所得税资产”账户的期末余额填列。

“其他非流动资产”项目，反映企业除长期股权投资、固定资产、在建工程、工程物资、无形资产等资产以外的其他非流动资产。本项目应根据有关账户的期末余额填列。

（2）负债项目的列报说明

“短期借款”项目，反映企业向银行或其他金融机构等借入的期限在一年以下（含一年）的各种借款。本项目应根据“短期借款”账户的期末余额填列。

“以公允价值计量且其变动计入当期损益的金融负债”项目，反映企业承担的以公允价值计量且其变动计入当期损益的为交易目的所持有的金融负债。本项目应根据“以公允价值计量且其变动计入当期损益的金融负债”账户的期末余额填列。

“应付票据”项目，反映企业购买材料、商品和接受劳务供应等而开出、承兑的商业汇票，包括银行承兑汇票和商业承兑汇票。本项目应根据“应付票据”账户的期末余额填列。

“应付账款”项目，反映企业因购买材料、商品和接受劳务供应等经营活动应支付的款项。本项目应根据“应付账款”和“预付账款”账户所属各明细账户的期末贷方余额合计数填列；如“应付账款”账户所属明细账户期末有借方余额的，应在资产负债表“预付款项”项目内填列。

“预收款项”项目，反映企业按照购货合同规定预付给供应单位的款项。本项目应根据“预收账款”和“应收账款”账户所属各明细账户的期末贷方余额合计数填列；如“预收账款”账户所属各明细账户期末有借方余额，应在资产负债表“应收账款”项目内填列。

“应付职工薪酬”项目，反映企业根据有关规定应付给职工的工资、职工福利、社会保险费、住房公积金、工会经费、职工教育经费、非货币性福利、辞退福利等各种薪酬。外商投资企业按规定从净利润中提取的职工奖励及福利基金，也在本项目列示。

“应交税费”项目，反映企业按照税法规定计算应缴纳的各种税费，包括增值税、消费税、所得税、资源税、土地增值税、城市维护建设税、房产税、土地使用税、车船使用税、教育费附加、矿产资源补偿费等。企业代扣代缴的个人所得税，也通过本项目列示。企业所缴纳的税金不需要预计应交数的，如印花税、耕地占用税等，不在本项目列示。本项目应根据“应交税费”账户的期末贷方余额填列；如“应交税费”账户期末为借方余额，应以“－”号填列。

“应付利息”项目，反映企业按照规定应当支付的利息，包括分期付息到期还本的长期借款应支付的利息、企业发行的企业债券应支付的利息等。本项目应根据“应付利息”账户的期末余额填列。

"应付股利"项目,反映企业分配的现金股利或利润。企业分配的股票股利,不通过本项目列示。本项目应根据"应付股利"账户的期末余额填列。

"其他应付款"项目,反映企业除应付票据、应付账款、预收款项、应付职工薪酬、应交税费、应付利息、应付股利等经营活动以外的其他各项应付、暂收的款项。本项目应根据"其他应付款"账户的期末余额填列。

"划分为持有待售的负债"项目,反映企业在确认持有待售资产时,相关负债随之转让的、应按协议转让但尚未移交的非流动负债。本项目应根据相关账户的期末余额分析填列。

"一年内到期的非流动负债"项目,反映企业非流动负债中将于资产负债表日后一年内到期部分的金额,如将于一年内偿还的长期借款。本项目应根据有关账户的期末余额填列。

"其他流动负债"项目,反映企业除短期借款、交易性金融负债、应付票据、应付账款、应付职工薪酬、应交税费等流动负债以外的其他流动负债。本项目应根据有关账户的期末余额填列。

"长期借款"项目,反映企业向银行或其他金融机构借入的期限在一年以上(不含一年)的各项借款。本项目应根据"长期借款"账户的期末余额填列。

"应付债券"项目,反映企业为筹集长期资金而发行的债券本金和利息。本项目应根据"应付债券"账户的期末余额填列。

"长期应付款"项目,反映企业除长期借款和应付债券以外的其他各种长期应付款项。本项目应根据"长期应付款"账户的期末余额,减去相应的"未确认融资费用"账户期末余额后的金额填列。

"专项应付款"项目,反映企业取得政府作为企业所有者投入的具有专项或特定用途的款项。本项目应根据"专项应付款"账户的期末余额填列。

"预计负债"项目,反映企业确认的对外提供担保、未决诉讼、产品质量保证、重组义务、亏损性合同等预计负债。本项目应根据"预计负债"账户的期末余额填列。

"递延收益"项目,反映企业尚待确认的收入或者收益。本项目应根据"递延收益"账户的期末余额填列。

"递延所得税负债"项目,反映企业确认的应纳税暂时性差异产生的所得税负债。本项目应根据"递延所得税负债"账户的期末余额填列。

"其他非流动负债"项目,反映企业除长期借款、应付债券等负债以外的其他非流动负债。本项目应根据有关账户的期末余额减去将于一年内(含一年)到期偿还数后的余额填列。非流动负债各项目中将于一年内(含一年)到期的非流动负债,应在"一年内到期的非流动负债"项目内单独反映。

(3)所有者权益(或股东权益)项目的列报说明

"实收资本(或股本)"项目,反映企业各投资者实际投入的资本(或股本)总额。本项目应根据"实收资本"(或"股本")账户的期末余额填列。

"资本公积"项目,反映企业资本公积的期末余额。本项目应根据"资本公积"账户的期末余额填列。

"库存股"项目,反映企业持有尚未转让或注销的本公司股份金额。本项目应根据"库存股"账户的期末余额填列。

"其他综合收益"项目,反映企业其他综合收益情况。该账户应当按照其他综合收益项目的具体内容设置明细账户。企业在对其他综合收益进行会计处理时,应当通过"其他综合收益"账户处理,并与"资本公积"账户相区分。

"盈余公积"项目,反映企业盈余公积的期末余额。本项目应根据"盈余公积"账户的期末余额填列。

"未分配利润"项目,反映企业尚未分配的利润。本项目应根据"本年利润"账户和"利润分配"

账户的余额计算填列。未弥补的亏损，在本项目内以“－”号填列。

二、资产负债表的编制方法

资产负债表用于反映企业一定日期全部资产、负债和所有者权益的情况。资产负债表各项目的填列方法大体可归为以下几种情况：

（一）“年初数”栏的填列来源

“年初数”栏内各项数字，应根据上年末资产负债表“期末数”栏内所列数字填列。如果本年度资产负债表规定的各个项目的名称和内容与上年度不一致，应该对上年末资产负债表各项目的名称和数字按照本年度的规定进行调整，然后再填入本表“年初数”栏内。

（二）“年末数”栏的填列来源

(1)直接根据总账账户余额填列。例如，“应收票据”“其他应收款”“固定资产清理”“短期借款”“应付票据”“应付职工薪酬”“应交税费”“应付利息”“应付股利”“其他应付款”“实收资本”“资本公积”“盈余公积”等项目，应根据各相关总账账户余额直接填列。根据若干个总账账户余额计算填列。例如，“货币资金”项目，应根据“库存现金”“银行存款”和“其他货币资金”账户余额之和计算填列。

货币资金＝库存现金＋银行存款＋其他货币资金

(2)根据若干个明细账户余额计算填列。例如，“应收账款”项目，应根据“应收账款”“预收账款”总账账户所属明细账户的借方余额之和减“坏账准备”贷方余额计算填列；“预收账款”项目，应根据“应收账款”“预收账款”总账账户所属明细账户的贷方余额之和计算填列；“应付账款”项目，应根据“应付账款”“预付账款”总账账户所属明细账户的贷方余额之和计算填列；“预付账款”项目，应根据“应付账款”“预付账款”总账账户所属明细账户的借方余额之和计算填列。

【教学案例 12－1】

信义股份有限公司债权债务明细账户余额如下：

应收账款明细资料如下：

应收账款——A 公司借方余额 100 000 元

应收账款——B 公司贷方余额 20 000 元

预付账款明细资料如下：

预付账款——C 公司借方余额 20 000 元

预付账款——D 公司贷方余额 50 000 元

应付账款明细资料如下：

应付账款——E 公司贷方余额 100 000 元

应付账款——F 公司借方余额 30 000 元

预收账款明细资料如下：

预收账款——G 公司贷方余额 40 000 元

预收账款 II 公司借方余额 30 000 元

坏账准备——贷方余额 5 000 元

则信义公司根据前述资产填列的方法可得：

应收账款项目＝100 000＋30 000－5 000＝125 000(元)

应付账款项目＝50 000＋100 000＝150 000(元)

预付账款项目＝20 000＋30 000＝50 000(元)

预收账款项目＝40 000＋20 000＝60 000(元)

(3)根据总账账户或明细账户余额分析填列。例如,“1年内到期的非流动资产”项目,应根据“持有至到期投资”“长期应收款”账户所属明细账户余额中将于1年内到期的数额之和计算填列;“持有至到期投资”“长期应收款”项目,应根据“持有至到期投资”“长期应收款”总账账户余额扣除1年内到期的长期债券投资的数额填列;“1年内到期的非流动负债”项目,应根据“长期借款”“应付债券”“长期应付款”等总账账户所属明细账户余额中将于1年内到期的数额之和计算填列;“长期借款”“应付债券”“长期应付款”等项目,应分别根据“长期借款”“应付债券”“长期应付款”等总账账户余额扣除1年内到期的数额填列。

【教学案例12-2】

信义股份有限公司2016年12月31日“长期借款”账户余额如下:

长期借款总账余额800 000元,共2笔,到期一次性还本付息。金额及期限如下:

(1)从工商银行借入300 000元(本利和),期限从2015年6月1日至2017年6月1日。

(2)从建设银行借入500 000元(本利和),期限从2015年8月1日至2018年8月1日。

则信义公司在填列资产负债表“长期借款”项目时,只能填写500 000元,而将另外一笔300 000元记入流动负债下的“1年内到期的非流动负债”中,因为该笔款项到期日不足1年。

(4)根据有关账户余额减去其备抵账户余额后的净额填列。例如,资产负债表中的“应收账款”“长期股权投资”等项目,应根据“应收账款”“长期股权投资”等账户的期末余额减去“坏账准备”“长期股权投资减值准备”等账户余额后的净额填列;“固定资产”项目,应根据“固定资产”账户的期末余额减去“累计折旧”“固定资产减值准备”账户余额后的净额填列;“无形资产”项目,应根据“无形资产”账户的期末余额,减去“累计摊销”“无形资产减值准备”账户余额后的净额填列。

(5)综合运用上述填列方法分析填列。例如,资产负债表中的“存货”项目,需根据“原材料”“库存商品”“委托加工物资”“周转材料”“材料采购”“在途物资”“发出商品”“材料成本差异”等总账账户期末余额的分析汇总数,再减去“存货跌价准备”账户余额后的金额填列。

由于企业的每一项资产、负债和所有者权益余额都是以各有关账户的余额来表示的,因此,作为总括反映企业资产、负债和所有者权益的资产负债表项目,原则上都可以直接根据有关总账账户的期末余额填列。但是,为了如实地反映企业的财务状况,更好地满足报表使用者的需要,资产负债表的某些项目需要根据总账账户和明细账户的记录分析、计算后填列。总之,资产负债表项目的填列方法,在很大程度上取决于企业日常会计核算所设置的总账账户的粗细程度。

任务三 利润表

一、利润表概述

(一)利润表的性质和作用

利润表是用来反映企业在某一会计期间的经营成果的一种财务报表。在利润表上,要反映企业在一个会计期间的所有收入(广义)与所有费用(广义),并求出报告期的利润额。利用利润表,可以评价一个企业的经营成果和投资效率,分析企业的盈利能力以及预测未来一定时期内的盈利趋势。利润表的作用主要体现在以下几个方面:

(1)有助于分析企业的经营成果和获利能力;

(2)可以评价企业管理层的经营业绩;

(3)可以预测未来的利润和现金流量;

(4)有助于企业管理人员的未来决策。

(二)编制利润表需要重点解决的问题

(1)正确确定当期收入与费用。利润是当期收入与当期费用的差额。因此,要正确计算利润,必须首先确定当期的收入与当期的费用。对于营业收入来说,一般情况下,只有当企业的商品已经销售,或劳务已经提供,才能确认为本期的营业收入并编入利润表。在某些特殊情况下,也可以在生产过程中,或在产品完工时确认营业收入。

(2)力求保持投入资本的完整。一个企业只有在保持投入资本完整无缺的情况下,才可能获得真正的利润。例如,在通货膨胀时期,货币贬值,以货币计量的投入资本,其期末账面余额可能大于期初余额,但若按物价指数换算,却可能小于期初余额,因而可能出现虚盈实亏的现象。因此,在通货膨胀严重的情况下,有必要按物价指数进行调整。

二、利润表的编制方法

利润表的表首,应标明企业和该表的名称。表的名称下面标明编制的期间。由于利润表反映企业某一期间的经营成果,因而其时间只能标明为"某年某月份",或"某年某月某日至某年某月某日",或"某年某月某日结束的会计年度"。

为了提供与报表使用者的经营决策相关的信息,收入和费用在利润表中有不同的列示方法,因而利润表的本体部分可以有多步式和单步式两种编制格式。

(一)多步式利润表

多步式利润表是常用的格式,它将企业日常经营活动过程中发生的收入和费用项目与在该过程外发生的收入与费用分开。划分这一界限的标准,主要是看一个项目是否关系到评价企业未来产生现金和现金等价物的能力,即该项目的预测价值。那些经常重复发生的收入与费用项目,是预测企业未来的基础;那些偶然发生的收入与费用项目,则不能作为预测的依据。例如,企业变卖固定资产就属于偶然事项,不可能经常反复发生。将这类偶然事项产生的损益分列出来,显然有助于提高利润表信息的预测价值。

适当划分企业的收入和费用项目,并以不同的方式在利润表上将收入与费用项目组合起来,还可以提供各种各样的有关企业经营成果的指标。

在多步式利润表上,净利润是分若干个步骤计算出来的,一般可以分为以下几步:

(1)计算营业利润

营业利润＝营业收入－营业成本－税金及附加－销售费用－管理费用－财务费用－资产减值损失＋公允价值变动收益＋投资收益

(2)计算利润总额

利润总额＝营业利润＋营业外收入－营业外支出

(3)计算净利润

净利润＝利润总额－所得税费用

(4)计算综合收益总额

综合收益总额＝净利润－其他综合收益的税后净额

多步式利润表的具体格式如表12－2所示。

表 12—2　　利润表(多步式)

编制单位：　　2016 年度　　单位:元

项　目	本期金额	上期金额
一、营业收入		
减:营业成本		
税金及附加		
销售费用		
管理费用		
财务费用		
资产减值损失		
加:公允价值变动收益		
投资收益		
其中:对联营企业和合营企业的投资收益		
二、营业利润		
加:营业外收入		
其中:非流动资产处置利得		
减:营业外支出		
其中:非流动资产处置损失		
三、利润总额		
减:所得税费用		
四、净利润		
五、其他综合收益的税后净额		
六、综合收益总额		
七、每股收益		
(一)基本每股收益		
(二)稀释每股收益		

《企业会计准则第 30 号——财务报表列报》规定,企业需要提供比较利润表,以使报表使用者通过比较不同期间的利润的实现情况,判断企业经营成果的未来发展趋势。利润表还就各项目分为"本期金额"和"上期金额"两栏分别填列。

(1)本表反映企业一定期间内利润(亏损)的实现情况。

(2)"本期金额"栏内的各项数字一般应当反映以下内容:

"营业收入"项目,反映企业经营主要业务和其他业务所确认的收入总额。本项目应根据"主营业务收入"和"其他业务收入"账户的发生额分析填列。

"营业成本"项目,反映企业经营主要业务和其他业务所发生的实际成本总额。本项目应根据"主营业务成本"和"其他业务成本"账户的发生额分析填列。

"税金及附加"项目,反映企业经营业务应负担的消费税、城市维护建设税、资源税、土地增值税和教育费附加等。本项目应根据“税金及附加”账户的发生额分析填列。

“销售费用”项目，反映企业在销售商品过程中发生的包装费、广告费等费用和为销售本企业商品而专设的销售机构的职工薪酬、业务费等经营费用。本项目应根据“销售费用”账户的发生额分析填列。

“管理费用”项目，反映企业为组织和管理生产经营发生的管理费用。本项目应根据“管理费用”账户的发生额分析填列。

“财务费用”项目，反映企业筹集生产经营所需资金等而发生的筹资费用。本项目应根据“财务费用”账户的发生额分析填列。

“资产减值损失”项目，反映企业各项资产发生的减值损失。本项目应根据“资产减值损失”账户的发生额分析填列。

“公允价值变动收益”项目，反映企业应当计入当期损益的资产或负债公允价值变动收益。本项目应根据“公允价值变动损益”账户的发生额分析填列。如为净损失，本项目以“－”号填列。

“投资收益”项目，反映企业以各种方式对外投资所取得的收益。本项目应根据“投资收益”账户的发生额分析填列。如为投资损失，本项目以“－”号填列。

“营业利润”项目，反映企业实现的营业利润。如为亏损，本项目以“－”号填列。

“营业外收入”项目，反映企业发生的与经营业务无直接关系的各项收入。本项目应根据“营业外收入”账户的发生额分析填列。其中，处置非流动资产的利得应单独列示。

“营业外支出”项目，反映企业发生的与经营业务无直接关系的各项支出。本项目应根据“营业外支出”账户的发生额分析填列。其中，处置非流动资产的损失应单独列示。

“利润总额”项目，反映企业实现的利润。如为亏损，本项目以“－”号填列。

“所得税费用”项目，反映企业应从当期利润总额中扣除的所得税费用。本项目应根据“所得税费用”账户的发生额分析填列。

“净利润”项目，反映企业实现的净利润。如为亏损，本项目以“－”号填列。

“其他综合收益的税后净额”项目，反映企业根据其他会计准则规定未在当期损益中确认的各项利得和损失扣除所得税影响后的净额，应根据该账户及其所属明细账户的本期发生额分析填列。

“综合收益总额”项目，反映企业净利润与其他综合收益的税后净额的合计金额。

“每股收益”项目，包括基本每股收益和稀释每股收益两项指标，反映普通股或潜在普通股已公开交易的企业，以及正在公开发行普通股或潜在普通股过程中的企业的每股收益信息。

（二）单步式利润表

在单步式利润表上，只需将本期所有收入（广义）加在一起，然后再将所有费用（广义）加在一起，两者相减，通过一次计算即得出本期净利润。单步式利润表的具体格式如表12－3所示。

表12－3 **利润表（单步式）**

编制单位： 2016年度 单位：元

项　目	本年实际	上年实际
一、收入		
营业收入		
公允价值变动收益		
投资收益		
营业外收入		
收入合计		

续表

项　目	本年实际	上年实际
二、费用		
营业成本		
税金及附加		
销售费用		
管理费用		
财务费用		
资产减值损失		
营业外支出		
所得税费用		
费用合计		
三、净利润		

单步式利润表的优点是:表式简单,易于理解,避免项目分类上的困难。

单步式年度利润表中,“收入合计”“费用合计”“净利润”项目根据各相关项目计算填列。其他项目的填列同多步式利润表。

年度利润表中“上年实际”栏的各项目,应根据上年利润表的相关项目填列。

如果编制月份利润表,则应将“本年实际”与“上年实际”栏分别改为“本月数”与“本年累计数”栏。

三、资产负债表与利润表编制实例

【教学案例 12－3】

(一)资料

1. 信义股份有限公司为增值税一般纳税人,增值税税率为 17%,所得税税率为 25%。其 2015 年和 2016 年流通在外的股份为1 000万股。其 2016 年 1 月 1 日有关账户的余额如表 12－4 所示。

表 12－4　　**账户余额表**

2016 年 1 月 1 日

单位:元

账户名称	借方余额	账户名称	贷方余额
库存现金	32 000	短期借款	6 000 000
银行存款	16 320 000	应付票据	2 500 000
其他货币资金	1 680 000	应付账款	7 600 000
交易性金融资产	268 000	其他应付款	760 000

续表

账户名称	借方余额	账户名称	贷方余额
应收票据	800 000	应付职工薪酬	510 000
应收账款	5 000 000	应交税费	410 000
坏账准备	—80 000	应付利息	120 000
预付账款	650 000	长期借款	18 000 000
其他应收款	45 000	其中：一年内到期的非流动负债	8 500 000
材料采购	1 200 000	递延所得税负债	90 000
原材料	910 000	股本	42 000 000
包装物	100 000	资本公积	8 730 000
低值易耗品	700 000	盈余公积	1 500 000
库存商品	7 000 000	利润分配(未分配利润)	900 000
材料成本差异	35 000		
存货跌价准备	—65 000		
长期股权投资	4 200 000		
长期股权投资减值准备	—45 000		
固定资产	31 000 000		
累计折旧	—6 000 000		
固定资产减值准备	—1 900 000		
在建工程	16 000 000		
无形资产	12 170 000		
累计摊销	—2 400 000		
长期待摊费用	1 500 000		
合　计	89 120 000	合　计	89 120 000

2. 该公司2016年发生的经济业务如下：

(1)购入原材料一批，材料价款1 000 000元，增值税额170 000元，共计1 170 000元，已预付材料款650 000元，余款520 000元用银行存款支付，材料未到。

(2)收到原材料一批，实际成本1 200 000元，计划成本1 150 000元，材料已验收入库，货款已于上月支付。

(3)购入不需安装的设备一台，价款90 000元，支付增值税15 300元，支付包装费、运费1 100元。价款、增值税及包装费、运费共计106 400元均以银行存款支付。设备已交付使用。

(4)购入工程物资一批，价款130 000元，增值税22 100元，均已用银行存款支付。

(5)收到银行通知,用银行存款支付到期的商业承兑汇票 150 000 元,偿还应付账款850 000 元。

(6)销售产品一批,销售价款 4 000 000 元,应收取增值税 680 000 元,产品已发出,价款尚未收到。

(7)从银行借入 3 年期借款 500 000 元,借款已存入银行,该项借款用于购建固定资产。

(8)在建工程应付工资 410 000 元。

(9)一项工程完工,计算应负担的长期借款利息 160 000 元。该项借款本息未付。

(10)一项工程完工,交付生产使用,已办理竣工手续,固定资产价值 1 500 000 元。

(11)销售产品一批,价款 8 000 000 元,应收取增值税 1 360 000 元,货款银行已收妥。

(12)公司出售一台不需用设备,收到价款 468 000 元,设备原价 800 000 元,已提折旧260 000 元,已提减值准备 100 000 元,设备已交付给购入单位。

(13)收到一项长期股权投资的现金股利 400 000 元,存入银行。该项投资按成本法核算,对方公司的所得税税率与本公司一致,均为 25%。

(14)归还短期借款本金 200 000 元,利息 10 000 元,共计 210 000 元。借款利息已预提。

(15)用银行汇票支付采购材料价款,公司收到开户银行转来银行汇票多余款收账通知,通知上所填多余款为 417 元,购入材料的价款及运费共 123 500 元,支付的增值税额为 22 083 元,材料已验收入库,该批材料的计划价格为 123 800 元。

(16)提取现金 1 550 000 元,准备发放工资。

(17)支付职工工资 1 550 000 元,其中包括支付给在建工程人员的工资 410 000 元。

(18)分配应支付的职工工资 1 140 000 元(不包括在建工程应负担的工资 410 000 元),其中,生产人员工资 570 000 元,车间管理人员工资 114 000 元,行政管理部门人员工资 456 000 元。

(19)用银行存款支付研发部门的新技术开发支出 200 000 元,该项支出符合资本化的条件。

(20)用银行存款支付产品展览费 150 000 元,广告费 130 000 元。

(21)基本生产领用原材料,计划成本 300 000 元;领用低值易耗品,计划成本 60 000 元,采用一次摊销法摊销。

(22)结转领用原材料与低值易耗品的成本差异,材料成本差异率为 2%。

(23)公司采用商业承兑汇票结算方式销售产品一批,价款 3 000 000 元,增值税额 510 000 元,收到 3 510 000 元的商业承兑汇票 1 张。

(24)公司将上述商业承兑汇票向银行办理贴现,贴现息为 24 000 元,该票据的到期日为 2016 年 4 月 20 日。同时将上年销售商品所收到的一张面值为 800 000 元、已到期的银行承兑汇票,连同解讫通知书和进账单交银行办理转账,收到银行盖章退回的进账单一联,款项银行已收妥。

(25)提取应计入本期损益的借款利息共 32 500 元,其中,短期借款利息 22 000 元,长期借款利息 10 500 元。

(26)计提固定资产折旧 1 200 000 元,其中,应计入制造费用 1 000 000 元,管理费用200 000 元。

(27)摊销无形资产 80 000 元。

(28)用银行存款支付管理部门水电费 50 000 元,生产车间水电费 75 000 元。

(29)用银行存款支付本年度企业财产保险费 167 100 元。

(30)本期产品销售应缴纳城市维护建设税 14 875 元,教育费附加 6 375 元。

(31)用银行存款缴纳增值税 120 000 元,城市维护建设税 14 875 元,教育费附加 6 375 元。

(32)年末交易性金融资产的公允价值为 288 000 元,确认公允价值变动收益 20 000 元。

(33)计算并结转本期完工产品成本 2 126 200 元。没有期初在产品,本期生产的产品全部完工入库。

(34)结转本期产品销售成本9 000 000元。

(35)基本生产车间盘亏一台设备,原价280 000元,已提折旧225 000元,已提减值准备25 000元。

(36)偿还长期借款本金850 000元。

(37)收回应收账款3 600 000元,存入银行。

(38)应收某客户的账款50 000元,已确定不能收回。

(39)按应收账款余额的2%计提坏账准备。

(40)计提存货跌价准备11 190元。

(41)计提固定资产减值准备20 000元。

(42)第(35)笔的固定资产盘亏在年末结账前仍未批准处理,按规定将30 000元损失转为营业外支出。

(43)结转各收入、费用账户。

(44)计算并结转应交所得税。

(45)用银行存款缴纳所得税1230 000元。

(46)提取盈余公积368 802元,分配普通股现金股利800 000元。

(47)将利润分配各明细账户的余额转入"未分配利润"明细账户,结转本年利润。

(48)将于1年内到期的非流动负债为400 000元。

(二)根据以上资料,编制会计分录、资产负债表和利润表

1. 编制会计分录

(1)借:材料采购	1 000 000	
应交税费——应交增值税(进项税额)	170 000	
贷:银行存款		520 000
预付账款		650 000
(2)借:原材料	1 150 000	
材料成本差异	50 000	
贷:材料采购		1 200 000
(3)借:固定资产	91 100	
应交税费——应交增值税(进项税额)	15 300	
贷:银行存款		106 400
(4)借:工程物资	130 000	
应交税费——应交增值税(进项税额)	22 100	
贷:银行存款		152 100
(5)借:应付票据	150 000	
应付账款	850 000	
贷:银行存款		1 000 000
(6)借:应收账款	4 680 000	
贷:主营业务收入		4 000 000
应交税费——应交增值税(销项税额)		680 000
(7)借:银行存款	500 000	
贷:长期借款		500 000
(8)借:在建工程	410 000	

贷:应付职工薪酬		410 000
(9)借:在建工程	160 000	
贷:长期借款——应付利息		160 000
(10)借:固定资产	1 500 000	
贷:在建工程		1 500 000
(11)借:银行存款	9 360 000	
贷:主营业务收入		8 000 000
应交税费——应交增值税(销项税额)		1 360 000
(12)借:固定资产清理	440 000	
累计折旧	260 000	
固定资产减值准备	100 000	
贷:固定资产		800 000
借:银行存款	400 000	
贷:固定资产清理		400 000
借:营业外支出——处理固定资产净损失	40 000	
贷:固定资产清理		40 000
(13)借:银行存款	400 000	
贷:投资收益		400 000
(14)借:短期借款	200 000	
应付利息	10 000	
贷:银行存款		210 000
(15)借:材料采购	123 500	
银行存款	417	
应交税费——应交增值税(进项税额)	22 083	
贷:其他货币资金		146 000
借:原材料	123 800	
贷:材料采购		123 500
材料成本差异		300
(16)借:库存现金	1 550 000	
贷:银行存款		1 550 000
(17)借:应付职工薪酬	1 550 000	
贷:库存现金		1 550 000
(18)借:生产成本	570 000	
制造费用	114 000	
管理费用	456 000	
贷:应付职工薪酬		1 140 000
(19)借:研发支出——资本化支出	200 000	
贷:银行存款		200 000
(20)借:销售费用——展览费	150 000	
——广告费	130 000	
贷:银行存款		280 000
(21)借:生产成本	300 000	

贷:原材料 300 000

借:制造费用 60 000

贷:低值易耗品 60 000

(22)原材料应负担成本差异=300 000×2%=6 000(元)

低值易耗品应负担成本差异=60 000×2%=1 200(元)

借:生产成本 6 000

制造费用 1 200

贷:材料成本差异 7 200

(23)借:应收票据 3 510 000

贷:主营业务收入 3 000 000

应交税费——应交增值税(销项税额) 510 000

(24)借:银行存款 3 486 000

财务费用 24 000

贷:应收票据 3 510 000

借:银行存款 800 000

贷:应收票据 800 000

(25)借:财务费用 32 500

贷:应付利息 22 000

长期借款——应付利息 10 500

(26)借:制造费用——折旧费 1 000 000

管理费用——折旧费 200 000

贷:累计折旧 1 200 000

(27)借:管理费用——无形资产摊销 80 000

贷:累计摊销 80 000

(28)借:管理费用 50 000

制造费用 75 000

贷:银行存款 125 000

(29)借:管理费用——财产保险费 167 100

贷:银行存款 167 100

(30)借:税金及附加 21 250

贷:应交税费——应交城市维护建设税 14 875

——应交教育费附加 6 375

(31)借:应交税费——应交增值税(已交税金) 120 000

——应交城市维护建设税 14 875

——应交教育费附加 6 375

贷:银行存款 141 250

(32)借:交易性金融资产——公允价值变动 20 000

贷:公允价值变动损益 20 000

(33)借:生产成本 1 250 200

贷:制造费用 1 250 200

借:库存商品 2 126 200

贷:生产成本 2 126 200

(34)借:主营业务成本	9 000 000	
贷:库存商品		9 000 000
(35)借:累计折旧	225 000	
固定资产减值准备	25 000	
待处理财产损溢——待处理固定资产损溢	30 000	
贷:固定资产		280 000
(36)借:长期借款	850 000	
贷:银行存款		850 000
(37)借:银行存款	3 600 000	
贷:应收账款		3 600 000
(38)借:坏账准备	50 000	
贷:应收账款		50 000
(39)应补提坏账准备=6 030 000×2%-30 000=90 600(元)		
借:资产减值损失——计提的坏账准备	90 600	
贷:坏账准备		90 600
(40)借:资产减值损失——计提的存货跌价准备	11 190	
贷:存货跌价准备		11 190
(41)借:资产减值损失——计提的固定资产减值准备	20 000	
贷:固定资产减值准备		20 000
(42)借:营业外支出——固定资产盘亏	30 000	
贷:待处理财产损溢——待处理固定资产损溢		30 000
(43)借:主营业务收入	15 000 000	
投资收益	400 000	
公允价值变动损益	20 000	
贷:本年利润		15 420 000
借:本年利润	10 502 640	
贷:主营业务成本		9 000 000
税金及附加		21 250
销售费用		280 000
管理费用		953 100
财务费用		56 500
资产减值损失		121 790
营业外支出		70 000
(44)借:所得税费用	1 229 340	
贷:应交税费——应交所得税		1 229 340
借:本年利润	1 229 340	
贷:所得税费用		1 229 340
(45)借:应交税费——应交所得税	1 230 000	
贷:银行存款		1 230 000
(46)借:利润分配——提取盈余公积	368 802	
贷:盈余公积		368 802
借:利润分配——应付普通股股利	800 000	

贷:应付股利　　800 000

(47)借:利润分配——未分配利润　　1 168 802

贷:利润分配——提取盈余公积　　368 802

——应付普通股股利　　800 000

借:本年利润　　3 688 020

贷:利润分配——未分配利润　　3 688 020

2. 根据上述会计分录,登记 T 形账户

库存现金

期初余额	32 000		
(16)	1 550 000	(17)	1 550 000
期末余额	32 000		

交易性金融资产

期初余额	268 000		
(32)	20 000		
期末余额	288 000		

原材料

期初余额	910 000		
(2)	1 150 000	(21)	300 000
(15)	123 800		
期末余额	1 883 800		

低值易耗品

期初余额	700 000		
		(21)	60 000
期末余额	640 000		

应收账款

期初余额	5 000 000		
(6)	4 680 000	(37)	3 600 000
		(38)	50 000
期末余额	6 030 000		

应收票据

期初余额	800 000		
(23)	3 510 000	(24)	3 510 000
		(24)	800 000
期末余额	0		

存货跌价准备

		期初余额	65 000
		(40)	11 190
		期末余额	76 190

其他应收款

期初余额	45 000		
期末余额	45 000		

其他货币资金

期初余额	1 680 000		
		(15)	146 000
期末余额	1 534 000		

材料采购

期初余额	1 200 000		
(1)	1 000 000	(2)	1 200 000
(15)	123 500	(15)	123 500
期末余额	1 000 000		

生产成本

期初余额	0		
(18)	570 000	(33)	2 126 200
(21)	300 000		
(22)	6 000		
(33)	1 250 200		

银行存款

期初余额	16 320 000	(1)	520 000
(7)	500 000	(3)	106 400
(11)	9 360 000	(4)	152 100
(12)	400 000	(5)	1 000 000
(13)	400 000	(14)	210 000
(15)	417	(16)	1 550 000
(24)	3 486 000	(19)	200 000
(24)	800 000	(20)	280 000
(37)	3 600 000	(28)	125 000
		(29)	167 100
		(31)	141 250
		(36)	850 000
		(46)	1 230 000
期末余额	28 834 567		

固定资产

期初余额	31 000 000		
(3)	91 100	(12)	800 000
(10)	1 500 000	(35)	280 000
期末余额	31 511 100		

库存商品

借方		贷方	
期初余额	7 000 000		
(33)	2 126 200	(34)	9 000 000
期末余额	126 200		

材料成本差异

借方		贷方	
期初余额	35 000		
(2)	50 000	(15)	300
		(22)	7 200
期末余额	77 500		

在建工程

借方		贷方	
期初余额	16 000 000		
(8)	410 000		
(9)	160 000	(10)	1 500 000
期末余额	15 070 000		

包装物

借方		贷方	
期初余额	100 000		
期末余额	100 000		

固定资产减值准备

借方		贷方	
		期初余额	1 900 000
(12)	100 000	(41)	20 000
(35)	25 000		
		期末余额	1 975 000

固定资产清理

借方		贷方	
(12)	440 000	(12)	400 000
		(12)	40 000

长期股权投资

借方		贷方	
期初余额	4 200 000		
期末余额	4 200 000		

累计摊销

借方		贷方	
		期初余额	2 400 000
		(27)	80 000
		期末余额	2 480 000

长期待摊费用

借方		贷方	
期初余额	1 500 000		
期末余额	1 500 000		

应付票据

借方		贷方	
		期初余额	2 500 000
(5)	150 000		
		期末余额	2 350 000

坏账准备

借方		贷方	
		期初余额	80 000
(38)	50 000	(39)	90 600
		期末余额	120 600

制造费用

借方		贷方	
(18)	114 000	(33)	1 250 200
(21)	60 000		
(22)	1 200		
(26)	1 000 000		
(28)	75 000		

预付账款

借方		贷方	
期初余额	650 000		
		(1)	650 000
期末余额	0		

累计折旧

借方		贷方	
		期初余额	6 000 000
(12)	260 000	(26)	1 200 000
(35)	225 000		
		期末余额	6 715 000

工程物资

借方		贷方	
期初余额	0		
(4)	130 000		
期末余额	130 000		

待处理财产损溢

借方		贷方	
(35)	30 000	(42)	30 000

研发支出

借方		贷方	
期初余额	0		
(19)	200 000		
期末余额	200 000		

无形资产

借方		贷方	
期初余额	12 170 000		
期末余额	12 170 000		

长期股权投资减值准备

借方		贷方	
		期初余额	45 000
		期末余额	45 000

应付职工薪酬

		期初余额	510 000
(17)	1 550 000	(8)	410 000
		(18)	1 140 000
		期末余额	510 000

应付利息

		期初余额	120 000
(14)	10 000	(25)	22 000
		期末余额	132 000

应付股利

		期初余额	0
		(47)	800 000
		期末余额	800 000

长期借款

		期初余额	18 000 000
(36)	850 000	(7)	500 000
		(9)	160 000(利息)
		(25)	10 500(利息)
		期末余额	17 820 500

其他应付款

		期初余额	76 000
		期末余额	76 000

盈余公积

		期初余额	1 500 000
		(46)	368 802
		期末余额	1 868 802

管理费用

(18)	456 000	(43)	953 100
(26)	200 000		
(27)	80 000		
(28)	50 000		
(29)	167 100		

销售费用

(20)	280 000	(43)	280 000

所得税费用

(44)	1 229 340	(44)	1 229 340

税金及附加

(30)	21 250	(43)	21 250

公允价值变动损益

(43)	20 000	(32)	20 000

应交税费

		期初余额	410 000
(1)	170 000	(6)	680 000
(3)	15 300	(11)	1 360 000
(4)	22 100	(23)	510 000
(15)	22 083	(30)	14 875
(31)	120 000	(30)	6 375
(31)	14 875	(44)	1 229 340
(31)	6 375		
(45)	1 230 000		
		期末余额	2 609 857

递延所得税负债

		期初余额	90 000
		期末余额	90 000

短期借款

		期初余额	6 000 000
(14)	200 000		
		期末余额	5 800 000

应付账款

		期初余额	7 600 000
(5)	850 000		
		期末余额	6 750 000

股本

		期初余额	42 000 000
		期末余额	42 000 000

资本公积

		期初余额	8 730 000
		期末余额	8 730 000

主营业务收入

		(6)	4 000 000
(43)	15 000 000	(11)	8 000 000
		(23)	3 000 000

主营业务成本

(34)	9 000 000	(43)	9 000 000

营业外支出

(12)	40 000	(43)	70 000
(42)	30 000		

财务费用

(24)	24 000	(43)	56 500
(25)	32 500		

资产减值损失

(39)	90 600	(43)	121 790
(40)	11 190		
(41)	20 000		

投资收益

(43)	400 000	(13)	400 000

本年利润

(43)	10 502 640	(43)	15 420 000
(44)	1 229 340		
(47)	3 688 020		

利润分配

		期初余额	900 000
(46)	368 802	(48)	368 802
(46)	800 000	(48)	800 000
(47)	1 168 802	(48)	3 688 020
		期末余额	3 419 218

3. 编制账户余额表

根据T形账户记录,编制2016年12月31日的账户余额表,详见表12—5。

表12—5 **账户余额表**

2016年12月31日 单位:元

账户名称	年末数	账户名称	年末数
库存现金	32 000	短期借款	5 800 000
银行存款	28 334 567	应付票据	2 350 000
其他货币资金	1 53 4000	应付账款	6 750 000
交易性金融资产	288 000	其他应付款	760 000
应收票据	0	应付职工薪酬	510 000
应收账款	6 030 000	应付股利	800 000
坏账准备	—120 600	应交税费	2 609 857
预付账款	0	应付利息	132 000
其他应收款	45 000	长期借款	17 820 500
材料采购	1 000 000	其中:一年内到期的非流动负债	500 000
原材料	1 883 800	递延所得税负债	90 000
包装物	100 000	股本	42 000 000
低值易耗品	640 000	资本公积	8 730 000
库存商品	126 200	盈余公积	1 868 802
材料成本差异	77 500	利润分配(未分配利润)	3 419 218
存货跌价准备	—76 190		
长期股权投资	4 200 000		
长期股权投资减值准备	—45 000		
固定资产	31 511 100		
累计折旧	—671 500		
固定资产减值准备	—179 500		
工程物资	130 000		
在建工程	15 070 000		
无形资产	12 170 000		
累计摊销	—2 480 000		
研发支出	200 000		
长期待摊费用	1 500 000		
合　计	93 640 377	合　计	93 640 377

4. 编制资产负债表

根据上述资料,编制信义公司资产负债表,详见表12—6。

表 12—6 　　　　**资产负债表(账户式)**

编制单位:信义公司　　　　2016 年 12 月 31 日　　　　单位:元

资　产	年初数	年末数	负债和所有者权益(或股东权益)	年初数	年末数
流动资产			流动负债		
货币资金	18 032 000	29 900 567	短期借款	6 000 000	5 800 000
交易性金融资产	268 000	288 000	应付票据	2 500 000	2 350 000
应收票据	800 000	0	应付账款	7 600 000	6 750 000
应收账款	4 920 000	5 909 400	预收账款	0	0
预付账款	650 000	0	应付职工薪酬	510 000	510 000
应收股利	0	0	应交税费	410 000	2 609 857
应收利息	0	0	应付利息	120 000	132 000
其他应收款	45 000	45 000	应付股利	0	800 000
存货	9 880 000	3 751 310	其他应付款	760 000	760 000
一年内到期的非流动资产	0	0	一年内到期的非流动负债	850 000	500 000
流动资产合计	34 595 000	39 894 277	其他流动负债	0	0
非流动资产			流动负债合计	17 900 000	19 711 857
持有至到期投资	0	0	非流动负债		
长期股权投资	4 155 000	4 155 000	长期借款	18 000 000	17 820 500
长期应收款	0	0	应付债券	0	0
固定资产	23 100 000	23 001 100	长期应付款	0	0
在建工程	16 000 000	15 070 000	专项应付款	0	0
工程物资	0	130 000	预计负债	0	0
固定资产清理	0	0	递延所得税负债	90 000	90 000
无形资产	9 770 000	9 690 000	其他非流动负债	0	0
研发支出	0	200 000	非流动负债合计	18 090 000	17 910 500
商誉	0	0	负债合计	35 990 000	37 622 357
长期待摊费用	1 500 000	1 500 000	所有者权益(或股东权益)		
递延所得税资产	0	0	实收资本(或股本)	42 000 000	42 000 000
其他非流动资产	0	0	资本公积	8 730 000	8 730 000
非流动资产合计	54 525 000	53 746 100	减:库存股		0
			盈余公积	1 500 000	1 868 802
			未分配利润	900 000	3 419 218
			所有者权益(或股东权益)合计	53 130 000	56 018 020
资产总计	89 120 000	93 640 377	负债和所有者权益(或股东权益)总计	89 120 000	93 640 377

5. 编制利润表

根据上述资料,编制信义公司多步式利润表,详见表 12—7。

表 12—7 　　　　**利润表(多步式)**

编制单位:信义公司　　　　2016 年度　　　　单位:元

项　目	本年金额	上年金额
一、营业收入	15 000 000	12 000 000
减:营业成本	9 000 000	7 500 000
税金及附加	21 250	18 000
销售费用	280 000	250 000
管理费用	953 100	910 000
财务费用	56 500	50 000

续表

项　目	本年金额	上年金额
资产减值损失	121 790	250 000
加:公允价值变动收益	20 000	10 000
投资收益	400 000	500 000
二、营业利润	4 987 360	3 532 000
加:营业外收入	—	30 000
减:营业外支出	700 00	65 000
三、利润总额	4 917 360	3 497 000
减:所得税费用	1 229 340	874 250
四、净利润	3 688 020	2 622 750
五、其他综合收益的税后净额		
六、综合收益总额		
七、每股收益		
(一)基本每股收益	0.368 8	0.262 3
(二)稀释每股收益	0.368 8	0.262 3

任务四　现金流量表

一、现金流量表概述

(一)现金流量表的性质和作用

现金流量表是用来提供企业有关现金流入、现金流出及投资与筹资活动方面信息的会计报表。报表使用者利用这些信息,可以评估企业以下几个方面的事项:

(1)企业在未来会计期间产生净现金流量的能力;

(2)企业偿还债务及支付企业所有者的投资报酬(如股利)的能力;

(3)企业的利润与经营活动所产生的净现金流量发生差异的原因;

(4)会计年度内影响或不影响现金的投资活动与筹资活动。

现金流量表的作用主要有以下几个方面:

(1)现金流量表可以提供企业的现金流量信息,从而对企业整体财务状况作出非常客观的评价;

(2)现金流量表可以更好地评价企业的偿债能力;

(3)通过现金流量表,不但可以了解企业当前的财务状况,还可以预测企业未来的发展状况;

(4)编制现金流量表,便于和国际惯例接轨。

(二)现金流量表的编制基础

现金流量表是以现金为基础编制的,编制现金流量表,首先应明确"现金"的含义。根据我国《企业会计准则第 31 号——现金流量表》的规定,现金流量表所指的现金为广义的现金概念,应包括库存现金、可以随时用于支付的存款以及现金等价物。其具体内容如下:

(1)库存现金。库存现金是指企业持有的可随时用于支付的纸币与硬币。

(2)银行存款。银行存款是指企业存在金融企业中随时可以用于支付的存款。

如果存在金融企业的款项不能随时用于支付,如不能随时支取的定期存款、不能作为现金流量表中的现金,但提前通知金融企业便可支取的定期存款,也应包括在现金流量表中的现金范围内。

(3)其他货币资金。其他货币资金是指企业存在金融企业,有特定用途的资金,如外埠存款、银行汇票存款、银行本票存款、信用证保证金存款、信用卡存款等。

(4)现金等价物。现金等价物是指企业持有的期限短、流动性强、易于转换为已知金额的现金、价值变动风险很小的投资。现金等价物虽然不是严格意义上的现金,但其支付能力与现金的差别不大,可视为现金。认定现金等价物时,期限短通常是指从购买日起 3 个月内到期。

(三)现金流量的分类

编制现金流量表的目的,是为信息使用者提供企业一定会计期间内有关现金流入和流出的信息。企业在一定时期内的现金流入和流出是由企业的各种业务活动产生的,如购买商品支付价款、销售商品收到现金、支付职工工资等。首先对企业的业务活动进行合理的分类,并据此对现金流量进行适当分类。我国《企业会计准则第 31 号——现金流量表》将企业的业务活动按其发生的性质分为经营活动、投资活动与筹资活动,为了在现金流量表中反映企业在一定时期内现金净流量变动的原因,相应地将企业一定时期内产生的现金流量归为以下三类:

(1)经营活动产生的现金流量。经营活动是指企业发生的投资活动和筹资活动以外的所有交易和事项,包括销售商品或提供劳务、经营性租赁、购买货物、接受劳务、制造产品、广告宣传、推销产品、缴纳税款等。

(2)投资活动产生的现金流量。投资活动是指企业长期资产的购建和不包括在现金等价物范围内的投资及其处置活动。

(3)筹资活动产生的现金流量。筹资活动是指导致企业资本及债务规模和构成发生变化的活动,包括吸收投资、发行股票、分配利润等。

对于企业日常活动之外不经常发生的特殊项目,如自然灾害损失、保险赔款、捐赠等,应当归并到现金流量表的相关类别中,并单独反映。

二、现金流量表的编制方法

(一)经营活动产生的现金流量的编制方法

经营活动产生的现金流量是一项重要的指标,它可以说明企业在不动用从外部筹得资金的情况下,通过经营活动产生的现金流量是否足以偿还负债、支付股利和对外投资。经营活动产生的现金流量可以采用直接法和间接法两种方法反映。

直接法是通过现金流入和现金流出的主要类别来反映企业经营活动产生的现金流量。在我国,直接法下经营活动产生的现金流量,其现金流入可分为:销售商品、提供劳务收到的现金,收到的税费返还,收到的其他与经营活动有关的现金等类别;现金流出可分为:购买商品、接受劳务支付的现金,支付给职工以及为职工支付的现金,支付的各项税费,支付的其他与经营活动有关的现金等类别。采用直接法提供的信息有助于评价企业未来现金流量。国际会计准则鼓励企业采用直接法编制现金流量表。在我国,现金流量表也以直接法编制,但在现金流量表的附注补充资料中,还按照间接法反映经营活动现金流量的情况。

间接法是以本期净利润为起算点,调整不涉及现金的收入、费用、营业外收支等有关项目的增减变动,据此计算出经营活动产生的现金流量。

1. 直接法

采用直接法报告企业经营活动产生的现金流量时,各个现金流入与流出项目的数据可以从会计记录中直接获得,也可以通过调整利润表上的“营业收入”“营业成本”等数据间接获得。

(1)“销售商品、提供劳务收到的现金”项目,反映企业销售商品、提供劳务实际收到的现金(含销售收入和应向购买者收取的增值税额),包括本期销售商品、提供劳务收到的现金,以及前期销售和前期提供劳务本期收到的现金和本期预收的账款,扣除本期退回本期销售的商品和前期销售本期退回的商品支付的现金。企业销售材料和代购供销业务收到的现金,也在本项目反映。

确定本项目的金额通常可以利润表上的"营业收入"为起点进行调整。

①由于该项目包括应向购买者收取的增值税销项税额,所以应在营业收入的基础上加上本期的增值税销项税额。

②由于企业的商品销售和劳务供应往往并非都是现金交易,因而应加上应收账款与应收票据的减少数,或减去应收账款与应收票据的增加数。

③如果企业有预收货款业务,还应加上预收账款增加数,或减去预收账款减少数。

④如果企业采用备抵法核算坏账,且本期发生了坏账,或有坏账回收,则应减去本期确认的坏账,加上本期坏账回收。因为发生坏账减少了应收账款余额,但没有实际的现金流入;坏账回收有现金流入,但与营业收入无直接关系,且不影响应收账款余额。

⑤如果企业本期有应收票据贴现,发生了贴现息,则应减去应收票据贴现息,因为贴现息代表了应收票据的减少,并没有相应的现金流入。

⑥如果企业发生了按税法规定应视同销售的业务,如将商品用于工程项目,则应减去相应的销项税额,因为这部分销项税额没有相应的现金流入,也与现收账款或应收票据无关。

(2)"收到的税费返还"项目,反映企业收到返还的各种税费,如收到的增值税、消费税、营业税、所得税、教育费附加返还等。

确定该项目的余额,需要分析"应交税费"账户下属各明细账户的贷方发生额。

(3)"收到的其他与经营活动有关的现金"项目,反映企业除了上述各项目外,收到的其他与经营活动有关的现金流入,如罚款收入、流动资产损失中由个人赔偿的现金收入等。其他现金流入如价值较大,应单列项目反映。

该项目包括的内容比较复杂,需要通过分析"库存现金""银行存款"账户的借方发生额确定,由于没有固定的账户对应关系,分析起来有一定难度。不过企业涉及此类现金流入的经济业务一般较少。

(4)"购买商品、接受劳务支付的现金"项目,反映企业因购买商品、接受劳务实际支付的现金,包括本期购入商品、接受劳务支付的现金(包括支付的增值税进项税额),以及本期支付前期购入商品、接受劳务的未付款项和本期预付款项。

本期发生的购货退回收到的现金应从本项目内扣除。确定本项目的金额通常以利润表上的"营业成本"为基础进行调整。

①由于本项目包括支付的增值税进项税额,所以应在营业成本的基础上加上本期的增值税进项税额。

②营业成本与购买商品并无直接联系,就商品流通企业而言,营业成本加上存货增加数或减去存货减少数,便可大致确定本期购进商品的成本。

③本期购进商品成本并不等于本期购进商品支付的现金,因为可能存在赊购商品或预付货款的情形。故应加上应付账款与应付票据的减少数,或减去应付账款与应付票据的增加数;应加上预付账款的增加数,减去预付账款的减少数。

④对于工业企业来说,存货包括材料、在产品与产成品等,即存货的增加并非都与购进商品(材料)相联系,本期发生的应计入产品成本的工资费用、折旧费用等也会导致存货增加,但与商品购进无关,因而应进一步扣除计入本期生产成本的非材料费用。

⑤应调整其他与商品购进和商品销售无关的存货增减变动,主要包括:存货盘亏与盘盈,用存货对外投资或接受存货投资等。

(5)"支付给职工以及为职工支付的现金"项目,反映企业实际支付给职工以及为职工支付的现金，包括本期实际支付给职工的工资、奖金、各种津贴和补贴等，以及为职工支付的其他费用，不包括支付给离退休人员的各项费用和支付给在建工程人员的工资等。企业支付给离退休人员的各项费用，在“支付的其他与经营活动有关的现金”项目中反映；支付的在建工程人员的工资，在投资活动产生的现金流量部分的“购建固定资产、无形资产和其他长期资产所支付的现金”项目反映。

企业为职工支付的养老、失业等社会保险基金，补充养老保险，住房公积金，住房困难补助，商业保险金，以及企业支付给职工或为职工支付的其他福利费用等，应按职工的工作性质和服务对象，分别在本项目和“购建固定资产、无形资产和其他长期资产所支付的现金”项目反映。

(6)“支付的各项税费”项目，反映企业当期实际上缴税务部门的各种税金，以及支付的教育费附加、矿产资源补偿费、印花税、房产税、土地增值税、车船使用税、预缴的营业税等。不包括计入固定资产价值、实际支付的耕地占用税等。

本项目的金额可通过分析“应交税费”账户下属的各明细账户的借方发生额计算得到。

(7)“支付的其他与经营活动有关的现金”项目，反映企业除上述各项目外，支付的其他与经营活动有关的现金流出，如罚款支出、支付的差旅费、业务招待费现金支出、支付的保险费等，其他现金流出如价值较大，应单列项目反映。

确定本项目的金额，可以在账户表上的“销售费用”与“管理费用”两个项目的基础上进行分析调整，扣除折旧费用、无形资产摊销等无相应现金流出的项目。

2. 间接法

间接法是以利润表上的净利润为出发点，调整确定经营活动产生的现金流量。在利润表中反映的净利润是按权责发生制确定的，其中有些收入、费用项目并没有实际发生经营活动的现金流入和流出，通过对这些项目的调整，即可将净利润调节为经营活动产生的现金流量。具体需要调整的项目可分为四大类：一是实际没有支付现金的费用，二是实际没有收到现金的收益，三是不属于经营活动的损益，四是经营性应收应付项目的增减变动。将净利润调节为经营活动的现金流量，需要调整如下项目：

(1)“计提的资产减值准备”项目，反映企业本期计提的各项资产的减值准备。本项目可根据“资产减值损失”账户的记录填列。

(2)“固定资产折旧”项目，反映企业本期计提的折旧。本项目可根据“累计折旧”账户的贷方发生额分析填列。

(3)“无形资产摊销”和“长期待摊费用摊销”两个项目，分别反映企业本期摊入成本费用的无形资产的价值及长期待摊费用。这两个项目可根据“累计摊销”“长期待摊费用”账户的贷方发生额分析填列。

(4)“处置固定资产、无形资产和其他长期资产的损失(减：收益)”项目，反映企业本期由于处置固定资产、无形资产和其他长期资产而发生的净损失。本项目可根据“营业外收入”“营业外支出”“其他业务收入”“其他业务成本”账户所属有关明细账户的记录分析填列；如为净收益，以“－”号填列。

(5)“固定资产报废损失”项目，反映企业本期固定资产盘亏(减：盘盈)后的净损失。本项目可根据“营业外支出”“营业外收入”账户所属有关明细账户中固定资产盘亏损失减去固定资产盘盈收益后的差额填列。

(6)“公允价值变动损失”项目，反映企业本期公允价值变动净损失。本项目可根据利润表上的“公允价值变动收益”项目的数字填列；如为净收益，以“－”号填列。

(7)“财务费用”项目，反映企业本期发生的应属于筹资活动或投资活动的财务费用。本项目可根据“财务费用”账户的本期借方发生额分析填列；如为收益，以“－”号填列。

(8)“投资损失(减:收益)”项目,反映企业本期投资所发生的损失减去收益后的净损失。本项目可根据利润表上“投资收益”项目的数字填列;如为投资收益,以“－”号填列。

(9)“递延所得税资产减少”和“递延所得税负债增加”项目,分别反映企业本期递延所得税资产减少和递延所得税负债增加。可分别根据资产负债表“递延所得税资产”“递延所得税负债”项目的期初、期末余额的差额填列。“递延所得税资产”的期末数小于期初数的差额,以及“递延所得税负债”的期末数大于期初数的差额,以正数填列;“递延所得税资产”的期末数大于期初数的差额,以及“递延所得税负债”的期末数小于期初数的差额,以“－”号填列。

(10)“存货的减少(减:增加)”项目,反映企业本期存货的减少(减:增加)。本项目可根据资产负债表上“存货”项目的期初、期末余额的差额填列;期末数大于期初数的差额,以“－”号填列。

(11)“经营性应收项目的减少(减:增加)”项目,反映企业本期经营性应收项目(包括应收账款、应收票据和其他应收款中与经营活动有关的部分及应收的增值税销项税额等)的减少(减:增加)。

(12)“经营性应付项目的增加(减:减少)”项目,反映企业本期经营性应付项目(包括应付账款、应付票据、应交税费、其他应付款中与经营活动有关的部分以及应付的增值税进项税额等)的增加(减:减少)。

(二)投资活动产生的现金流量的编制方法

现金流量表中的投资活动包括不属于现金等价物的短期投资和长期投资的购买与处置、固定资产的购建与处置、无形资产的购置与处置等。投资活动产生的现金流量应首先区分现金流入与现金流出,在此基础上再细分为若干项目。

1. 投资活动产生的现金流入

投资活动产生的现金流入可分为以下项目:

(1)“收回投资所收到的现金”项目,反映企业出售、转让或到期收回除现金等价物以外的交易性金融资产、长期股权投资而收到的现金,以及收回持有至到期投资本金而收到的现金。不包括持有至到期投资收回的利息,以及收回的非现金资产。

(2)“取得投资收益所收到的现金”项目,反映企业因各种投资而分得的现金股利、利润、利息等。

(3)“处置固定资产、无形资产和其他长期资产所收到的现金净额”项目,反映企业处置固定资产、无形资产和其他长期资产所取得的现金,扣除为处置这些资产而支付的有关费用后的净额。由于自然灾害所造成的固定资产等长期资产损失而收到的保险赔偿收入,也在本项目反映。

(4)“收到的其他与投资活动有关的现金”项目,反映企业除了上述各项以外,收到的其他与投资活动有关的现金流入。其他现金流入如价值较大,应单列项目反映。

2. 投资活动产生的现金流出

投资活动产生的现金流出可分为以下项目:

(1)“购建固定资产、无形资产和其他长期资产所支付的现金”项目,反映企业购买、建造固定资产,取得无形资产和其他长期资产所支付的现金,不包括为购建固定资产而发生的借款利息资本化的部分,以及融资租入固定资产支付的租赁费。支付的借款利息和融资租入固定资产支付的租赁费,应在筹资活动产生的现金流量部分单独反映。本项目可根据“固定资产”“在建工程”“无形资产”“库存现金”“银行存款”等账户的记录分析填列。

(2)“投资所支付的现金”项目,反映企业对外进行权益性投资和债权性投资所支付的现金,包括企业取得的除现金等价物以外的交易性金融资产、长期股权投资、持有至到期投资所支付的现金,以及支付的佣金、手续费等附加费用。本项目可根据“长期股权投资”“持有至到期投资”“交易性金融资产”“库存现金”“银行存款”等账户的记录分析填列。

企业购买股票和债券时,实际支付的价款中包含的已宣告但尚未领取的现金股利或到期但尚未领取的债券利息,应在投资活动产生的现金流量部分的“支付的其他与投资活动有关的现金”项目反映;收回购买股票和债券时支付的已宣告但尚未领取的现金股利或已到付息期但尚未领取的债券利息,在投资活动产生的现金流量部分的“收到的其他与投资活动有关的现金”项目反映。

(3)“支付的其他与投资活动有关的现金”项目,反映企业除了上述各项以外,支付的其他与投资活动有关的现金流出。其他现金流出如价值较大,应单列项目反映。本项目可根据有关账户的记录分析填列。

(三)筹资活动产生的现金流量的编制方法

现金流量表需要单独反映筹资活动产生的现金流量。筹资活动产生的现金流量应首先区分现金流入与现金流出,在此基础上再细分为若干项目。

1. 筹资活动产生的现金流入

筹资活动产生的现金流入可分为以下项目:

(1)“吸收投资所收到的现金”项目,反映企业收到的投资者投入的现金,包括企业以发行股票、债券等方式筹集资金时实际收到的款项净额(发行收入减去支付的佣金等发行费用后的净额)。以发行股票、债券等方式筹集资金而由企业直接支付的审计、咨询等费用,在“支付的其他与筹资活动有关的现金”项目反映,不从本项目内扣除。本项目可根据“实收资本”(或“股本”)、“库存现金”“银行存款”等账户的记录分析填列。

(2)“借款所收到的现金”项目,反映企业举借各种短期、长期借款所收到的现金。本项目可根据“短期借款”“长期借款”“库存现金”“银行存款”等账户的记录分析填列。

(3)“收到的其他与筹资活动有关的现金”项目,反映企业除上述各项目外,所形成的其他与筹资活动有关的现金流入,如接受现金捐赠等。其他现金流入如价值较大,应单列项目反映。本项目可根据有关账户的记录分析填列。

2. 筹资活动产生的现金流出

筹资活动产生的现金流出可分为以下项目:

(1)“偿还债务所支付的现金”项目,反映企业以现金偿还债务的本金,包括偿还金融企业的借款本金、偿还债券本金等所导致的现金流出。企业偿还的借款利息、债券利息,在“分配股利、利润或偿付利息所支付的现金”项目反映,不包括在本项目内。本项目可根据“短期借款”“长期借款”“应付债券”“库存现金”“银行存款”等账户的记录分析填列。

(2)“分配股利、利润和偿付利息所支付的现金”项目,反映企业实际支付的现金股利、利润,以及支付的借款利息和债券利息等。本项目可根据“应付股利”“财务费用”“长期借款”“应付债券”“库存现金”“银行存款”等账户的记录分析填列。

(3)“支付的其他与筹资活动有关的现金”项目,反映企业除了上述各项外,所形成的其他与筹资活动有关的现金流出,如捐赠现金支出等。其他现金流出如价值较大,应单列项目反映。本项目可根据有关账户的记录分析填列。

三、现金流量表编制方法实例

如前所述,在具体编制现金流量表时,该表各项目的金额可以直接根据有关账户记录分析填列。在实际工作中,还可以运用其他技术手段,确定现金流量表各项目的金额。下面介绍两种常用的编制方法——工作底稿法与T形账户法的基本原理。

(一)工作底稿法

工作底稿法是以工作底稿为手段,以利润表和资产负债表数据为基础,对每一项目进行分析并在工作底稿上编制调整分录,据以确定现金流量表各项目的金额,从而编制现金流量表。在直接法下,工作底稿纵向分成3段,第一段是资产负债表项目,该段又分为借方项目和贷方项目;第二段是利润表项目;第三段是现金流量表项目。工作底稿横向分为5栏,在资产负债表部分,第一栏是“项目”栏,填列资产负债表各项目名称;第二栏是“期初数”栏,填列资产负债表各项目的期初数;第三栏是调整分录的“借方”栏;第四栏是调整分录的“贷方”栏;第五栏是“期末数”栏,填列资产负债表项目的期末数。在利润表和现金流量表部分,第一栏也是“项目”栏,用来填列利润表和现金流量表项目名称;第二栏空置不填;第三、第四栏分别是调整分录的“借方”栏和“贷方”栏;第五栏是“本期数”栏,利润表部分这一栏数字应和本期利润表数字一致,现金流量表部分这一栏的数字根据相应项目的“借方”“贷方”栏的数据计算确定,用于编制正式的现金流量表。

运用工作底稿法可按以下步骤进行:

(1)将资产负债表各项目的期初数和期末数过入工作底稿的“期初数”栏和“期末数”栏;将利润表各项目的本期数过入工作底稿的“本期数”栏。

(2)对当期业务进行分析并编制调整分录。调整分录大体有这样几类:第一类涉及利润表中的收入、费用项目以及资产负债表中的资产、负债及所有者权益项目,通过调整,将权责发生制下的收入与费用转换为收付实现制下经营(活动的现金流入与流出);第二类涉及资产负债表和现金流量表中的投资、筹资项目,反映投资和筹资活动的现金流量;第三类涉及利润表和现金流量表中的投资和筹资项目,目的是将利润表中与投资和筹资活动有关的收入和费用转换为相关的现金流入与流出,并列入现金流量表中投资活动或筹资活动产生的现金流量。此外,还有一些调整分录并不涉及现金收支,只是为核对资产负债表有关项目的期末数变动。

在调整分录中,涉及现金增减的事项,并不直接借记或贷记现金,而是分别记入“经营活动产生的现金流量”“投资活动产生的现金流量”和“筹资活动产生的现金流量”中的有关项目,借记表明现金流入,贷记表明现金流出。

(3)将调整分录过入工作底稿中的相应项目。

(4)核对调整分录,“借方”栏合计数与“贷方”栏合计数应当相等;资产负债表各项目期初数加减调整分录中的借贷金额后,应当等于期末数;利润表各项目的借贷金额加减后的结果应当等于本期数。

(5)根据工作底稿中现金流量表部分各项目的借贷金额,计算确定各项目的本期数,据以编制正式的现金流量表。

(二)T形账户法

T形账户法是以T形账户为手段,以利润表和资产负债表数据为基础,对每一项目进行分析并编制调整分录,从而编制出现金流量表。采用T账户法编制现金流量表的程序如下:

第一步,为所有的非现金项目(包括资产负债表项目和利润表项目)分别开设T形账户,并将各自的期末期初数过入各该科目。

第二步,开设一个大的“现金及现金等价物”T形账户,账户左右各分为经营活动、投资活动和筹资活动三个部分,左边记现金流入,右边记现金流出。并与其他账户一样,过入期末期初变动数。

第三步,以利润表项目为基础,结合资产负债表分析每一个非现金项目的增减变动,并据此编制调整分录。

第四步,将调整分录过入各T形账户,并进行核对,该账户借贷相抵后的余额与原先过入的期末期初变动数应当一致。

第五步,根据大的“现金及现金等到价物”T形账户编制正式现金流量表。

任务五 所有者权益变动表

一、所有者权益变动表概述

所有者权益变动表是一张反映企业在一定期间内构成所有者权益的各组成部分的增减变动情况的报表。它反映三个方面的内容：一是因资本业务而导致所有者权益总额发生变动的项目，即所有者投入资本和向所有者分配利润；二是所有者权益项目内部的变动，如提取盈余公积；三是综合收益导致所有者权益的变动。综合收益又由两部分构成：(1)直接计入所有者权益的利得和损失；(2)净利润。所有者权益变动表在一定程度上体现了企业综合收益的特点。

二、所有者权益变动表的编制

所有者权益变动表的格式如表12－8所示。本表各项目应当根据当期净利润、直接计入所有者权益的利得和损失项目、所有者投入资本和向所有者分配利润、提取盈余公积等情况分析填列。

在本表中，直接计入当期损益的利得和损失应包含在净利润中；直接计入所有者权益的利得和损失，如可供出售金融资产公允价值变动净额、现金流量套期工具公允价值变动净额等，应单列项目反映。

表12－8 所有者权益(股东权益)变动表

编制单位： 2016年度 单位：元

项　目	本年金额						上年金额					
	实收资本(或股本)	资本公积	减:库存股	盈余公积	未分配利润	所有者权益合计	实收资本(或股本)	资本公积	减:库存股	盈余公积	未分配利润	所有者权益合计
一、上年年末余额												
1. 会计政策变更												
2. 前期差错更正												
二、本年年初余额												
三、本年增减变动金额(减少以“－”号填列)												
(一)净利润												
(二)直接计入所有者权益的利得和损失												
1. 可供出售金融资产公允价值变动净额												
2. 权益法下被投资单位其他所有者权益变动的影响												
3. 与计入所有者权益项目相关的所得税影响												
4. 其他												
小计												
(三)所有者投入和减少资本												
1. 所有者投入资本												
2. 股份支付计入所有者权益的金额												
3. 其他												
(四)利润分配												
1. 提取盈余公积												
2. 对所有者(或股东)的分配												
(五)所有者权益内部结转												

续表

项目	本年金额						上年金额					
	实收资本(或股本)	资本公积	减:库存股	盈余公积	未分配利润	所有者权益合计	实收资本(或股本)	资本公积	减:库存股	盈余公积	未分配利润	所有者权益合计
1. 资本公积转增资本(或股本)												
2. 盈余公积转增资本(或股本)												
3. 盈余公积弥补亏损												
4. 其他												
四、本年年末余额												

任务六 财务报表附注

财务报表附注是主要会计报表的附属报表和应该披露的内容,一般随年报报出。按照会计准则规定,财务报表附注有资产减值准备明细表、应交增值税明细表、利润分配表和分布报表等。本任务就企业年度会计报表至少应该披露的内容介绍如下:

(1)不符合会计核算前提的说明。

(2)重要会计政策和会计估计的说明,以及重大会计差错更正的说明。

重要会计政策主要包括:编制合并会计报表所采用的原则;外币折算时所采用的方法;收入的确认原则;所得税的会计处理方法;持有至到期投资的期末计价;存货的计价方法;长期股权投资的核算方法;坏账损失的具体会计处理方法;借款费用的会计处理方法;无形资产的计价及摊销方法;应付债券溢折价的摊销方法。

(3)或有事项的说明。

(4)资产负债表日后事项的说明。

(5)关联方关系及其交易的说明。

(6)重要资产转让及其出售的说明。

(7)企业合并、分立的说明。

(8)会计报表重要项目的说明。会计报表重要项目包括以下内容:

①应收款项及其计提坏账准备的方法。说明坏账的确认标准,以及坏账准备的计提方法和计提比例。

②存货的核算方法。说明存货分类、取得、发出、计价以及低值易耗品和包装物的摊销方法,计提存货跌价准备的方法以及存货可变现净值的确定依据。

③投资的核算方法。说明当期发生的投资净损益,其中重大的投资净损益项目应该单独列示说明。如果长期股权投资采用权益法核算,还应该说明投资企业与被投资单位会计政策的重大差异。

④固定资产的计价和折旧方法。说明固定资产的标准、分类、计价方法和折旧方法、各类固定资产的预计使用年限、预计净残值率和折旧率。如果有在建工程转入、出售、置换、抵押和担保等情况,应予以说明。

⑤无形资产的计价和摊销方法。

⑥长期待摊费用的摊销方法。

(9)收入的分类及金额。

应该说明当期确认的下列各项收入的金额:销售商品的收入,提供劳务的收入,利息收入,使用费收入,本期收款确认收入。

(10)所得税的会计处理方法。

说明所得税的会计处理方法是采用应付税款法还是纳税影响法。

(11)合并会计报表的说明。

(12)有助于理解和分析会计报表所需要说明的其他事项。

阅读材料

(1)中华人民共和国财政部:《企业会计制度》(2001),经济科学出版社 2001 年版。

(2)中华人民共和国财政部:《企业会计准则》(2017),立信会计出版社 2017 年版。

(3)中华人民共和国财政部:《企业会计准则——应用指南》(2017),立信会计出版社 2017 年版。

(4)财政部会计司编写组:《企业会计准则讲解》(2016),地震出版社 2016 年版。

(5)中华人民共和国财政部:《企业会计准则第 30 号——财务报表列报》(财会[2014]7 号)

(6)中华人民共和国财政部:《企业会计准则第 31 号——现金流量表》。

项目自测

一、判断题

(1)"长期借款"项目,根据"长期借款"总账账户余额填列。( )

(2)利润表是指反映企业在一定会计期间的经营成果的报表。( )

(3)资产负债表中的应收账款项目应根据"应收账款"所属明细账贷方余额合计数、"预收账款"所属明细账贷方余额合计数和"坏账准备"总账的贷方余额计算填列。( )

(4)增值税应在利润表的"税金及附加"项目中反映。( )

(5)"应付职工薪酬"项目,反映企业根据有关规定应付给职工的工资、职工福利、社会保险费、住房公积金、工会经费、职工教育经费,但不包括非货币性福利、辞退福利等薪酬。( )

(6)外商投资企业按规定从净利润中提取的职工奖励及福利基金应在"应付职工薪酬"项目列示。( )

(7)"预收款项"项目应根据"预收账款"和"应收账款"账户所属各明细账户的期末贷方余额合计数填列。如"预收账款"账户所属各明细账户期末有借方余额,应在资产负债表"应付账款"项目内填列。( )

(8)"应付账款"项目应根据"应付账款"和"预付账款"账户所属各明细账户的期末贷方余额合计数填列;如"应付账款"账户所属明细账户期末有借方余额,应在资产负债"预付款项"项目内填列。( )

(9)"预付账款"账户所属各明细账户期末有贷方余额,应在资产负债表"应收账款"项目内填列。( )

(10)资产负债表中"应付账款""预付款项"项目应直接根据该账户的总账余额填列。( )

二、单项选择题

(1)资产负债表中资产的排列是依据( )。

A. 项目收益性　B. 项目重要性　C. 项目流动性　D. 项目时间性

(2)中期财务会计报告不包括( )。

A. 月报　B. 季报　C. 半年报　D. 年报

(3)以下项目中,属于资产负债表中"流动负债"项目的是( )。

A."长期借款"　B."长期应付款"　C."应付股利"　D."应付债券"

(4)"预付账款"账户明细账中若有贷方余额,应将其记入资产负债表中的( )项目。

A."应收账款"　B."预收款项"　C."应付账款"　D."其他应付款"

(5)资产负债表中"货币资金"项目包含的项目是( )。

A."银行本票存款"　B."银行承兑汇票"

C."商业承兑汇票"　D."交易性金融资产"

(6)某企业2016年12月31日“无形资产”账户的余额为500万元,“累计摊销”账户的余额为200万元,“无形资产减值准备”账户的余额为100万元。该企业2016年12月31日资产负债表中“无形资产”项目的金额为(　　)万元。

A. 500　　B. 300　　C. 400　　D. 200

(7)下列项目中,在资产负债表中只需要根据某一个总分类账户就能填列的项目是(　　)。

A.“应收账款”　　B.“短期借款”　　C.“预付账款”　　D.“预收账款”

(8)资产负债表中的“未分配利润”项目,应根据(　　)填列。

A.“利润分配”账户余额

B.“本年利润”账户余额

C.“本年利润”和“利润分配”账户的余额计算后

D.“盈余公积”账户余额

(9)某企业2016年12月31日“固定资产”账户的余额为2 000万元,“累计折旧”账户的余额为800万元,“固定资产减值准备”账户的余额为100万元,“在建工程”账户的余额为200万元。该企业2016年12月31日资产负债表中固定资产项目的金额为(　　)万元。

A. 1 200　　B. 90　　C. 1 100　　D. 2 200

(10)下列资产负债表项目中,应根据多个总账账户余额计算填列的是(　　)

A.“应付账款”　　B.“盈余公积”　　C.“未分配利润”　　D.“长期借款”

(11)某企业2016年发生的营业收入为1 000万元,营业成本为600万元,销售费用为20万元,管理费用为50万元,财务费用为10万元,投资收益为40万元,资产减值损失为70万元(损失),公允价值变动损益为80万元(收益),营业外收入为25万元,营业外支出为15万元。该企业2016年的营业利润为(　　)万元。

A. 370　　B. 330　　C. 320　　D. 390

(12)某企业“应收账款”账户月末借方余额20 000元,其中,“应收甲公司账款”明细账户借方余额35 000元;“应收乙公司账款”明细账户贷方余额15 000元;“预收账款”账户月末贷方余额15 000元,包括“预收A工厂账款”明细账户贷方余额25 000元,“预收B工厂账款”明细账户借方余额10 000元。该企业月末资产负债表中“应收账款”项目的金额为(　　)元。

A. 40 000　　B. 25 000　　C. 15 000　　D. 45 000

(13)乙企业“原材料”账户借方余额150万元,“生产成本”账户借方余额200万元,“材料采购”账户借方余额50万元,“材料成本差异”账户贷方余额30万元。该企业期末资产负债表中“存货”项目应填列的金额为(　　)万元。

A. 520　　B. 370　　C. 420　　D. 390

(14)某企业“应付账款”账户月末贷方余额40 000元,其中,“应付甲公司账款”明细账户贷方余额35 000元;“应付乙公司账款”明细账户贷方余额5 000元;“预付账款”账户月末贷方余额30 000元,包括“预付A工厂账款”明细账户贷方余额50 000元,“预付B工厂账款”明细账户借方余额20 000元。该企业月末资产负债表中“应付账款”项目的金额为(　　)元。

A. 90 000　　B. 30 000　　C. 40 000　　D. 70 000

(15)某企业期末“工程物资”账户的余额为100万元,“发出商品”账户的余额为80万元,“原材料”账户的余额为100万元,“材料成本差异”账户的借方余额为10万元。假定不考虑其他因素,该企业资产负债表中“存货”项目的金额为(　　)万元。

A. 190　　B. 180　　C. 170　　D. 290

(16)在下列各项税金中,应在利润表中的“税金及附加”项目反映的是(　　)。

A. 耕地占用税　　B. 城市维护建设税　　C. 印花税　　D. 土地增值税

(17)某企业年末“应收账款”账户的借方余额为300万元,其中,“应收账款”明细账的借方余额为400万元,贷方余额为100万元,年末计提坏账准备后的“坏账准备”账户的贷方余额为20万元。假定不考虑其他应收款项计提坏账准备因素,该企业年末资产负债表中“应收账款”项目的金额为(　　)万元。

A. 280　　B. 300　　C. 380　　D. 400

(18)支付的在建工程人员的工资属于(　　)产生的现金流量。

A. 筹资活动　　B. 经营活动　　C. 汇率变动　　D. 投资活动

(19)引起现金流量净额变动的项目是(　　)。

A. 将现金存入银行　　B. 用银行存款购买 1 个月到期的债券

C. 用固定资产抵偿债务　　D. 用银行存款清偿 20 万元的债务

(20)下列资产负债表项目中,根据有关总账账户余额计算填列的是(　　)。

A."货币资金"　　B."应付票据"　　C."预收账款"　　D."应收账款"

三、多项选择题

(1)下列资产负债表项目中,根据总账账户余额直接填列的有(　　)。

A."短期借款"　　B."实收资本"　　C."预收账款"　　D."应收账款"

(2)资产负债表中的"一年内到期的非流动负债"项目应当根据下列(　　)账户贷方余额分析填列。

A."长期借款"　　B."长期应付款"　　C."应付账款"　　D."应付债券"

(3)下列资产负债表项目中,应根据明细账户余额计算填列的有(　　)。

A."应收票据"　　B."预收账款"　　C."应收账款"　　D."应付账款"

(4)下列各项中,对资产负债表的作用描述正确的有(　　)。

A. 通过编制资产负债表,可以反映企业资产的构成及其状况

B. 通过编制资产负债表,可以分析企业的偿债能力

C. 通过编制资产负债表,可以分析企业的获利能力

D. 通过编制资产负债表,可以反映企业所有者权益的情况

(5)下列项目中,影响企业营业利润的有(　　)。

A."销售费用"　　B."管理费用"　　C."投资收益"　　D."所得税费用"

(6)下列项目中,属于资产负债表中"流动资产"项目的有(　　)。

A."预付账款"　　B."应收票据"　　C."预收账款"　　D."存货"

(7)资产负债表中的"应付账款"项目应根据(　　)填列。

A. 应付账款所属明细账借方余额合计数　　B. 应付账款总账余额

C. 预付账款所属明细账贷方余额合计数　　D. 应付账款所属明细账贷方余额合计数

(8)资产负债表中"存货"项目的金额,应根据(　　)账户的余额分析填列。

A."生产成本"　　B."商品进销差价"　　C."发出商品"　　D."材料采购"

(9)下列项目中,影响营业利润的有(　　)。

A."已销商品成本"　　B."原材料销售收入"

C."出售固定资产净收益"　　D."转让股票所得收益"

(10)下列各项中,属于筹资活动产生的现金流量的有(　　)。

A. 支付的现金股利　　B. 取得短期借款

C. 增发股票收到的现金　　D. 偿还公司债券支付的现金

实务训练

训练一

资料:信义股份有限公司 2016 年度"主营业务收入"账户的贷方发生额为 5 000 万元,借方发生额为 100 万元(系 10 月发生的购买方退货);"其他业务收入"账户的贷方发生额为 300 万元;"主营业务成本"账户的借方发生额为 4 000 万元。2016 年 10 月 10 日,收到购买方退货,其成本为 60 万元;"其他业务成本"账户的借方发生额为 200 万元。2016 年 12 月 10 日,收到销售给某单位的一批产品,由于质量问题被退回,其收入

为60万元,成本为40万元。

要求:根据上述资料,计算利润表中"营业收入"和"营业成本"项目的金额。

训练二

资料:信义股份有限公司2016年12月31日结账后有关账户余额如下所示(单位:万元):

账户名称	借方余额	贷方余额
应收账款	600	40
坏账准备——应收账款		80
预收账款	100	800
应付账款	20	400
预付账款	320	60

要求:根据上述资料,计算资产负债表中下列项目的金额:

(1)应收账款。

(2)预付款项。

(3)应付款项。

(4)预收款项。

训练三

资料:信义股份有限公司2016年12月31日有关资料如下:

(1)长期借款资料:

借款起始日期	借款期限(年)	金额(万元)
2016年1月1日	3	300
2013年1月1日	5	600
2012年6月1日	4	450

(2)"长期待摊费用"项目的期末余额为50万元,将于1年内摊销的数额为20万元。

要求:根据上述资料,计算资产负债表中下列项目的金额:

(1)长期借款。

(2)长期借款中应列入"一年内到期的非流动负债"项目的金额。

(3)长期待摊费用。

(4)长期待摊费用中应列入"一年内到期的非流动资产"项目的金额。

训练四

资料:信义股份有限公司为增值税一般纳税企业,适用的增值税税率为17%,所得税税率为25%。该企业2016年度有关资料如下:

(1)本年度内发出产品50 000件,其中,对外销售45 000件,其余为在建工程领用。该产品销售成本每件为12元,销售价格每件为20元。

(2)本年度内计入投资收益的债券利息收入为30 000元,其中,国债利息收入为2 500元。

(3)本年度内发生管理费用50 000元,其中,公司管理人员工资费用25 000元,业务招待费20 000元。按税法规定,可在应纳税所得额前扣除的管理人员工资费用为20 000元,业务招待费15 000元。

(4)本年度内补贴收入3 000元(计入当期营业外收入)。按税法规定应缴纳所得税。

要求:计算该企业2016年利润表中有关项目的金额:

(1)营业利润。

(2)利润总额。

(3)本年度应交所得税。

(4)净利润。

参考答案

导　入

【内容自测】

一、判断题

(1)√	(2)×	(3)×	(4)×	(5)√	(6)×	(7)√	(8)×
(9)×	(10)√	(11)×	(12)√	(13)×	(14)×	(15)×	

二、单项选择题

(1)B	(2)B	(3)A	(4)B	(5)A	(6)D	(7)B	(8)A
(9)D	(10)A	(11)C	(12)C	(13)A	(14)B	(15)C	

三、多项选择题

(1)ACD	(2)ABD	(3)BCD	(4)ABD	(5)BCD
(6)AC	(7)ABCDE	(8)ABC	(9)ABCD	(10)ABC

项目一　货币资金

【项目自测】

一、判断题

(1)×	(2)×	(3)×	(4)×	(5)√	(6)×	(7)√	(8)√
(9)√	(10)×	(11)√	(12)×				

二、单项选择题

(1)D	(2)C	(3)D	(4)B	(5)B	(6)A	(7)B	(8)D
(9)D	(10)C	(11)D	(12)D	(13)B	(14)D	(15)B	

三、多项选择题

(1)ABD	(2)BC	(3)ABCD	(4)BD	(5)AB
(6)ABD	(7)CD	(8)ABD	(9)ACD	(10)ABCD

【实务训练】

训练一

(1)借:其他应收款——某职工	1 000	
贷:库存现金		1 000
(2)借:管理费用	650	
贷:库存现金		650
(3)借:管理费用	850	

库存现金 150

贷:其他应收款——某职工 1 000

(4)借:库存现金 30 000

贷:银行存款 30 000

(5)借:银行存款 21 060

贷:主营业务收入 18 000

应交税费——应交增值税(销项税额) 3 060

(6)借:应付职工薪酬 30 000

贷:库存现金 30 000

(7)借:库存现金 100

贷:待处理财产损溢——流动资产损溢 100

(8)借:待处理财产损溢——流动资产损溢 100

贷:营业外收入 100

训练二

银行存款余额调节表

单位:元

项　目	金　额	项　目	金　额
企业银行存款账户余额	160 000	银行对账单余额	106 000
加:银行已收、企业未收	90 000	加:企业回收、银行未收	164 000
减:银行已付、企业未付	50 000	减:企业已付、银行未付	70 000
调整后金额	200 000	调整后金额	200 000

训练三

(1)借:其他货币资金——外埠存款 30 000

贷:银行存款 30 000

(2)借:原材料 16 000

应交税费——应交增值税(进项税额) 2 720

贷:其他货币资金——外埠存款 18 720

(3)借:银行存款 11 280

贷:其他货币资金——外埠存款 11 280

(4)借:其他货币资金——银行汇票存款 76 000

贷:银行存款 76 000

(5)借:原材料 55 000

应交税费——应交增值税(进项税额) 9 350

贷:其他货币资金——银行汇票存款 64 350

(6)借:银行存款 11 650

贷:其他货币资金——银行汇票存款 11 650

项目二　应收项目

【项目自测】

一、判断题

(1)√ (2)√ (3)√ (4)× (5)× (6)× (7)√ (8)×
(9)√ (10)× (11)× (12)√ (13)√ (14)√ (15)√

二、单项选择题

(1)D (2)C (3)A (4)D (5)B (6)B (7)C (8)B

(9)D (10)B (11)B (12)C (13)D (14)A (15)A

三、多项选择题

(1)BCD (2)ABD (3)BC (4)BCD (5)ABCD
(6)ABD (7)AB (8)AC (9)ABCD (10)ABC

【实务训练】

训练一

(1)收到票据时:

借:应收票据	234 000	
贷:主营业务收入		200 000
应交税费——应交增值税(销项税额)		34 000

票据到期,收回货款时:

借:银行存款	234 000	
贷:应收票据		234 000

票据到期,若对方无款支付时:

借:应收账款	234 000	
贷:应收票据		234 000

(2)计算贴现息与贴现所得额:

票据到期值=234 000(元)

贴现利息=234 000×12%×$\frac{2}{12}$=4 680(元)

贴现净额=234 000−4 680=229 320(元)

应编制会计分录如下:

借:银行存款	229 320	
财务费用	4 680	
贷:应收票据		234 000

训练二

(1)借:应收账款	35 600	
贷:主营业务收入		30 000
应交税费——应交增值税(销项税额)		5 100
银行存款		500
(2)借:应收账款	84 240	
贷:主营业务收入		72 000
应交税费——应交增值税(销项税额)		12 240
(3)借:应收账款——创意公司	46 800	
贷:主营业务收入		40 000
应交税费——应交增值税(销项税额)		6 800
(4)借:银行存款	46 000	
财务费用	800	
贷:应收账款——创意公司		46 800

训练三

(1)2014 年末计提坏账准备时:

应提坏账准备=35 000−27 000=8 000(元)

借:资产减值损失	8 000	

贷:坏账准备		8 000

(2)转销 2015 年已确认为坏账的款项 3 000 元时:

借:坏账准备	3 000	
贷:应收账款		3 000

(3)2015 年末计提坏账准备:

应提坏账准备=38 000－(35 000－3 000)=6 000(元)

借:资产减值损失	6 000	
贷:坏账准备		6 000

(4)2016 年作为坏账被注销的 1 000 元应收账款又被重新收回时:

借:应收账款	1 000	
贷:坏账准备		1 000
借:银行存款	1 000	
贷:应收账款		1 000

(5)2016 年末计提坏账准备时:

应提坏账准备=40 000－(38 000＋1 000)=1 000(元)

借:资产减值损失	1 000	
贷:坏账准备		1 000

训练四

(1)企业预付货款时:

借:预付账款	20 000	
贷:银行存款		20 000

(2)收到货品,验收入库时:

借:原材料	30 000	
应交税费——应交增值税(进项税额)	5 100	
贷:预付账款		35 100
借:预付账款	15 100	
贷:银行存款		15 100

项目三　存　货

【项目自测】

一、判断题

(1)×　(2)×　(3)√　(4)×　(5)×　(6)×　(7)×　(8)×
(9)×　(10)√　(11)×　(12)×　(13)×　(14)√

二、单项选择题

(1)D　(2)B　(3)C　(4)C　(5)A　(6)B　(7)B　(8)A
(9)C　(10)B　(11)B　(12)B　(13)A　(14)A　(15)A　(16)C
(17)D　(18)A

三、多项选择题

(1)CD　(2)CD　(3)ABD　(4)AB　(5)ACD　(6)ACD
(7)ABC　(8)CD　(9)ABCD　(10)ACD　(11)ABC

【实务训练】

训练一

(1)4 月 5 日,发出材料时:

借:委托加工物资(100×10)	1 000	

贷:原材料　　1 000

借:委托加工物资(1 000×500÷40 000)　　12.5

贷:材料成本差异　　12.5

(2)4 月 15 日,从外地购入材料时:

借:材料采购　　61 000

应交税费——应交增值税(进项税额)　　10 370

贷:银行存款　　71 370

(3)4 月 20 日,收到 4 月 15 日购入的材料时:

借:原材料(5 980×10)　　59 800

材料成本差异　　1 200

贷:材料采购　　61 000

(4)4 月 30 日,计算材料成本差异率和发出材料应负担的材料成本差异额,编制相关会计分录:

材料成本差异率=(500−12.5+1200)÷(40 000−1 000+59 800)×100%=1.71%

发出材料应负担的材料成本差异=50 000×1.71%=855(元)

借:生产成本　　50 000

贷:原材料　　50 000

借:生产成本　　855

贷:材料成本差异　　855

(5)月末结存材料的实际成本=(40 000−1 000+59 800−50 000)+(500−12.5+1 200−855)

=49 632.5(元)

训练二

(1)发出原材料时:

借:委托加工物资　　35 950

贷:原材料　　35 950

(2)应付加工费、代扣代缴的消费税时:

借:委托加工物资　　5 000

应交税费——应交增值税(进项税额)　　850

——应交消费税　　4 550

贷:应付账款　　10 400

消费税=(35 950+5 000)÷(1−10%)×10%=4 550(元)

(3)支付往返运杂费时:

借:委托加工物资　　100

贷:银行存款　　100

(4)收回加工物资验收入库时:

借:原材料　　41 050

贷:委托加工物资　　41 050

训练三

(1)发出甲材料的单位成本=(20 000−2 000+2 200+37 000+51 500+600)÷(2 000+2 950+5 000+50)

=10.93(元/千克)

(2)① 借:原材料　　[2 000]

贷:应付账款——暂估应付款　　[2 000]

② 借:原材料　　2 200

应交税费——应交增值税(进项税额)　　306

贷:银行存款 2 506

③ 借:在途物资 37 000

应交税费——应交增值税(进项税额) 6 120

贷:银行存款 43 120

④ 借:原材料 37 000

贷:在途物资 37 000

⑤ 借:原材料 51 500

应交税费——应交增值税(进项税额) 8 415

银行存款 20 085

贷:其他货币资金 80 000

⑥ 借:原材料 600

贷:生产成本 600

⑦ 借:生产成本 65 580

制造费用 10 930

管理费用 10 930

贷:原材料 87 440

加权平均单价 $=\dfrac{18\ 000+2\ 200+37\ 000+51\ 500+600}{1\ 800+200+2\ 950+5\ 000+50}=10.93$(元)

训练四

(1)借:库存商品 80

应交税费——应交增值税(进项税额) 13.6

贷:应付账款 93.6

(2)借:应收账款 175.5

贷:主营业务收入 150

应交税费——应交增值税(销项税额) 25.5

借:主营业务成本 120

贷:库存商品 120

(3)借:主营业务收入 75

贷:应交税费——应交增值税(销项税额) 12.75

应收账款 87.75

借:库存商品 60

贷:主营业务成本 60

(4)A商品的实际成本=230+80−120+60=250(元),可变现净值为230万元,计提跌价准备20万元:

借:资产减值损失 20

贷:存货跌价准备 20

项目四 金融资产

【项目自测】

一、判断题

(1)× (2)× (3)× (4)√ (5)× (6)√ (7)× (8)×
(9)√ (10)× (11)× (12)√ (13)√ (14)√ (15)√

二、单项选择题

(1)A (2)D (3)D (4)D (5)C (6)B (7)D (8)D
(9)C (10)A (10)A (11)C

三、多项选择题

(1)BCD (2)ACD (3)ABC (4)BD (5)BCD (6)AB
(7)AD (8)ABCD (9)ABD (10)ABC (11)ABC

【实务训练】

训练一

(1)1 月 6 日,取得交易性金融资产时:

借:交易性金融资产——成本	100	
应收利息	3	
投资收益	2	
贷:其他货币资金——存出投资款		105

(2)1 月 16 日,收到 2016 年下半年的利息时:

借:其他货币资金——存出投资款	3	
贷:应收利息		3

(3)3 月 31 日,该债券公允价值为 110 万元时:

借:交易性金融资产——公允价值变动	10	
贷:公允价值变动损益		10

(4)3 月 31 日:

按债券票面利率计算利息=100×6%×3÷12=1.5(万元)

借:应收利息	1.5	
贷:投资收益		1.5

(5)6 月 30 日,该债券公允价值为 96 万元,公允价值变动损益=110－96=14(万元)

借:公允价值变动损益	14	
贷:交易性金融资产——公允价值变动		14

(6)6 月 30 日,按债券票面利率计算利息=100×6%×3÷12=1.5(万元)

借:应收利息	1.5	
贷:投资收益		1.5

(7)7 月 16 日,收到 2017 年上半年的利息时:

借:其他货币资金——存出投资款	3	
贷:应收利息		3

(8)8 月 16 日,处置该债券时:

借:其他货币资金——存出投资款	120	
交易性金融资产——公允价值变动	4	
贷:交易性金融资产——成本		100
投资收益		20
公允价值变动损益		4

训练二

(1)2014 年 3 月 10 日,购买 B 公司发行的股票,成本=300×14.7+90=4 500(万元)

借:可供出售金融资产——成本	45 000 000	
贷:其他货币资金——存出投资款		45 000 000

(2)2014 年 4 月 20 日,B 公司宣告现金股利时:

投资收益=1 200×5%=60(万元)

借:应收股利	600 000	
贷:投资收益		600 000

(3)2014 年 5 月 20 日,收到现金股利时:

借:其他货币资金——存出投资款	600 000	

贷:应收股利 600 000

(4)2014 年 12 月 31 日,该股票每股市价为 13 元,公允价值变动=4 500－300×13=600(万元)

借:其他综合收益 6 000 000

贷:可供出售金融资产——公允价值变动 6 000 000

(5)2015 年 12 月 31 日,确认可供出售金融资产减值损失=4 500－300×6=2 700(万元)

借:资产减值损失 27 000 000

贷:其他综合收益 6 000 000

可供出售金融资产——公允价值变动 21 000 000

(6)2016 年 12 月 31 日,收盘价格为每股市价 10 元。

确认转回可供出售金融资产减值损失=300×(10－6)=1 200(万元)

借:可供出售金融资产——公允价值变动 12 000 000

贷:其他综合收益 12 000 000

训练三

(1)公允价值变动损益=(150 000＋85 000＋120 000＋500 000＋350 000)－(145 800＋84 500＋121 000＋495 000＋350 500)=8 200(元)

(2)公允价值低于账面价值时:

借:公允价值变动损益 8 200

贷:交易性金融资产——公允价值变动 8 200

(3)出售债券和股票时:

应确认的投资收益=(260 000＋149 000)－(150 000＋500 000÷2)=9 000(元)

借:其他货币资金——存出投资款 409 000

交易性金融资产——公允价值变动 6 700

贷:交易性金融资产——成本 400 000

投资收益 15 700

借:投资收益 6 700

贷:公允价值变动损益 6 700

(4)股票入账价值=175 000－50 000×0.1=170 000(元)

借:交易性金融资产——成本 170 000

应收股利 5 000

贷:其他货币资金——存出投资款 175 000

训练四

(1)该项投资年末摊余成本计算表如下:

单位:万元

时　间	年初摊余成本	名义利息	实际利息	利息调整	年末摊余成本
2013.12.31	1 994	200	201	1	1 995
2014.12.31	1 995	200	201.1	1.1	1 996.1
2015.12.31	1 996.1	200	201.21	1.21	1 997.31
2016.12.31	1 997.31	200	202.68	2.69	2 000
合　计	—	1 000	1 006	6	—

(2)①2013 年 1 月 1 日,取得投资时:

借:持有至到期投资——成本 2 000

贷:其他货币资金——存出投资款 1 994

持有至到期投资——利息调整 6

②2013 年 12 月 31 日，计提应收利息并确认本期投资收益：

借：应收利息	200	
持有至到期投资——利息调整	1	
贷：投资收益——债券利息收入		201

收到本期利息时：

借：其他货币资金——存出投资款	200	
贷：应收利息		200

③2014 年 12 月 31 日，计提应收利息并确认本期投资收益：

借：应收利息	200	
持有至到期投资——利息调整	1.1	
贷：投资收益——债券利息收入		201.1

（以后各年收到利息的分录略。）

④2015 年 12 月 31 日，计提应收利息并确认本期投资收益：

借：应收利息	200	
持有至到期投资——利息调整	1.21	
贷：投资收益——债券利息收入		201.21

⑤2016 年 12 月 31 日，计提应收利息并确认本期投资收益：

借：应收利息	200	
持有至到期投资——利息调整	2.69	
贷：投资收益——债券利息收入		202.69

⑥2016 年收到该持有至到期投资的本金和最后一期利息时：

借：其他货币资金——存出投资款	2 200	
贷：持有至到期投资——成本		2 000
应收利息		200

项目五　长期股权投资

【项目自测】

一、判断题

(1)√　(2)×　(3)×　(4)√　(5)×　(6)√　(7)×　(8)√
(9)√　(10)√

二、单项选择题

(1)D　(2)C　(3)C　(4)D　(5)D　(6)C　(7)A　(8)C
(9)A　(10)C

三、多项选择题

(1)BC　(2)AD　(3)ABCD　(4)ACDE　(5)BDE
(6)AB　(7)AB　(8)AC　(9)BC　(10)AD

【实务训练】

训练一

(1)初始投资成本＝320＋8－10＝318(万元)

借：长期股权投资	318	
应收股利	10	
贷：其他货币资金——存出投资款		328

(2)收到股利时：

借：其他货币资金——存出投资款	10	

贷:应收股利 10

训练二

(1)借:长期股权投资——B公司 1 003

贷:其他货币资金——存出投资款 1 003

(2)借:应收股利(200×15%) 30

贷:投资收益 30

(3)借:其他货币资金——存出投资款 30

贷:应收股利 30

(4)信义公司采用成本法核算,不做账务处理。

(5)借:资产减值损失(1 003-600) 403

贷:长期股权投资减值准备 403

(6)借:其他货币资金——存出投资款 620

长期股权投资减值准备 403

贷:长期股权投资——B公司 1 003

投资收益 20

训练三

(1)借:长期股权投资 270

贷:其他货币资金——存出投资款 270

信义公司初始投资成本270万元大于应享有A公司可辨认净资产公允价值的份额240万元(800×30%),不调整长期股权投资的初始投资成本。

(2)借:应收股利 60

贷:长期股权投资——损益调整 60

(3)借:其他货币资金——存出投资款 60

贷:应收股利 60

(4)借:长期股权投资——其他权益变动 24

贷:资本公积——其他资本公积 24

(5)借:长期股权投资——损益调整 120

贷:投资收益 120

(6)借:投资收益 60

贷:长期股权投资——损益调整 60

2016年12月31日,长期股权投资的账面余额=270-60+24+120-60=294(万元),可收回金额为272万元,所以应计提减值准备22万元。

(7)借:资产减值损失 22

贷:长期股权投资减值准备——A公司 22

(8)借:其他货币资金——存出投资款 250

长期股权投资减值准备——A公司 22

投资收益 22

贷:长期股权投资 294

借:资本公积——其他资本公积 24

贷:投资收益 24

项目六 固定资产

【项目自测】

一、判断题

(1)× (2)× (3)× (4)× (5)√ (6)× (7)× (8)×

(9)×　(10)×

二、单项选择题

(1)D　(2)A　(3)C　(4)A　(5)B　(6)D　(7)A　(8)D
(9)B　(10)D　(11)A　(12)D　(13)B　(14)D　(15)B　(16)A
(17)A　(18)D

三、多项选择题

(1)BD　(2)ABD　(3)ABCD　(4)BC　(5)ACD
(6)ABD　(7)BD　(8)BC　(9)BD　(10)AD

【实务训练】

训练一

(1)借:在建工程	1 000 000	
应交税费——应交增值税(进项税额)	170 000	
贷:银行存款		1 170 000
(2)借:工程物资	200 000	
应交税费——应交增值税(进项税额)	34 000	
贷:银行存款		234 000
借:在建工程	200 000	
贷:工程物资		200 000
(3)借:在建工程	400 000	
贷:应付职工薪酬		400 000
(4)借:固定资产	1 600 000	
贷:在建工程		1 600 000
(5)借:制造费用	152 000	
贷:累计折旧		152 000
(6)借:固定资产清理	992 000	
累计折旧	608 000	
贷:固定资产		1 600 000
借:固定资产清理	2 000	
贷:银行存款		2 000
借:银行存款	13 000	
贷:固定资产清理		13 000
借:营业外支出	981 000	
贷:固定资产清理		981 000

训练二

(1)固定资产入账价值=93 600+20 000+30 000+6 000=149 600(元)

(2)该生产线从 2016 年 3 月开始投入使用,则从 2016 年 4 月开始计提折旧,因此,2016 年应计提的折旧额=149 600×2÷5×9÷12=44 880(元)

(3)购入为工程准备的物资时:

借:工程物资	100 000	
应交税费——应交增值税(进项税额)	17 000	
贷:银行存款		117 000

工程领用物资时:

借:在建工程	93 600	
贷:工程物资		93 600

剩余工程物资转作企业生产用原材料时：

借:原材料　　6 400

　　贷:工程物资　　6 400

工程领用生产用原材料时：

借:在建工程　　20 000

　　贷:原材料　　20 000

分配工程人员工资时：

借:在建工程　　30 000

　　贷:应付职工薪酬　　30 000

辅助生产车间为工程提供劳务支出时：

借:在建工程　　6 000

　　贷:生产成本——辅助生产成本　　6 000

工程完工交付使用时：

借:固定资产　　149 600

　　贷:在建工程　　149 600

2016 年计提折旧时：

借:制造费用　　44 880

　　贷:累计折旧　　44 880

训练三

(1)1 月各部门增加的固定资产应计提的折旧额(本月开始提取折旧,因此应增加折旧额)分别为：

生产经营部门＝12 000×2÷5÷12＝400(元)

运输车队＝800×84 000×(1－5%)÷200 000＝319.2(元)

管理部门＝19 200×(1－4%)×4÷(1＋2＋3＋4)÷12＝614.4(元)

1 月减少的固定资产不计提折旧(本月停止提取折旧,应减少折旧额)。

生产经营部门＝42 000×(1－4%)÷10÷12＝336(元)

因此,各部门 2 月应计提的折旧额为：

生产经营部门＝8 321＋400－336＝8 385(元)

运输车队＝2 900＋319.2＝3 219.2(元)

管理部门＝4 150＋614.4＝4 764.4(元)

(2)借:制造费用　　8 385

　　生产成本　　3 219.2

　　管理费用　　4 764.4

　　　贷:累计折旧　　16 368.6

项目七　无形资产与其他长期资产

【项目自测】

一、判断题

(1)√　(2)√　(3)√　(4)×　(5)×　(6)×　(7)×　(8)√

(9)×　(10)×　(11)√　(12)×　(13)×　(14)√　(15)×

二、单项选择题

(1)C　(2)B　(3)A　(4)C　(5)C　(6)C　(7)A　(8)A

(9)B　(10)B　(11)B　(12)C　(13)C　(14)D　(15)B　(16)D

(17)A　(18)D　(19)D　(20)B

三、多项选择题

(1)ACD　(2)ABCD　(3)AD　(4)ACD　(5)AD

(6)ABC　(7)ABD　(8)AC　(9)ABC　(10)CD

【实务训练】

训练一

借:研发支出——费用化支出　100

　　贷:应付职工薪酬等　100

期末,应将费用化的研发支出予以结转:

借:管理费用　100

　　贷:研发支出——费用化支出　100

2015 年 10 月 1 日以后发生研发支出时:

借:研发支出——资本化支出　60

　　贷:应付职工薪酬等　60

2016 年 1～6 月又发生材料费用、直接参与开发人员的工资、场地设备等租金和注册费等支出 240 万元:

借:研发支出——资本化支出　240

　　贷:应付职工薪酬等　240

2016 年 6 月末该项新工艺完成,达到预定可使用状态时:

借:无形资产　300

　　贷:研发支出——资本化支出　300

训练二

2015 年:

(1)截至 2015 年该专利权的账面价值＝300－300÷10×4＝180(万元),可收回金额为 100 万元,计提减值准备 80 万元:

借:资产减值损失——计提的无形资产减值准备　80

　　贷:无形资产减值准备　80

(2)内部研发非专利技术账面价值 150 万元,属于使用寿命不确定的无形资产,不进行摊销,可收回金额为 130 万元时,计提减值准备 20 万元:

借:资产减值损失——计提的无形资产减值准备　20

　　贷:无形资产减值准备　20

2016 年:

(1)计提减值准备后,购入的专利权在 2016 年继续摊销,摊销金额＝100÷5＝20(万元):

借:管理费用　20

　　贷:累计摊销　20

(2)内部研发非专利技术确定了可使用年限后需要摊销,摊销金额＝130÷4＝32.5(万元):

借:管理费用　32.5

　　贷:累计摊销　32.5

训练三

(1)借:研发支出——资本化支出　150

　　　　　　——费用化支出　130

　　贷:银行存款　280

(2) 借:管理费用　130

　　贷:研发支出——费用化支出　130

(3)借:无形资产　150

　　贷:研发支出——资本化支出　150

(4)2016 年 7 月专利权摊销额＝150÷5÷12＝2.5(万元)

借:管理费用 2.5

贷:累计摊销 2.5

(5)借:银行存款 169.5

累计摊销 12.5

贷:无形资产 150

应交税费——应交增值税(销项税额) 9.6

营业外收入 22.5

训练四

(1)2014 年 3 月购入写字楼时:

借:投资性房地产 750

贷:银行存款 750

(2)2014 年度折旧额=(750−50)÷20÷12×9=26.25(万元)

借:其他业务成本 26.25

贷:投资性房地产累计折旧 26.25

(3)2014 年取得该项写字楼租金收入时:

借:银行存款 65

贷:其他业务收入 65

(4)2015 年的折旧额=(750−50)÷20=35(万元)

借:其他业务成本 35

贷:投资性房地产累计折旧 35

(5)2016 年收回该写字楼时:

借:固定资产 750

投资性房地产累计折旧 96.25

贷:投资性房地产 750

累计折旧 96.25

项目八　流动负债

【项目自测】

一、判断题

(1)×　(2)√　(3)×　(4)×　(5)√　(6)√　(7)×　(8)√
(9)√　(10)×

二、单项选择题

(1)B　(2)A　(3)B　(4)B　(5)B　(6)C　(7)D　(8)C
(9)D　(10)B　(11)D　(12)C　(13)B　(14)A　(15)D　(16)A
(17)A　(18)A　(19)D　(20)D

三、多项选择题

(1)ABCD　(2)ABCD　(3)ACD　(4)AC　(5)ABC
(6)AD　(7)ABCD　(8)CD　(9)ACD　(10)CD

【实务训练】

训练一

(1)2016 年 1 月 1 日:

借:银行存款 600 000

贷:短期借款 600 000

(2)每月利息=(600 000×5%)÷12=2 500(元)

2016 年 1 月 31 日、2 月 28 日：

借：财务费用 2 500

贷：应付利息 2 500

(3)2016 年 3 月 31 日：

借：财务费用(3 月利息) 2 500

应付利息(1、2 月已提利息) 5 000

贷：银行存款 7 500

(4)2016 年 4 月 30 日、5 月 31 日：

借：财务费用 2 500

贷：应付利息 2 500

(5)2016 年 6 月 30 日：

借：财务费用(6 月利息) 2 500

应付利息(4、5 月已提利息) 5 000

短期借款(本金) 600 000

贷：银行存款 607 500

训练二

(金额单位：万元)

(1)借：生产成本 3 000

制造费用 600

管理费用 1 000

销售费用 400

贷：应付职工薪酬——工资 5 000

(2)借：生产成本(3 000×2%) 60

制造费用 (600×2%) 12

管理费用 (1 000×2%) 20

销售费用(400×2%) 8

贷：应付职工薪酬——福利费 (5 000×2%) 100

(3)借：生产成本 (3 000×24%) 720

制造费用 (600×24%) 144

管理费用(1 000×24%) 240

销售费用(400×24%) 96

贷：应付职工薪酬——社会保险费(5 000×24%) 1 200

(4)借：应付职工薪酬——工资 5 000

贷：银行存款 4 600

其他应付款 100

应交税费——应交个人所得税 300

(5)借：应付职工薪酬——社会保险费 1 200

贷：银行存款 1 200

(6)公司决定发放非货币性福利时：

借：生产成本 238.68

管理费用 42.12

贷：应付职工薪酬——非货币性福利 280.8

实际发放非货币性福利时：

借：应付职工薪酬——非货币性福利 280.8

贷：主营业务收入 240

应交税费——应交增值税(销项税额)		40.8
借:主营业务成本	160	
贷:库存商品		160

训练三

(1)运输费的进项税=20 000×11%=2 200(元)

借:原材料[500 000+(25 000-2 200)]	522 800	
应交税费——应交增值税(进项税额)(85 000+2 200)	87 200	
贷:银行存款		610 000

(2)可抵扣进项税=120 000×13%=15 600(元)

借:原材料	104 400	
应交税费——应交增值税(进项税额)	15 600	
贷:银行存款		120 000

(3)视同销售:

借:在建工程	30 100	
贷:库存商品		25 000
应交税费——应交增值税(销项税额)		5 100

(4)借:银行存款	1 404 000	
贷:主营业务收入		1 200 000
应交税费——应交增值税(销项税额)		204 000
(5)借:应付职工薪酬——职工福利费	105 300	
贷:原材料		90 000
应交税费——应交增值税(进项税转出)		15 300
(6)借:应交税费——应交增值税(已交税金)	100 000	
贷:银行存款		100 000

(7)本月应交增值税=(5 100+204 000)-(87 200+15 600-15 300)=121 600(元)

转出少交增值税=100 000-121 600=21 600(元)

借:应交税费——应交增值税(转出未交增值税)	21 600	
贷:应交税费——未交增值税		21 600

训练四

(1)运费收入实现时:

借:银行存款	555	
贷:主营业务收入		500
应交税费——应交增值税(销项税额)		55

(2)购买汽车、修理零部件时:

借:固定资产	200	
应交税费——应交增值税(进项税额)	22	
贷:银行存款		222

(3)本月应交增值税=55-22=33(万元)

转出本月未交增值税时:

借:应交税费——应交增值税(转出未交增值税)	33	
贷:应交税费——未交增值税		33

(4)次月 10 日缴纳增值税时:

借:应交税费——未交增值税	33	
贷:银行存款		33

训练五

1. 借:委托加工物资 550 000

　　贷:原材料 550 000

2. 消费税=[(550 000+150 000)÷(1−30%)]×30%=300 000(元)

(1)如果收回的应税消费品继续加工:

借:委托加工物资 150 000

　应交税费——应交增值税(进项税额) 25 500

　　　　——应交消费税 300 000

　贷:应付账款 475 500

借:原材料 700 000

　贷:委托加工物资 70 000

(2)如果收回的应税消费品直接出售:

借:委托加工物资(150 000+300 000) 450 000

　应交税费——应交增值税(进项税额) 25 500

　贷:应付账款 475 500

借:原材料 1 000 000

　贷:委托加工物资 1 000 000

项目九　非流动负债

【项目自测】

一、判断题

(1)×　(2)×　(3)×　(4)×　(5)√　(6)×　(7)√　(8)√
(9)×　(10)×

二、单项选择题

(1)C　(2)A　(3)A　(4)D　(5)C　(6)D　(7)A　(8)D
(9)D　(10)D

三、多项选择题

(1)BD　(2)ABC　(3)ACD　(4)ABC　(5)ABCD

【实务训练】

训练一

(1)按面值发行债券时:

借:银行存款 2 000 000

　贷:应付债券——债券面值 2 000 000

(2)2015 年 6 月 30 日计提利息时:

借:在建工程 36 000

　财务费用 24 000

　贷:应付债券——应计利息 60 000

(3)2015 年 12 月 31 日计提利息时:

借:在建工程 54 000

　财务费用 6 000

　贷:应付债券——应计利息 60 000

(4)2016 年 6 月 30 日和 2016 年 12 月 31 日计提利息时:

借:财务费用 60 000

　贷:应付债券——应计利息 60 000

(5)2017年1月1日还本付息时：

借:应付债券——债券面值 2 000 000

——应计利息 240 000

贷:银行存款 2 240 000

训练二

(1)2014年1月1日发行债券时：

借:银行存款 1 052 400

贷:应付债券——债券面值 1 000 000

——利息调整 52 400

(2)计算各期利息费用：

各期溢价摊销额＝债券面值×债券利率－期初债券账面价值×市场利率

第一期溢价摊销额＝1 000 000×5%－1 052 400×4%＝7 904(元)

第二期溢价摊销额＝1 000 000×5%－(1 052 400－7 904)×4%＝8 220.16(元)

以后各期计算以此类推。

2014年6月30日计提利息时：

借:财务费用 42 096

应付债券——利息调整 7 904

贷:应付利息 50 000

每期支付债券利息时：

借:应付利息 50 000

贷:银行存款 50 000

其他各期会计分录同上。

债券溢价摊销表(实际利率法)

单位:元

期次	实付利息	利息费用	溢价摊销	未摊销溢价	账面价值
	(1)＝面值×5%	(2)＝期初(5)×4%	(3)＝(1)－(2)	(4)＝期初(4)－(3)	(5)＝面值＋(4)
0				52 400	1 052 400
1	50 000	42 096	7 904	44 496	1 044 496
2	50 000	41 779.84	8 220.16	36 275.84	1 036 275.84
3	50 000	41 451.03	8 548.97	27 708.87	1 027 708.872
4	50 000	41 108.36	8 891.65	18 817.23	1 018 817.23
5	50 000	40 752.69	9 247.31	9 569.92	1 009 569.92
6	50 000	40 430.08*	9 569.92*	0	1 000 000

注：* 含尾差调整。

(3)债券到期还本时：

借:应付债券——债券面值 1 000 000

贷:银行存款 1 000 000

训练三

信义公司2016年度专门借款利息资本化金额为：

1 000×6%×9÷12－(1 000－600)×0.04%×9＝43.56(万元)

信义公司2016年度专门借款利息计入当期损益的金额为：

1 000×6%×3÷12－1 000×0.04%×3＝13.8(万元)

项目十 所有者权益

【项目自测】

一、判断题

(1)× (2)√ (3)× (4)× (5)√ (6)√ (7)× (8)×
(9)√ (10)× (11)×

二、单项选择题

(1)B (2)C (3)D (4)A (5)D (6)B (7)A (8)A
(9)C (10)D (11)B (12)B

三、多项选择题

(1)ABD (2)ABCD (3)ABC (4)ABCD (5)BC
(6)ABCD (7)ACD (8)AB

【实务训练】

训练一

(1)被投资企业收到投资者 A 的投资时:

①借:银行存款	400 000	
贷:实收资本——A		400 000
②借:银行存款(45 000×8.6)	387 000	
贷:实收资本——A(45 000×8.6)		387 000

(2)被投资企业收到投资者 B 的投资时:

借:原材料	900 000	
应交税费——应交增值税(进项税额)	153 000	
贷:实收资本——B		1 053 000

(3)被投资企业收到投资者 C 的投资时:

借:银行存款	880 000	
贷:实收资本——C		650 000
资本公积——资本溢价		230 000

训练二

(1)借:本年利润	200	
贷:利润分配——未分配利润		200
借:利润分配——提取法定盈余公积	20	
贷:盈余公积——法定盈余公积		20
借:利润分配——应付现金股利或利润	150	
贷:应付股利		150
借:利润分配——未分配利润	170	
贷:利润分配——提取法定盈余公积		20
——应付现金股利或利润		150
(2)借:利润分配——未分配利润	500	
贷:本年利润		500

(3)2017 年应交所得税=(600−500)×25%=25(万元)

(4)2017 年 12 月 31 日的可供分配利润=100+(200−170)−500+(600−25)=205(万元)

训练三

(1)以每股 3 元的价格回购本公司股票 2 000 万股:

借:库存股(2 000×3)	6 000	

贷:银行存款 6 000

(2)以每股2元的价格回购本公司股票4 000万股:

借:库存股(4 000×2) 8 000

贷:银行存款 8 000

(3)注销股票:

借:股本 6 000

资本公积——股本溢价 6 000

盈余公积 1 500

利润分配——未分配利润 500

贷:库存股 14 000

项目十一　收入、费用与利润

【项目自测】

一、判断题

(1)√	(2)×	(3)×	(4)√	(5)√	(6)√	(7)×	(8)√
(9)√	(10)×	(11)×	(12)×	(13)×			

二、单项选择题

(1)D	(2)B	(3)C	(4)A	(5)B	(6)C	(7)D	(8)B
(9)A	(10)C	(11)D	(12)B	(13)D	(14)B	(15)B	(16)A
(17)C	(18)C	(19)C	(20)C				

三、多项选择题

(1)ABC	(2)ABCD	(3)AB	(4)AB	(5)BCD
(6)AD	(7)AC	(8)ABCD	(9)ACD	(10)ABC

【实务训练】

训练一

2017年2月1日销售商品时:

借:应收账款 5 850 000

贷:主营业务收入 5 000 000

应交税费——应交增值税(销项税额) 850 000

借:主营业务成本 4 000 000

贷:库存商品 4 000 000

2017年2月9日收到货款时:

发生的现金折扣=5 000 000×2%=100 000(元)

借:银行存款 5 750 000

财务费用 100 000

贷:应收账款 5 850 000

2017年6月,该批商品因质量问题被全部退回并退款时:

借:主营业务收入 5 000 000

应交税费——应交增值税(销项税额) 850 000

贷:应收账款 5 750 000

财务费用 100 000

借:库存商品 4 000 000

贷:主营业务成本 4 000 000

训练二

收到客户首期付款时：

借:银行存款	3 125 000	
贷:预收账款		3 125 000

发生劳务成本时：

借:劳务成本	2 750 000	
贷:应付职工薪酬等		2 750 000

2017 年末，按完工百分比法确认劳务收入：

2017 年应确认的收入＝5 000 000×60%－0＝3 000 000(元)

借:预收账款	3 000 000	
贷:主营业务收入		3 000 000

2017 年末，按完工百分比法确认劳务费用：

2017 年应确认的费用＝(2 750 000＋1 000 000)×60%－0＝2 250 000(元)

借:主营业务成本	2 250 000	
贷:劳务成本		2 250 000

训练三

(1)借:应收账款	936 000	
贷:主营业务收入		800 000
应交税费——应交增值税(销项税额)		136 000
借:主营业务成本	350 000	
贷:库存商品		350 000
(2)借:主营业务收入	40 000	
应交税费——应交增值税(销项税额)	6 800	
贷:银行存款		46 000
财务费用		800
借:库存商品	22 000	
贷:主营业务成本		22 000
(3)借:委托代销商品	66 000	
贷:库存商品		66 000
(4)借:应收账款	140 400	
贷:主营业务收入		120 000
应交税费——应交增值税(销项税额)		20 400
借:主营业务成本	66 000	
贷:委托代销商品		66 000
借:销售费用	12 000	
贷:应收账款		12 000
(5)借:管理费用	67 800	
贷:银行存款		67 800
借:资产减值损失	4 000	
贷:坏账准备		4 000
(6)借:税金及附加	3 000	
贷:应交税费——应交城市维护建设税		2 100
——应交教育费附加		900
(7)借:所得税费用	100 000	
贷:应交税费——应交所得税		100 000

所得税费用=[(880 000+800)-(394 000+3 000+12 000+67 800+4 000)]×25%=100 000(元)

(8)借:主营业务收入	880 000	
财务费用	800	
贷:本年利润		880 800
借:本年利润	580 800	
贷:主营业务成本		394 000
税金及附加		3 000
销售费用		12 000
管理费用		67 800
资产减值损失		4 000
所得税费用		100 000
借:本年利润	300 000	
贷:利润分配——未分配利润		300 000
(9)借:利润分配——提取盈余公积	30 000	
贷:盈余公积		30 000
(10)借:利润分配——应付现金股利	120 000	
贷:应付股利		120 000
(11)借:利润分配——未分配润	150 000	
贷:利润分配——提取盈余公积		30 000
——应付现金股利		120 000

项目十二 财务报表

【项目自测】

一、判断题

(1)× (2)√ (3)× (4)× (5)× (6)√ (7)× (8)√
(9)× (10)×

二、单项选择题

(1)C (2)D (3)C (4)C (5)A (6)D (7)B (8)C
(9)C (10)C (11)A (12)D (13)B (14)A (15)A (16)B
(17)C (18)D (19)D (20)A

三、多项选择题

(1)AB (2)ABD (3)BCD (4)ABD (5)ABC
(6)ABD (7)CD (8)ABCD (9)ABD (10)ABCD

【实务训练】

训练一

(1)"营业收入"项目金额=5 000-100+300-60=5 140(万元)

(2)"营业成本"项目金额=4 000-60+200-40=4 100(万元)

训练二

(1)"应收账款"项目金额=600+100-80=620(万元)

(2)"预付款项"项目金额=320+20=340(万元)

(3)"应付款项"项目金额=400+60=460(万元)

(4)"预收款项"项目金额=800+40=840(万元)

训练三

(1)"长期借款"项目金额=(300+600+450)-450=900(万元)

(2)长期借款中应列入“一年内到期的非流动负债”项目的金额＝450(万元)

(3)“长期待摊费用”项目金额＝50－20＝30(万元)

(4)长期待摊费用中应列入“一年内到期的非流动资产”项目的金额＝20(万元)

训练四

(1)营业利润＝45 000×(20－12)＋30 000－50 000＝340 000(元)

(2)利润总额＝340 000＋3 000＝343 000(元)

(3)本年应交所得税＝[343 000－2 500＋(25 000－20 000)＋(20 000－15 000)]×25%＝87 625(元)

(4)净利润＝343 000－87 625＝255 375(元)

参考文献

1. 戴明德、林钢、赵西卜:《财务会计学》,中国人民大学出版社 2009 年版。
2. 王华、石本仁:《中级财务会计》,中国人民大学出版社 2010 年版。
3. 于政红:《中级财务会计》,立信会计出版社 2008 年版。
4. 朱国泓:《中级财务会计学》,中国人民大学出版社 2009 年版。
5. 刘永泽、陈立军:《中级财务会计》,东北财经大学出版社 2010 年版。
6. 财政部会计司编写组:《企业会计准则讲解》(2016),地震出版社 2016 年版。
7. 中华人民共和国财政部:《企业会计准则》(2017),立信会计出版社 2017 年版。